Empirische Kunstsoziologie

Empirische Kunstsoziologie

Eine Einführung
mit kommentierter Bibliographie

Von Alphons Silbermann

Ferdinand Enke Verlag Stuttgart 1973

Prof. Dr. *Alphons Silbermann*
Forschungsinstitut für Soziologie
der Universität zu Köln

ISBN 3 432 02287 5

Satz und Druck: Buchdruckerei Eugen Göbel, Tübingen

Vorwort

Vor vielen Jahren sollte *Paul Honigsheim* – der Freund *Max Webers* und Verfechter einer empirischen Kunstsoziologie – für den Enke Verlag eine „Musiksoziologie" verfassen. Über dieser Arbeit verstarb der hochbetagte, eminente Wissenschaftler. So denn wandte sich der Verlag an uns, da wir bis dahin schon so manches Buch zu dieser Thematik veröffentlicht hatten. Gerade angesichts dieser Tatsache erschien es uns jedoch wenig opportun, erneut mit unseren Gedankengängen vor die Leser zu treten. Und so schlugen wir Herrn Enke vor, eine viel bedeutsamere Lücke auf diesem Spezialgebiet der Soziologie zu schließen, nämlich der Wissenschaft eine Übersicht zu verschaffen über die mannigfaltigen Schriften, die sich mit kunstsoziologischen Problemen befassen, zumal es keineswegs so ist wie Uninformierte uns vermuten lassen, daß bisher auf diesem Gebiet nur sehr wenig erforscht und geschrieben worden sei.

Aber statt nun die zahlreichen Auseinandersetzungen theoretischer, methodischer und praktischer Art zu Fragen der Kunst-, Literatur- oder Musiksoziologie noch einmal durch Verwendung des einen oder anderen Hinweises aufzubrechen, zu vertiefen oder zu verwischen, erschien es dem Verlag und uns gescheiter, aber auch hilfreicher, eine teilweise kommentierte Bibliographie zu allen Gebieten der empirischen Kunstsoziologie vorzulegen. Als wir uns hierzu mit einer Gruppe von Mitarbeitern ans Werk machten, waren auch wir noch von dem Eindruck getragen, daß sich die Arbeit in kürzester Zeit vollenden lasse, denn, so glaubten wir, allzu viele Schriften auf diesem Gebiet gäbe es ja wohl nicht. Jedoch mit jedem Tag intensiven Befassens mit der Materie mußten wir erkennen, daß wir einer Fehleinschätzung zum Opfer gefallen waren. Die Durchsicht von Hunderten von Publikationen machte es uns bald klar, daß von Südamerika bis Rußland, von der USA bis Skandinavien mehr als ein Wissenschaftler sich mit der uns interessierenden Materie befaßt hat. Wie Detektive durchbrausten wir die Welt der Literatur, und so können wir heute insgesamt 2466 Titel vorlegen, die allesamt sich auf die eine oder andere Weise mit kunstsoziologischen Fragen befassen. Nicht alle unter ihnen haben wir uns beschaffen können und viele von ihnen konnten wir schon wegen sprachlicher Unkenntnis nicht einmal lesen. Dementsprechend mußten wir uns bei vielen Titeln auf die Sekundärliteratur verlassen oder aber, um der Akribie unserer Arbeit willen, gewisse Titel auslassen. So kommt es, daß auf meinem Schreibtisch ca. 600 Karteikarten von Titeln stehen, die wir aus Gründen der Ungewißheit vernachlässigen mußten. Wer sich hierdurch übergangen fühlt, den bitten wir aus besagten Gründen um Entschuldigung. Ebenfalls auch diejenigen, die wir übersehen haben, bei einer Neuauflage jedoch gerne aufnehmen werden, falls sie die Liebenswürdigkeit haben würden, uns zu unterrichten.

Nach welchen Auswahlkriterien sind wir nun bei der Sammlung des Materials vorgegangen? Im Prinzip haben wir uns leiten lassen von der Relevanz der Beiträge einerseits für den Soziologen und andererseits für den soziologisch interessierten Geisteswissenschaftler. Daraus schon ergab sich die Notwendigkeit, neben auf streng methodischer Basis aufgebauten Materialien, auch solche zu berücksichtigen, die nicht in allen Hinsichten dem strengen Verlangen des empirischen Vorgehens entsprechen. Damit wurde der Zweck verfolgt, die Tatsache, daß es sich hier um ein Handbuch der *empirischen* Kunstsoziologie handelt, besonders deutlich zu machen. Verbleibt doch der Streit um die Empirie und so auch die Bedeutung der Empirie für die Sozialforschung so lange im nebulösen Feld abstrakten Verlangens und verwischter Grenzen, bis eine Gegenüberstellung aufzeigen kann, was das eine zu bieten hat und das andere nicht. Hier Versteckspielen oder persönliche Ab- und Zuneigungen sprechen zu lassen, hieße Verrat an seiner Wissenschaft betreiben. Das aber würde gleichzeitig bedeuten, als Soziologe anstelle *für* das Wohl der Gesellschaft *gegen* dasselbe zu arbeiten. Drum auch haben wir es in den Kommentaren stets zu vermeiden gesucht, in den Kampf einzutreten, der sich um unsere Wissenschaft innerhalb ihres eigenen Kreises abspielt. Zwar sehen wir Argumente und Diskussionen – so wie wir sie in den von uns verfaßten Einleitungen zu jedem Kapitel vortragen werden – als ein notwendiges Instrument zur Evolution einer Wissenschaft an, nicht aber dürfen diese zu Verzettelungen durch Cliquen und Grüppchen führen, denen es nur darum geht, entweder irgendwelche Marotten in den Vordergrund zu schieben, zu propagieren und zu lehren oder politische Tendenzen hinter einem soziologischen Paravent zu infiltrieren.

Bereits seit geraumer Zeit wird viel über die Einheit der Wissenschaft, über Wissenschaftslogik und über Ganzheit der Logistik in der Sozialwissenschaft geschrieben und polemisiert. Dahinter mögen bittere Notwendigkeiten und Erklärungsversuche stehen, die der soziale Wandel an die Soziologie herangetragen hat. Wenn man jedoch dem Inhalt der meisten dieser Klärungsversuche auf den Grund geht und, was die Kunstsoziologie betrifft, deren Anzahl mit der Anzahl praktischer soziologischer Forschungen vergleicht, dann fragt sich, ob hier eigentlich nicht theoretisch geplänkelt wird, um der praktischen Arbeit aus dem Wege zu gehen, soweit nicht hinter dem theoretischen Geplänkel ein Ideologienkampf bitterster, wenn auch nicht manifester Art stehen sollte. Wie dem auch sei, von einer Erklärung des Sozialen durch das Soziale (Durkheim) oder, in unserer eigenen Sprache, von einem aktiven und realistischen Humanismus im wahrsten und allumfassendsten Sinn kann dabei nicht mehr die Rede sein. Und da wir der Ansicht sind, daß eine wahre Soziologie wirklichkeitsnah, zweckdienlich, militant und human zu sein hat, wird man es uns nicht verdenken, wenn wir uns bei unserer Auswahl in bezug auf den Wissenschaftsgehalt von dieser Richtlinie haben leiten lassen. Dementsprechend gab es für uns kein Zögern, wenn wir auf Arbeiten stießen, die der empirischen Basis im strengen Sinne des Begriffs entbehrten, wohl aber sich um den Menschen in seinem sozialen Sein bekümmerten: auch sie wurden, mit einem auf ihre Position im Kreise der Kunstsoziologie hinweisenden Kommentar versehen, aufgenommen. Selbst nur soziologisch orientierte Beiträge aus solchen benachbarten Gebieten wie Ästhetik, Anthropologie, Ethnologie u. a. m. durften nicht vernachlässigt werden. Sie finden sich, wenn auch nicht in aller Ausführlichkeit, als Hinweise gedacht, insgesamt in Teil F, Anhang, aufgeführt.

An der Herstellung dieses Bandes haben mitgewirkt die Herren: Dr. H. Jensen, E. Weingarten, H. G. Hübner und mehrere Studenten in unserem Institut. Ihnen gilt unser aufrichtiger Dank, ebenso wie dem Enke Verlag, dessen Geduld unübertroffen war.

Inhalt

D. Soziologie der Literatur

E. Soziologie des Theaters und des Films

F. Anhang

Abkürzungsverzeichnis

AAAPSS	The Annals of the American Academy of Political and Social Sciences (USA)
Am Anthrop	American Anthropologist (USA)
Am Cath S R	American Catholic Sociological Review (USA)
Am J Econ Soc	American Journal of Economics and Sociology (USA)
Am J Orthops	American Journal of Orthopsychiatry (USA)
Am J Psychoth	American Journal of Psychotherapy (USA)
AJS	American Journal of Sociology (USA)
APSR	American Political Science Review (USA)
Am Psychol	American Psychologist (USA)
Am Rev	American Review (USA)
AS	L'Année Sociologique (FR)
ASR	American Sociological Review (USA)
AHES	Annales d'histoire économique et sociale (FR)
Anthr Quart	Anthropological Quarterly (USA)
Ant R	Antioch Review (USA)
AEP	Archives européennes de psychologie (FR)
AfMw	Archiv für Musikwissenschaft (Schweiz)
Arch SG	Archiv für Sozialgeschichte (Deutschland)
Arch Soz W	Archiv für Sozialwissenschaft und Sozialpolitik (Deutschland)
BISD	Boletin informativo del Seminaro de Derecho (Spanien)
Brit J Aesth	British Journal of Aesthetics (Engl.)
Brit J Med Psych	British Journal of Medical Psychology (Engl.)
BJS	British Journal of Sociology (Engl.)
B int Sci soc	Bulletin international des sciences sociales (FR)
C Ét Ra-Tél	Cahiers d'Études de Radio-Télévision (FR)
CIS	Cahiers internationaux de sociologie (FR)
CMRS	Cahiers du monde russe et soviétique (FR)
Christ soc	Christianisme social (FR)
ChS	Christian Scholar (USA)
Chron Soc Fr	Chronique sociale de France (FR)
Coll AJ	College Art Journal (USA)
Cont Jap	Contemporary Japan (Japan)
Contemp R	Contemporary Review (USA)
Cross	Cross Currents (USA)
DVJS	Deutsche Vierteljahresschrift (Deutschland)
DVJ	Deutsche Vierteljahresschrift für Literaturwissenschaft (Deutschland)
East Anthrop	Eastern Anthropologist (Indien)
Ency Soc Sci	Encyclopedia of the Social Sciences (USA)
Ethn	Ethnology (USA)
Fom Soc	Fomento social (Spanien)
GRM	Germanisch-romanische Monatsschrift (Deutschland)
Hwb Sw	Handwörterbuch der Sozialwissenschaft (Deutschland)
Harv Ed R	Harvard Educational Review (USA)

Ind J Soc Res	Indian Journal of Social Research (Indien)
Ind Soc B	Indian Sociological Bulletin (Indien)
Int Enc Soc Sci	International Encyclopedia of the Social Sciences (USA)
Int J Comp Sociol	International Journal of Comparative Sociology (USA)
IRMAS	International Review of Music Aesthetics and Sociology (Jugoslawien),
IRSH	International Review of Social History (Holl.)
Int J Psychoan	International Journal of Psychoanalysis (USA)
ISSJ	International Social Science Journal
JbN	Jahrbücher für Nationalökonomie und Statistik (Deutschland)
J J Soc	Jewish Journal of Sociology (Engl.)
J Soc Stud	Jewish Social Studies (USA)
J abn soc Psych	Journal of Abnormal and Social Psychology (USA)
JAAC	Journal of Aesthetics and Art Criticism (USA)
J Am Stat Ass	Journal of the American Statistical Association (USA)
JEAS	Journal of East Asiatic Studies (Philippinen)
J Educ Sociol	Journal of Educational Sociology (USA)
J gen Psychol	Journal of General Psychology (USA)
J genet Psychol	Journal of Genetic Psychology (USA)
J Hist Id	Journal of the History of Ideas (USA)
J Hum Rel	Journal of Human Relations (Engl.)
J indiv Psychol	Journal of Individual Psychology (USA)
J Project Techn	Journal of Projective Techniques (USA)
J Psych	Journal de psychologie (FR)
J Psych norm path	Journal de psychologie normale et pathologique (FR)
J Soc Iss	Journal of Social Issues (USA)
JSP	Journal of Social Psychology (USA)
KVJH	Kölner Vierteljahreshefte für Soziologie (Deutschland)
KZfS	Kölner Zeitschrift für Soziologie und Sozialpsychologie (Deutschland)
Lit D	Das literarische Deutschland (Deutschland)
Luth Q	The Lutheran Quarterly (USA)
Mag fil Sz	Magyar filozófiai Szemle (Ungarn)
Mens Mij	Mens en Maatschappij (Holland)
Mid East J	Middle East Journal (USA)
MLR	Modern Language Review (USA)
MPh	Modern Philology (USA)
ModQ	Modern Quarterly (USA)
MfM	Monatshefte für Musikgeschichte (Deutschland)
MJ	Museums Journal (Engl.)
MQ	Musical Quarterly (USA)
NMZ	Neue Musikzeitschrift (Deutschland)
NZfM	Neue Zeitschrift für Musik (Deutschland)
NAR	North American Review (USA)
Nouv Crit	Nouvelle Critique (FR)
NRE	Nouvelle Revue (FR)
ÖMZ	Österreichische Musikzeitschrift (Österreich)
Pacif Soc Rev	Pacific Sociological Review (USA)
Part Rev	Partisan Review (USA)
PPR	Philosophy and Phenomenological Research (USA)
Polit Sci Q	Political Science Quarterly (USA)

Polit St	Politische Studien (Deutschland)
PSSA	Proceedings of the Southwestern Sociological Association (USA)
Psych Franç	Psychologie française (FR)
Psych Rev	Psychological Review (USA)
Publ Adm	Public Administration (Engl.)
POQ	Public Opinion Quarterly (USA)
Quart J Speech	Quarterly Journal of Speech (USA)
Quart J Stud Alc	Quarterly Journal of Studies on Alcohol (USA)
Rech soc	Recherches sociographiques (Kanada)
Rech sociol	Recherches sociologiques (Belgien)
Rel Life	Religion in Life (USA)
R Pol	Review of Politics (USA)
R Ciec Soc	Revista de ciencias económicas (Puerto Rico)
R Guatemala	Revista Guatemala (Guatemala)
R Inst Cienc soc	Revista del Instituto de ciencias sociales (Spanien)
R Int Sociol	Revista International de sociología (Spanien)
R Mexic Sociol	Revista Mexicana de Sociología (Mexiko)
RdM	Revue des deux mondes (FR)
R Franç Sociol	Revue française de sociologie (FR)
Rev Gen	La revue générale (Belgien)
Rev d'histoire écon	Revue d'histoire économique (FR)
RInstS	Revue de L'Institut de Sociologie Solvay (Belgien)
Rev Int Phil	Revue internationale de philosophie (FR)
RISS	Revue internationale des sciences sociales (FR)
RIS	Revue internationale de sociologie (FR)
R nouv	Revue nouvelle (Belgien)
Rev Phil	Revue philosophique (FR)
R Sci Fin	Revue de science financière (FR)
R synth	Revue de synthèse (FR)
SchwMZ	Schweizerische Musikzeitung (Schweiz)
Sew Rev	Sewanee Review (USA)
Soc Forc	Social Forces (USA)
Soc Prob	Social Problems (USA)
Soc Res	Social Research (USA)
Soc Sci	Social Science (USA)
Soz Pr	Soziale Praxis (Deutschland)
Soz Welt	Soziale Welt (Deutschland)
Sociol R	Sociological Review (Engl.)
Sociol Int	Sociologia internationalis (Deutschland)
SSR	Sociology and Social Research (USA)
Sosyol Derg	Sosyoloji Dergisi (Türkei)
Southw J Anthrop	Southwestern Journal of Anthropology (USA)
Stat Jb	Statistisches Jahrbuch der deutschen Städte (Deutschland)
Stud Publ Comm	Studies in Public Communication (USA)
Th T	Theology today (USA)
Tjds Soc Wet	Tijdschrift voor sociale Wetenschappen (Belgien)
TC	Twentieth Century English (USA)
Umsch	Die Umschau (Deutschland)
Učen Zap	Učenye Zapiski (UdSSR)

Vjh Zeitg	Vierteljahreshefte für Zeitgeschichte (Deutschland)
Vopr Filos	Voprosy Filosofii (UdSSR)
Wiss Zs Humb Univ	Wissenschaftliche Zeitschrift der Humboldt-Universität (Deutschland)
Yale Rev	Yale Review (USA)
Z a PS	Zeitschrift für angewandte Psychologie (Deutschland)
ZFÄ	Zeitschrift für Ästhetik (Deutschland)
ZÄAK	Zeitschrift für Ästhetik und allgemeine Kunstwissenschaft (Deutschland)
ZBB	Zeitschrift für Bibliothekswesen und Bibliographie (Deutschland)
ZfKu	Zeitschrift für Kunst (Deutschland)
ZfM	Zeitschrift für Musik (Deutschland)
ZfMW	Zeitschrift für Musikwissenschaft (Deutschland)
ZSF	Zeitschrift für Sozialforschung (Paris)
Z V Ps S	Zeitschrift für Völkerpsychologie und Soziologie (Deutschland)
Z V Ps Sp	Zeitschrift für Völkerpsychologie und Sprachwissenschaft (Deutschland)

A. Soziologie der Künste im allgemeinen

Die Situation der Kunstsoziologie, handle es sich dabei um soziologische Erkenntnisse in bezug auf Musik, Malerei, Theater oder Literatur, ist nach dem heutigen Stand dieser Disziplin noch nicht so weit geklärt, daß Einigkeit über ihre Ansätze, Methoden und Ziele herrscht. Häufig findet sie sich als „junge Wissenschaft" bezeichnet, die erst am Beginn ihrer Entwicklung stehe, ihre Existenzberechtigung erst nachzuweisen und ihre Verfahrensweisen noch weitgehend zu entwickeln habe. Dabei wird jedoch übersehen, daß schon vor Jahrzehnten die Soziologie auch die Künste in den Rahmen ihrer Untersuchungsfelder einfügte und sich in Deutschland beispielsweise bereits auf dem 7. Deutschen Soziologentag (1930) eine Arbeitsgruppe ausschließlich Problemen der Kunstsoziologie widmete und somit diese Disziplin keineswegs als etwas völlig Neues vor uns steht. Auch läßt sich bei intensiverer Beschäftigung mit diesem Gebiet beobachten, daß sich seither – im Gegensatz zu flüchtigen Urteilen, die auf Unkenntnis der Sache beruhen – ein immer größeres Interesse von seiten der Sozial- wie der Kunstwissenschaften für kunstsoziologische Fragen herausgebildet hat. Es entstehen kunstsoziologische Zentren, Kunstsoziologie wird an Pädagogischen Hochschulen, an Kunst- und Musikhochschulen sowie an manchen Universitäten gelehrt, und Tagungen, die sich mit Problemen der Kunst befassen, versäumen es selten, ihren Programmen ein diesbezügliches Thema anzugliedern. Auch auf dem Buchmarkt erscheinen vielerlei Schriften, die sich in der einen oder anderen Weise kunstsoziologischen Fragen widmen. Diese Tatsachen wie auch der Umfang des vorliegenden Bandes und die Anzahl der darin erfaßten Titel aus aller Herren Länder scheinen zu beweisen, daß die Kunstsoziologie bereits über ein recht beträchtliches Maß an Wirkungsbreite und auch an vorhandenen Studien verfügt, auf die sie in ihrer Weiterentwicklung zurückgreifen kann.

Hierzu ist allerdings zu sagen, daß nicht alles, was unter der Bezeichnung „Kunstsoziologie" diskutiert oder veröffentlicht wird, nun auch unstrittig dieser Wissenschaft zugerechnet werden kann. Denn nicht nur kommt die Einbeziehung sogenannter „soziologischer" Fragestellungen oft lediglich modischen Tendenzen entgegen, sondern es erweist sich ebenso häufig, daß unter dem Oberbegriff „Kunstsoziologie" Betrachtungen angestellt werden, die von wahren soziologischen Denkweisen und Methoden weit entfernt sind – wie zum Beispiel schon die häufig auftretende Verwechslung so grundlegender Begriffe wie „sozial" und „soziologisch" in vielen Schriften zeigt: Kurz, es besteht trotz des gemeinsamen Vorhabens, die Kunst in ihren sozialen Verflechtungen zu erforschen, nach wie vor Uneinigkeit darüber, wie dies zu geschehen habe.

Diese Situation steht im Zusammenhang mit zwei Problemen, die, wenn sie auch nicht immer manifest nach vorne treten, dennoch das Fundament der Kunstsoziologie als autonomen Wissenschaftszweig berühren. Es ist dies einerseits die Frage nach der Stellung einer Soziologie der diversen Kunstformen innerhalb der bis dato „zuständigen" Wissenschaften, also innerhalb der Literatur-, Musik-, Theater- oder Kunstwissenschaft. Dabei entsteht die Diskussion insbesondere darüber, ob Kunstsoziologie als eine wahrhaft selbständige Wissenschaft oder nur als eine Hilfswissenschaft anzusehen sei. Der noch immer starke Einfluß der ästhetischen und kunstwissenschaftlichen Tradition sowie ein noch stets existierender Vorrang geisteswissenschaftlicher Betrachtungsweisen auf dem Gebiet jeglicher Kunstuntersuchungen erschweren die Anerkennung der Kunstsoziologie als gleichberechtigter Disziplin. Geht es doch hier oft nur darum, eine bisherige wissenschaftliche Monopolstellung zu erhalten. Denn wer beispielsweise schreibt: „Die Begründung und Entwicklung der Musiksoziologie hängt davon ab, wieweit sie sich in Methode und Sprache dem Sachgebiet Musik anpaßt (z. B. Bach nicht als Produzenten für Konsumenten bezeichnet)“ [1] oder sagt: „Une approche sociologique de l'art actuel ne saurait être pleinement valable qu'à partir de l'étude des arts du passé et réciproquement“ [2], oder aber, einer althergebrachten Bewertungssucht nachgehend, nach „historisch-sozialer Bedingtheit“ sucht, „auf denen die allgemeinen Kriterien beruhen, nach welchen eine Gesellschaft bzw. deren verschiedene Vertreter, Kunstwerke beurteilen“ [3], der zeigt nur allzudeutlich, daß es ihm eher darum geht, Herkömmliches zu erhalten als dem denkerischen Fortschritt zu dienen.

Der zweite Problemkreis besteht darin zu betrachten, wo und wie sich die Kunstsoziologie in den großen Rahmen der Sozialwissenschaft integrieren läßt, damit sie nicht in eine unerwünschte Marginalität gedrängt wird. Logischerweise stehen die beiden Problemkreise in enger Beziehung miteinander, denn gäbe es keine Literatur- oder Musikwissenschaft, gäbe es auch keine Literatur- oder Musiksoziologie. Von daher erklärt sich auch bei einer Darstellung der Entwicklungsgeschichte der Literatursoziologie der jeweilige Hinweis auf die Ideen der Madame de Staël [4] oder Louis de Bonald [5], bei einer Darstellung der Musiksoziologie auf Jean Joseph Marie Amiot [6] oder Raphael Georg Kiesewetter [7], bei bildender Kunst auf Giorgio Vasari [8], usw.

Aber nicht nur erscheint so manchem Kunstwissenschaftler die Einbeziehung soziologischer Denkweisen problematisch – auch Soziologen erschrecken angesichts der Kunstsoziologie über eine Ambiguität, die auf den ersten Blick für sie aus der Verbindung von Kunstformen und Soziologie, von Kunstwissenschaften und Gesellschaftslehre zu entspringen scheint. Daher rührt es, daß der Kunstsoziologie bis vor kurzer Zeit eine eingehende Behandlung in Hand- und Lehrbüchern entweder gänzlich versagt blieb [9], oder aber die soziologische Behandlung der Künste mit dem Satz abgetan wurde: „The arts, in sum, are the least important and the most variable of the elements that enter into the social structure.“ [10] Selbst auf Vollständigkeit Wert legende, umfangreiche Lehrbücher wie der von Georges Gurvitch herausgegebene „Traité de Sociologie“ wissen z. B. der Musiksoziologie nicht einmal eine ganze Seite zu widmen [11] und, was die anderen Kunstsoziologien angeht, präsentiert diese in der Hauptsache als eine Mischung aus Ethnologie und Philosophie.

So wird es notwendig sein, die angedeuteten Problemkreise zusammengefügt abzuhandeln, zumal es bei dieser Einführung in der Hauptsache darum gehen soll, die fortschreitende Entwicklung der Kunstsoziologie einigermaßen zu systematisieren. Eine solche Systematisierung erscheint angesichts der oben erwähnten Uneinheitlichkeit von kunstsoziologischen Ansätzen, Methoden und Zielen unumgänglich, sie kann jedoch verständlicherweise nicht jeder Verzweigung bis zur äußersten Spitze nachgehen.

Wohl erscheint es uns notwendig, sie nach einem erkenntnistheoretischen Gesichtspunkt durchzuführen, der davon ausgeht, den Anteil des Sozialen in den Konzepten, deren sich die verschiedenen Denkschulen bedienen, sorgfältig abzuwägen, d. h. nie zu übersehen, daß die Künste den Menschen in Kindheit, Reife und Alter, in seinem inneren wie in seinem sozialen Leben in vielen Hinsichten immer wieder berühren.

a) Soziologie des Geistes

In dem oben erwähnten „Traité de Sociologie" von Georges Gurvitch, aber nicht nur dort, finden wir Musiksozologie, Soziologie der Sprache, der Literatur, der darstellenden Kunst, der Religion und anderem als Probleme der „Sociologie des œuvres de civilisation" abgehandelt – eine modifizierte Formulierung für die von Gurvitch früher verwendete Weise, diese Gebiete als Probleme der „Sociologie de l'esprit" zu umschreiben[12]. Obwohl es bei Gurvitch in diesem Zusammenhang heißt: „Die Soziologie des Geistes hat keinerlei imperialistische Prätentionen, sie will die Philosophie nicht ersetzen; mehr und mehr aber wird sie die Philosophie dazu zwingen, ihrem soziologischen Visavis und der vollzogenen Arbeit Rechnung zu tragen" [13], bestehen nach Kenntnis anderer Arbeiten von ihm [14] und einem seiner sich auf ihn berufenden Schüler [15] Zweifel, ob eine solche Einteilung nicht zu einer oft als schädlich erkannten Ablenkung vom Faktischen führen würde. Weiterhin werden so, wie aus der Überschrift hervorgeht, die verschiedenen Kunstformen ohne jegliche Spezifizierung als eine Tätigkeit des individuellen oder kollektiven Geistes behandelt, und verlieren damit nicht nur den ihnen zukommenden selbständigen Charakter, sondern werden – was recht bedenklich erscheint – mit vielen anderen geistigen Tätigkeiten in einer gewissen Einheitlichkeit gesehen. Dabei dürfte es doch klar sein, daß die individuellen oder kollektiven geistigen Tätigkeiten weder psychologisch, soziologisch, emotional, kognitiv, zeitlich, noch selbst physiologisch auf einen gemeinsamen Nenner zu bringen sind. Dieses unglückliche Resultat einer Zusammenfassung, das vor allem einer systemgebundenen Auffassung von der Gesellschaft entspringt, läßt sich sehr deutlich an dem Beitrag des insbesondere um die Musiksoziologie sehr verdienten Soziologen Paul Honigsheim erkennen [16]. Hier finden Kunst-, Musik- und Literatursoziologie, grosso modo gesprochen, eine gekoppelte Darstellung, von der gesagt werden muß, daß sie, sowohl was Beweisführung als auch Nachweise angeht, zwischen Sozialgeschichte und den religiösen bzw. symbolischen Aspekten der Künste hin- und herpendelt. Dennoch bleibt Honigsheims Beitrag, ebenso wie übrigens auch andere seiner Arbeiten zu diesem Thema [17], insofern vorbildlich, als er sich von kunstphilosophischen Erwägungen distanziert, was dort deutlich wird, wo er schreibt: „Denn nicht um Kunstphilosophie handelt es sich hier, sondern um einen Versuch einer Soziologie der Kunst, Musik und Literatur." [18]

b) Wissenssoziologie

In einer anderen Weise wird die Kunstsoziologie unter jene soziologische Spezialität miteinbezogen, die als „Wissenssoziologie" bekannt ist und dazu dienen soll, „herauszufinden, welcher Typus des Denkens zu dieser oder jener Zeit von Menschen ausgeübt wurde“[19]. Diese Umschreibung oder aber auch die andere, die für unseren Zusammenhang etwas deutlicher sagt, daß es nach der Auffassung von Karl Mannheim die Aufgabe der Wissenssoziologie sei, „die Wechselbeziehungen zwischen philosophischen, intellektuellen ‚Standpunkten‘ auf der einen Seite und konkreten ‚Strömungen‘ auf der anderen zu ermitteln“[20], dürfte wohl jeden ansprechen, der in der Kunst nur einerseits ein Denken und andererseits ein Handeln sieht, und zwar ohne Abhängigkeit voneinander. Vertieft man sich in die Schriften Mannheims und besonders in seine speziell auf kunstsoziologische Fragen ausgerichtete Skizze, die 1923 erschienen ist[21], dann läßt sich leicht erkennen, daß es – wie Kurt Lenk zu Recht schreibt[22] – Mannheim in erster Linie darauf ankam, „nach einer Möglichkeit zu suchen, Kunstwerke anderen ‚Kulturobjektivationen‘ vergleichbar zu machen“ – ein Unterfangen, das später im Verzuge einer Gesamtsystematisierung des soziologischen Denkens in recht eigenwilliger Form erneut von Pitirim A. Sorokin und so manchen anderen unternommen wurde[23]. Auf den ersten Blick sind diese kunstsoziologischen Versuche durchaus bestechend; lassen sich jedoch in ihrer Gesellschaftsbezogenheit als äußerst einseitig erkennen, indem sie sich vordringlich auf Probleme des Stilwandels in den Künsten und deren Verursachungen konzentrieren. Diese Art kunstsoziologische Gedankengänge, die, wie Kurt Lenk schreibt, von Beginn an vom Bemühen beherrscht sind, „die Sphäre der ästhetischen Werte mit deren Realisierung im konkreten Prozeß des künstlerischen Schaffens in eine einsichtige Beziehung zu bringen“[24], führen – ob bei Georg Lukács[25], Georgij Walentinowitsch Plechanow[26], Walter Benjamin[27] oder bei dem die Ideen Benjamins übernommen habenden Theodor W. Adorno[28] – zu einem äußerst wirklichkeitsfremden Konstrukt von Reflexionen: sie sind im idealen Falle das Suchen nach einem hochstehenden demokratischen Ideal der Kultur, das imstande sein könnte, das humanistische Ideal zu ersetzen. Letztlich aber sind sie nichts anderes als der von einer wahrlich gesellschaftsrelevanten Kunstsoziologie meilenweit entfernte Versuch, die großen Gestalten in der vergangenen Literaturentwicklung zu erkennen, was, nach Georg Lukács, so kompliziert ist, „weil die Literatur eine Spiegelung der objektiven Wirklichkeit ist“[29]. Sicherlich zeigen, wie H. J. Lieber es ausgedrückt hat, Mannheims Arbeiten, „daß im zentralen Begriff der Seinsverbundenheit des Wissens eine besondere Methode des Verstehens von Aufbau und Eigenart des Geisteslebens gefunden wurde“[30]. Aber im primitivsten Falle finden wir auf dieser Grundlage jene naiven Versuche, die, meistens unter der modischen Überschrift „Kunst – soziologisch gesehen“, soziologische, morphologische und ästhetische Betrachtungsweisen wahllos und vor allem gefällig durcheinanderwerfen, um am Ende zu der Absurdität zu verleiten, die Theorie der Gesellschaft an der Kunst zu betreiben.

Beide Ausgangspunkte, sowohl die Soziologie des Geistes als auch die diversen Varianten der Wissenssoziologie, müssen unvermeidlich zu einer a priori-Denkweise führen, der eine empirisch ausgerichtete Kunstsoziologie nicht stattgeben kann. Denn diese wünscht von den gleichen fundamentalen Voraussetzungen auszugehen, denen auch die allgemeine Soziologie Folge leistet: Tatsachenbeobachtung; auf das Resultat von Tatsachenbeobachtungen basierte Verallgemeinerungen; allgemeine erklärende Theorie – wobei das Tatsächliche im Gegensatz zum Empfundenen, zum Metaphysischen, ja zum

Erdachten, zu dem uns die Künste nur allzu leicht verführen können, in jeder Hinsicht oberstes Gesetz zu sein hat. Diesen Voraussetzungen aber dürfte weder die eine noch die andere dieser Denkschulen gerecht werden können, es sei denn, was die Wissenssoziologie betrifft, diese erweitere sich „zu einem komplexen Forschungsbereich mit modernen soziologischen Methoden und Techniken, mit einem festen und gegenüber der Logik klar abgegrenzten Platz in einer generellen Wissens- und Wissenschaftstheorie“ [31].

c) Kultursoziologie

Bleibt als nächstes zu erwägen, ob die Rubrik „Kultursoziologie“ zu einem zufriedenstellenden Ergebnis bei der Einreihung der Kunstsoziologie führen kann. Sicherlich wäre dies das Gegebene. Insbesondere wenn wir bedenken, daß „Kultur“ in der modernen Soziologie zu einem Begriff geworden ist, unter den nicht nur Theater, Malerei, Literatur und Musik fallen, sondern alle Verhaltensmuster und Bildungen, die sozial erworben und übermittelt sind. Obwohl durch die Ausdehnung der Begriff „Kultur“ für manche Betrachtungsweisen außerordentlich ungenau und unübersichtlich ist, dürfte dies im Rahmen unserer Betrachtungen nicht stören, da nirgends bestritten wird, daß die verschiedenen Kunstformen bzw. Kunstäußerungen integrale und fest umschriebene Teile der Kultur sind, verwende man den Begriff nun in seinem eingeschränkten oder seinem erweiterten Sinne.

In der Tat wird die Kunstsoziologie häufig in diesen Rahmen gestellt, und zwar besonders im amerikanischen Denkkreis, wo die Kunst zusammen mit Sprache, materiellen Kulturbestandteilen, Mythologie, wissenschaftlichem Wissen, religiösen Praktiken, Familie, sozialen Systemen, Eigentum, Staatsform u. a. einen Unterteil der Klassifikation kultureller Fakten bildet. In der deutschen Tradition, beeinflußt von Oswald Spenglers willkürlicher und stets noch grassierender unglücklicher Trennung von Kultur und Zivilisation [32] sowie Othmar Spanns Universalismus [33], betrachtet man gerne die Kunst unter den Aspekten einer allgemeinen Kulturtheorie und widmet, vor allem unter dem Einfluß von Jacob Burckhardt [34], der Beziehung zwischen Gesellschaft und Kunst besondere Aufmerksamkeit.

Was jedoch bei einer Einreihung der Kunstsoziologie unter diese Forschungsdisziplin als störend empfunden wird, ist die Tatsache, daß diese Richtung der Kultursoziologie allzuleicht zu einer Überbetonung des Geschichtlichen führt. Dies rührt daher, daß bedeutende Denker wie z. B. Alfred Weber [35] oder Arnold J. Toynbee [36] mit ihren Geschichtsanschauungen Kultursoziologie oder, „wenn man sich auf das empirisch Faßbare und seine verstehende Zusammenfassung zu beschränken sucht, Geschichtssoziologie“ betreiben [37]. Hinzu kommt noch, daß es bei ihnen nicht – um im altherkömmlichen Sinne zu sprechen – um die Kultur geht, sondern um die Kulturen, wodurch dieses vielsinnige Wort sofort wieder eine andere Bedeutung annimmt. Dieser sich hierdurch ergebende Zweifel, der u. a. auch linguistisch bedingt ist, kann zu ungeheuerlichen Verwechslungen und vor allen Dingen zu nicht-tatsächlichem, ideologischem Denken verführen, zu nationalen Ideologien, für deren gefährlichen Irrationalismus die Schriften von Paul de Lagarde [38], Julius Langbehn [39] oder Moeller van den Bruck [40] ein warnendes Beispiel sein sollten.

Ein weiteres, öfters zum Ausdruck gebrachtes Bedenken rührt von der Betrachtung einiger Beispiele angewandter Kultursoziologie im Felde der Kunst her, von denen hier nur Alfred von Martins „Soziologie der Renaissance" [41], Frederic Antals „Florentine Painting and its Social Background" [42], Curt Sachs' „The Commonwealth of Art" [43] und Arnold Hausers „Sozialgeschichte der Kunst und Literatur" [44] erwähnt werden sollen. Diese und ähnliche kultursoziologische Werke versuchen (mit oder ohne Berufung auf Marxsche Gedankengänge), nicht nur den individuellen künstlerischen Bewegungen die ihnen eigentümliche Stellung zu geben, sondern auch diese Bewegungen – sei es nun in der Musik, der Literatur oder der darstellenden Kunst – aus ihrer speziellen Situation heraus zu entwickeln. Es werden hier, um von Martins Vergleich zu benutzen, dem Kulturhistoriker und seinem Interesse an der Physiognomie der Kultur durch den Soziologen gewissermaßen ihre Anatomie und Physiologie hinzugefügt [45]. Aus allen diesen Werken spricht das Ringen, aus einer primitiven Sozialgeschichte – wie sie so oft fälschlich als Kunstsoziologie hingestellt wird [46] – herauszukommen und das, was einst nur sozialer Hintergrund war, nun als das Wesentliche zur Erforschung des sozialen Lebens von Werk und Künstler zu erkennen. Dies ist sicherlich als ein Fortschritt zu bezeichnen, wenn man bedenkt, daß sich „alle die individuellen Abenteuer auf eine mehr komplexe Realität, die der sozialen, auf eine sich ‚durchkreuzende' Realität gründen" [47].

Ohne Unterschätzung dieser Art kultursoziologischer Betrachtungen geht der Einwand dahin, „daß die Entwicklung der Soziologie als Wissenschaft abhängig ist von einer immer tiefer reichenden Trennung von dieser Art Geschichtsphilosophie" [48] sowie überhaupt vom Vergangenen, und zwar deshalb, weil dadurch das Heute und das zur Existenz notwendige Morgen vielfach gar nicht zur Sprache kommen können. Selbst bei der rührigen soziologisch orientierten angelsächsischen Kunstliteratur fällt es auf, wie sie in der Hauptsache stets noch Beiträge zu einer Kunstsoziologie der Vergangenheit hervorbringt [49]. Das aber dürfte keineswegs der Aufgabe entsprechen, die der Sozialwissenschaft zukommt; denn sie und so auch die Kunstsoziologie haben – wenn sie überhaupt ein Recht der Existenz besitzen sollen – eine doppelte Aufgabe, und zwar: Auf der einen Seite die Prozesse des menschlichen Verhaltens und besonders deren Beharrlichkeiten und Veränderungen zu analysieren, und auf der anderen Seite Normen in solcher Form zu unterbreiten, daß Möglichkeiten bestehen, Handlungen, will sagen praktische Handlungen zu unternehmen.

Für eine solche, viel weitergehende Aufgabe ist der Begriff „Kultursoziologie" und die Subsumierung der Kunstsoziologie unter diesen zu eng, was sich überdies auch noch daraus ersehen läßt, daß Kultursoziologie an anderer Stelle als „die Wissenschaft von der Gesellungsseite des Kulturlebens" [50] bezeichnet wird, eine Ansicht, die sich übrigens unter dem Einfluß von J.-M. Guyaus inhaltlich oft verkanntem Werk „L'art au point de vue sociologique" [51], in dem es hauptsächlich um das Verhältnis von Kunst und „sociabilité" geht, sehr häufig vertreten findet. Ihre selbst auferlegte Beschränkung muß die Kultursoziologie, so wie sie im Anschluß an Wilhelm Dilthey mit seinem Historizismus und der Scheidung zwischen Systemen der Kultur (Kunst, Wissenschaft, Religion usw.) und „äußeren" Organisationsformen der Kultur (Gemeinschaft, Herrschaft, Staat usw.) zur Zeit noch stets vertreten wird [52], immer wieder zu dem zurückführen, was sich berechtigterweise Sozialgeschichte der Kunst benennen darf, verführerischer- und fälschlicherweise allerdings allzu oft als Kunstsoziologie in Erscheinung tritt. Würde man beispielsweise die Musiksoziologie nur so vage und wissenschaftlich labil definieren, indem man sagt, sie sei „die Lehre vom Zusammenhang zwischen Musik und Gesellschaft" [53], so würde sich schon allein aus dem Wort „Zusammenhang" ergeben, daß dieser Zweig der Kunstsoziologie mehr als eine Kultursoziologie ist; daß sie ihren Rahmen viel weiter spannt, und zwar über die Kultur hinaus, sie quasi miteinbezieht und zumindest als eine *Kulturwirkekreissoziologie* zu behandeln ist.

Da „die objektiven geistigen Gebilde dem sozialen Geschehen niemals entgegengesetzt, sondern nur in Kulturwirkekreisen in einem funktionalen Zusammenhang mit ihm gesehen werden (können)" [54], wird heutzutage von keinem modern denkenden Sozialwissenschaftler übersehen [55], daß die Künste, ebenso wie Wirtschaft, Recht, Religion, Staat usw., kulturgesellschaftliche Zusammenhänge darstellen. Dies ergibt sich bereits daraus, daß diese Gegebenheiten von solchen unterschiedlichen Blickwinkeln wie Symboldarstellung, Kommunikationsvorgang oder letzten Endes soziale Prozesse betrachtet werden können. Unumgänglich führt also jedes kunstsoziologische Denken und Forschen zu den Wirkekreisen der Kunst hin: es hat sie miteinzubeziehen. Darum sprechen wir von einer *Kulturwirkekreissoziologie,* wobei wir uns durchaus darüber im klaren sind, daß dieser Terminus außerordentlich unbeholfen ist, er jedoch in seiner Präzision die Möglichkeit eröffnet, in der Kunstsoziologie mehr zu sehen als nur das Betreiben einer Sozialgeschichte der Künste oder einer soziologischen Ästhetik.

d) Sozialgeschichte der Kunst

Wenden wir uns nunmehr der bereits mehrfach apostrophierten Sozialgeschichte der Kunst bzw. der Künste und ihrem Verhältnis zur Kunstsoziologie zu, zumal vielfach die Sozialgeschichte der Kunst als eine, wenn nicht sogar als die einzig gültige Ausrichtung der Kunstsoziologie dargestellt und verteidigt wird. Dazu ist vor allem zu sagen, daß die Bedeutung der Sozialgeschichte der Kunst als solcher ebenso unbestreitbar ist wie das Zusammenleben und die gegenseitige Befruchtung von Geschichte und Soziologie. Dem gilt es nur dann zu widersprechen, wenn so viele, die dieses Gebiet kompetent behandeln, sich als Kunstsoziologen ausgeben, während sie in Wirklichkeit Geschichtssoziologen sind. Sie versuchen dem sozialen Gepräge der Kunstgeschichte, d. h. der sozialen Seite des Vergangenen, meist nur geschichtlich und keineswegs soziologisch nahezukommen, und könnten somit höchstfalls als Kunsthistoriker, nicht aber als Kunstsoziologen in Erscheinung treten und diese Wissenschaft befruchten. Hier muß nach einer deutlichen Trennung verlangt werden, die auf den ersten Blick womöglich dogmatisch erscheinen mag. Sie ist es aber nicht, wenn wir uns ansehen, wozu die Prätention, nach der Sozialgeschichte der Kunst Kunstsoziologie darstelle, im Verzuge der Entwicklung der empirischen Kunstsoziologie geführt hat.

Zunächst einmal geht es auf die Sozialgeschichtler zurück, daß sich die bereits angedeutete, vom Sprachlichen her mögliche Begriffsverwechslung von „sozial“ und „soziologisch“ vertieft hat. Erstaunlicherweise finden wir diese Verwechslungen am häufigsten in der französischen, aber auch in der deutschen Literatur, obwohl schon mehrfach darauf hingewiesen wurde, daß der seit Emile Durkheim in die Literatur eingegangene Begriff des „fait social“ je nach dem Zusammenhang als „soziologischer Tatbestand“, als „soziale Tatsache“ oder gar als „soziales Phänomen“ zu verstehen ist[56]. Aber ganz abgesehen von dieser durchaus entschuldbaren Unkenntnis, der man selbst in den Schriften von Fachleuten begegnet[57], benutzen sozialgeschichtliche Arbeiten mit Vorliebe Ausdrücke wie „der soziologische Akzent“, „das soziologische Fragezeichen“ oder die „soziologische Begründung“ in bezug auf Kunst, Künstler und Kunstpublikum recht häufig dort, wo passende Erklärungen für das Soziale fehlen oder aber, wo das Unumschreibbare in der Luft hängenbleiben soll. Dies aber ist ein falscher Weg: da werden geschichtliche Beispiele zitiert, da wird von Klassenkampf und klassenloser Musik gesprochen, da werden bei Literaturanalysen Realität und Ideologie wahllos vermischt, es wird auf Anekdoten zurückgegriffen, und letzten Endes wird unter dem Deckmantel der Kunst flache Propaganda irgendwelcher Richtung betrieben – wozu die Soziologie sich niemals hergeben sollte.

Hingegen bei einer seriösen und wertvollen Sozialgeschichte der Künste, so wie sie nicht erst seit heute betrieben wird und die, wie die Fülle derartiger Arbeiten zeigt, ein nach wie vor äußerst beliebtes Gebiet ausmacht, steht sehr oft das literarische, musikalische oder bildliche Phänomen in seiner sozialisierten Form – explizit oder implizit – im Zentrum der Betrachtungen. Hier werden dann künstlerische Ereignisse nicht einfach katalogisiert, sondern auch in ihrer Interdependenz zu Zeitereignissen allgemeiner Art und wesentlichen kulturellen Zeiterscheinungen vorgebracht und analysiert, was zufolge moderner Erkenntnisse aufzeigt, wie spezifische kulturelle Phänomene zu künstlerischen Normen geworden sind, die – als Abstraktionen – der Gegenwart später als Basis gewisser moderner künstlerischer Denkformen dienen konnten[58]. Aber auch innerhalb dieser Aktivität, die es sich zur Aufgabe gestellt hat, Regelmäßigkeiten zu erkennen, machen sich Strömungen bemerkbar, die, trotz ihrer kunstsoziologischen Titel, eine verfälschte Auffassung der Kunstsoziologie befürworten. Ihnen ist vorzuwerfen, daß sie Hypothesen aufstellen, die aus persönlichen Ressentiments erwachsen sind, um dadurch zu Feststellungen zu kommen wie z. B. diejenige, die sagt: „Musik als soziale Funktion ist dem Nepp verwandt, schwindelhaftes Versprechen von Glück, das anstelle des Glückes selber sich installiert“ [59]. Schlimmer noch ist, daß sie bei derlei kulturpessimistischen Hypothesen verbleiben und sich weder um soziale Rollen, um soziale Schichtungen oder gar um soziale Veränderungen bekümmern, die zu beachten und zu erkennen ein wesentliches Verlangen jedweder soziologischen Betrachtung ist.

Recht häufig handelt es sich hier um Denkschulen, die eine Ergründung des gesamten kunsthistorischen Verlaufs unter dem Blickwinkel der Soziabilität befürworten, an der man – so wird groteskerweise behauptet – nach Feststellung der künstlerischen Produktion den wirtschaftlichen und gesellschaftlichen Zustand ganzer Bevölkerungsgruppen ablesen kann. Auch ist es typisch für diese Denkweise, daß sie sich ausschließlich für den sozialen Zweck der Kunst, für Anlaß der Kunstausübung, sozial bedingte Formen der Kunstausübung sowie Wechselwirkungen zwischen Kunst- und Gesellschaftsformen als

Grundprobleme der Kunstsoziologie interessiert, jedoch Fragen der Kunstpolitik, der Kunstorganisation, der Medienpraxis, des Verlagswesens u. a. m. als „vorwissenschaftliche Kunstsoziologie" abtut. Zahlreiche Beispiele finden sich dafür in unserer Bibliographie, wie eine derartige Denkweise dazu geführt hat, historische Soziallehre, Sozialethik, Sozialpädagogik, Geisteslehre und wirtschaftsgeschichtliche Auffassungen unter Ausschluß jedweder soziologischer Prinzipien und Methoden zusammenzuwerfen, nur um eine sich als Kunstsoziologie präsentierende Sozialgeschichte vorzulegen, bei der tendenziös gefärbten Ideen der Vorrang über die Realitäten gegeben wird.

Wird nun diese Art von Kunst-Sozialgeschichte als Kunstsoziologie vorgetragen und nicht als das erkannt, was sie in Wirklichkeit ist, dann darf es nicht verwundern, daß sich in ihr, in dieser Art „Geistesgeschichte des Zeitgeistes", in diesem von keinerlei soziologischer Sachkenntnis getrübten Mischmasch der Uninformierte ein grandioses Angriffsfeld gegen die Soziologie im allgemeinen findet und man schreibt: „Doch möchte ich meinen, daß eben dieses Gemisch von widersprüchigen Zielen dafür verantwortlich ist, daß die Soziologie sich in zwei gänzlich entgegengesetzte Richtungen bewegt. Am Ende des einen Weges begegnen wir der Utopie moralischer Optimisten, die von den soziologischen Einsichten das Vertrauen in die endliche Verbesserung der menschlichen Gesellschaft für die Gegenwart und die Zukunft herleiten. Am Ende des anderen Weges aber stehen wir jenem schrecklichen und unnachgiebigen Skeptizismus gegenüber, dessen Analyse der Gesellschaft zur Prophezeiung führt, daß die Totenglocke das nahe Sterben unserer Kultur schon einläutet." [60] Daß dem nicht so ist, wissen wir. Wir dürfen aber dennoch nicht übersehen, daß derlei Angriffe ihre Berechtigung dort finden, wo sogenannte Kunstsoziologen wirklichkeitsfremd sich gebärden, damit sie um so besser das ihnen am nächsten liegende Vergangene infiltrieren oder wiederbeleben können. Der wahre Kunstsoziologe muß auf Realitäten bestehen, er muß bis zu einem gewissen Grade Positivist oder, wenn man will, ein furchtloser Pragmatiker sein, nicht anders, als es auch zu Recht vom Historiker verlangt wird. Das gleiche gilt auch für die Kunstgeschichte. Denn nehmen wir z. B. solche Komplexe wie Gruppe, Institution, Kunstpolitik, Kunstwirtschaft, Verhalten usw. – sie sind alle soziologische Gegebenheiten, die ebensogut vom Blickwinkel des Soziologen als von dem des Historikers betrachtet werden können.

Schon wenn man sich nicht länger der Erkenntnis verschließt, daß sich dem Forscher und Beobachter zwei verschiedene Klassen von historischen Tatsachen darbieten, hält man die Grenzbestimmung und gleichzeitig auch eine weitere Situationsbestimmung der Kunstsoziologie in Händen. Nämlich: Die Sozialgeschichte hat es mit denjenigen Tatsachen zu tun, die dem sozialen Zustand ohne regelmäßige Verbindung oder Wechselbeziehung gegenüberstehen, weil sie von der Originalität großer Persönlichkeiten herrühren. Ihre Kräfte und Fortschritte sind weder stetig noch regelmäßig. Die Kunstsoziologie auf der anderen Seite interessiert sich – als eine Kulturwirkekreissoziologie – für jene historischen Tatsachen, die untereinander und mit dem Fortschritt der Gesellschaft in Wechselbeziehung stehen. Sie passen sich an und entwickeln sich gemäß Kräften, deren Analysen und Beschreibungen zu den Aufgaben der Kunstsoziologie gehören.

Wenn auch hiermit bei weitem noch nicht das Gesamtfeld der Aufgaben der Kunstsoziologie umschrieben und erschöpft ist, so setzen doch gerade an diesem Punkt eine

Anzahl von seriösen Kunstsoziologen ihren Hebel an. Einer der ersten, der hier, was sozio-musikalische Phänomene betrifft, seinen Ausgangspunkt nahm, war Georg Simmel in einer fast unbekannten Arbeit, die unter dem Titel „Psychologische und ethnologische Studien über Musik" in der „Zeitschrift für Völkerpsychologie" (Vol. 13) im Jahre 1887 erschienen ist und auf die in der Einleitung zum Kapitel „Musik" noch zurückzukommen sein wird. Vordringlicher erscheint es uns, an dieser Stelle das bereits einmal genannte, groß angelegte Werk von Pitirim A. Sorokin „Social and Cultural Dynamics" zu erwähnen [61], da hier neben vielem anderen der Versuch unternommen wird, Formen und Äußerungen der Kunst in Beziehung mit anderen Aspekten der sozialen Situation zu untersuchen. Im Kapitel 12 unter der Überschrift „Fluctuation of Ideational, Sensate, and Mixed Forms of Music", weitergehend im 40. Kapitel seiner zusammenfassenden Darstellung in „Society, Culture, and Personality" [62] unter der Überschrift „Growth, Fluctuation, and Decline of Main Forms of Fine Arts", befaßt sich Sorokin mit der Definition verschiedener Kunstformen, und, was uns im vorliegenden Zusammenhang besonders interessiert, mit den Schwankungen der hauptsächlichen Stile in Zeit und Raum. Indem Sorokin hervorhebt, daß es sich bei seinen Ausführungen nicht um eine Geschichte der Kulturen handelt, sondern um eine Soziologie ihres Wandels [63], unterstreicht er insbesondere die Bedeutung des sozialen Milieus für den kreativen Prozeß und die Interdependenz zwischen sozialen Prozessen und künstlerischen Formen. Da es Sorokin vordringlich darum geht, die von ihm etablierten, keinesfalls allseitig anerkannten vier Haupttypen von Kunsterscheinungen (sensate, ideational, idealistic, eclectic) und ihre Schwankungen theoretisch in sein System der allgemeinen Soziologie einzubauen, würde es zu weit führen, sich an dieser Stelle mit besagtem System kritisch auseinanderzusetzen.

Wohl aber ist uns daran gelegen, die von Sorokin benutzten Begriffe ein wenig zu erläutern, zumal sie bei Verfechtern einer „ästhetischen Geschichtsdeutung" nur allzuhäufig eine dem Sinne Sorokins nach keineswegs adäquate Anwendung finden. Um den Nachweis zu erbringen, daß jede Kunstform eine bestimmte Geistesart zum Ausdruck bringt und in jedem einzelnen Fall untrennbar mit einem spezifischen Persönlichkeits- und Kulturtypus verbunden ist, blickt Sorokin zunächst auf den inneren Gehalt, den äußeren Stil und die Absicht bzw. Aufgaben aller Kunsterscheinungen. Und zwar konstruiert er hier zu Zwecken einer systematisierten Gegenüberstellung von Kunst- und Kulturtypen vier Haupttypen:

1. Die sensualistische (sensate) Kunst mit ihrer Bevorzugung sinnlicher Gegenstände; ihr Stil ist realistisch oder naturalistisch; Hauptzweck ist, sinnliches Vergnügen zu bereiten.
2. Die ideationelle (ideational) Kunst, die das Übersinnliche und Irrationale zum Gegenstand hat; ihr Stil ist symbolisch; ihre Absicht ist, die menschliche Seele Gott oder sich selbst näherzubringen.
3. Die idealistische (idealistic) Kunst hat als Gegenstand zum Teil übersinnliche, zum Teil edelste sinnliche Erscheinungen; der Stil ist zum Teil ein idealisierter Naturalismus, zum Teil symbolisch oder allegorisch; Absicht ist Veredelung und Verklärung der sinnlichen Welt und des Menschen sowie die Annäherung der Seele an den höchsten Wert.
4. Die eklektische (eclectic) Kunst zeigt weder im Sujet noch im Stil noch in der Ziel-

setzung eine Einheit: sie ist ein zusammenhangloses Potpourri von Sujets, Stilen und Zielsetzungen aller Art.
Anhand dieses kurzen Hinweises dürfte deutlich werden, daß der Weg, den die Kunstsoziologie von Simmel anwärts über Sorokin und andere gegangen ist, dazu geführt hat, Erkenntnisse künstlerischer Art in den Kontext sozialer Beziehungen, d. h. also immer stärker in die Zuständigkeit der Soziologie einzubauen.

e) Kunstsoziologie und Philosophie

Durch diesen Entwicklungsverlauf, der vom Wesen der Kunst, von deren immanenter Bedeutung zum sozialen Zusammenhang führte und weder umgekehrt noch parallel sich gestaltete, aber auch durch das philosophische Schwergewicht, das (um nur einige Beispiele zu nennen) den Schriften von Georg Lukács [64] und Lucien Goldmann [65], von Walter Benjamin [66] und Theodor W. Adorno [67], von Etienne Souriau [68] oder Jean Cassou [69] zu eigen ist, erschien vor den Augen dieser Denker eine Diskrepanz zwischen der Kunst und der Persönlichkeit einerseits und dem Kunstkonsum und der existenten, stetig sich wandelnden Gesellschaft andererseits. Aus der Erkenntnis dieser Diskrepanz entstand die Notwendigkeit, diese zu überbrücken, was in den meisten Fällen durch einen Rückzug auf die Soziologie als Gesellschaftskritik, auf eine Kulturkritik geschieht, von der sich sagen läßt, daß sie sich vielfach nur auf ein Vulgärverständnis der Werke von Hegel, LeBon, Marx oder Freud stützt.
Was immer auch zu theoretischen Stützen erhoben wurde, es galt, den sozialen Kontext zu erreichen, ohne aus ihm herauszusteigen, und so sah sich diese Richtung der Kunstsoziologie gezwungen, eine pure, wirklichkeitsnahe, werturteilsfreie soziologische Methodik zu verlassen. Man griff zurück auf die Mittel des philosophischen Denkens, auf die der Prüfung, um durch sie das Kunstwerk kritisch zu ergründen und zu erläutern. Diesen Weg sind viele gegangen und darunter vor allem diejenigen, die sich von einer Art hochstehenden, durch Preziosität bestechenden philosophischen Sprache haben verführen lassen, der der Negativismus (als gesellschaftliches Heilmittel) auf der Stirne geschrieben steht. Da wir dies für ein grundlegendes Übel an Kunst und Gesellschaft halten, sei der Weg, den diese Denkweise geht, am Beispiel eines ihrer Protagonisten, nämlich Theodor W. Adorno, exemplifiziert.

Stand bei den früheren Arbeiten von Th. W. Adorno, denen aus den dreißiger Jahren, die Untersuchung des *Wesenscharakters* der Musik im Vordergrund, so sehen wir später, am deutlichsten angekündigt durch seine Studie „The Radio Symphony" aus dem Jahre 1941 [70], wie er diese über Jahre hin erarbeiteten Erkenntnisse künstlerischer Art in den Kontext sozialer Beziehungen, d. h. in die Zuständigkeit der Soziologie immer stärker einzubauen beginnt. Dabei übersah er es nicht, daß das Leben des Kunstwerks in seiner Wirkung besteht, sofern sie seinem Wesen entfließt, und mußte somit zwangsweise zurückkehren zu der früheren Tendenz der *Wesenscharakterstudien;* denn die Hauptaufgabe dieser Denkschule wird neben der Kulturkritik oder, besser gesagt, parallel zu ihr gesehen in dem Finden von Normen, durch die das Wesen des Kunstwerks und seine Wirkung fixiert werden können.

Diese Suche nach Normen, durch die das Wesen des Kunstwerks und seine Wirkung fixiert werden können, findet durchaus unseren Beifall, obwohl wir uns gemäß unseren eigenen Ansichten als Soziologe darüber im klaren sind, daß mit dieser Aufgabe sich die Philosophie, insbesondere in der ihr zugehörigen Disziplin der Ästhetik, zu befassen hat und sich auch bereits seit langem befaßt. Dogmatisch oder kritisch, psychologisch oder soziologisch, läßt es sich die philosophische Denkkraft angelegen sein, den Ort zu präzisieren, von dem aus ein schöpferisches Werk erstens zur Kunst wird und es zweitens als Kunst ein bleibendes Dasein hat. Damit unterstreichen wir, was bereits von vielen großen Namen der Soziologie ausgeführt wurde, nämlich, daß Soziologie und Philosophie sich nicht als feindliche Brüder gegenüberstehen, daß die Sozialphilosophie – denn es ist dieser Ansatz zu kunstsoziologischen Erkenntnissen, um den es sich jetzt handelt – ihre superbe kritische Kraft auszuüben und derjenige, der empirische Soziologie betreibt, sich ihrer Werke zu bedienen hat. Daß dem so ist, kann daraus ersehen werden, daß bei der Suche nach dem Ort, von dem aus ein schöpferisches Werk zur Kunst wird und als Kunst ein bleibendes Dasein hat, es gerade einem Philosophen, nämlich dem Amerikaner John Dewey zugutegeschrieben werden kann, in seinen Überlegungen, insbesondere in seinem Werk „Art as Experience“ [71], die Begriffskonstellation von der „immanenten Bedeutung des Kunstwerks“ zentralisiert zu haben. Damit wandte er sich und manche andere nach ihm [72] – grosso modo gesprochen – von einer Kunstauffassung ab, nach der es der Gesellschaft gegeben sei, die das ästhetische Objekt auszeichnenden Züge ohne Rücksicht auf das ästhetische Erlebnis durch Betrachtungen über das Objekt selbst zu erkennen. Eine genaue Trennung zwischen bloßem Erkennen einerseits und Reaktionen andererseits führt hier in die Nähe des Soziologischen. Denn wenn das Gesellschaftliche nur in und durch Kommunikation, die sich in Reaktionen verdeutlicht, existieren kann, dann ist die Mitteilung Fundament des Kunstwerks und nicht nur eine bloße Beigabe, nicht nur eine Art Bodensatz. Oder anders ausgedrückt: Kunst und Anstrengung, Kunst und Natur vor allem aber Kunst und jedwedes normale menschliche Erlebnis dürfen nicht voneinander abstrahiert werden.

Praktisch gesprochen bedeutet dies, daß zunächst genau zwischen den ererbten Instinktausstattungen, der Natur eines Künstlers und der sozial-kulturellen Entfaltung seiner Person, dem Anerzogenen, unterschieden wird, wobei sich nunmehr die Frage erhebt, welches von den beiden Elementen als vorwiegend anzusehen wäre. Genau an diesem Punkt gilt es, gewisse Bedenken anzumelden. Während Dewey erkannte, daß, biologisch gesehen sicherlich der Instinkt das Primäre sei, soziologisch gesehen jedoch „Gewohnheiten“ im Vordergrund stehen und den Instinkt in eine sekundäre Position verdrängen – „Im Verhalten ist das Erworbene das Ursprüngliche“, so heißt es –, eliminiert die von Theodor W. Adorno angeführte kunstsoziologische Denkweise a priori die Kommunikation oder, wie es in seinen „Ideen zur Musiksoziologie“ heißt [73], die „Vermittlung“. Indem hierzu betont wird, daß „die gesellschaftliche Dechiffrierung von Musik selbst“ [74] die entscheidende Aufgabe einer Musiksoziologie und hierzu (wohlgemerkt als erstes) die Musik (aber natürlich auch jede andere Kunstform) selbst „aufzusprengen“ sei, wird damit, d. h. gleichzeitig mit der Hintanstellung der Kommunikation, auch das durchvibrierende Anerzogene verdrängt. Dieser uns widersprüchlich erscheinende Gedankengang rührt daher, daß, obwohl wie bei Dewey die immanente Bedeutung des Kunstwerks in den Mittelpunkt der Überlegungen gestellt wird, über allem jene Gedankengänge schweben, nach denen die Kunst den Gesetzen des menschlichen Gewissens gehorcht. Damit dann werden Instinkt oder Geist, sowohl der Geist „an sich“ als auch der Geist „für sich“ wieder primär. Indem gesagt wird: „Die soziologische Interpretation von Musik ist um so adäquater möglich, je höher die Musik rangiert“ [75], indem also in einer für den Empiriker widersprüchlichen Weise erstens die Möglichkeit unterstellt wird, daß sich das Phänomen „Musik“, das als solches keinen sozialen Prozeß darstellt, soziologisch interpretieren läßt, daß sich, zweitens, innerhalb einer einzigen Formulierung eine gewünschte „soziologische Interpretation“ mit einem potenten Werturteil kausal verbinden läßt, wird, drittens, dem „Geist“ in seiner Magnitüde eine Betrachtungsweise als Konzession zu Füßen gelegt, die das Kunstwerk ohne die Momente, die es beeinflußt haben, und ohne seine Ausströmungen analysiert und erkannt. Jeder dieser beiden Wirkekreise, der zum Kunstwerk hinführende und der vom Kunstwerk ausgehende werden zwar miteinbezogen, aber nicht als sich in dauernder Veränderung befindende soziale Bewegungen, sondern als zu Artefakten verwandelte statische Nomenklaturen, d. h. als Gleichgültigkeiten. Denn in seinem ehrlichen Bestreben geht es diesem Zweig der Kunstsoziologie mehr darum, das Kunstwerk in eine Lehre von den letzten Dingen des Einzelmenschen oder denen der Gesellschaft zu verwandeln, als der Immanenz zum Leben zu verhelfen.

Nur wenn sich der Vorwurf erhebt, daß es doch nicht angehe, aus der Kunst die Gesellschaft zu deduzieren oder die Determination dessen, was „höher rangiert“, ex cathedra vorzunehmen, oder es zu bedenken sei, daß doch die Musik z. B., bedingt durch ihre Irrationalität, durch ihr Verschwinden in den Raum und ihre Begrenzung durch die Zeit ein Nicht-Beobachtbares sei oder, anders ausgedrückt, daß nur das *Musikerlebnis* ein tangibles und beobachtbares Faktum sei, nur dann erst besinnt man sich. Man steht plötzlich vor Werken, die zur Selbstverneinung hinneigen, oder solchen, die sich zu einer allgemeingültigen Popularität erhoben haben, damit meinen wir solche, die entweder nur einer sehr dünnen sozialen Schicht oder einer sehr ausgedehnten zukommen – und wird dann gezwungen, die selbsterrichtete Reserve des durchgeistigten Verstehens zu verlassen, um einen lebensnahen, wenn auch herablassenden Blick auf die Wirkekreise zu werfen. Das Theorem von der Schockwirkung tritt dann auf den Plan und wird wie ein Gazevorhang vor das Kunstwerk gehängt, selbst dann, wenn weder ein Schock empfunden wird noch von ihren Schöpfern ein solcher beabsichtigt war. Im Grunde genommen regiert an diesem Punkt eine Ambiguität, die – fern von allem soziologischen Wollen liegend – durch einen Schwebezustand zwischen der Vita activa und der Vita contemplativa, zwischen Sein und Sollen bedingt worden ist.

f) Kunstwissenschaft und soziologische Ästhetik

Wie schon oft und von vielen Seiten bemerkt wurde, läßt sich die Kunstwissenschaft noch immer vielfach davon leiten, statt wissenschaftlicher Geschichtsschreibung eine existentielle Aussage zu suchen, selbst wenn sie eine soziologische Ausrichtung dadurch zu erreichen hofft, daß sie sich entweder mit einem sozialpsychologischen Hut versieht oder aber ihr Augenmerk auf vergleichende und kunstpsychologische Untersuchungen richtet. Ebenso wie bei diesen Ausdehnungsversuchen eindeutig das Schwergewicht des Historischen zu erkennen ist, ebenso eindeutig ist es, daß die Kunstwissenschaft im allgemeinen noch immer nicht voll erkennen will, daß das kausal-historische Denken, dieses Denken in Ursache und Wirkung, dieses für die üblichen Katalogisierungsarbeiten durchaus dienliche Denken in ewigen Naturgesetzen sich als überholt erwiesen hat, da uns die Schwächen dieser sogenannten „ewigen Naturgesetze" schon längst nachgewiesen wurden.

Einige Kunstwissenschaftler haben dies zweifellos erkannt, und so entwickelte sich eine soziologische Fühlungnahme, die zu einer soziologischen Ästhetik – prominent vertreten durch Charles Lalo [76], Raymond Bayer [77] und Thomas Munro [78] – geführt hat. Es wurde von dieser Seite her versucht, in kunstsoziologische Betrachtungen insofern eine Ordnung zu bringen, als man sozusagen zwischen einem „unmittelbaren" und einem „mittelbaren" Weg unterschied, um die Soziologie in die Geschichte der Künste quasi „einbauen" zu können. Hierbei bedeutet „unmittelbar": die Stellung und Durchführung eines soziologischen Themas im Bereich der Kunstgeschichte, und „mittelbar": das Heranbringen soziologischer Maßstäbe und Methoden an einzelne Zeiträume der Kunstgeschichte. Mit dieser Aufteilung erscheint die Kunstsoziologie deutlich als eine Hilfswissenschaft; denn letzten Endes soll nichts weiter geschehen als eine soziologische „Befragung" des Kunstwerkes als solchem.

Viele kunstsoziologische Schriften folgen dieser Tendenz, der es immer wieder darauf ankommt, über das Kunstwerk zu ästhetisieren. Aber nun nicht mehr wie früher, nicht mehr wie bei Vischer, Schelling, Woelfflin oder Croce, als man sich nur dem Individuum zuwandte, sondern jetzt, indem man auch das Kollektiv in die Betrachtungen einbezieht. So entdeckte man auch im Felde der Kunst das „individu socialisé", um Lalos Ausdruck zu verwerten, ein Individuum, das schon lange vor der Gestaltung des Kunstwerks einen Kollektivgeist in sich trägt, mit dem es sich äußert und durch den es sich an die empfangenden Gruppen wendet. Weiterhin entdeckte man durch diese soziologische Ästhetisierung aus dem Kunstwerk heraus, daß künstlerische Evolutionen und Revolutionen nur die Synthese isolierter und unabhängiger Versuche von zahlreichen Vorgängern sind, und nicht alles geradezu genial aus dem Nichts geschaffen wurde. Ob diese „Entdeckungen" einen Fortschritt bedeuten, um dessentwillen man die Soziologie zu bemühen hatte, möchten wir dahingestellt sein lassen.

In diesem Zusammenhang gilt es, auf jenen einseitigen Blick der Kunstwissenschaften hinzuweisen, nach dem das Verhältnis von Produktion und Konsumtion fast ausschließlich vom Standpunkt der Produktion, von dem der Einzelpersönlichkeit aus gesehen wird. Dieser Bemängelung wird entgegengehalten, daß man keineswegs beabsichtige, die soziale Pyramide auf den Kopf zu stellen, indem man sich ausschließlich der Persönlichkeit des Dichters, Komponisten oder Malers widme, was aus dem Betreiben dessen ersehen werden könne, was heute als soziale Hintergrundsforschung bekannt ist – eine Tendenz, die zweifellos auch eine Strömung der Kunstsoziologie darstellt.

In der Tat wurde und wird noch immer auf diesem Gebiet Beachtliches geleistet. Mit den Erkenntnissen der Psychologie, der Psychoanalyse, der Statistik und einer sich auf der von C. Lévi-Strauss entwickelten „Anthropologie structurale" [79] gründenden sozio-

logischen Ästhetik wurden Tiefenforschungen angestellt, die durch ihre wissenschaftliche Akribie sicherlich bemerkenswerte Resultate hervorgebracht haben, deren Hauptrichtung aber nach wie vor zum Produzenten, zur Produktion und ihrem Prozeß oder zum Produzieren hin tendiert. Im Extrem gesehen, entstehen aus dieser relativen Einseitigkeit Unsicherheiten, bei denen die Kunstsoziologie mal als eine „sociologie de l'imaginaire", mal als eine „sociologie de la création artistique", mal als eine „sociologie de l'art" apostrophiert wird [80], nur weil man nicht gewillt oder nicht in der Lage ist, den Mitgliedern der Kunst-Gesellschaft in all ihrer Vielfalt, abgesehen natürlich von den Produzenten, Aufmerksamkeit zu zollen.
Zu erkennen, daß die Kunstkonsumenten zu jeder historischen Zeit einen integralen Teil des Kunstlebens darstellten – und heute mehr denn je –, war dem empirischen Kunstsoziologen nie ein Problem. So schreibt denn hierzu auch mit Recht John H. Mueller, daß bei derlei Untersuchungen „die Gesellschaft als eine im wesentlichen totale Einheit aufgefaßt wird; daß alle Aspekte der Gesellschaft lediglich Manifestationen eines Primärgeistes sind, zu dessen Ursprung sie alle hinneigen können" [81]. Zweifellos mit einem Blick auf Werke, denen es darum geht, anhand des sozialen Hintergrundes der „Kultur-Seele" nahezukommen, fährt J. H. Mueller fort und sagt: „Diese unitarische Ansicht führt zu einem verzweifelten Verlaß auf die trivialen Parallelismen, die das ganze Gesicht der heutigen musikologischen Geschichte beflecken. Nie würde die Sozialwissenschaft, zu deren Gebiet dieses Problem eigentlich gehört, mit solch ausgesprochen metaphysischen Fabrikationen der organischen Theorie, die die Grundlage der heutigen musikologischen Denkführung ist, übereinstimmen."
Weit davon entfernt, hiermit der zeitgenössischen Musik- bzw. Kunstwissenschaft „intellektuelle Naivität" zu unterschieben, befürwortet Mueller „eher die Elimination der Überbleibsel, die die augenblicklichen revisionären Strömungen in Unordnung bringen" [82].

g) Empirische Kunstsoziologie

In der Folge positivistischen Denkens geht die empirische Kunstsoziologie davon aus, mit der Kunst bzw. den Künsten einem sozialen Prozeß gegenüberzustehen, der sich als eine soziale Aktivität manifestiert und daher zweier Partner bedarf: eines Gebers und eines Empfängers. Anders ausgedrückt, bedarf dieser Prozeß produzierender und konsumierender Gruppen innerhalb der Kunst-Gesellschaft, die durch Gruppenberührung, Gruppenkonflikt, Gruppendynamik und anderes miteinander in Berührung kommen. Dies nun nicht im Rahmen einer primitiven Denkbasis, die ausschließlich die Beziehung von Ursache und Wirkung kennt, sondern im Verhältnis von Interrelationen, Interaktionen und Interdependenzen – Beziehungen, die einerseits Produzenten- und Konsumentengruppen unter- und miteinander verbinden und andererseits diese beiden Gruppen mit dem sozialen Kontext sowie dem sozialen System insgesamt in Verbindung bringen. Erreicht wird hierdurch, daß der traditionellen einseitigen Analyse der Produzenten, ihres künstlerischen Schaffens, ihrer Stellung, ihres Verhaltens und ihres Einflusses die Analyse der Konsumenten als Rezipienten und Beeinflusser des künstlerischen Schaffens hinzugefügt wird.

Nun möge man nicht unterstellen, dieses Verhältnis als solches sowie die Beschäftigung mit dem Konsumenten würden generell übersehen. Denn da stehen vor uns nicht nur die dauernd sich erneuernden Definitionsarbeiten über Sinn und Wesen der Kunst oder der Künste vor Augen, sondern auch die immer größer werdende Menge jener Publikumserziehungsschriften und Kommentare, die auf wissenschaftliche oder populäre Weise versuchen, den Konsumentengruppen die verschiedenen Sparten der Kunst zu erläutern, zu erklären und nahezubringen. Berufene und Unberufene reichen sich hier die Hand und bieten dar, was sie selbst von den Künsten, ihren Schöpfern und eventuell auch ihren Interpreten wissen, ohne daran zu denken, daß es die Annäherung an die Kunst auch verlangt, die Beschauer, Hörer oder Leser in ihren sozialen Strukturen, in ihren Funktionen und ihrem Verhalten zu erkennen, damit dasjenige entstehen könne, um das sich die Kunstsoziologie letzten Endes so eifrig bemüht, nämlich: *das Kunsterlebnis.*

Wenn auch nicht auf diese Weise ausgedrückt, beschäftigt sich im Grunde genommen auch die marxistische Kunstsoziologie eindringlichst mit diesem sozialen Phänomen, obwohl sie es – wohl um ihrer idiosynkratischen Exklusivität und politischen Ziele willen – von der Hand weist, als eine empirisch-positivistische Kunstsoziologie angesprochen zu werden. Dennoch bleibt unbestritten, daß dem sozialen Überbau, also den nicht-ökonomischen Gegebenheiten und Vorstellungen der Gesellschaft, durch den Unterbau der Produktionsweise eine empirische Grundlage geliefert wurde. Gerade weil es gemäß der Marxschen Dialektik in der Gesellschaft Bestimmendes und Bestimmtes gibt und das bedingte Moment auf das bedingende seinerseits aktiv zurückwirkt, betrachtet die dialektisch-materialistische Kunst- bzw. Kultursoziologie Kunst bzw. Kultur „nicht als ein Bereich neben den Produktionskräften, der ökonomischen Basis und dem Überbau, sondern als eine spezifische Seite der gesellschaftlichen Lebenstätigkeit, die diesen immanent ist, ohne mit ihnen identisch zu sein“ [83]. Diesem Gedankengang entspringen die Aufgaben, die sich die marxistisch-leninistische Kunst- bzw. Kultursoziologie gesetzt hat, als da sind: Analyse des Entwicklungsstands kultureller Prozesse, der Effektivität kulturpolitischer Leistungsmaßnahmen und kultureller Einrichtungen; Diagnose kultureller Situationen in ihrer tendenziellen Entwicklung; Lenkung kultureller Prozesse durch prognostische Aussagen – mit anderen Worten „hat die Kultursoziologie über ihre bewußtseinsbildende Funktion hinaus Bedeutung für die Kulturplanung“. Folglich, so heißt es weiter: „In der sozialistischen Gesellschaft wird sie zu einem Instrument kulturpolitischer Führung.“ [84]

Trotz dieser von heute aus gesehenen Anschauung verwehren sich marxistische Theoretiker gegen positivistische kunstsoziologische Ansichten [85], wobei sie verständlicherweise die zu praktizierenden Anweisungen, die von Andrej Shdanow auf dem 1. Unionskongreß der Sowjetschriftsteller in seiner Rede gegeben wurden [86], geflissentlich übergehen. Sie ziehen sich entweder zurück auf das in den 16 Elementen, die Lenin der Dialektik als wesentlich zugeordnet hat, an fünfzehnter Stelle stehende Element „des Kampfes des Inhalts mit der Form“ (und umgekehrt) [87] oder aber auf diese oder jene Aussage von Marx und Engels, so wie sie in geschickter Weise in dem umfangreichen Band „Marx-Engels über Kunst und Literatur“ zusammengestellt worden sind [88]. Wir sagen „geschickt“, erstens ob der Anordnung der Auszüge, zweitens wegen der Überschriften, die der Herausgeber den einzelnen Auszügen aus dem umfangreichen Werk der beiden großen Denker einfach „verliehen“ hat (z. B. „Die Entstehung der Kunst“, „Die Kunst und die bürgerliche Produktionsweise“, „Kunstschaffen und ästhetische Wahrnehmung“ usw.), und drittens, weil hier ein inkohärentes Auszugs-Material geliefert wird, das leicht glauben macht, Marx und Engels hätten sich wahrlich darum bemüht, eine Kunsttheorie bzw. eine Kunst- oder Kultursoziologie zu etablieren. Daß dem nicht so war, sondern daß die beiden hochgebildeten und belesenen Denker nur ihre Theorien öfters bei dieser oder jener Gelegenheit an Beispielen aus dem Kunst*schaffen* zu belegen suchten, eine Art „literary criticism“ betrieben, zeigt die detaillierte Studie von Hans-Dietrich Sander auf, der zu dem Ergebnis kommt: „Der Beitrag von Marx und Engels zur Ästhetik oder – wie es besser heißen sollte – zur Kunsttheorie besteht weder in Ansätzen zu einer marxistischen noch zu einer soziologischen Kunstauffassung.“ [89] In der Tat besteht der Beitrag von Marx und Engels in erster Linie aus ästhetischen Erwägungen, woraus M. Lifschitz in seinem Vorwort schließt: „Ihre ästhetischen Anschauungen sind zu einer allgemein anerkannten Wahrheit geworden und bilden die Grundpfeiler unserer Kunsttheorie.“ [90] Dieses Dilemma wird um so deutlicher, wenn Lifschitz glaubt, die unzweifelhafte Bedeutung von Plechanow für die Entwicklung der Kunstsoziologie mindern zu müssen [91], oder aber, wenn man einmal genau den Briefwechsel zwischen Marx – Engels und Lassalle über dessen Tragödie „Franz von Sickingen“ nachliest. Da heißt es denn u. a. in einem Brief von Lassalle an Marx und Engels (vom 27. 5. 1859): „Denn im Drama handelt es sich nicht um kritisch-philosophische Wahrheit, sondern – um ästhetische Täuschung und Wahrscheinlichkeit.“ Etwas weiter noch: „Und auf diese ästhetische Täuschung kommt es an. – Ein Drama ist kein kritisch-philosophisches Geschichtswerk.“ [92] Obwohl, wie H.-D. Sander zu recht erkennt, es nicht zufällig Marx und Engels waren, „die in diesem Streit zwischen Ideologie und Ästhetik den Primat des Ästhetischen im künstlerischen Urteil wahrten“ [93], das heißt in diesem Zusammenhang sehr wohl das Philosophische vom Empirisch-Pragmatischen zu trennen verstanden, versäumten sie es nicht, an zahlreichen anderen Stellen – wie gesagt: zur Untermauerung ihrer materialistischen Auffassungen – Kunst und Kunsterscheinungen in die Argumentation einzubeziehen – offensichtlich allerdings ohne die Absicht, über eine „soziologische Ästhetik“ hinauszugehen. Allerdings kommen sie öfters zu frappierenden Vergleichen, die durchaus im Rahmen des empirischen Denkens liegen. Um hier ein einziges Beispiel anzuführen – und zwar in Richtung jener für die empirische Kunstsoziologie so wesentlichen Interaktion zwischen Kunstproduzent und Kunstkonsument –, lesen wir bei Marx den folgenden Absatz: „Die Produktion liefert dem Bedürfnis nicht nur ein Material, sondern sie liefert dem Material auch ein Bedürfnis. Wenn die Konsumtion aus ihrer ersten Naturrohheit und Unmittelbarkeit heraustritt – und das Verweilen in derselben wäre selbst noch das Resultat einer in der Naturroheit steckenden Produktion –, so ist sie selbst als Trieb vermittelt durch den Gegenstand. Das Bedürfnis, das sie nach ihm fühlt, ist durch die Wahrnehmung desselben geschaffen. Der Kunstgegenstand – ebenso jedes andre Produkt – schafft ein kunstsinniges und schönheitsgenußfähiges Publikum. Die Produktion produziert daher nicht nur einen Gegenstand für das Subjekt, sondern auch ein Subjekt für den Gegenstand.“ [94]

Noch deutlicher, ja gar noch positivistischer, so darf man wohl sagen, dachten alle

jene Vorläufer und Nachfolger der Marxschen Denkweisen, die sich nicht im Wirrgarten von Form und Inhalt eines Kunstwerks verloren haben, sondern genau nach dem Denksystem des dialektischen Materialismus unter Inhalt eines Kunstwerkes die Gesamtheit der Elemente verstehen, die einen Gegenstand bzw. eine Erscheinung bilden, d. h. so wie Inhalt der Ware ihr Wert ist, sind Inhalte der Kunst bestimmte gesellschaftliche, politische, moralische Ideen usw. Und unter Form dann die Ausdrucksweise des Inhalts, die innere Struktur, die Organisation des Inhalts selbst verstehen, d. h. so wie der Preis der Wert eines Gegenstandes, ausgedrückt in der Form des Geldes ist, ist z. B. die Form eines literarischen Kunstwerkes die Sprache, die Darstellungsweise, der Stil usw. Insofern hier eine Synthese gefunden wird, nämlich eine solche – über das Hegelsche Gedankengut vom objektiven und subjektiven Geist als absolutem Geist hinausgehend –, die die gesellschaftskritischen Konzepte mit den soziologischen Ideen von Marx verbindet, steht eine deutliche Interdependenz von Kunst und dem gesamten Komplex des menschlichen Lebens und Denkens vor uns. Das aber wiederum heißt, daß marxistische Kunstauffassungen gar nicht so weit entfernt sind von der pragmatischen Analyse und dem positivistisch-empirischen Denken, nach dem das Kunsterlebnis als sozialer Prozeß Mittelpunkt der Kunstsoziologie sein soll.
Denn nicht jene vagen Begriffe „die Kunst“, „die Malerei“, „die Musik“, „die Literatur“ oder „das Theater“ sind es, die in der Mitte des Kunstlebens stehen, sondern das Kunsterlebnis ist es, das das Kunstleben soziologisch charakterisiert. Dies wurde in einem gewissen Sinn auch von Talcott Parsons erkannt, der, ohne speziell auf Kunstformen sich beziehend, Struktur und Funktion „expressiver Symbole“ im Rahmen des sozialen Systems abhandelt. Indem er expressive Symbole in ein Symbolsystem einordnet, durch das eine expressive Handlung auf eine Situation hin sich orientiert, schreibt er: „... expressive symbols which are part of the process of interaction serve a threefold function, as do all elements of culture: 1. they aid in communication between the interacting parties ...; 2. they organize the interacting process through normative regulation, through imposing appreciative standards on it; and 3. they serve as direct objects for the gratification of the relevant need-dispositions.“ [95] Nun mag man mit Parsons Theorie – in deren Mittelpunkt nicht Handlungen stehen, die sich selbst führen, sondern das System, von dem her Handlungen interpretiert und geordnet werden – übereinstimmen oder nicht; man mag die Begriffskonstellation vom „expressiven Symbol“ als zu eng im Sinne Ernst Cassirers oder als zu weit im Sinne von Jacques Maritain kritisieren – stets bleibt es dabei, daß die Berührung von Produzent und Konsument, dieser durch Berührung oder Konflikt hergestellte Kontakt, diese sozialen Prozesse, diese sozialen Aktionen es sind, die konkret und damit zu einem bestimmten Gegenstand werden, um die sich die Kunstgruppen scharen. Und sie sind die einzigen, die nach den Methoden der empirischen Soziologie als soziologische Tatbestände Mittelpunkt und Ausgangspunkt der Betrachtungen und Forschungen sein dürfen und können. Keineswegs stellen diese Feststellung und dieses Verlangen eine Exklusivität der Methoden der Kunstsoziologie dar. Sie wurden schon seit langem von alle denen erkannt, die entweder durch genügend weit gespannte Formanalyse, durch Weckung des Formgefühls oder durch Stilerkenntnis (von Karl Marx oder von Max Weber beeinflußt) daran arbeiten, die lebendigen Kräfte der Kunst, d. h. ihre soziale

Aktion zum Sprechen zu bringen. Leider nur legen sich diese und ähnliche Unternehmen mangels genügender soziologischer Kenntnisse und infolge übergroßer Betonung eines vagen Ästhetizismus immer noch dort Beschränkungen auf, wo sie sich in eine Richtung bewegen, die sich vom Menschen abwendet, oder wo zumindest die sozialen Beziehungen keine Rolle spielen können.

Da jedoch „das Kunstwerk verlangt, daß der Betrachter bei ihm verweilt, nicht daß er es bewältigt oder erforscht“ [96], bildet für den Kunstsoziologen der Mensch in seinem sozio-künstlerischen Sein den Mittelpunkt der Betrachtungen. Während er für eine rückständige Kunstwissenschaft und eine Pseudo-Kunstsoziologie noch Mittel ist, ist er für die empirische Kunstsoziologie der Zweck. Kurzum, die Wirkekreise der Künste müssen unter allen Umständen unter dem Licht der Beziehungen des Einzelwesens oder der Gruppe gesehen werden. Aber, so möchten wir noch einmal unterstreichen, nur ein einziges Faktum kann dazu dienen, diese Beziehungen herzustellen, und das ist das *Kunsterlebnis,* eine Feststellung, zu der man sich zu bekennen hat, selbst auf die Gefahr hin, daß eine solche Feststellung als selbstverständlich oder gar als trivial angesehen werde. Nur das Kunsterlebnis kann Kulturwirkekreise herstellen, kann aktiv, kann sozial sein. Denn als Tatsache kann es zunächst einmal durch drei fundamentale soziale Determinanten, nämlich durch Natur, Veränderlichkeit und Abhängigkeit beobachtet, umschrieben und typologisiert werden [97]. So erkennt z. B. Bruce Allsopp in seiner Typologie:

1. Kunsterlebnis mit dem Verstand; 2. Kunsterlebnis als Genuß; 3. als Gefühl bzw. Gefühlsgehalt; 4. als Erfahrung; 5. als Ansteckung; 6. als Einsicht in die Wahrheit; 7. als Weisheitsübermittlung [98].

Unter dieser keineswegs neuen Erkenntnis stellt sich eine direkte Verbindung her zwischen dem Wissen um die Kunst und dem um die Gesellschaft. Das Kunsterlebnis steht jetzt im Mittelpunkt der Überlegungen, und die empirische kunstsoziologische Betrachtungsweise richtet sich darauf aus, es zu erreichen, d. h. es zu erfassen, sowohl in seinen sozial organisierenden und desorganisierenden Auwirkungen, sowohl in seinen wohltuenden bzw. funktionalen als auch für das Individuum oder die Gesellschaft verderblichen bzw. dysfunktionalen Verzweigungen, und dann auch noch zur Beleuchtung seiner es umgebenden Imponderabilien. So denn erscheinen kunstsoziologische Untersuchungen ebenso häufig als Bestandteile der Soziologie der Freizeit, der Soziologie der Populärkultur, der Soziologie der Massenkommunikation, der Ethnosoziologie (um nur einige Bereiche anzuführen) oder als Kunstsoziologie schlechthin.

Dadurch bedingt es sich bereits von vornherein, daß bei kunstsoziologischen Analysen, abgesehen von der klar erkennbaren Unterscheidung zwischen dem Strukturellen und dem Funktionellen, das Funktionelle sich auf zwei differenzierten Ebenen abspielend erkannt werden muß. Auf der einen Seite stehen die *ästhetischen* Funktionen, durch die Produzent und Konsument über das künstlerische Material, über Form und Inhalt zueinander gebracht werden; auf der anderen die *sozialen* Funktionen, die die Beziehungen herstellen zwischen Personen, Ideen, kulturellen Normen oder Verhaltensmustern, bei denen ästhetische Funktionen zwar auch eine Rolle spielen, aber keineswegs zentral sind. Wird diese Trennung bei gleich welchen sozio-künstlerischen Phänomenen erkannt und auch beachtet, dann wird nicht irgend etwas Soziologisches, nicht

– je nach Wunsch des Betrachters – irgend etwas sozial Relevantes oder Irrelevantes quasi hypothetisch an die Kunst herangetragen. Im Gegenteil. Da es der empirischen Kunstsoziologie nicht darum getan ist, irgend etwas zu ersetzen, da sie von imperialistischen Gelüsten frei zu sein sich bemüht, hält sie sich, im Gegensatz zu ästhetischen Werttheorien gleich welcher Herkunft, fern von der Formulierung künstlerischer Normen und Werte: *Denn das Studium der sozialen Verflechtungen der Kunst dient nicht dazu, Natur und Essenz der Künste selbst zu erklären.*

Keine der literatursoziologischen Untersuchungen theoretischer oder praktischer Art[99]; keine der musiksoziologischen Untersuchungen dieser Art[100]; keine der mit den Künsten sich befassenden Untersuchungen aus der Massenkommunikationsforschung[101]; keine der theatersoziologischen Untersuchungen[102]; keine der sich mit bildender Kunst befassenden soziologischen Untersuchungen[103] – keine dieser und ähnlicher anderer rein kunstsoziologischer Untersuchungen ersetzt Kunstpsychologie, Kunstgeschichte oder gar die Kunsttheorie. Sie alle steuern frei von diesen die Soziologie nicht interessierenden, ihr fremden Disziplinen, was sich schon dort zeigt, wo beispielsweise die Literatursoziologie sich nicht damit befaßt, Semantik zu betreiben oder gar Literatur nach Natur und Essenz zu definieren.

Nur dann wird sich die Kunstsoziologie an diesem Punkte einmischen – und wir sagen bewußt „einmischen" –, wenn Beobachtungen darauf hinweisen, daß das Verhältnis von Ideal und Real vermengt wird. Das heißt, wenn in einer sich kunstsoziologisch nennenden, jedoch ausschließlich politisch-ideologisch gefärbten, zur extremen Rechten oder zur extremen Linken tendierenden Literatur geschichtliche Gegebenheiten so übertrieben vergeistigt werden, daß die Wirkungen der Realität gegenüber Ideen vernachlässigt und dann die Ideen als Tatsachen hingestellt werden. Die empirische Kunstsoziologie verlangt, von objektiven und unparteiischen Prämissen auszugehen und Tatsachen ohne Vorurteil zu studieren. Diese so gefundenen Tatsachen stellen das Rohmaterial der Kunstsoziologie dar, sind aber in sich selbst noch nicht Kunstsoziologie. Dieses Rohmaterial muß erst bearbeitet werden, es muß mit soziologischer Methode analysiert und zu Abstraktionen reduziert werden; denn erst dann können Gesetze formuliert und getestet werden.

Die moderne Kunstsoziologie geht also davon aus, daß die Musik, die Literatur, das Theater, die Malerei und ihr respektives Erlebnis zusammenhängend einen fortlaufenden sozialen Prozeß darstellen, der eine Interaktion zwischen dem Künstler und seiner sozio-kulturellen Umgebung enthält und in der Schöpfung eines Werkes gleich welcher Art resultiert, das dann seinerseits selbst wieder von der sozio-kulturellen Umgebung empfangen wird und auf diese Umgebung reagiert. Dieser Vorgang von Rezeption und Reaktion verdeutlicht sich so, daß einerseits das Werk einen gewissen Eindruck auf gewisse Gesellschaftsgruppen größeren oder kleineren Ausmaßes macht, wobei die Reaktion dieser Gruppen die Reputation des Werkes und seine Stellung innerhalb der kulturellen Gesamtsituation determinieren. Andererseits verdeutlichen sich Rezeption und Reaktion dort, wo sie einen gewissen Einfluß auf den Künstler ausüben und seine schöpferische Aktivität in gewissem Maße bedingen und regulieren. Diese Konzeption des Kunstprozesses, die jedem Arbeitsgebiet der Kunstsoziologie zugrunde liegt, exemplifiziert, wie sehr es um die Interaktion von Individuen, Gruppen und Institutionen geht und wie dieser fundamentale Ausgangspunkt vom Menschen zum Menschen führt. Wenn diese komplexe Beziehungsauswirkung vor uns steht, lassen sich gewisse Aspekte des Kunstprozesses untersuchen, läßt es sich zum Ziel machen, konkrete Studien über diese oder jene Bestandteile des Totalprozesses anzustellen, wobei sie nach wie vor im Rahmen des totalen sozio-künstlerischen Prozesses belassen bleiben. Es gilt also als erstes Ziel der Kunstsoziologie, *totale Kunstprozesse,* d. h. Interaktion und Interdependenz von Künstler, Kunstwerk und Publikum zu studieren, und zwar hinsichtlich ihrer Bedeutung als Kunstformen.

Als einen der Teile des Totalprozesses erkennen wir dann als nächstes Ziel kunstsoziologischer Tätigkeit die *Erforschung des Künstlers.* Dieses Element des Kunstprozesses wird vom Soziologen auf die Beschreibung und Analyse der sozialen Stellung und Beziehungen des Künstlers hin studiert, gleichgültig, ob es sich dabei um die Gruppe der schaffenden oder ausübenden Künstler; um den sogenannten seriösen oder seichten Künstler handelt. Hier werden Faktoren ergründet wie z. B. die soziale Herkunft gewisser Künstlergruppen, es werden Informationen über ihren ethnischen, ökonomischen und erzieherischen Hintergrund gesammelt und analysiert, ebenso wie Daten bezüglich ihres Lebensstils, ihres Wohnortes, ihrer Freizeitaktivitäten, ihrer Arbeitsgewohnheiten, ihrer sozialen Kontakte und auch ihrer potentiellen und aktuellen Attitüden.

Handelt es sich nun darum, das Totalbild, d. h. auch die Beiträge des Künstlers zur sozialen Ordnung zu erfassen, dann wendet sich die Kunstsoziologie ihrem nächsten Ziel, der *soziologischen Erkenntnis des Kunstwerkes* zu. Hierbei unternimmt sie, wie bereits betont, keinesfalls Analysen des Kunstwerkes selbst, sondern konzentriert sich auf die Erfassung der sozio-künstlerischen Aktion. Es interessiert also den Kunstsoziologen nicht, Malerei, Musik oder Literatur als solche zu analysieren, zumal er ein derartiges Unterfangen als den unmöglichen Versuch erkennt, den sogenannten irrationalen Gehalt der Malerei, der Musik oder der Literatur als bestimmten Gegenstand, als greifbare Tatsache zu erfassen.

Kunst als innere Angelegenheit eines Dichters, Malers oder Musikers besitzt für den Kunstsoziologen ebensowenig Realitätswert wie, sagen wir, die Musik eines vor sich hinpfeifenden Amateurs. Erst wenn sich Literatur, Malerei oder Musik objektivieren, wenn sie einen konkreten Ausdruck, eine Atmosphäre annehmen, erst dann haben sie soziologischen Realitätswert; erst dann drücken sie das Etwas aus, das verstanden sein will oder einen sozialen Effekt hervorrufen soll. Verstanden-sein-Wollen ist bereits eine Aktion zwischen zwei Einzelwesen, während der soziale Effekt dynamisch darüber hinausgeht und eine Interaktion hervorruft, die aber – außer in Ausnahmefällen – nie zwischen Einzelwesen einzig dadurch entstehen kann, daß sie das gleiche erleben. Erst wenn sich das gleiche Erlebnis – mag es auch nicht mathematisch gleich sein – in einer Geste, einem Wort, einem Ton konkretisiert und überträgt, erst dann kann dieses angeblich gleiche Erlebnis nachgewiesen und infolgedessen geprüft werden.

Hier wird eine philosophisch-ästhetizierende Denkschule einwenden, daß doch die Künste, dieser „zarte Schauer der Seele", diese Sprache, durch die „die Seele zur Seele spricht", zwar sozio-künstlerische Aktion sein mögen, aber sicherlich nicht zu beobachten sind, weil sie, da verinnerlicht und deshalb versteckt, im allgemeinen nicht in Erscheinung treten – um sich dementsprechend auf die unerfaßbare „Immanenz" des Kunstwerks zurückziehen zu können. Zweifellos ist es einfacher, sich so, wie es die Ankläger der Massenkultur üblicherweise tun, auf gewisse Aktionen zu beschränken und in anklagendem Sinne die Kunst als Ware zu betrachten, deren Kauf und Verkauf beobachtet werden kann. Jedoch hierzu ist zu sagen, daß um die Kunst herum genügend offenbare Aktionen bestehen, die in solch enger Verbindung mit versteckten Aktionen stehen, daß sie sich als sozio-künstlerische Handlungen zu wesentlichen Fakten sozialer Beziehungen verdeutlichen. Das Verhältnis der verschiedenen künstlerischen Niveaus, die gewisse soziale Aktionen oder Situationen hervorrufen, gehört nicht zu den Untersuchungsaufgaben der Kunstsoziologie, und sie hält sich daher in diesem Rahmen von Aussagen über das Kunstwerk selbst und seine Struktur weit entfernt. Was interessiert ist der *soziale Prozeß*, jener bestimmte Tatbestand, der durch das Kunstwerk in Bewegung gesetzt wird.

Bleibt als letztes Ziel der Kunstsoziologie die *Erforschung des Kunstpublikums*. Soziologische Studien verschiedenartiger Publikumsgruppen, d. h. sowohl des Publikums eines Schlagersängers wie das eines literarischen Avantgardisten, die Kunstwerke empfangen, konsumieren und darauf reagieren, versehen den Kunstsoziologen mit wichtigen Informationen über die Arten und Weisen, durch die die soziale Umgebung den Prozeß des künstlerischen Schaffens konditioniert, und bilden einen verständlichen, ja, wir möchten sagen, einen menschlicheren Annäherungsweg an die Kunst als jene Unternehmen, die da versuchen, mit Hilfe von Anekdötchen, mit ästhetischer Sprachzauberei und Technikalitäten das Kunstwerk zum Konsum herzurichten. Das Einzelverhalten beim Kunstkonsum, die Kunst-Mode, Beweggründe und Verhaltensmuster zum und beim Hören, Beschauen oder Lesen, der künstlerische Geschmack, Kunstwirtschaft, Kunstpolitik und Kunsterziehung, Kollektivverhalten beim Kunstkonsum, soziale Kontrolle usw., dies sind einige der Problemschichten, um deren Erforschung sich der Kunstsoziologe bemüht, wenn er seinen Blick auf das Kunstpublikum richtet.

Fügen wir nun zur Erhaltung des Totalbildes die einzelnen Untersuchungsrichtungen wieder zusammen, dann erkennen wir als *erstes Ziel* der empirischen Kunstsoziologie: die Veranschaulichung des dynamischen Charakters des sozialen Phänomens „Kunst" in seinen diversen Ausdrucksformen. Hierzu bedarf es einer Analyse der in ihrem Zusammenhang gesehenen Formen des Lebens der Kunst, die allerdings nicht nach den spezifischen Werturteilen ausgerichtet sein kann, die die Mitglieder jeder Gesellschaft ihrer besonderen Lebensform unterstellen, sondern nach der Konzeption einer strukturell-funktionalen Analyse.

Hierdurch erreicht die Kunstsoziologie ihr *zweites Ziel:* Fundierung eines allgemeinverständlichen, überzeugenden und gültigen Annäherungswegs an das Kunstwerk; denn es wird aufgezeigt, wie die Dinge zu dem wurden, was sie sind, und es werden die Veränderungen erkannt, die stattfinden und stattgefunden haben.

Hiernach kann sich die Kunstsoziologie ihrem *dritten,* dem einer jeden Wissenschaft zukommenden *Ziel* zuwenden: Gesetze der Vorhersage zu entwickeln, die es ermöglichen zu sagen, daß, wenn dies oder jenes geschieht, wahrscheinlich dies oder das folgen wird.

Was wir hier knapp umschrieben als Ziele der Kunstsoziologie angeführt haben, ist nicht unbeeinflußt von einer Entwicklung des soziologischen Denkens, das über tiefgründige Schreibtischerwägungen und billige Gesellschaftskritik hinausgeht. Denn es haben sich Wege und Mittel gefunden, um systematische Nachweise zu erbringen für bestimmende Beziehungen zwischen Gruppierungen von sozialen Daten, die es uns in bezug auf die Künste und die Kunsterlebnisse erlauben, gewisse, unter spezifischen Umständen gültige Verallgemeinerungen herauszuarbeiten. Diese Wege und Mittel gilt es anzuführen, denn sie weisen auf die methodologischen Möglichkeiten hin, die heutzutage der empirischen Kunstsoziologie für ihre Arbeit zur Verfügung stehen.

Da wäre als erstes zu erwähnen die Benutzung von Methoden, die sich auf Experimente gründen. Denn: „1. Ein Experiment erlaubt uns, die Situationsbedingungen nahezu vollständig zu kontrollieren und zu gestalten. 2. Ein Experiment gibt uns die Möglichkeit, die Hypothesen in Situationen zu prüfen, die für sie die größte Tragweite haben. Es ist uns möglich, ‚Extremsituationen' zu schaffen." [104]

Als nächstes ist zu verweisen auf den weitverbreiteten und tauglichen Gebrauch statistischer Vorrichtungen: von deskriptiver Statistik über schließende Statistik, Faktorenanalyse bis zu Nichtparametrischer Statistik und dem damit verbundenen mathematischen Denken.

Drittens muß hingewiesen werden auf interdisziplinäres Vorgehen, d. h. auf die Einverleibung von Daten, Konzepten und Theorien aus verwandten Disziplinen als da wären: Anthropologie, Psychologie, Ethnologie, Geschichte, Ökonomie, manchmal gar auch Jurisprudenz und Medizin.

Fernerhin ist zu erwähnen, daß die Beziehungen zwischen Forschung und Theorie sich mehr und mehr verfestigt haben, und damit die praktischen Fragen der Emphase und des Vorgehens leichter zu lösen sind.

Letztlich dann – besonders wesentlich für kunstsoziologisches Denken und Forschen – ist darauf zu verweisen, daß entgegen veralteten Ansichten, der Platz, den Werte in soziologischen Studien einnehmen, eine relativ klare Konzeption gefunden hat: als Forschungsobjekt, als ein Faktor im Verhalten und als zu kontrollierendes Element im Verzuge einer Forschung.

Bei diesen Hinweisen wollen wir es belassen; denn es ist nicht die Aufgabe dieser einleitenden Bemerkungen, auf alle zur Verfügung stehenden Forschungsprozeduren und sozialwissenschaftlichen Techniken im einzelnen einzugehen. Wohl aber ist noch zu betonen, daß es jedem sich der Kunstsoziologie widmendem Forscher selbstverständlich freisteht, sich von der ihm am nächsten liegenden wissenschaftlichen Interessenlinie leiten zu lassen. Wo die Wißbegierde in Richtung historischer und kultureller Gegebenheiten verläuft, geht es um breitgelagerte soziale und kulturelle Vergleiche. Forscher, deren Denkweise in konkreter und klinischer Richtung verläuft, interessieren sich für detaillierte Beschreibungen, Analysen und die Diagnose spezieller Situationen. Und Kunstsoziologen, die sich einer logisch-experimentellen Denkweise verschrieben haben, geht es darum, auf exakte Beobachtungen gründende abstrakte Konzepte zu entwickeln, um diese als Hypothesen für die Beziehungen zwischen diversen Variablen zu verwerten.

Welcher Weg auch immer eingeschlagen wird – alle diese kunstsoziologischen Vor-

gehens- und Denkweisen sollen nicht nur dazu dienen, veraltete, wenn auch traditionelle Annäherungswege an die Kunst von ihrer Sterilität zu befreien, sondern sind überdies dabei behilflich, den Menschen selbst, ihn, der Ziel und Mittel jeder Kunst ist, in seinem künstlerischen Sein am rechten Ort und an gerechtfertigter Stelle zu erkennen. Dabei sei abschließend nochmals betont, daß der Kunstsoziologe nie die Kunst von der Wirklichkeit trennt; daß er soziale Tatsachen, soziale Prozesse, ihre Ursprünge und ihre Natur nie nach dem erforscht, was sie sein sollten, sondern was sie sind; daß er nie aus einem Wissen schöpft, das ihm unzugänglich ist, oder gar, ohne Verlaß auf beobachtete Tatsachen, verlockende Theorien entwickelt.
Die Beobachtung des Tatsächlichen verleiht der Kunstsoziologie ihre Disziplin, denn während sie als Verbindungsglied zwischen Soziologie und Kunstwissenschaften auftritt, ist sie zur gleichen Zeit reinste Soziologie.

Anmerkungen

1 *Walter Wiora,* in: Die Musik in Geschichte und Gegenwart, Kassel 1961, Bd. 9 S. 1215.
2 *Pierre Francastel,* La réalité figurative. Eléments structurels de sociologie de l'art, Paris 1965, S. 15.
3 *Hanne Deinhard,* Bedeutung und Ausdruck. Zur Soziologie der Malerei, Neuwied/Berlin 1967, S. 22.
4 De la littérature considérée dans ses rapports avec les institutions sociales, Paris 1800 und De l'Allemagne, Paris 1810.
5 Mélanges politiques, littéraires et philosophiques, Paris 1819.
6 Mémoire sur la musique des Chinois, Paris 1779.
7 Die Musik der Araber, Leipzig 1842.
8 Vies des plus excellents peintres, sculpteurs et architectes, 1542 et pass.
9 So z. B. noch 1962 bei *T. B. Bottomore,* Sociology. A Guide to Problems and Literature, London 1962; oder 1968 bei *Gaston Bouthoul,* Traité de Sociologie, 2 Bde., Paris 1968.
10 *Richard T. LaPierre,* Sociology, New York / London 1946, S. 333.
11 Paris 1960, Bd. II, S. 297.
12 S. La vocation actuelle de la sociologie, in: Cahiers Internationaux de Sociologie, Paris 1946, Bd. I, S. 18.
13 Ibid., S. 21.
14 Z. B. Déterminismes sociaux et liberté humaine, Paris 1965.
15 *Jean Duvignaud,* Sociologie de l'art, Paris 1967.
16 *Paul Honigsheim,* Soziologie der Kunst, Musik und Literatur, in: Gottfried Eisermann (Hrsg.), Die Lehre von der Gesellschaft, Stuttgart 1958, S. 338 ff.
17 Vgl. z. B. *Paul Honigsheim,* Musikformen und Gesellschaftsformen, in: W. Bernsdorf und G. Eisermann (Hrsg.), Die Einheit der Sozialwissenschaften, Stuttgart 1955.
18 In: *Gottfried Eisermann* (Hrsg.), Die Lehre von der Gesellschaft, a.a.O., S. 372.
19 *Paul Kecskemeti,* in der Einführung zu: Karl Mannheim, Essays on the Sociology of Knowledge, London 1952, S. 16.
20 Ibid., S. 19
21 *Karl Mannheim,* Beiträge zur Theorie der Weltanschauungsinterpretation, Wien 1923; siehe auch ders., Ideologische und soziologische Interpretation der geistigen Gebilde, in: Gustav Salomon (Hrsg.), Jahrbuch für Soziologie, 1926, Bd. 2, S. 424 ff.
22 *Kurt Lenk,* Marx in der Wissenssoziologie, Neuwied/Berlin 1972, S. 55.
23 *Pitirim A. Sorokin,* Society, Culture, and Personality: Their Structure and Dynamics, New York 1962, bes. Kapitel 40.

[24] *Kurt Lenk,* op. cit., S. 59.
[25] S. z. B. Die Seele und die Formen, Berlin 1911; und ders., Die Theorie des Romans, Berlin 1920.
[26] S. Kunst und Literatur, Berlin 1955.
[27] S. Das Kunstwerk im Zeitalter seiner technischen Reproduzierbarkeit, abgedruckt in: Illuminationen, Frankfurt/M. 1961, S. 148 ff.
[28] S. z. B. Versuch, das Endspiel zu verstehen, in: Noten zur Literatur II, Frankfurt/M. 1961.
[29] *Georg Lukács,* Probleme der Ästhetik, Neuwied/Berlin 1969, S. 527.
[30] In: *Wilhelm Bernsdorf* und *Friedrich Bülow* (Hrsg.), Wörterbuch der Soziologie, Stuttgart 1955, S. 633.
[31] *Leopold Rosenmayr,* Max Scheler, Karl Mannheim und die Zukunft der Wissenssoziologie, in: Alphons Silbermann (Hrsg.), Militanter Humanismus. Von den Aufgaben der modernen Soziologie, Frankfurt/M. 1966, S. 230.
[32] *Oswald Spengler,* Der Untergang des Abendlandes, München 1918.
[33] *Othmar Spann,* Gesellschaftslehre, Leipzig 1930[3].
[34] *Jacob Burckhardt,* Kultur und Kunst der Renaissance in Italien, Berlin 1936.
[35] *Alfred Weber,* Kulturgeschichte als Kultursoziologie, München 1950.
[36] *Arnold J. Toynbee,* A Study of History, New York / London 1947.
[37] *Alfred Weber,* op. cit., S. 17.
[38] S. u. a. Deutsche Schriften, München 1937[3] (zuerst 1878); Gesammelte Abhandlungen, Leipzig 1866.
[39] S. u. a. Rembrandt als Erzieher, Leipzig 1890.
[40] S. u. a. Die Deutschen. Unsere Menschengeschichte, 8 Bde., Minden 1904 et pass.; Das dritte Reich, Hamburg 1931[3].
[41] Frankfurt 1949.
[42] London 1947.
[43] London 1955.
[44] München 1947.
[45] *Alfred von Martin,* op. cit., S. 12.
[46] S. z. B. *Gustav Sichelschmidt,* Hedwig Courths-Mahler. Eine literatursoziologische Studie, Bonn 1967; oder *Hans Engel,* Musik und Gesellschaft, Berlin 1960; oder *Mohammed Rassem,* Gesellschaft und bildende Kunst, Berlin 1960.
[47] *Fernand Braudel,* Les responsabilités de l'histoire, in: Cahiers Internationaux de Sociologie, Paris 1951, Bd. X, S. 9.
[48] *René König* (Hrsg.), Soziologie, Frankfurt/M. 1967, S. 160.
[49] Als Beispiel seien angeführt: *Wilfrid Mellers,* Music and Society, New York 1950; *Diana Spearman,* The Novel and Society, London 1966.
[50] *K. A. Fischer,* Kultur und Gesellung, Köln 1951, S. 15.
[51] Paris 1930[15].
[52] Z. B. von *Arnold Gehlen,* Zeit-Bilder. Zur Soziologie und Ästhetik der modernen Malerei, Frankfurt/M. 1960; *Marcel Belvianes,* Sociologie de la musique, Paris 1951; *Pierre Francastel,* Art et technique, Paris 1956; *Pieter Jan Bouman,* Kultur und Gesellschaft der Neuzeit, Olten/ Freiburg/Br. 1962, u. a. m.
[53] *Hans Engel,* op. cit., S. 9.
[54] *René König* (Hrsg.), op. cit., S. 160.
[55] Um hier nur als Beispiele zu nennen: *Harry C. Bredemeier* und *Richard M. Stephenson,* The Analysis of Social Systems, New York 1962, Kap. 1; *David McClelland,* The Achieving Society, New York 1961.
[56] S. hierzu ausführlich *René König* in der Einleitung zur deutschen Ausgabe von Emile Durkheim, Die Regeln der soziologischen Methode, Neuwied 1961, S. 38 ff.
[57] Z. B. bei *Jean Duvignaud* in seiner Broschüre über Durkheim, Paris 1965, in der er die Unterscheidung mit keinem Wort berührt; oder bei *Wolfgang Burde,* Was ist ein musiksoziologischer Tatbestand?, in: Musik und Bildung, Mainz 1972, Heft 2, S. 57 ff.

[58] Ein sehr gelungenes Beispiel hierfür aus der neueren Literatur ist *Robert Minder*, Dichter in der Gesellschaft, Frankfurt/M. 1966. Überdies bewegt sich die vergleichende Literaturwissenschaft gern auf diesem Gebiet. S. hierzu *Hans Norbert Fügen* (Hrsg.), Vergleichende Literaturwissenschaft, Düsseldorf/Wien 1973.
[59] *Theodor W. Adorno*, Einleitung in die Musiksoziologie, Frankfurt/M. 1962, S. 56.
[60] *Leo Schrade*, Die Musik im Kulturleben des Westens, in: Schweizerische Musikzeitung, Sept./Okt. 1961, S. 290/91.
[61] Wir beziehen uns auf die erste Ausgabe New York 1937 et pass., 4 Bde.
[62] op. cit., New York 1962 (Neuausgabe).
[63] A. a. O., S. 9/10.
[64] Z. B. Die Theorie des Romans, Berlin 1920.
[65] Z. B. Pour une sociologie du roman, Paris 1964.
[66] Z. B. Illuminationen, a.a.O.
[67] Z. B. Philosophie der neuen Musik, Tübingen 1949.
[68] Z. B. Les deux cent mille situations dramatiques, Paris 1950.
[69] Z. B. Situation de l'art moderne, Paris 1950.
[70] In: *Paul F. Lazarsfeld* und *Frank N. Stanton* (Hrsg.), Radio Research 1941, New York 1941, S. 110 ff.
[71] New York 1934.
[72] Z. B. *Gregor Paulson*, Die soziale Dimension der Kunst, Bern 1955.
[73] In: Schweizer Monatshefte, Zürich 1958, S. 679 ff., und in: Klangfiguren, Berlin/Frankfurt 1959.
[74] Ibid., S. 681.
[75] Ibid., S. 690.
[76] Notions d'esthétique, Paris 1948.
[77] Traité d'esthétique, Paris 1956.
[78] Toward Science in Aesthetics, New York 1956.
[79] Paris 1958.
[80] Beispielsweise bei *Jean Duvignaud*, Sociologie de l'art, a.a.O.
[81] Baroque – Is it Datum, Hypothesis, or Tautology? in: The Journal of Aesthetics and Art Criticism, XII, 1954, 4, S. 437.
[82] Ibid.
[83] *Wolfgang Eichhorn* et al., Wörterbuch der marxistisch-leninistischen Soziologie, Opladen 1971^2, S. 264.
[84] Ibid.
[85] S. z. B. *Bernd Jürgen Warneken*, Zur Kritik positivistischer Literatursoziologie, in: Horst Albert Glaser et al., Literaturwissenschaft und Sozialwissenschaften, Stuttgart 1971.
[86] *A. Shdanow*, Über Kunst und Wissenschaft, Berlin 1951.
[87] *W. I. Lenin*, Aus dem philosophischen Nachlaß, Berlin 1949, S. 146.
[88] Herausgegeben von Michail Lifschitz, Berlin 1953.
[89] *Hans-Dietrich Sander*, Marxistische Ideologie und allgemeine Kunsttheorie, Tübingen 1970, S. 174.
[90] *Michail Lifschitz*, im Vorwort zu Marx-Engels über Kunst und Literatur, a.a.O., S. 10.
[91] Ibid., S. 11.
[92] Abgedruckt in: Ibid., S. 149. Für die Antworten von Marx und Engels siehe MEW, Berlin 1970, Bd. 29.
[93] *Hans-Dietrich Sander*, op. cit., S. 166.
[94] *Karl Marx*, Einleitung zur Kritik der politischen Ökonomie, MEW, Berlin 1971, Bd. 13, S. 624.
[95] *Talcott Parsons*, The Social System, Glencoe 1951, S. 386.
[96] *Helmut Kuhn*, Wesen und Wirken des Kunstwerks, München 1960, S. 27.
[97] S. hierzu ausführlich *Alphons Silbermann*, Wovon lebt die Musik? – Die Prinzipien der Musiksoziologie, Regensburg 1957, Kap. 3.

[98] *Bruce Allsopp,* Die Zukunft der Künste, Düsseldorf 1960, S. 162 ff.
[99] z. B. *Leo Lowenthal,* Literatur, Popular Culture, and Society, Englewood Cliffs 1961; *César Graña,* Bohemian versus Bourgeois, New York 1964; *Walter Nutz,* Der Trivialroman, Köln/Opladen 1962; *Robert Excarpit,* La révolution du livre, Paris 1965; *Karla Fohrbeck* und *Andreas J. Wiesand,* Der Autorenreport, Hamburg 1972.
[100] Z. B. *Dennison J. Nash,* Challenge and Response in the American Composer's Career, in: The Journal of Aesthetics and Art Criticism, 1955; *John H. Mueller,* Fragen des musikalischen Geschmacks, Köln/Opladen 1963; *Alphons Silbermann,* Musik, Rundfunk und Hörer, Köln/Opladen 1959; *H. de Jager,* Cultuuroverdracht en Concertbezoek, Leiden 1967.
[101] Z. B. *Wilbur Schramm,* The Impact of Educational Television, Urbana 1960; *Stuart Hall* und *Paddy Whannel,* The Popular Arts, London 1964; *Jean Cazeneuve,* Les pouvoirs de la télévision, Paris 1970.
[102] Z. B. *Martin Holmes,* Shakespeare's Public, London 1960; *Raymond Ravar* und *Paul Anrieu,* Le spectateur au théâtre, Brüssel 1964; *Maurice Descotes,* Le public de théâtre et son histoire, Paris 1964.
[103] Z. B. *Bernard S. Myers,* Problems of the Younger American Artist, New York 1957; *Bruce A. Watson,* Kunst, Künstler und soziale Kontrolle, Köln/Opladen 1961; *René König* und *Alphons Silbermann,* Der unversorgte selbständige Künstler, Köln 1964; *Pierre Bourdieu* und *Alain Darbel,* L'amour de l'art, Paris 1966.
[104] *Peter Atteslander,* Methoden der empirischen Sozialforschung, Berlin 1969, S. 160.

Bibliographie

1. Beiträge zur Theoriebildung

1 *Abell, W.*, The Collective Dream in Art. A Psycho-Historical Theory of Culture Based on Relations between the Arts, Psychology and the Social Sciences, Cambridge 1957 (s. a. 2119).

2 *Adler, F.*, Artikel „Kunstsoziologie", in: W. Bernsdorf (Hrsg.), Wörterbuch der Soziologie, Stuttgart 1969, S. 616 bis 620.

3 *Albrecht, M. C.*, Art as an Institution, in: ASR 33, 1968, S. 383–397.

„Kunst" aufgefaßt als Kollektivbegriff für eine große Anzahl ästhetischer Produkte.

3 A *Albrecht, M. C., J. H. Barnett, M. Griff*, The Sociology of Art and Literature. A Reader, London 1970.

Enthält Einzelbeiträge zu den Themen: Form und Stil; Künstler; Distribution; Geschmack und Publikum; Methodologie; Geschichte und Theorie.

4 *Aler, J. M. M.*, De functie van de Kunst in onze tijd (Die Funktion der Kunst in unserer Zeit), Den Haag 1962.

5 *Art et Société*, Spezial-Nr. der R. Franç. Sociol., 5, 1964, 2.

6 *Arturo Cuevillas*, F. N., Sociologia, Arte y Ciencias: Su Delimitacion Epistemologica (Soziologie, Kunst und Wissenschaften: ihre epistemologische Abgrenzung), in: RIS, 20, 1962, 80, S. 481–518.

Epistemologische Untersuchung der Soziologie und verwandter Wissenschaften in ihren Beziehungen zu Kunst und Philosophie.

7 *Ayala, F.*, Bases para una sociología del arte (Grundlagen für eine Kunstsoziologie), in: R. Guatemala, 1953, 6, S. 95–106.

8 *Bachmann, R.*, Morphologie und Kunst, Göttingen 1956.

9 *Barnett, J. H.*, Research Areas in the Sociology of Art, in: SSR, 42, 1958, 6, S. 401–405.

Kunst wird gesehen als Prozeß zwischen den Elementen: Künstler, Kunstwerk und Kunstpublikum. Einige spezielle Untersuchungsfelder sind angegeben.

10 *Barnett, J. H.*, The Sociology of Art, in: R. K. Merton, L. Broom und L. S. Cottrell, Jr. (Hrsg.), Sociology Today. Problems and Prospects, New York 1959, 5. Aufl., S. 197–214.

Allgemeine Übersicht über die Kunstsoziologie in den USA. Aufzählung bestehender Probleme und Möglichkeiten einer methodischen Kunstsoziologie unter Betonung der diversen Aspekte des Prozesses „Kunst".

11 *Baumol, W. J., W. G. Bowen*, Performing Arts – the Economic Dilemma. A Study of Problems common to Theater, Opera, Music, and Dance, New York 1966.

Zur „Kulturexplosion" und deren Unterstützung.

12 *Bensman, J., I. Gerver*, Art and the Mass Society, in: Soc. Prob., 6, 1958, 1, S. 4–10 (s. a. 211).

Untersuchung der Ursachen für die Vernachlässigung sozialer Belange durch den Künstler zugunsten der Beschäftigung mit technisch-ästhetischen

Problemen als Folge des inneren Rationalisierungsprozesses der Kunst.

13 *Bormann, E. G.*, Theory and Research in the Communicative Arts, New York 1965.

14 *Bouman, P. J.*, Einführung in die Soziologie, Stuttgart 1955.

Enthält ein Kapitel über Kunstsoziologie mit dem Ziel, ihr ein eigenes System von Begriffen und Problemen zuzuweisen.

15 *Breysig, K.*, Das geistige Schaffen als Gegenstand der Gesellschaftslehre, in: Verhandlungen des 7. Deutschen Soziologentages, Tübingen 1931, S. 156 bis 169.

Ausgehend von der Unterscheidung zwischen handelndem Leben (in Staat, Wirtschaft, Recht und Geselligkeit) und geistigem Leben (in Glauben, Kunst und Forschung) wird verlangt, daß sich die Gesellschaftslehre in bezug auf Kunst nur auf die deutende Verwertung, nicht aber auf die Erforschung der Tatbestände erstrecke.

16 *Brinkmann, C.*, Artikel „Kunst", in: Hwb. Sw., Göttingen 1954.

17 *Brownell, B.*, The Human Community, New York 1950.

Enthält ein Kapitel „The Community in Art", S. 253–281.

18 *Bunzel, J. H.*, Soziologie der Kunst, in: Verhandlungen des 7. Deutschen Soziologentages, Tübingen 1931, S. 188–191.

Kunstsoziologie aufgefaßt als das Verhältnis von Mensch zu Mensch und von Mensch zu Ding, soweit es durch Kunst hervorgerufen wird. Zunächst sollte erforscht werden, „wie die Kunst aus der Gemeinschaft entstand, wie sie sich mit der Gemeinschaft entwickelte und wie sie auf die Entwicklung der Gemeinschaft zurückwirkt". Zusammengefaßt definiert B. in: H. Pratt Fairchild (Hrsg.), Dictionary of Sociology, Paterson N. Y. 1961, S. 303 Kunstsoziologie als „Wissenschaft, die sich mit der Definition, Klassifikation und Interpretation von Kunstwerken und Künstlern in ihrer Wirkung auf die Gesellschaft und die Wirkung der Gesellschaft auf diese befaßt".

19 *Busino, G.*, Die Kunstsoziologie Leon Winiarskis, in: KZfS, 21, 1969, 3, S. 672–679.

Anwendung der Gesetze der „sozialen Mechanik" auf die Kunst.

20 *Caillois, R.*, Les jeux et les hommes. Le masque et le vertige, Paris 1958.

Unter Außerachtlassung soziologischer Erwägungen im gruppentheoretischen Sinne, unter Erforschung der „vocation sociale des jeux", wird versucht, den Grundbau für eine Soziologie „ausgehend von" den Spielen zu errichten.

21 *Caillois, R.*, Esthétique généralisée, in: Diogène, 38, 1962, S. 134–158.

22 *Calverton, V. F.*, The Sociological Aesthetics of the Bolsheviki, in: AJS, 1929–30, S. 383–392.

23 *Calverton, V. F.*, Art and Social Change: A Controversy, the Radical Approach, in: Mod. Q., 6, 1931, S. 16 bis 27.

Ausführungen im Sinne des historischen Materialismus.

24 *Čekalov, A. K.*, Iskusstvo v byuto (Kunst im täglichen Leben), Moskau 1961.

25 *Cristanti, P.*, Arte e cinema nella loro funzione sociale (Kunst und Film in ihren sozialen Funktionen), Rom 1954 (s. a. 2053).

26 *Cuvillier, A.*, Manuel de Sociologie, Paris 1970, Bd. III, Kap. XIV.

Unter der Überschrift „L'årt et la littérature" werden behandelt: Kunst als soziale Tatsache; Kunst und Technik; Kunst, Magie und Religion; Künstler und Publikum u. a. m.

27 *Déonna, W.*, Art et société. Les groupes sociaux et l'art, in: RIS, 35, 1927, 5/6, S. 231–268.

Theoriebildung ausgehend vom sozialen Milieu.

28 *Dewey, J.*, Art as Experience, New York 1934.

Unter dem Einfluß des Pragmatikers William James vertritt Dewey den sogenannten „Instrumentalismus", nach dem Kunst und Arbeit, Kunst und Natur, Kunst und alltägliche menschliche Erfahrung nicht abgesondert voneinander betrachtet werden dürfen.

29 *Diez Del Corral, L.*, Ensayos sobre arte y sociedad (Essays über Kunst und Gesellschaft), Madrid 1955 (s. a. 291).

30 *Dornbusch, M.*, Content and Method in the Study of the Higher Arts, in: R. N. Wilson (Hrsg.), The Arts in Society, Englewood Cliffs 1964, S. 363 bis 372.

Erörterung methodologischer Fragen und Plädoyer für eine strengere Anwendung sozialwissenschaftlicher Methoden bei der Annäherung an kunstsoziologische Probleme.

31 *Duncan, H. D.*, Sociology of Art, Literature, and Music: Social Contexts of Symbolic Experience, in: H. Becker und A. Boskoff (Hrsg.), Modern Sociological Theory in Continuity and Change, New York 1957, S. 482–500. Abhandlung des Kommunikationsprozesses im Verzuge des Dreiecks: Künstler, Kritik und Publikum.

32 *Duvignaud, J.*, Problèmes de la sociologie des arts, in: CIS, 1959, 26, S. 137–148.

Kunst könne aus der Perspektive des Soziologen gesehen werden 1. als Teilnahme im psycho-sozialen Leben einer Eigengruppe, 2. als Mittel der Befriedigung für wenige Privilegierte, 3. als Religion, 4. als Illustration und Verschönerung des Lebens, 5. als ethische Opposition zur traditionellen Erfahrung der Gruppe, 6. als Sehnsucht nach einer verlorenen Gesellschaft, 7. als ethische, politische und soziale Revolution, 8. als Kunst um der Kunst willen, 9. als Gegenpol zur Massenkultur und 10. als eine Strömung, die die Massenkultur zum Nutzen künstlerischen Ausdrucks einzusetzen versucht.

33 *Duvignaud, J.*, La sociologie de l'art, Paris 1966.

Beschränkung der Kunstsoziologie auf eine „sociologie de l'imaginaire" bzw. „sociologie de l'expression artistique" in Richtung soziologischer Ästhetik.

34 *Duvignaud, J.*, Kunstsoziologie, in: G. Eisermann (Hrsg.), Die Lehre von der Gesellschaft, Stuttgart 1969.

In erster Linie ein Vergleich von Gesellschaftstypen mit Funktionen der Vorstellungswelt.

35 *Efimov, A. I.*, O jazyke hudožestvennyh proizvedenij (Die Sprache der Kunstwerke), Moskau 1954, 2. Aufl.

36 *Finkelstein, S.*, Art and Society, New York 1947.

Zur marxistischen Kunstsoziologie.

37 *Fischer, K. A.*, Kultur und Gesellschaft, Köln 1951.

Versuch einer Systematik der Kultursoziologie im Unterschied zur beziehungswissenschaftlichen Soziologie, ausgehend von einem umfassenden kulturell-gesellschaftlichen Wirkegebilde. Kultursoziologie definiert als „Wissenschaft von der Gesellungsseite des Kulturlebens".

38 *Franchisena, C. u. a.*, Las artes en la sociedad de masas (Die Künste in der Massengesellschaft), Cordoba 1961.

39 *Gans, H. J.*, Pluralist Esthetics and Sub-Cultural Programming: A Proposal for Cultural Democracy, in: Stud. Publ. Comm., 3, 1961, S. 27–35.

40 *Gendai Geijyutsu Kensyujyo*, Syakai to Geijyustu (Gesellschaft und Kunst), Kawade-syobô 1955.

40 A *Graña, C.*, Fact and Symbol: Essays in the Sociology of Art and Literature, New York 1971.

41 *Guyau, J.-M.*, L'art au point de vue sociologique, Paris 1889.

Auf das Solidaritätsgefühl basierte Ästhetik in Richtung einer Sozialethik: Kunst ist sozial durch ihren Ursprung, ihren Zweck und ihre Essenz. Ihre Rolle ist es, soziale Sympathie (Solidarität) hervorzubringen.

42 *Haag, E. van den*, Kerouac was here, in: Soc. Prob., 6, 1958, 1, S. 21–28.

Studien über das Verhältnis von Kunst, Künstler und den Charakteristika einer Massenkultur.

43 *Haag, E. van den*, A Dissent from the Consensual Society, in: Daedalus, 89, 1960, 2, S. 315–324.

44 *Hall, S., P. Whannel*, The Popular Arts, New York 1965.

Analyse populärer Kunsterscheinungen wie Film, Fernsehen, Popmusik, Trivialromane, usw.: Populäre Kunst ist im wesentlichen eine konventionelle Kunst, die in eindringlicher Form bereits bekannte Werte und Attitüden wiederholt.

45 *Harap, L.*, Social Roots of the Arts, New York 1949.

46 *Havelaar, J.*, Kunst en samenleving (Kunst und Gemeinschaft), in: Socialistische Gids, 2, 1917, S. 522–554.

47 *Hazlitt, H., V. F. Calverton*, Art and Social Change, in: Mod. Q., 6, 1931, S. 10–27.

Funktionalistische Studie über die Dichotomie von Kunst und Nützlichkeit.

48 *Heron, P.*, Art is Autonomous, in: T. C., 158, 1955, 943, S. 290–297.

49 *Honigsheim, P.*, Soziologie der Kunst, in: Verhandlungen des 7. Deut. Soziologentages, Tübingen 1931, S. 179 bis 181.

Darstellung einiger Untersuchungsobjekte der Kunstsoziologie: 1. der Prozeß, durch den aus einem größeren Kollektiv eine kleinere Gruppe herauskristallisiert wird, die die Funktion der Künstler ausübt; 2. die Vergesellschaftungsart dieser Gruppe; 3. die gesellschaftliche Struktur des Publikums; 4. die Beziehung zwischen Künstler und Publikum; 5. das Entstehen der Zwischengebilde zwischen Künstler und Publikum (Kunsthändler, Kritiker, usw.); 6. die Beziehungen zwischen den diversen Gruppen untereinander.

50 *Honigsheim, P.*, Das Problem der Standortgebundenheit kultureller Objektivationen in Kultur und Norm, Schriften zur wissenschaftlichen Weltorientierung, Berlin 1957.

51 *Horkheimer, M.*, Neue Kunst und Massenkultur, in: Umsch., III, 1948, 4, S. 455 ff.

Zum Problem der Kulturindustrie.

52 *Kavolis, V.*, Artistic Expression. A Sociological Analysis, Ithaka (N. Y.) 1968.

Entwurf einer „Soziologie der Imagination“ ausgehend von einer Stil-Analyse.

53 *Keppel, F. P., R. L. Duffus*, The Arts in Social Life, in: Recent Social Trends in the United States, New York 1933, 2, S. 912–957.

Im Auftrag der Regierung hergestellter Bericht über Stand und Rolle der Künste im Leben der amerikanischen Gesellschaft.

54 *Klingender, F. D.*, Marxism and Modern Art, London 1943.

55 *Klingender, F. D.*, Art and the Industrial Revolution, London 1947.

56 *König, R.*, Das Kunstwerk als Quelle kunsttheoretischer Einsichten, in: ZÄAK, XXX, 1936, 1.

57 *Kruithof, J.*, Techniek, kunst en maatschappij (Technik, Kunst und Gesellschaft). Beschouwingen over de positie van kunst en kunstenaar in onze samenleving, in: Socialistische Standpunten, 3, 1956, S. 271–281.

58 *Kühnert, H.*, Auguste Comtes Verhältnis zur Kunst, Diss., Jena 1910.

59 *Lalo, Ch.*, Programm einer soziologischen Ästhetik, Bericht des Kongresses für Ästhetik, 1913, Stuttgart 1914, S. 116–123.

60 *Lalo, Ch.*, L'art et la vie sociale, Paris 1921.

61 *Lalo, Ch.*, Notions d'esthétique, Paris 1926.

62 *Lalo, Ch.*, L'expression de la vie dans l'art, Paris 1933.

63 *Lalo, Ch.*, L'art loin de la vie, Paris 1939.

64 *Lalo, Ch.*, Méthodes et objets de l'esthétique sociologique, in: Rev. Int. Phil., 3, 1949, S. 5–42.

Vertreter der französischen Schule einer soziologischen Ästhetik, die die Erfassung des Kunstwerkes selbst und seiner Bedeutung in den Mittelpunkt stellt, um von hier aus zu einer Umschreibung seiner sozialen Funktionen vorzudringen.

65 *Lameere, J.*, L'art et le social, in: R. Inst. S., 15, 1935, 2, S. 335–343.

66 *Lefrancg, J.*, L'esthétique et la sociologie, in: R. Inst. S., 8, 1928, 2, S. 319 bis 373.

67 *Lenk, K.*, Zur Methodik der Kunstsoziologie, in: KZfS, 13, 1961, 3, S. 413–425.

Darstellung einiger Motive der Kunstsoziologie im Hinblick auf ihre Funktion für die Herausbildung kultur- und wissenssoziologischer Problemstellungen.

68 *Les arts dans la société,* in: RISS, XX, 1968, No. 4.

Spezialnummer mit Beiträgen von P. Bourdieu, R. L. Brown, R. Clausse, V. Karbusicky, H. O. Luthe, B. Watson und A. Silbermann.

69 *Lethaby, W. R.*, Form in Civilization. Collected Papers on Art and Labor, London 1957, 2. Aufl.

70 *Lossier, J.-G.*, Le rôle social de l'art selon Proudhon, Paris 1938.

Kommentar zu den im Werke Proudhons weit verstreuten Bemerkungen über die soziale Rolle der Kunst.

71 *Lowenthal, L.*, Historical Perspectives of Popular Culture, in: AJS, 55, 1950, 4, S. 323–332.

Schwierigkeiten mit den Standardmethoden empirischer Forschung können durch Verwendung eines historischen und philosophischen Bezugsrahmens vermieden werden. Kategorien wären etwa: Niedergang des Individuums; Interdependenz von sozialer Kontrolle und Massenkommunikation; Psychologie der Wunscherfüllung u. a. m.

72 *Lowenthal, L., M. Fiske,* The Debate over Art and Popular Culture in Eighteenth Century England, in: M. Komarovky (Hrsg.), Common Frontiers of the Social Sciences, Glencoe 1957 (s. a. 324).

73 *Löwenthal, L.*, Das Problem der Populärkultur, in: Rundfunk und Fernsehen, 1, 1960, S. 21–32.

Kunst und Populärkultur bilden keine Dichotomie, sondern in verschiedene logische Zusammenhänge gestellte Begriffe. Vorschlag für eine Zusammenarbeit zwischen Geistes- und Sozialwissenschaft.

74 *Lux, J. A.*, Volkswirtschaft des Talents. Grundsätze einer Volkswirtschaft der Kunst, Leipzig 1906.

Eine aus der „Bildungsschule“ hervorgegangene Studie.

75 *Lynd, R. S.*, Knowledge for What?, Princeton 1948.

Betonung des erzieherischen Wertes der Kunst neben den Geistes- und Sozialwissenschaften angesichts der Vermittlung tieferer Einblicke in unsere Kultur durch die Künstler.

76 *Mannheim, K.*, Ideologische und soziologische Interpretation der geistigen Gebilde, in: G. Solomon (Hrsg.), Jahrbuch für Soziologie, Bd. 2, S. 424 bis 440, Karlsruhe 1926.

Wissenssoziologische Ausführungen.

77 *Martin, A. v.*, Geist und Gesellschaft. Soziologische Skizzen zur europäischen Kulturgeschichte, Frankfurt/M. 1948.

Zum Wandel der Auffassungen von Kunst und Künstler vom Mittelalter bis zum Bürgertum.

78 *Martin, A. v.*, Soziologie: Die Hauptgebiete im Überblick, Berlin 1956.

Zur Kunstsoziologie: Auffassung der Kunst als höchste Form von Spiel. Grundthema der Kunstsoziologie ist es, die Möglichkeiten künstlerischer Entwicklung auf die Art und das Maß ihrer sozialen Bedingtheiten hin zu untersuchen.

79 *Meadows, P. u. M.*, The Social Determinants of Arts, in: SSR, 26, 1941/1942, S. 310–314.

80 *Meuter, H.*, Soziologie der Kunst, in: Verhandlungen des 7. Deutschen Soziologentages, Tübingen 1931, S. 281 bis 288.

Eine knappe Systematisierung der Kunstsoziologie im Sinne der Beziehungslehre. Als soziologische Elemente der Kunstsoziologie werden angeführt: Ursprung, Form, Inhalt und Wirkung der Kunst.

81 *Mierendorff, M.*, Aufgaben einer Kunstsoziologie, in: Soz. Welt, 8, 1957, 1, S. 42–44.

Vier Aufgaben werden als besonders dringlich dargestellt: 1. Ausarbeitung eines Systems der Kunstsoziologie; 2. Soziologische Analyse der Beziehungen zwischen Kunst und gegenwärtiger Gesellschaft; 3. Beobachtung und Studium zeitgenössischen Materials aus Vorträgen, Ausstellungen, Literatur, Presse usw.; 4. Ausarbeitung eines Programms für internationale Zusammenarbeit im Feld der Kunstsoziologie.

82 *Mierendorff, M.*, Über den gegenwärtigen Stand der Kunstsoziologie in Deutschland, in: KZfS, 9, 1957, 3, S. 397–412.

Kurze vergleichende historisch-bibliographische Übersicht über die deutsche kunstsoziologische Literatur, eingeteilt nach Kunstgattungen.

83 *Mierendorff, M., H. Tost*, Grundlegung einer Kunstsoziologie, in: KZfS, 6, 1953–54, 1, S. 1–15.

84 *Mierendorff, M., H. Tost*, Einführung in die Kunstsoziologie, Köln/Opladen 1957.

Versuch, die soziale Funktion der Kunst und die Bedeutung des Kunstwerkes für die Gesellschaft im Gegensatz zur marxistischen Kunstsoziologie mit den Mitteln der Fachsoziologie in einem größeren Umfang zu untersuchen. Bei der Systematik handelt es sich um die Grundlegung einer Kunstsoziologie schlechthin. Das Werk ist dem Gedenken Alfred Vierkandts gewidmet und als Fortführung seiner Ideen zur formalen Soziologie gedacht.

85 *Moles, A. A.*, Note sur l'architecture informationelle de l'oeuvre d'art, in: Grundlagenstudien aus Kybernetik und Geisteswissenschaft, 3, 1962, 3, S. 85–88.

Unter der Voraussetzung, daß ein Kunstwerk in verschiedener Weise als Zeichenkomplex aufgefaßt werden kann und dabei das Informationsangebot stets etwas höher sein muß als die Aufnahmefähigkeit des Konsumenten, wird die Idee eines mit diesem Überschuß zusammenhängenden Maßes für den „künstlerischen Wert" entwickelt.

86 *Moles, A. A.*, Sociodynamique de la culture, Paris 1967.

Darstellung einer quantitativen Erfassung des kulturellen Phänomens, des Kulturzyklus und der Kulturverbreitung.

87 *Morris, W.*, Kunst en maatschappij, (Kunst und Gesellschaft), Rotterdam 1903.

88 *Mueller, J. H.*, Is Art the Product of its Age?, in: Soc. Forc., 13, 1935, S. 367–376.

89 *Mueller, J. H.*, The Folkways of Art: An Analysis of the Social Theories of Art, in: AJS, 44, 1938–39, S. 222–238.

90 *Müller-Freienfels, R.*, Soziologie der Kunst, in: Verhandlungen des 7. Deutschen Soziologentages, Tübingen 1931, S. 279–281.

Skizzierung einer gruppentheoretisch basierten Kunstsoziologie. Das Kunstwerk wird behandelt als „Vermittler von des Künstlers Ausdruck und des Betrachters Einfühlung". Die Struktur der Publikumsgruppen wird dargestellt als abhängig von Gemeinsamkeiten durch Land, Zeit, gesellschaftlicher Position und Erziehung. Postulat der ästhetischen Wertung eines Kunstwerks bestimmt durch die soziale Lage des Kritikers.

91 *Müller-Lyer, F.*, Phasen der Kultur und Richtlinien des Fortschritts. Soziologische Überblicke, München 1908.

92 *Mukerjee, R.*, The Meaning and Evolution of Art in Society, in: ASR, 10, 1945, S. 496.

Beleuchtet den Gesichtspunkt, daß Kunst durch soziale Kräfte geschaffen wird: Kunst ist zugleich ein soziales Produkt und ein etabliertes Mittel der sozialen Kontrolle.

93 *Mukerjee, R.*, The Sociological Approach to Art, in: SSR, 30, 1945 bis 1946, S. 177–184.

These: Typ und Muster künstlerischer Schöpfung in einer Gesellschaft hängen nicht nur von ihrer sozialen Organisation und Kulturgeschichte ab, sondern von der Synthese des Milieus durch die Schöpfungen individueller Persönlichkeiten. In einer Gesellschaft wirkt Kunst als einigende Kraft und transzendiert alle anderen Kulturformen.

94 *Mukerjee, R.*, Social Disguise as the Principle of Art, in: SSR, 30, 1945 bis 1946, S. 3–10.

Kunst wird gesehen als Kompromiß zwischen dem Unbewußten und dem Bewußten. Sie drückt die drängenden unbewußten Kräfte durch Sublimierung und Symbolisierung (Bewußtmachung) aus.

95 *Mukerjee, R.*, The Social Function of Art, New York 1950 (s. a. 333).

Betrachtung der Kunst als Autobiographie einer Kultur. Besonderes Gewicht wird gelegt auf einen Vergleich westlicher und asiatischer Kunstauffassungen. Theoretische Kapitel behandeln die soziologische Annäherung an die Kunst im Hinblick auf deren Funktionen.

96 *Mukerjee, R.*, The Social Structure of Values, London 1950.

97 *Mukerjee, R.*, The Culture and Art of India, New York 1959.

Eine ausführliche Sozialgeschichte der indischen Kunst.

98 *Munro, Th.*, Evolution and Progress in the Arts. A Reappraisal of Herbert Spencer's Theory, in: JAAC, 18, 1959/60, S. 294–315.

Wiederbelebung von Herbert Spencers organizistischer Theorie.

99 *Nahm, M. C.*, Art as one of the Bridges of Cultural Understanding, in: L. Bryson (Hrsg.), Approaches to Group Understanding, New York 1947, S. 375–388.

Zur Übertragung von Gefühlen und Ansichten durch das künstlerische Medium.

100 *Nahm, M. C.*, The Artist as Creator, Baltimore/London 1956.

Ausführungen zum Unbewußten im kreativen Prozeß.

101 *Needham, H. A.*, Le développement de l'esthétique sociologique en France et en Angleterre au XIXe siècle, Paris 1926 (s. a. 1133).

Analyse der Entwicklung einer soziologischen Ästhetik in spezifischen historischen Systemen unter Außerachtlassung von Struktur und Funktion der Literatur als sozio-kulturelle Institution.

102 *Nuki, D.*, Geijitsu Shakaigaku Jyosetsu, (Die Soziologie der Kunst), Tokio 1959.

103 *Mendieta y Nuñez, L.*, Sociologia del arte (Soziologie der Kunst), in: R. Mexic. Sociol., 18, 1956, 1, S. 9–18; 19, 1957, 1, S. 67–84; 19, 1957, 2, S. 405–421; 20, 1958, 2, S. 317–335; 21, 1959, 1, S. 9–30.

Die Aufsätze des mexikanischen Kunstsoziologen gehen davon aus, daß der Stil in der Kunst eine Ausdrucksform ist, um Ideen des Künstlers zu übertragen. Im Rahmen dieser soziologischen Beziehung des zwischen Künstler und Publikum hergestellten ästhetischen Charakters, diskutiert N. Natur und Einfluß von Institutionen, Kritikern, Kunsthändlern usw. auf Künstler und Publikum sowie den Wandel des künstlerischen Ausdrucks durch andere Komplexe sozialer Faktoren (z. B. Rasse, Dynamik des sozialen Lebens, angesammelte Erfahrung usw.).

104 *Mendieta y Nuñez, L.*, Sociologia del arte, Mexiko 1962.

Darstellung des Kunstphänomens in seiner komplexen Realität unter Ausschluß philosophischer Spekulationen und ästhetischer Untersuchungen. Die Hauptkapitel lauten: 1. Kunst als soziales Phänomen; 2. Typologie der Kunstwelt; 3. Einfluß physischer und sozialer Elemente in der Kunst; 4. Einfluß der Kunst auf die Gesellschaft; 5. Die soziale Bedeutung der Kunst.

105 *Peters, A.*, Soziologie der Kunst, in: Verhandlungen des 7. Deut. Soziologentages, Tübingen 1931, S. 288–291.

Diskussionsbeitrag. Bemüht sich um Abgrenzung zur Kunstwissenschaft: „Was uns an der Kunst, was uns am Künstler interessiert, das ist das Zwischen-, das Eingelagertsein in einen Komplex menschlicher Beziehungen und Beziehungsgebilde."

106 *Pilat, W.*, Socyologia sziuki (Soziologie der Kunst), Krakau 1967.

107 *Pittman, D. J.*, The Sociology of Art, in: Gittler (Hrsg.), Review of Sociology. Analysis of a Decade, o. J., S. 559–564.

Eine kurze kommentierte Bibliographie der Kunst-, Literatur-, Musik- und Filmsoziologie. Berücksichtigt ausschließlich amerikanische Literatur.

108 *Plechanow, G. W.*, Art and Society (a. d. Russ. übers., Critics'-Group Series, New York 1936), neue erweiterte Auflage, New York 1953.

Zur marxistischen Literatursoziologie: Die Doktrin der l'art pour l'art entwickelt sich immer dann, wenn Künstler einen hoffnungslosen Widerspruch zwischen ihren Zielen und denen der Gesellschaft, zu der sie gehören, empfinden. Die Künstler müssen in diesem Fall der Gesellschaft feindlich gegenüberstehen und sehen keine Hoffnung, diese zu ändern.

109 *Plechanow, G. W.*, Art and Social Life (a. d. Russ. übers.), London 1953.

Eine im Vergleich zu Marx und Engels umfassendere Theorie der Kunst und Kunstkritik aus der Sicht des historischen und dialektischen Materialismus. Der Band enthält außer dem Titelessay noch weitere Beiträge zur Erläuterung dieser Theorie.

110 *Plechanow, G. W.*, Kunst und Literatur, Berlin 1948.

111 *Proceedings of the Third International Congress on Aesthetics*, Venedig, 3.–5. 9. 1956, Turin 1957 (s. a. 2268).

Enthält u. a.: „Arte e vita" mit Beiträgen von P. Caragorri, Nota sobre la estetica de la conducta; I. C. Hungerland, Literature and the Emotions; V. E. Alfieri, L'arte per l'individuo e per la società; A. Banfi, Arte e socialità; V. Lombardi, Arte e società; G. M. Sciacca, Il momento sociale dell'arte; G. Solinas, Arte e società; R. Wollheim, Sociological Explanation of the Arts. Some Distinctions.

112 *Proudhon, P. J.*, Du principe de l'art et de sa destination sociale, Paris 1865.

Ausführungen des französischen Sozialisten zum Beitrag des Künstlers für eine bessere Welt.

113 *Raphael, M.*, Proudhon, Marx, Picasso. Trois études sur la sociologie de l'art, Paris 1933.

114 *Robb, D. M., J. J. Garrison*, Art in the Western World, New York 1953, 3. Aufl.

115 *Rössel-Majdan, K.*, Probleme der angewandten Kunstsoziologie, in: KZfS, 21, 1969, 3, S. 607–623.

Zum Verhältnis von Kunstsoziologie und Kulturpolitik.

116 *Rosenberg, B., D. M. White (Hrsg.)*, Mass Culture. The Popular Arts in America, Glencoe 1957 (s. a. 1145).

Enthält Beiträge über verschiedene Bereiche der Populärkultur: Kriminalroman, Comics, Film, Rundfunk und Fernsehen, Unterhaltungsmusik, Werbung. Zu den Autoren gehören L. Lowenthal, B. Berelson, L. Bogart, S. Kracauer, H. Powdermaker, M. Wolfenstein, N. Leites, D. Riesman, P. F. Lazarsfeld, R. K. Merton u. a. m.

117 *Rothacker, E.*, Der Beitrag der Philosophie und der Einzelwissenschaften zur Kunstsoziologie, in: Verhandlungen des 7. Deutschen Soziologentages, Tübingen 1931, S. 132–156.

Gefragt wird, inwiefern gesellschaftliche Faktoren an der Entstehung und Wandlung verschiedener Kunststile beteiligt sind. Diese Erkenntnisse sollen allerdings nur an der Kunst selbst und darum „in engster Arbeitsgemeinschaft mit den Kunstwissenschaften" gewonnen werden. Notwendig ist überdies eine neue Ausdeutung der kausalen Verhältnisse als Aufgabe der Philosophie.

118 *Samsin, A. I.*, O specifike iskusstva kak formy obščestvennogo soznanija (Über den spezifischen Charakter der Kunst als eine Form sozialen Bewußtseins), Moskau 1957.

119 *Sander, H.-D.*, Marxistische Ideologie und allgemeine Kunsttheorie, Tübingen 1970.

Erprobung der Marxschen Theorie am Beispiel der Kunst.

120 *Sauermann, H.*, Soziologie der Kunst, in: K. Dunkmann (Hrsg.), Lehrbuch der Soziologie und Sozialphilosophie, Berlin 1931, S. 308–333.

Unter besonderer Betonung einer soziologischen Ästhetik werden behandelt: Allgemeine Kunstwissenschaft und Soziologie; die sozialen Voraussetzungen der Kunst; die sozialen Bedingungen des Kunstgenusses; das Stilproblem als soziologisches Problem.

121 *Scheja, G.*, Kunst und Soziologie, in: C. Brinkmann (Hrsg.), Soziologie und Leben, Tübingen 1952, S. 220–236.

122 *Scheltema, F. A. van*, Die geistige Mitte. Umrisse einer abendländischen Kulturmorphologie, München o. J.

Überlegungen zum Verhältnis von Kunstgeschichte und Menschheitsentwicklung.

123 *Schmalenbach, H.*, Diskussion zur Soziologie der Kunst, in: Verhandlungen des 7. Deutschen Soziologentages, Tübingen 1931, S. 171–175.

Die menschlichen Beziehungen zur außermenschlichen Welt sind in die Kunstsoziologie miteinzubeziehen. Ausgangspunkt ist das soziale Verhalten zu Kunstwerken als ästhetisches Verhalten.

124 *Schmidt, G.*, Soziologische Kunstgeschichte?, in: Anticheron, Tübingen 1962, S. 98–105 (s. a. 365).

125 *Schürholz-Ohrnberger, A.*, Soziopsychologische Gedanken Guyaus über Kunst, in: KVJH, 10, 1931, 1, S. 106 bis 109.

126 *Sebba, G.*, Soziologie der Kunst, in: Verhandlungen des 7. Deutschen Soziologentages, Tübingen 1931, S. 175 bis 179.

Soziologische Definition der „hohen Kunst“, insoweit diese bewußt gestaltet wird und sich damit (im Gegensatz zur Bauernkunst z. B.) vom Bereich des täglichen Lebens abhebt. Das Phänomen der Kunst im soziologischen Sinne dargestellt als verknüpft mit dem Problem der Religion und dem der Führung, als Phänomene übermenschlicher sozialer Kräfte.

127 *Sewter, A. C.*, The Possibilities of a Sociology of Art, in: Sociol. R. 1935, S. 441–453.

128 *Shils, E.*, The High Culture of the Age, in: R. N. Wilson (Hrsg.), The Arts in Society, Englewood Cliffs 1964.

Kritische Auseinandersetzung mit pessimistischen Ansichten in bezug auf Massenkultur.

129 *Silbermann, A.*, Kunst, in: R. König (Hrsg.), Soziologie, Frankfurt/Main 1958, S. 156–166.

Enzyklopädische Zusammenfassung der Hauptrichtungen in der Kunstsoziologie und ihren verschiedenartigen Ansätzen. Definition der Ziele und Aufgaben einer empirisch orientierten kunstsoziologischen Forschung.

130 *Simmel, G.*, Brücke und Tür, Stuttgart 1957.

Enthält Essays zur Geschichte, Religion, Kunst und Gesellschaft. Neben Beiträgen wie „Germanischer und klassisch-romanischer Stil“, „Der Schauspieler und die Wirklichkeit“ und „Erinnerungen an Rodin“ findet sich auch ein Aufsatz über „Soziologische Ästhetik“, in dem, ausgehend vom Begriff der Symmetrie, der Einfluß ästhetischer Kräfte auf soziale Tatsachen, z. B. individualistische und sozialistische Tendenzen untersucht wird.

131 *Sobolew, A.*, Die Leninsche Abbildtheorie und die Kunst, Berlin 1953.

132 *Sorokin, P. A.*, Studien zur Soziologie der Kunst. Die Reihenfolge der Künste im kulturellen Lebensprozeß, in: Sociologus, 9, 1933, 1, S. 45–65.

133 *Sorokin, P. A.*, Social and Cultural Dynamics, Vol. 1, Fluctuations and Forms of Art, Cincinnati 1937.

Verbindet die Standpunkte des Soziologen, Kunsthistorikers und Geschichtsphilosophen, um anhand breit gelagerter kunstgeschichtlicher Materialien seine Theorien vom sozialkulturellen Wandel zu untermauern. Stellt die Veränderungen von Kunstformen innerhalb von 2500 Jahren dar: Sie verliefen weder zyklisch noch linear, sondern zwischen zwei Extrempunkten – „ideational“ und „sensate“ – mit der Betonung des Religiösen (Außerweltlichen) einerseits und des sinnlich Wahrnehmbaren (Diesseitigen) andererseits.

134 *Sorokin, P. A.*, Social Philosophies of an Age of Crisis, Boston 1951.

Enthält ein Kapitel „Ästhetische Geschichtsdeutungen“, in dem zyklische und lineare Modelle eingehend abgehandelt werden.

135 *Sorokin, P. A.*, Society, Culture, and Personality. Their Structure and Dynamics, New York 1962.

136 *Souriau, E.*, L’art et la vie sociale, in: CIS, 5, 1948, S. 66–96.

Die Kunst als soziale Aktivität wird aufgefaßt als für das aktuelle und zukünftige Schicksal der Gesellschaft symptomatisch.

137 *Specht, K. G.*, Aufgaben und Möglichkeiten der Kultursoziologie, in: Soz. Welt, 9, 1958, 3/4, S. 202 ff.

138 *Stepun, F.*, Soziologie der Kunst, in: Verhandlungen des 7. Deutschen Soziologentages, Tübingen 1931, S. 191 bis 193.

Diskussionsbeitrag. Kunstsoziologie erforscht nicht die Kunstwerke und auch nicht die Geschichte ihres Entstehens und Vergehens, sondern die verschiedensten Lebensformen und Geisteshaltungen von Epochen, Völkern, Ständen und Klassen, soweit sich diese Formen und Haltungen in der Kunst spiegeln.

139 *Stoltenberg, H. L.*, Soziologie der Kunst, in: Verhandlungen des 7. Deutschen Soziologentages, Tübingen 1931, S. 170–171.

Kunstsoziologie ist die Lehre davon, wie die Kunst die Gesellschaft bestimmt, d. h. sowohl von den Beziehungen etwa zwischen Künstler und Kunstempfängern, als auch von den Kunstgebilden (Akademien, Kunsthandel usw.), schließlich von der Wirkung der Kunst auf das Familienleben, religiöses und staatliches Leben und ihrer bewußten Verwendung als Mittel.

140 *Taine, H.*, Philosophie de l'art, 2 Bd., Paris 1882 (s. a. 2305).

Einer der Vorläufer der Kunstsoziologie. Anwendung der experimentellen Methoden auf die Kunst, so wie sie in den Naturwissenschaften angewandt werden. Das Kunstwerk wird als ein Produkt seines Milieus angesehen, d. h. um ein Kunstwerk, einen Künstler oder Künstlergruppen zu verstehen, müssen die allgemeinen sozialen und intellektuellen Bedingungen der Zeit verstanden werden, zu denen sie gehören.

141 *Thibert, M.*, Le rôle social de l'art d'après Saint-Simon, in: Rev. d'histoire écon., 13, 1925, 2, S. 181–195.

142 *Tietze, H.*, Die soziale Funktion der Kunst, in: Jahrbuch für Soziologie, Karlsruhe, 1, 1925, S. 280–294.

143 *Tomars, A. S.*, Introduction to the Sociology of Art, Mexico City 1940 (Privatdruck).

Erläuterung der marxistischen Kunstauffassung nach dem Schema vereinter und sich bekämpfender Klassen.

144 *Tomars, A. S.*, Class Systems and the Arts, in: W. J. Cahnman und A. Boskoff (Hrsg.), Sociology and History. Theory and Research, London 1964, S. 472–484.

145 *Trueman, A., R. Davies, P. Berton*, The Arts as Communication, Toronto 1962.

146 *Trumm, P.*, Kunst und Gesellschaft, in: A. Wittmann (Hrsg.), Handbuch für Sozialkunde, München 1956, Spalte C II 3, 1 bis C II 3, 28.

These: Kunst als soziologisches Problem hat nur indirekt mit dem Wesen der Kunst zu tun. Behandlung des Künstlers nach der Motivation des Schaffens (Erwerb, Entfaltungsbedürfnis) und als Diener der Gesellschaft.

147 *Tuldasev, L. G.*, Social'nye priciny formirovanija estheticeskih cuvstva i ih rol'v obscestve (Soziale Ursachen des Entstehens ästhetischer Gefühle und ihre Rolle in der Gesellschaft), in: Vopr. marks.-lenin. Estet., 1964, S. 40 bis 70.

148 *Ülken, H. Z.*, Sanat, Düsünce ve Ictimaî Bünye (Kunst, Idee und soziale Struktur), in: Sosyol. Derg., 13/14, 1958–59, S. 1–34.

Kunst und Wissenschaft sollten nicht als ökonomische und soziale Funktionen angesehen werden, sondern es ist ihre Stellung in der Gesamtheit der Kultur und ihrer Interrelationen zu untersuchen. Interrelationen werden aufgezeigt am Beispiel der griechischen Polis, Europas im Mittelalter, des Absolutismus und des gegenwärtigen Europas.

149 *Vitanyi, I.*, A müvészerszociológia módszertani alapjairol (Die Methodologie der Kunstsoziologie), in: Mag. fil. Sz., 8, 1964, 5, S. 841–871.

150 *Voegelin, E.*, Soziologie der Kunst, in: Verhandlungen des 7. Deutschen Soziologentages, Tübingen 1931, S. 181 bis 182.

Eine „geisteswissenschaftliche" Soziologie mit Hinweis auf das Problem der Gesellschaftlichkeit des Geistes in seiner Entfaltung. In bezug auf die Kunst soll an einem Kunstwerk sinndeutend die Zugehörigkeit zu einer bestimmten Gesellschaft erkannt werden.

151 *Volkov, I. F. O.*, O socialističskom realizme (Über sozialistischen Realismus), Moskau 1962.

152 *Warshow, R.*, The Immediate Experience: Movies, Comics, Theatre, and Other Aspects of Popular Culture, New York 1962 (s. a. 1956).

153 *Weber, A., u. a.*, Einführung in die Soziologie, München 1955.
Enthält ein kurzes Kapitel „Zur Soziologie der Kunst" von E. Faul als einer „Querschnittsoziologie" (neben Wissens- und Religionssoziologie). Knapper Überblick über verschiedene Möglichkeiten kunstsoziologischer Fragestellungen, vor allem mit Orientierung auf eine allgemeinere Kultursoziologie.

154 *Wiese, L. v.*, Methodologisches über den Problemkreis einer Soziologie der Kunst, in: Verhandlungen des 7. Deutschen Soziologentages, Tübingen 1931, S. 121–132.
Ausführungen, die sich bemühen, die Kunstsoziologie von einer bloßen soziologischen Betrachtung innerhalb der einzelnen Kunstwissenschaften abzugrenzen. Im Sinne der Beziehungslehre werden 2 Problemkreise als Aufgaben gesehen:
1. Die Kunst als Komplex sozialer Prozesse, d. h. zwischenmenschlicher Beziehungen „von besonderer, innerlicher, äußerlich meist ungeregelter Art", wobei durch Kunst eine besondere Form der Soziabilität geschaffen wird.
2. Die Kunst als soziales Gebilde, d. h. ihr Zusammenhang mit dem staatlichen, kirchlichen und wirtschaftlichen Leben.

155 *Williams, D. C. (Hrsg.)*, The Arts as Communication, Toronto 1962.

156 *Wilson, R. N. (Hrsg.)*, The Arts in Society, Englewood Cliffs 1964.
Enthält 13 Essays aus verschiedenen Bereichen der Kunst, über die Rolle des Künstlers in der modernen Gesellschaft, sowie über bestimmte Werke, Künstler und Stile.

157 *Wollheim, R.*, Sociological Explanation of the Arts. Some Distinctions, in: Proceedings of the Third International Congress on Aesthetics, Turin 1957, S. 404–410.

158 *Ziegenfuss, W.*, Die Überwindung des Geschmacks, Potsdam 1939.
These über den Ersatz ganzer Geschmackskulturen durch Erkenntnis geistig-gesellschaftlicher Zustände.

159 *Zoltowski, V.*, Les cycles de la création intellectuelle et artistique, in: AS, 1952, S. 163–206.

2. Der Künstler

160 *Art and Artist*, London 1957.
Befragung von 16 Künstlern über den Sinn ihrer Arbeit.

161 *Beres, D.*, The Contribution of Psychoanalysis to the Biograph of the Artist. A Commentary on Methodology, in: Int. J. Psychoan., 40, 1959, S. 26–38.

162 *Boas, G.*, The Social Responsibility of the Artist, in: Coll. A. J., 6, 1947, S. 270–276.

162 A *Brown, R. L.*, Le processus de création dans la culture de masse, in: RISS, XX, 4, 1968, S. 665–678.
Zum Problem des Schaffensprozeß.

163 *Bryson, L.*, The Arts, the Profession, and the State, in: Yale Rev., 36, 1947, S. 631–643.

164 *Comfort, A.*, Art and Social Responsibility, London 1946.
Vorträge über die Ideologie der Romantik und deren Auffassung vom

Verhältnis des Künstlers zu Geschichte, Staat und Individuum.

165 *Comfort, A.*, Social Responsibility in Science and Art, in: Listener, 46, 1951, 1187, S. 919–920.

166 *Duinkerken, A. van*, Kunstenaar en maatschappij (Künstler und Gesellschaft), in: Het Gemenebest, 14, 1954, S. 251–263.

167 *Dunham, B.*, The Artist in Society, New York 1960.

168 *Edwards, J. M. B.*, Artikel „Creativity" (Social Aspects), in: Int. Enc. Soc. Sci., 3, S. 442–457.

169 *Elsen, A.*, Lively Art from a Dying Profession. The Role of the Modern Artist, in: JAAC, 18, 1960, S. 446 bis 455.

170 *Fox, D. M.*, Artists in the Modern State: The 19th Century Background, in: JAAC, 22, 1963–64, S. 135–148.

Über den Wandel der Rolle des Künstlers in der modernen Gesellschaft.

171 *Franco, J.*, The Modern Culture of Latin America: Society and the Artist, London 1967.

172 *Grenier, L.*, La condition sociale de l'artiste, in: Preuves, 80, 1957, S. 29 bis 32.

173 *Griff, M.*, Les conflits intérieurs de l'artiste dans une société de masse, in: Diogène, 46, 1964, S. 59–74 (s. a. 2190).

174 *Haag, W. G.*, The Artist as a Reflection of His Culture, in: E. G. Dole und R. L. Carneiro (Hrsg.), Essays in the Science of Culture, New York 1960.

Es wird die Ansicht vertreten, daß die erfolgreiche Kommunikation des Künstlers mit der Gesellschaft davon abhängt, in welchem Grade er die Kultur widerspiegelt.

175 *Hatterer, L. J.*, The Artist in Society. Problems and Treatment of the Creative Personality, New York 1965.

176 *Jahn, J.*, Die Stellung des Künstlers im Mittelalter, in: O. Stammer und K. C. Thalheim (Hrsg.), Festgabe für F. Bülow, Berlin 1960.

177 *Jones, D.*, Epoch and Artist, London 1959.

Ausgewählte Essays, Kritiken, Rundfunkvorträge und Briefe. U. a. werden Themen behandelt wie „Art and Democracy", „Religion and the Muses", „Art and Sacrament" und „James Joyce's Dublin".

178 *Kavolis, V.*, Community Dynamics and Artistic Creativity, in: ASR, 31, 1966, S. 208–217.

179 *Kneller, G. F.*, The Art and Science of Creativity, New York 1965.

180 *König, R., A. Silbermann*, Der unversorgte selbständige Künstler. Über die wirtschaftliche und soziale Lage der selbständigen Künstler in der Bundesrepublik, Köln/Berlin 1964.

Basierend auf einer empirischen Erhebung aus den Jahren 1961/62 unter besonderer Berücksichtigung der Frage nach der Regelung einer gesetzlichen Altersversorgung für selbständige Künstler werden 6 Problemkreise untersucht: 1. Freiheit; 2. Soziale und wirtschaftliche Lage; 3. Selbständigkeit; 4. Direktes und indirektes Staatsmäzenat; 5. Subvention oder Sicherung; 6. Beruf des Künstlers.

181 *König, R.*, Vom Beruf des Künstlers, in: ders., Soziologische Orientierungen, Köln/Berlin 1965.

Über den Künstler als Wirtschaftssubjekt.

182 *Kouwenhoven, J. A.*, Made in America: The Arts in Modern Civilization, Branford 1957.

Über das Dilemma des amerikanischen Künstlers, der unter dem Einfluß von zwei kulturellen Traditionen arbeitet:

Der „cultivated" Tradition, die dem Autor europäisch und daher dem Amerikanischen fremd erscheint, und dem „vernacular" Stil, der sich allmählich in Amerika entwickelt.

183 *Mayer, E. von,* Fürsten und Künstler. Zur Soziologie der Kunst, o. O. 1907.

184 *McCausland, E.,* Work for Artists, New York 1947.

185 *McCausland, E.,* Concerning Young People who Want to be Artists, in: Coll. A. J., 8, 1949, S. 293–296.

186 *McCausland, E.,* Careers in the Arts, New York 1950.

187 *McCausland, E.,* Art Professions in the United States, New York 1950.

188 *Michels, R.,* Zur Soziologie der Bohème und ihrer Zusammenhänge mit dem geistigen Proletariat, in: JbN, 1932, 136, S. 801–816.

Abgrenzung der Bohème vom Geistesproletariat durch das Fehlen direkter politischer Zielsetzung bei der Bohème.

189 *Morgan, Ch.,* The Artist in the Community, Glasgow 1945.

190 *Neumann, Th.,* Der Künstler in der bürgerlichen Gesellschaft, Stuttgart 1968.

Zu Problemen der staatlichen Kunstpolitik.

191 *Odin, A.,* Genèse des grands hommes, 2 Bde., Paris 1895.

Untersuchung über die soziale Herkunft großer Persönlichkeiten.

192 *Ouy, A.,* Sur le rôle de l'artiste et du poète dans la vie sociale. Les contraintes sociales et l'imagination créatrice, Paris 1930.

193 *Parsons, T.,* The Role of the Artist, in: ders., The Social System, London 1952, S. 408–414.

194 *Pelles, G.,* The Image of the Artist, in: JAAC, 21, 1962–63, S. 119–137.

195 *Phillips, W.,* The American Establishment, in: Part. Rev., 26, 1959, 1, S. 107–116.

Überlegungen zum Thema: Massenkultur und Avantgarde.

195 A *Poggioli, R.,* The Artist in the Modern World, in: The Graduate Journal, 1964, S. 98–117.

Zum Problem der Entfremdung des Künstlers.

196 *Prager, H.,* Künstler und Gesellschaft, in: Nord und Süd, 55, 1929, 5, S. 449 bis 460.

197 *Rader, M.,* The Artist as Outsider, in: JAAC, 16, 1957/58, 2, S. 237–248.

198 *The Responsibility of the Artist in Contemporary Society.* A Symposion, in: Coll. A. J., 15, 1956, S. 197–227.

199 *Roh, F.,* Der verkannte Künstler. Studien zur Geschichte und Theorie des kulturellen Mißverstehens, München 1948 (s. a. 414).

200 *Rosenberg, B.,* Thorstein Veblen: Portrait of the Intellectual as a Marginal Man, in: Soc. Prob., 2, 1955, 3, S. 181–187.

Ausgehend von Veblens Essay „The Intellectual Pre-eminence of the Jews in Modern Europe" über die Wechselbeziehung zwischen marginalem Status und Intellektualität wird dargetan, daß Veblen die Randpersönlichkeit, der Intellektuelle und der Fremde selbst war. Es folgen Hinweise auf allgemeinere Abhandlungen des Themas bei Toynbee, Weber, Schumpeter u. a.

201 *Rudyar, D.,* Creators and Public. Their Relationship, in: M. Q., 10, 1924, S. 120.

202 *Adama van Scheltema, C. S.,* Kunstenaar en samenleving. De plaats van de kunstenaar in sijn volk en sijn tijd van 500 voor Christus tot onze dagen (Künstler und Zusammenleben. Der Platz des Künstlers in seinem Volk und seiner Zeit von 500 v. Chr. bis in unsere Tage), Rotterdam 1922.

203 *Snyderman, S., W. Josephs,* Bohemia: The Underworld of Art, in: Soc. Forc., 1939, S. 187–199.

204 *Sorokin, P. A.,* Creativity in Human History, in: Sociol. Int., 1, 1963, 1, S. 55–66.

Vom Verhalten her gesehen bedeutet Kreativität: 1. eine adäquate Antwort einer Person oder einer Gruppe auf eine neue Situation; 2. eine stärker adäquatere Reaktion auf die alte; 3. die Schaffung einer neuen Situation sowohl als eine adäquate Antwort darauf.

205 *Stieglitz, H.,* Der soziale Auftrag der freien Berufe. Ein Beitrag zur Kultursoziologie der industriellen Gesellschaft, Köln/Berlin 1960.

Über die Funktion der Intelligenz anhand einer soziologischen Theorie der Kulturberufe.

206 *UNESCO (Hrsg.),* The Artist in Modern Society, New York 1954.

Bericht über die Internationale Künstlerkonferenz in Venedig, 1952. Enthält Beiträge über die soziale Rolle einzelner künstlerischer Berufe sowie über Probleme der Zensur; politische Beziehungen und die Künste; Künstler und Publikum und Urheberrecht.

207 *Utitz, E.,* Die Stellung des Künstlers innerhalb der Gesellschaft, in: Z. f. Ku., 2, 1948, S. 202–205.

208 *Vallis, V.,* Artist and Environment. An Australian Study, in: Brit. J. Aesth., 2, 1962, S. 328–336.

209 *Wiese, B. von,* Der Künstler und die moderne Gesellschaft, in: Akzente, 1958, S. 112–123.

210 *Wittkower, R. u. M.,* Künstler, Außenseiter der Gesellschaft, Stuttgart 1965 (s. a. 426).

3. Das Publikum der Künste

211 *Bensman, J., I. Gerver,* Art and the Mass Society, in: Soc. Prob., 6, 1958, 1, S. 4–10 (s. a. 12).

212 *Berelson, B.,* In the Presence of Culture, in: POQ, 28, 1964, 1, S. 1–12.

Untersuchung über den Zeitaufwand amerikanischer Erwachsenen in einem Durchschnittsmonat für kulturelle Dinge. Zu den untersuchten Kategorien zählen: Zeitungen, Zeitschriften, Fernsehen, Konzert-, Museumsbesuche usw.

213 *Bernard, J. (Hrsg.),* Teen-Age Culture, in: AAAPSS 1961.

Verschiedene Autoren behandeln einige Aspekte der Teenagerkultur. Ihr immaterieller Bestandteil umfaßt eine eigene Sprache sowie eine Vorliebe für Populärkunst.

214 *Boniface, J.,* Arts de masse et grand public. La consommation culturelle en France, Paris 1961.

Kulturkritischer Essay.

215 *Cramer, E. v.,* Kunstwerk und Betrachter in unserer Zeit, in: Aufbau, 3, 1947, 2.

216 *Déonna, W.,* Art et société. La femme et l'art, Paris 1928.

217 *Harding, D. W.,* The Place of Entertainment in Social Life, in: Sociol. R., 26, 1934, 4, S. 393–406.

218 *Herring, P. D., J. E. Miller jr.,* The Arts and the Public, Chicago 1967.

219 *Hue, G.,* L'art populaire. Enquête de la Presse, Paris 1905.

220 *Jager, H. de,* Analyse van schouwburg- en concertbezoek (Analyse von Theater- und Konzertbesuch), in: Volksopvoeding, 15, 1966, 2, S. 86 bis 100.

221 *Kunst en communicatie (Kunst und Kommunikation),* Verslag v/d 1e conferentie georganiseerd door de Dr. E. Boekmanstichting, Utrecht 1965.

Bericht über eine Tagung zum Thema.

222 *Larrabee, E., R. Meyersohn,* Mass Leisure, Glencoe 1958.

Umfangreiche Sammlung von Aufsätzen verschiedener Autoren (u. a. M. Mead, A. Huxley, J. Piaget, J. Huizinga, B. Russell, M. Wolfenstein) zum Thema „Freizeit".

223 *Lévy, R.*, Le mécénat et l'organisation du crédit intellectuel, Paris 1924.

Wirtschaftsgeschichtliche Hintergründe des Mäzenats.

224 *Nühlen, K.*, Das Publikum und seine Aktionsarten, in KZfS, 5, 1952/53, 4, S. 446–474.

Definition des Publikums als nicht-organisierter Kreis von Menschen, die reagierend einer Aktion gegenüberstehen. Abhandlung über die Natur solcher Aktionen, die Mittel ihrer Übertragung sowie die Formen der Übertragung von Aktionen und die Arten der Übertragung.

225 *Parry, A.*, Garrets and Pretenders: A History of Bohemianism in America, New York 1933 (s. a. 1278).

226 *Rosenmayr, L., E. Köckeis, H. Kreutz,* Kulturelle Interessen von Jugendlichen. Eine soziologische Untersuchung an jungen Arbeitern und höheren Schülern, München 1966.

Behandelt wird: Soziale Schichtung und Bildungswege; Milieu, Sozialisation und kulturelles Niveau; Buchbesitz und Mitgliedschaft in Buchklubs; Bevorzugte Bücher und Autoren; Besitz von Schallplatten und Musikinstrumenten; Klassische Musik, Jazz, Schlager; Häufigkeit des Theaterbesuches und Auswahl; Einfluß der Massenmedien auf das Bildungsniveau; Konkretisierung eines Bildungsplanes.

227 *Schakels tussen kunst en publiek (Verbindungen zwischen Kunst und Publikum),* Verslag v/d 2e conferentie georganiseerd door de Dr. E. Boekmanstichting, Utrecht 1966.

Bericht über eine Tagung zum Thema.

228 *Schücking, L. L.*, Die Familie als Geschmacksträger in England im 18. Jahrhundert, in: DVJ, 4, 1926, S. 439 bis 458.

Untersuchung der Rolle der Familie und Frauen als literarisches Publikum im 18. Jahrhundert.

229 *Scott, M.*, Partnership in The Arts: Public and Private Support of Cultural Activities in the San Francisco Bay Area, Berkeley 1963.

Über Mäzenatentum.

230 *Speier, H.*, Zur Soziologie der bürgerlichen Intelligenz in Deutschland, in: Gesellschaft, 6, 1929, 7, S. 58–72.

231 *Staudinger, H.*, Leisure-Time and Free-Time Studies, in: E. Salin (Hrsg.), Synopsis: Alfred Weber, 30. 7. 1868 – 30. 7. 1948, Festgabe für Alfred Weber, Heidelberg 1948.

Zum Thema freie Zeit und Passivität.

232 *Toffler, A.*, The Culture Consumers. A Study of Art and Affluence in America, New York 1964.

Zum Problem der Massenkultur.

233 *Wiese, L. v.*, Die Funktion des Mäzens im gesellschaftlichen Leben, Köln 1929.

4. Technische und ideelle Mittler

234 *Ayfre, A.*, Art, transcendance et liberté, in: Études, 311, 1961, 9, S. 197–211.

235 *Boas, G.*, A Primer for Critics, Baltimore 1937.

236 *Goldman, F. H.*, University Adult Education in the Arts. A Descriptive View of Programs, Chicago 1961.

236 A *Karbusický, V.*, L'interaction réalité – œuvre d'art – société, in: RISS, XX, 4, 1968, S. 698–711.

Der Platz der sozio-kulturellen Institutionen in der Interaktion zwischen Wirklichkeit, Kunstwerk und Gesellschaft.

237 *Kaufman, I.*, Art and Education in Contemporary Culture, New York 1966.

238 *Kazin, A.*, The Function of Criticism Today, in: Commentary, 30, 1960, 5, S. 369–378.

Kritik vermittelt zwischen Kunstwerk und Publikum. Der Kritiker kann Standards setzen, um durch die Schaffung eines Diskussionsklimas neue Kunstwerke anzuregen.

239 *Lalo, Ch.*, L'art et la morale, Paris 1922.

240 *Lang, K.*, Mass, Class, and the Reviewers, in: Soc. Prob., 1958, S. 11 bis 21.

Über die Wirkungen der Mittlerposition des Kritikers aufgrund von 462 Kritiken aus je einer Zeitung und Zeitschrift für die „Masse" und die „Klasse". Untersucht werden die Beziehungen des Kritikers zur Zeitung, zum Gegenstand, zum Publikum, zu seinem Beruf; sowie die Unterscheidung zwischen Populär- und Elitekunst.

241 *Leymarie, J., J. Sweeney, u. a.*, L'art dans la société d'aujourd' hui, Neuchâtel 1968.

Sammlung von Vorträgen und Diskussionen über die Rolle der Künste in der Gesellschaft, gehalten bei den Rencontres Internationales de Genève 1967.

242 *Lynes, R.*, The Tastemakers, New York 1954.

Zur Geschmacksbeeinflussung und -bildung durch außergewöhnliche Ereignisse.

243 *Munro, Th., H. Read*, The Creative Arts in American Education, Cambridge 1960.

244 *Nuñez, L. M. y*, Die Kunst in der Massenkommunikation, in: KZfS, 21, 1969, 3, S. 601–606.

Über die Rolle der Kunst als Kommunikationsmedium.

245 *Sorel, G.*, La valeur sociale de l'art, in: Revue de Métaphysique, 1901.

246 *Sowjetästhetik und Kunsterziehung*, in: Ost-Probleme, 9, 1957, S. 496–502.

5. Politik und Wirtschaft

247 *Apresjan, G. Z.*, V. I. Lenin o svjazi iskusstva s narodnoj žiznju (V. I. Lenin über die Beziehung zwischen Kunst und nationalem Leben), in: Vopr. Filos., 1957, 1, S. 31–43.

248 *Besnard, Ph.*, La politique et les arts, Paris 1935.

249 *Biram, E.*, Die Industriestadt als Boden neuer Kunstentwicklung, Jena 1919.

250 *Borščukov, V. I.*, Sovetskoe iskusstvo i kommunizm (Sowjetische Kunst und Kommunismus), in: Vopr. Filos, 1961, 11, S. 42–53.

251 *Brenner, H.*, Die Kunstpolitik des Nationalsozialismus, Hamburg 1963.

Über den herrschaftstechnischen Versuch des Nationalsozialismus zur Aufschließung des Bereichs der Künste.

252 *Carless, R., P. Brewster*, Patronage and the Arts, London 1959.

253 *Dorian, F.*, Commitment to Culture. Art Patronage in Europe, its Significance for America, Pittsburgh 1964.

254 *Dowd, D. L.*, Art as National Propaganda in the French Revolution, in: POQ, 15, 1951, 3, S. 532–546.

255 *Economic Conditions in the Performing Arts,* Hearings before the Select Subcommittee on Education, House of Representatives, 87th Congress, Washington 1962.

256 *Government and the Arts,* 1958–64, London 1964.

Untersuchung im Auftrage der Regierung.

257 *Hirschfeld, P.,* Mäzene. Die Rolle des Auftraggebers in der Kunst (Kunstwissenschaftliche Studien, Band XL), München 1968.

Abhandlung anhand von 19 Einzelfällen von der Antike bis zur Gegenwart über Funktionen und Wandlungen des Verhältnisses zwischen Künstler und individuellem Mäzenatentum.

258 *Hodin, J. P.,* The Soviet Attitude to Art, in: Contemp. R. 1050, 1953, S. 346–350.

259 *Johnson, P.,* Khrushchev and the Arts: The Politics of Soviet Culture, 1962 bis 1964, Cambridge (Mass.) 1965.

Kommentierte Darstellung von Dokumenten zur sowjetischen Kunstpolitik im Verhältnis zwischen öffentlichem und Parteibewußtsein.

260 *Just, G.,* Marx, Engels, Lenin und Stalin über Kunst und Literatur, Berlin 1953.

Dokumentensammlung zur marxistischen Kunstauffassung.

261 *Kallen, H. M.,* Art and Freedom, 2 Bde., New York 1942.

Eine sozialpsychologisch ausgerichtete Darstellung.

262 *Kozlov, D. F.,* Kommunizm i iskusstvo (Kommunismus und Kunst), Moskau 1962.

263 *Laski, M.,* Why spend Public Money on Art, in: Listener, 1965, S. 507–510.

264 *Lehmann-Haupt, H.,* Art Under a Dictatorship, New York 1954.

Eine Fallstudie über Kunst in Beziehung zum totalitären Gesellschaftssystem.

265 *Mitchell, A.,* Marketing the Arts, Menlo Park 1962.

266 *Osterrieth, A.,* Der sozial-wirtschaftliche Gedanke in der Kunst. Ein Beitrag zur Kunstpolitik, Hannover 1913.

267 *Ott, S.,* Kunst und Staat. Der Künstler zwischen Freiheit und Zensur, München 1968.

268 *Overmeyer, G.,* Government and the Arts, New York 1939.

Ausführung der These, nach der die Unterstützung und Pflege der Kunst von seiten einer Regierung Kontrolle und Überwachung mit sich bringt.

269 *Rocker, R.,* Nationalism and Culture, Los Angeles 1937.

Ausführlich wird der Weg zurückverfolgt, wie hinter dem sogenannten „Willen der Nation“ sich die Beziehungen zwischen modernem Nationalismus und Kultur gestaltet haben.

270 *Schmidt-Relenberg, N.,* Kunst als intellektuelle Gesellschaftskritik. Zur Situation der Kunst in der gegenwärtigen Gesellschaft, in: KZfS, 21, 1969, 3, S. 474–483.

Über die sozial-politische Funktion der Kunst.

271 *Shdanow, A. A.,* Über Kunst und Wissenschaft, Berlin 1951.

Definition des sozialistischen Realismus, vorgetragen auf dem 1. sowjetischen Schriftstellerkongreß 1934 (s. a. 1182).

272 *Smith, H. L.,* The Economic Laws of Art Production, London 1924 (s. a. 1497).

273 *Williams, W. E.,* The Arts and Public Patronage, London 1958.

6. Wissenschaft und Technik

274 *Benjamin, W.*, Illuminationen. Ausgewählte Schriften, Frankfurt/M. 1961.

In marxistisch-dialektischer Denkweise geht der Autor der Immanenz des Kunstwerks nach. Der Sammelband enthält außer literarischen Versuchen theoretische Aufsätze, z. B. über „Zwei Gedichte von Hölderlin", „Die Aufgabe des Übersetzers", „Goethes Wahlverwandtschaften" und die kritische Studie über „Das Kunstwerk im Zeitalter seiner technischen Reproduzierbarkeit".

275 *Bihalji-Merin, O.*, Kunst und Wissenschaft in der Gesellschaft unserer Zeit, in: Neue Gesellschaft, 3, 1956.

276 *Boll, A.*, Les arts au siècle de la machine, Paris 1945.

Über Sinn und Mission der Kunst angesichts einer kulturellen Epoche.

277 *Krämer-Badoni, R.*, Kunst und Automation. Eine grundsätzliche Untersuchung, Wien 1961.

Der Untertitel des Buches lautet: „Die Chancen der Künste im wissenschaftlichen Zeitalter."

278 *Lameere, J.*, L'art et le méchanisme, in: R. Inst. S., 13, 1933, 3, S. 429 bis 481.

279 *Raphael, D. D.*, The Arts and the Sciences, in: Confluence, 6, 1957, 1, S. 68–70.

280 *Schmitz, M.*, L'art dans la cité, in: R. nouv., 16, 1952, 7–8, S. 56–66.

281 *Zahn, E.*, Meisterschaft und Lehrzeit in der vaterlosen Gesellschaft, in: KZfS, 21, 1969, 3, S. 498–509.

Arbeitssoziologische Bemerkungen zum Verhältnis von Kunst und Technik.

B. Soziologie der bildenden Kunst

Betrachtet man rein quantitativ die Anzahl der Schriften und Studien, die zur Soziologie der diversen Kunstformen veröffentlicht worden sind, dann fällt auf, daß im Vergleich zu Literatur und Musik die Soziologie der bildenden Kunst recht mager bedacht ist. Das könnte entweder bedeuten, daß sich Malerei und Bildhauerei als Kunst der empirischen Forschung entziehen, oder daß der Maler bzw. der Bildhauer als Künstler und so auch das Publikum der bildenden Kunst nur von geringer soziologischer Relevanz sind, oder aber daß das „In-Erscheinung-Tretende“, angesichts seines doppelten perzeptiven Moments – nämlich den Augen des Schaffenden und denen des Betrachtenden – viel zu vielen Interventionen unterliegt, als daß sie alle erfaßbar wären.
Derlei Argumente sind schon vielfach vorgetragen worden, könnten aber doch wohl ebensogut auf Literatur, Musik und andere zu einem großen Teil von ihrer Irrationalität lebende Kunstformen Anwendung finden. So muß also in einer anderen Richtung gesucht werden, will man der angesprochenen Unverhältnismäßigkeit auf den Grund kommen. Hier könnte uns womöglich ein globaler Rückblick auf die verschiedenen Gebiete zu Hilfe kommen, mit denen sich die Literatur und auch die Dokumentation der bildenden Kunst seit Jahrhunderten befaßt. Ohne hier minuziös jedem jemals zum Ausdruck gebrachten Gedankengang nachzugehen, erkennen wir drei große Kategorien, denen die Kunstliteratur sich angesichts von Bildern und Skulpturen stets immer wieder aufs neue gewidmet hat. Es sind dies vom Betrachter aus gesehen in logischer Reihenfolge: Sehen, Verstehen und Würdigen.
Beim *Sehen* handelt es sich um den ersten Kontakt zwischen Produzent und Konsument, um die Initialzündung eines Kommunikationsprozesses, wobei es völlig gleichgültig ist, ob dieser Prozeß von seiten des Beschauers vollendet wird oder ob der Künstler überhaupt auf Kommunikation Wert gelegt hat. Fest steht, daß das Sehen gewisse neuralgische Faktoren in Bewegung setzt, die außer Anerkennung oder Ablehnung Elemente der Persönlichkeitsstruktur nach vorne bringt, die von Ekel über Erstaunen bis zu Gelächter reichen können. Diesem physiopsychologischem Problem sind viele Studien nachgegangen, insbesondere seit den Tagen als eine – generell gesprochen – „abstrakte“ Malerei sich der „figurativen“ zugesellt hat. Immer wieder hat man gerade vom Standpunkt des Sehens her die Frage zu beantworten gesucht, *was* der Beschauer in einem Bild sieht und *wie* er es sieht. Und so denn ist ein Wust von Literatur auf den Markt gekommen, die sich in erster Linie damit befaßt, den Betrachtern von Gemälden, Graphiken, Zeichnungen, Collagen, Skulpturen, Mobiles oder Gouachen klar zu machen, was sie zu sehen haben – die Materie, die Form, die Dimension, das Oben, das Unten, die Farbe, das Licht, die Bewegung und sonstiges mehr. Zu Recht trägt eines der klassischen Bücher zu diesem Thema, nämlich Rudolf Arnheims 1945 erschienene umfangreiche Abhandlung „Art and Visual Perception“, in der deutschen Ausgabe („Kunst und Sehen“, Berlin 1965) den Untertitel: „Eine Psychologie des schöpferischen Auges“;

denn, indem es sich im einzelnen der Frage zuwendet: „Wie erfaßt das Auge; was nimmt es wahr?“, klassifiziert und systematisiert es gemäß den Aufgaben und den Erkenntnissen der Psychologie seelische Vorgänge und Zustände. Es sollen hier, und so noch in vielen anderen Schriften dieser Art, die Mechanismen der Vision geläutert werden, auf daß der Beschauer in die Lage versetzt werde, „richtig“ zu sehen.

Dem gleichen Zweck dienen im Grunde genommen auch jene Abhandlungen, die als Wissenschaft vom Seelischen alles Geistige unter sich einordnen wollen und damit einem Psychologismus verfallen, bei dem alle Gebiete der Philosophie, wie beispielsweise Logik, Erkenntnistheorie, Ethik, Ästhetik in einen Topf geworfen werden, um dann in vorausschauender, wenn auch ideologisierender Verzweiflung ausrufen zu können: „Kunstwerke sind unnahbare Höhen“ [1]. Das Sehen wird hier geführt in die Bereiche des Bewußtseins. Denn, ob auf diese oder andere Weise, möchte man dahinter kommen, wie sich denn eigentlich das Bewußtsein bei der Wahrnehmung im allgemeinen und speziell bei der ästhetischen Perzeption verhält: Erfassung und Erläuterung des Phänomens des Ergreifens von Formen und Farben auf phänomenologische Weise, sagen wir z. B. im Sinne der von Max Scheler entwickelten phänomenologischen Methode [2], stehen hier im Vordergrund.

Doch zum Kapitel „Sehen“ gehört noch ein weiteres Gebiet, das sich allerdings weniger um die Aufdeckung hintersinniger Seinsschichten bekümmert. Es ist dies das vielbeackerte Feld der Anweisungen zur Betrachtung von Kunstwerken – vom Wörterbuch, über das bebilderte Lexikon, bis zum Museums- und Ausstellungsführer. Hier soll dem Auge nachgeholfen werden, damit der Beschauer nur ja im Bilde das Richtige und Wesentliche sehe und nicht der Unwissenheit desjenigen zum Opfer falle, der sich einfach am Dargestellten (woraus es auch immer bestehen möge) erfreut oder auch nicht.

Die nächste literarische Kategorie haben wir mit der Sammelüberschrift *Verstehen* versehen. Hier nun werden erneut die im Bilde erscheinenden Elemente wie Farbe, Licht, Form, Ornament, Komposition oder Rhythmus analysiert. Allerdings hat sich jetzt der Blickpunkt verschoben. Denn galt es beim „Sehen“ noch im weitesten Maße *hinter* das Auge des Betrachters zu treten, wird jetzt beim „Verstehen“ versucht, *in* Auge, Hirn und Seele des Künstlers vorzudringen – kurz, es geht jetzt um jenes leidige Etwas, das dieser Tage mit Vorliebe als „die Aussage eines Kunstwerks“ bezeichnet wird. Ausgangspunkt dieser Unternehmen ist die Tatsache, daß Malerei bzw. Bildhauerei eine andere Welt, ein anderes Universum sind, und damit auch deren Formen, Symbole oder Ausschmückungen, die allesamt sich sozusagen zu akklimatisieren haben, um in ein Gemälde aufgenommen zu werden. Es gilt also auf dem mühsamen Weg des Verstehens, das Vieldeutige freizulegen, damit der Sinn von Proportionen, von Bewegung, von Dimensionen oder dem Clair-obscur in die Realität des Daseins integriert werde.

Die diesbezüglichen Schriften lassen den Beschauer an einem Vorgang teilnehmen, der in der einen oder anderen Weise dem Entstehungsprozeß eines Bildes gleicht, wobei – wie z. B. in dem oft zitierten Werk von R. G. Collingwood [3] – besonderer Wert gelegt wird auf Imagination und Expression als die beiden hervorstechenden Charakteristika der Kunst. Meist historizistisch ausgerichtet, d. h. mit der Absicht, alle Erscheinungen der bildenden Kunst aus ihren geschichtlichen und nicht etwa aus ihren sozialen Bedingungen heraus zu verstehen, entwickelte sich somit eine Methode für die systematische Dechiffrierung sowohl des Kunstwerkes, so wie es sich präsentiert, als auch der es umgebenden Aktivitäten sowie seiner plastischen und ästhetischen Ausstrahlungen. Unweigerlich entfernt sich das Vorgehen dieser Kunstliteratur von der Gegenwärtigkeit, um sich in die Versuche zu verlieren, die ästhetischen Realitäten in einer Perspektive der Wiederherstellung von Mentalitäten der Vergangenheit zu erfassen.

Ging es beim Sehen um Attitüden und beim Verstehen um Erfahrungen, so bekümmert sich die Literaturkategorie des *Würdigens* um Beurteilungen. Das Unterfangen besteht hier meist darin, gleichzeitig die Elemente und Strukturen des Kunstwerkes zu erfassen, um auf diese Weise einem Dialog des Künstlers mit seinem Werk auf der einen Seite und einer Kommunikation des Werkes mit dem Betrachter auf der anderen in die Nähe zu gelangen. Ausgehend vom optischen Material, dieses durch systematische Denkarbeit und Intuition auf das Niveau einer Bedeutungsanalyse erhoben, werden individuelle Werturteile etabliert, die letztlich als axiomatisch gelten sollen. Obwohl die Existenz der Werte mit Hilfe profunder Untersuchungen philosophischer, ästhetischer, sozialgeschichtlicher oder psychologischer Art nachgewiesen werden, können dennoch weder deren Gültigkeit noch ihre Entschuldbarkeit anschaulich gemacht werden. Sie sind und bleiben Ausdruck eines dem steten sozialen Wandel unterworfenen rationalen Verhaltens. Am deutlichsten wird dies, wenn das Würdigungs-Vorgehen in den Rahmen gleich welcher Ideologienlehre eingebaut wird, wenn es z. B. heißt: „Die sachliche Vieldeutigkeit der Bilddarstellung erscheint als Resultat der Vieldeutigkeit oder Unbestimmbarkeit der die historische Wirklichkeit beherrschenden Macht oder Mächte und wird damit zum Spiegelbild bestimmter zeitgenössischer Bedingungen.“ [4] Was hier, sozusagen von Links her, ins Würdigungs-System eingebaut wird, findet sein Pendant auf der Rechten, wenn es heißt, „daß eine Homogenität der Kultur sich nur unter der Voraussetzung einer kleinen Schicht geltungssicherer Maßgeblicher erwarten läßt“ [5].

Alle diese hier nur knapp und global skizzierten Annäherungswege an das Kunstwerk selbst sind schon deswegen nicht einfach von der Hand zu weisen, weil sie von tiefgründigen Gedankengängen getragen sind. Fragt sich nur, ob sie der Gesellschaft in ihrem Sein nützlich sein können, insbesondere wenn wir den Satz von Paul Klee bedenken, der da sagt: „Jedes Werk ist nicht von vornherein Produkt, nicht Werk, welches ist, sondern in erster Linie Genesis, Werk welches wird.“ [6] Dieser Ausspruch von seiten eines Künstlers, der hier stellvertetend für viele andere des gleichen Inhalts stehen soll, umreißt mit Eindeutigkeit das Dilemma, dem nicht nur die Kunstwissenschaft traditioneller Art gegenübersteht, sondern auch dasjenige einer selbstbewußten empirischen Soziologie der bildenden Kunst. Auch sie könnte sich in simple oder komplizierte Bildbetrachtungen verlieren und dadurch dem Glauben huldigen, sie wende sich damit dem Verhältnis von Kunst und Gesellschaft zu. In der Tat rühmen sich so manche Schriften eines soziologischen Gehalts, indem sie bildliche Gegebenheiten, sei es vom intellektuellen, religiösen, moralischen, geistigen, politischen oder sozialen Gesichtspunkt aus behandeln. Sie erkennen an, daß die Kreation nicht ex nihilo entsteht, sondern daß jedes Kunstwerk in seiner Weise im höchsten Grade religiös, intellektuell, politisch, geistig, moralisch oder sozial ist. Allerdings findet sich vielfach hierbei einerseits bewußt die Einschränkung, das Kunstwerk als den Ausdruck einer sozialen Gruppe anzusehen; andererseits, ebenfalls bewußt, die Ausdehnung der Erwägungen ins Welt-

anschauliche, wodurch eine mechanistische Kausalität zur Methode erhoben wird, gegen die sich bereits Karl Mannheim verwehrte, als er sich mit einer Theorie der Weltanschauung auseinandersetzte, die ihren Ausgangspunkt bei der Kunst sucht[7]. Obwohl vonseiten soziologischer Erkenntnisse diese These bereits vielfach als wirklichkeitsfremd zurückgewiesen worden ist, spukt sie nach wie vor in den Köpfen derer, die aus gleich welchen Gründen – heißen diese nun politische Überzeugung oder künstlerische Impotenz – nach Ausflüchten suchen, bei denen es dann z. B. heißt: „Eine Gesellschaftsordnung wie eine Plastik zu formen, das ist meine und die Aufgabe der Kunst.“ [8]
Für eine ganze Anzahl der von uns in diesem Band angeführten, wahrlich soziologisch ausgerichteten Arbeiten zur und über die bildende Kunst ist es nicht etwa die Aufgabe, der Frage nachzugehen, ob das, was ein Maler oder ein Bildhauer tut, Kunst ist, sondern in Vergangenheit und Gegenwart das Situationäre der Kunstschöpfungen, die Kunst-Situation zu erfassen. Denn das Gesellschaftliche – Soziologie einfach definiert als: „Die Wissenschaft von der Gesellschaft“ (William Graham Sumner) –hat sich stets dort manifestiert, wo „Gegenkulturen“ entstanden sind. Als Beispiel hierfür ließe sich jene Diskussion anführen, in der danach verlangt wird, jedes Kunstwerk, dessen Gebrauch sich als Teil einer angeblich unterdrückenden Konsumgesellschaft dartut, als ästhetisch unmoralisch zu verwerfen. Wenn heutzutage in der einen oder anderen gesellschaftskritischen Weise dargetan wird, daß Kunst nur dasjenige sei, was von einem System, bestehend aus Kritikern, Kennern, Kunsthändlern und Auktionshäusern, erhalten werde, dann finden hier kunstsoziologische Systemerörterungen statt, um die sich eine Soziologie der bildenden Kunst schon immer bemüht hat, geschehe dies in monographischen Darstellungen, in wissenssoziologischen Schriften, kultursoziologischen Diskursen oder politsoziologischen Anklagen. Es ist diese Vielfalt der Ansatzpunkte, die dazu führen mußte, daß der Entwurf eines scharfen gesamtsoziologischen Bildes der hier abgehandelten Kunstform bisher nicht durchgeführt werden konnte. Stets bewegen wir uns in Einzelheiten, die zu einem Gesamt zusammenzufügen nur schwerlich gelingt. Daher rührt wohl auch der Rückzug von Kritikern, Soziologen und auch Künstlern auf eine sich mit Stil, Einfluß, Ikonographie befassende Kunstgeschichte, um das A-Historische aufzuzeigen oder zu kreieren.
Insofern das Studium der bildenden Kunst in ihrer gesellschaftlichen Wirklichkeit Gegenstand der Soziologie der bildenden Kunst ist, weist schon das soeben nur kursorisch Ausgeführte darauf hin, welche vielfältigen und komplexen Aspekte diese Wirklichkeit aufweist. Und da die Analyse dieser Aspekte den Inhalt der Soziologie der bildenden Kunst bildet, ihre besonderen Themen ausmacht, findet sich in der Bibliographie zu diesem Kapitel eine Vielfalt von Analysen, die zwar alle ihre Autonomie bewahren, aber überdies dazu dienen, im Verzuge einer Wechselwirkung, die Funktion der bildenden Kunst im Leben der verschiedenen menschlichen Gesellschaften zu erklären.
So schwer es auch gerade bei der bildenden Kunst, dieser „demonstrativen“, da visuellen Kunstform nachzuvollziehen sein mag – auch für sie gilt vom Gesichtspunkt der empirischen Kunstsoziologie her gesehen das gleiche, was für die soziologische Betrachtung der anderen Kunstformen gilt, nämlich: Die Vermeidung philosophischer Spekulationen oder obskurer ästhetischer Konzepte sowie die Enthaltsamkeit von jedweder Kritik und von Vorschriften. Ihr einziges Ziel – allgemein gesprochen – kann und darf nur

die Analyse dieser oder jener Kunstform als gesellschaftliche Tatsache sein. Das heißt natürlich nicht, daß – wie manche der angeführten Titel zeigen – sie sich nicht auf gewisse ästhetische und philosophische Prinzipien stützen darf, wenn sich diese als Datenmaterialien notwendig erweisen. Auch braucht sie psychologische, anthropologische, kunstkritische und kunsthistorische Daten nicht außer acht zu lassen, wenn sie diese auch stets nur als Stützpunkte, als Hilfsmittel benutzen wird, die ihr erlauben, dem vollkommenen Verständnis ihres speziellen soziologischen Phänomens zu dienen.
So präzisiert sich denn der Inhalt einer empirischen Soziologie der bildenden Kunst gemäß den folgenden, schlagwortartig angeführten Zentralthemen:

1. Die bildende Kunst als soziale Erscheinung
2. Die Typologie der Künstlerwelt
3. Der Einfluß der physischen, sozialen und ökonomischen Wirkekreise
4. Der Einfluß der bildenden Kunst auf die Gesellschaft
5. Die gesellschaftliche Bedeutung der bildenden Kunst.

Hierzu einige kurze Erläuterungen. Das erste Zentralthema umfaßt das Studium der Entstehung der bildenden Kunst in ihren diversen Ausdrucksformen. Von diesem Thema leiten sich verschiedene Fragen allgemeinen Charakters ab, wie z. B. die Frage nach den sozialen Grundlagen des Schöpfungsprozesses und des ästhetischen Genusses. Auch z. B. die Frage nach dem Allgemeinen und dem Beständigen eines gesellschaftlichen Phänomens, also der bildenden Kunst, fällt unter diese Rubrik.
Beim zweiten Zentralthema wendet sich der Empiriker dem Studium des Künstlers, des Mäzens, des Kritikers, des Connaisseurs, des Kunsthändlers, kurz der Gruppe der Schaffenden und der Vermittler in bezug auf die von ihnen beherrschten oder beeinflußten Wirkekreise zu. So z. B. gilt es hier das Problem der sozialen Kontrolle zu behandeln, dem Künstler vielfach unterliegen.
Bei dem dritten Zentralthema geht es um die Analyse jener physischen und sozialen Wirkekreise, innerhalb deren der Künstler seine Kunst ausübt. Im Rahmen solcher Untersuchungen läßt sich dann feststellen, welchen Einfluß Umwelt, Religion, ethnische Zugehörigkeit, Moral, sozialer Hintergrund, Schichtzugehörigkeit, Wirtschaft, Politik und auch die verschiedenen Stile auf ihn und sein Werk haben oder gehabt haben.
Abgeleitet von diesem dritten Thema eröffnen sich die Beziehungen zwischen Gesellschaft und Künstler und damit unter der vierten Hauptüberschrift Erklärungen dafür, warum im Kunstwerk selber seine gesellschaftliche Wirkung eingebettet liegt sowie Klarstellungen über die Rückwirkung der bildenden Kunst – und zwar als eine Synthese von Künstler und Gesellschaft – auf die Gesellschaft.
Erst wenn die soziologische Analyse der Kunst in ihrer Entstehung, ihrer Träger und der Wechselwirkungen zwischen Kunst und Gesellschaft durchgeführt ist, läßt sich als letztes Zentralthema die gesellschaftliche Bedeutung der bildenden Kunst untersuchen und die Rolle verstehen, die die bildende Kunst im Leben der Gesellschaft spielt.
Zwar ist diese Systematisierung recht schematisch, aber sie erscheint uns aus methodologischen Gründen durchaus notwendig. Denn wenn wir uns anhand der im folgenden angeführten empirischen Studien den Inhalt der Soziologie der bildenden Kunst ansehen, dann dürfte es selbst dem Laien klar werden, daß es sich bei ihr, ebenso wie bei der

Kunstsoziologie insgesamt, um eine autonome Disziplin handelt, die Ziele verfolgt, die ihr eigen und nicht übertragbar sind. Umfaßt sie doch das Kunstphänomen in seiner ganzen komplexen Realität.

In der Tat, so glauben wir sagen zu können, liegt die Bedeutung unserer Disziplin dort geborgen, wo sie zu einem *vollen Verständnis* der Kunstformen führt und nicht zu Teilresultaten, die durch Spekulationen über den reinen Gehalt oder die Kritik einzelner Werke sowie durch Selbstdarstellung manches Mal äußerst pedantisch ausfallen, fast immer aber vom Menschlichen gänzlich abgelöst vor uns stehen. Oder ist es etwa eine Plattitüde zu sagen, daß gerade die bildende Kunst, mehr als jede andere Kunstform, sei es im Original oder in der Form einer Reproduktion, als Museumsobjekt oder als Spielerei im Wohnraum, als dekoratives Kunstgewerbegebilde oder als Sammlergegenstand, den Menschen in Kindheit, Reife und Alter, in seinem Heim, in seinem Beruf, in seinem sozialen und seinem inneren Leben, kurz überall und beständig berührt...

Anmerkungen

[1] *Arnold Hauser,* Philosophie der Kunstgeschichte, München 1958, S. 1.
[2] Vgl. z. B. *Max Scheler,* Die Wissensformen und die Gesellschaft, Leipzig 1926.
[3] The Principles of Art, Oxford 1938.
[4] *Hanna Deinhard,* Bedeutung und Ausdruck, Neuwied/Berlin 1967, S. 57.
[5] *Arnold Gehlen,* Zeit – Bilder, Frankfurt a. M. / Bonn 1960, S. 223.
[6] *Paul Klee,* zitiert nach *Will Grohmann,* Paul Klee-Handzeichnungen, Köln 1959, S. 11.
[7] Siehe *Karl Mannheim,* Essays on the Sociology of Knowledge, London 1952, S. 76 ff., zu der Studie von Alois Riegl, Die spätrömische Kunstindustrie nach den Funden in Österreich-Ungarn im Zusammenhang mit der Gesamtentwicklung der bildenden Künste bei den Mittelmeervölkern, Wien 1901.
[8] *Joseph Beuys* in einem Interview, s. Kölner Stadt-Anzeiger vom 18. 10. 1972.

Bibliographie

1. Beiträge zur Theoriebildung

282 *Aldana, F. S.*, Estética sociológica de la flor, in: R. mexic. Sociol., 23, 1961, 2, S. 533–543.

Über Blumenmotive in der Kunst.

283 *Allsopp, B.*, Die Zukunft der Künste, Düsseldorf 1960.

Enthält viel Soziologisches, besonders zum Begriff des Kunsterlebnisses.

284 *Antal, F.*, Florentine Painting and Its Social Background, London 1947.

Dem sozialen Determinismus verpflichtet, wird aufgezeigt, daß ein Kunstwerk mit den literarischen, philosophischen und wirtschaftlichen Vorstellungen einer bestimmten Klasse eng verbunden ist, und daß die Vorstellungen dieser Klasse unabdingbar immanent sind.

285 *Balet, L.*, Die Verbürgerlichung der deutschen Kunst, Literatur und Musik im 18. Jahrhundert, Straßburg 1936 (s. a. 546 u. 1524).

286 *Barlow, S. L. M.*, The Astonished Muse, New York 1961.

Unterstützung der Theorie, nach der der Künstler immer mehr zu demjenigen geworden ist, der ankündigt, als zu demjenigen, der zusammenfaßt; dargestellt an der Stellung des kreativen Künstlers von den Propheten Israels bis zu den Künstlern des 19. Jahrhunderts.

287 *Bellamy, R. F.*, Art and Literature, in: C. Roucek u. a. (Hrsg.), Social Control, New York 1947, S. 240–259.

287 A *Bourdieu, P.*, Éléments d'une théorie sociologique de la perception artistique, in: RISS, XX, 4, 1968, S. 640 bis 664.

Über die funktionelle Entzifferung von Bildern.

288 *Collingwood, R. G.*, The Principles of Art, London 1938.

Unterschied wird gemacht zwischen „art proper" und „art falsely so called" (craft or skill; magic; amusement). Wird letztere mit der eigentlichen Kunst, deren Merkmale Imagination und Expression sind, vermischt, entstehen falsche ästhetische Theorien. Das Kapitel „The Artist and the Community", wo von der Mitarbeit von Interpreten und Publikum an der Schaffung der Kunstwerke gesprochen wird, kommt soziologischen Gedankengängen nahe.

289 *Deinhard, H.*, Bedeutung und Ausdruck. Zur Soziologie der Malerei, Neuwied/Berlin 1967.

Unter dem Gesichtspunkt, daß es Aufgabe der Kunstsoziologie sei, „die Analyse des Funktionswandels der Kunst und der daraus folgenden Veränderungen des ‚Geschmacks' oder der Urteilskriterien" durchzuführen, werden Bedeutungsanalysen von Bildern vorgelegt mit dem Versuch, dem Begriff des Zeitstils einen konkreten Inhalt zu verleihen.

290 *Denney, R.*, The Astonished Muse, Chicago 1957.

Soziologische Beschreibung und Analyse der Populärkultur in Massenmedien, Sport und Werbung.

291 *Diez del Corral, L.*, Ensayos sobre arte y sociedad (Essays über Kunst und Gesellschaft), Madrid 1955 (s. a. 29).

292 *Dorfles, G.*, Communication and Symbol in the Work of Art, in: JAAC, 15, 1956–57, S. 289–297.

293 *Dussieux, L.*, L'art considéré comme le symbole de l'état social, ou tableau historique et synoptique du développement des beaux-arts en France, Paris 1839.

Kunstgeschichte mit sozialer Ausrichtung.

294 *Edman, I.*, Artikel „Art", in: Ency. Soc. Sci., Bd. 2, New York 1937, S. 223–226.

Die Künste dargestellt als sich selbst rechtfertigende soziale Aktivität.

295 *Erkes, E.*, Die chinesische Kunst als soziales Phänomen, in: Arch. Soz. W., 59, 1927, 1, S. 169–174.

296 *Evelpidis, Ch.*, Les sujets de la peinture. Essai sociologique, Athen 1953.

297 *Flasdieck, H. M.*, Kunstwerk und Gesellschaft, Heidelberg 1948

298 *Fontainas, A.*, L'art social, in: Mercure de France, 1909, 16, S. 577–587.

299 *Francastel, P.*, Peinture et société. Naissance et destruction d'un espace plastique de la Renaissance au Cubisme, Lyon 1951.

Unter anthropologischem Gesichtspunkt, der auch soziologische, psychologische, ethnologische, religionsgeschichtliche, technologische und linguistische Arbeiten einbezieht, wird die Darstellung des Raumes in Renaissance, Romantik, Impressionismus und Moderne untersucht.

300 *Francastel, P.*, Imagination plastique, vision théâtrale et signification humaine, in: J. Psych. norm. path., 46, 1953, 2, S. 157–187.

Sozialpsychologische Arbeit.

301 *Francastel, P.*, Problèmes de la sociologie de l'art, in: G. Gurvitch (Hrsg.), Traité de Sociologie, Bd. 2, Paris 1960, S. 278–296.

Entwurf eines Programms für eine Kunstsoziologie, das, mit Ausnahme des Hinweises auf die Beziehungen der Kunst mit ihren Produzenten- und Konsumentengruppen, die ästhetische und sozialgeschichtliche Untersuchung der Kunstwerke selbst zum Gegenstand hat.

302 *Francastel, P.*, Valeurs socio-psychologiques de l'espace-temps figuratif de la Renaissance, in: AS, 1963, S. 3–68.

303 *Francastel, P.*, La réalité figurative. Éléments structurels de sociologie de l'art, Paris 1965.

Entwurf einer „Soziologie der imaginären Realitäten", ausgehend von der Sprache des Figurativen.

304 *Fulchignioni, E.*, Betrachtungen über eine Soziologie der Fotografie, in: A. Silbermann (Hrsg.), Die Massenmedien und ihre Folgen, München/Basel 1970 (s. a. 2070).

Behandlung ästhetischer und sozialer Motivationen und Attitüden in bezug auf Fotografie im Vergleich zur Malerei.

305 *Gehlen, A.*, Soziologische Kommentare zur modernen Malerei, in: Merkur 1958, S. 304.

306 *Gehlen, A.*, Zeit-Bilder. Zur Soziologie und Ästhetik der modernen Malerei, Frankfurt/M. 1960.

Eine breit angelegte Kunstbetrachtung, in der die Interaktion zwischen Produzent und Konsument, zwischen Maler und Beschauer, auf der das Kunsterlebnis beruht, am Rande verbleibt. Der Ort soll gefunden werden, „an dem sich die ‚nichtdiskursive', imaginative Vernunft ‚lokalisieren' läßt" – das dunkelste Rätsel der Malerei, wie es heißt –, und zwar durch das Studium von Künstlern, bei denen man bisweilen glaubt zusehen zu können, wie die vom optischen Material gereizte systematische Denkarbeit sich in eine imaginative Vernunft verwandelt.

307 *Gorsen, P.*, Das Bild Pygmalions. Kunstsoziologische Essays, Reinbek 1969.

Zur soziologischen Theorie des Kunstgenusses.

308 *Gotô, F.*, Geijitsu Shakaigaku Hôhôron (Methodologie in der Kunstsoziologie), in: Gêbun, 1, 1960, 1, S. 103 bis 126.

309 *Gotshalk, D. W.*, Art and the Social Order, Chicago 1947.

Im Anschluß an ästhetische und kunstphilosophische Erörterungen werden im letzten Teil Fragen behandelt wie Kunstkritik, die Rolle der Kunst als soziale Kraft in der Gesellschaft und die nicht-ästhetischen sozialen Funktionen der Kunst.

310 *Hausenstein, W.*, Versuch einer Soziologie der bildenden Kunst, in: Arch. Soz. W., 36, 1912.

311 *Hausenstein, W.*, Die Kunst und die Gesellschaft, München 1916.

312 *Hausenstein, W.*, Bild und Gemeinschaft. Entwurf einer Soziologie der Kunst, München 1920.

Kunstbetrachtungen vom sozial-ästhetischen Standpunkt aus, unter Verwertung der Methode des historischen Materialismus.

313 *Hauser, A.*, Sozialgeschichte der Kunst und Literatur, 2 Bde., München 1953 (s. a. 1081).

Betrachtung der Kunstgeschichte seit ihren Anfängen im Zusammenhang mit der sozialen Entwicklung. Ein Vordringen in die Interrelationen von Künstler, Kunstwerk und Publikum wird vermieden. Die Untersuchungen bleiben im wesentlichen historisch bestimmt.

314 *Hauser, A.*, Ziele und Grenzen der Soziologie der Kunst, in: Th. W. Adorno und W. Dirks (Hrsg.), Sociologica, Frankfurt/M. 1955, S. 387 bis 398 (s. a. 1082).

Das soziologische Grundproblem ist für den Autor „der Begriff der Ideologie in der Kunstgeschichte". Fortsetzung der marxistischen Kunstauffassung: „Der Künstler ist als Stilträger kein bloßes Sprachrohr, und seine Funktion als Vertreter der sozialen Gruppe, für die er spricht, kann mit Psychologie allein nicht erklärt werden; diese Funktion wird erst durch die Aufdeckung der Zusammenhänge, die den Gegenstand des historischen Materialismus bilden, verständlich."

315 *Hildebrandt, H.*, Wertmaßstäbe und sozialkulturelle Wirkungsbedingungen in der bildenden Kunst, in: Kultur und Norm. Schriften zur wissenschaftlichen Weltorientierung, hrsg. von O. W. Haseloff und Stachowiak, o. O. 1957.

316 *Honigsheim, P.*, Soziologie der Kunst, Musik und Literatur, in: G. Eisermann (Hrsg.), Die Lehre von der Gesellschaft, Stuttgart 1958, S. 338 bis 373 (s. a. 605 u. 1085).

Unter Verteidigung einer werturteilsfreien Kunstsoziologie wird eine im wesentlichen historisch gegliederte Übersicht vorgelegt, die in ihren Hauptlinien die Zusammenhänge zwischen der Gesellschaft auf der einen und der Kunstproduktion, dem Kunstproduzenten und -konsumenten, der Kunstgestaltung und den einzelnen Kunstarten auf der anderen Seite aufzeigt. Dies erscheint häufig als eine Art Paralleltheorie.

317 *Hübner, H.*, Die soziale Utopie des Bauhauses. Ein Beitrag zur Wissenssoziologie in der bildenden Kunst, Diss., Münster 1962.

318 *Kavolis, V.*, Art Content and Social Involvement, in: Soc. Forc., 42, 1964, 4, S. 467–472.

Nach einer Übersicht über die Widerspiegelung von Sozialstruktur, kulturellen Werten und Zeitereignissen in den Inhalten bildender Kunst sowie der Erörterung der sozialen Funktionen dieser Inhalte kommt der Autor zu dem Schluß, daß Kunst nicht die soziale Wirklichkeit selbst, sondern verschiedene Weisen emotionaler Auseinandersetzung mit dieser Wirklichkeit reflektiert. Die wesentliche soziale Funktion von Kunstinhalten dürfte der Ausdruck einer affektiven Beziehung zu unpersönlichen kulturellen Normen und sozialen Institutionen sein.

319 *Kavolis, V.*, The Value-Orientations Theory of Artistic Style, in: Anthr. Quart., 38, 1965, 1, S. 1–19.

Versuch der Identifikation von Wertorientierungen und Formcharakteristika von Kunststilen.

320 *Köhne, C. E.*, Schwarz-Weiß-Kunst. Versuch einer Soziologie der graphischen Künste, in: Heute und Morgen, Schwerin 1949, 3, S. 286–292.

321 *Kuhn, H.*, Wesen und Wirken des Kunstwerks, München 1960.

In einer Art Ontologie der Kunst wird die Weise, in der das Leben des Kunstwerks an dem Leben der Geschichte teilnimmt, in den Mittelpunkt gestellt.

322 *Lampe, J.*, Kunst und Gesellschaft – Illusion und Wirklichkeit, in: Baukunst und Werkform, 9, Frankfurt/M. 1956.

323 *Lapouge, G.*, Un Américain docteur ès-graffiti, in: La Quinzaine littéraire, 66, 1969, S. 10–11.

Anmerkungen zu einer Studie über Wandkritzeleien in Pariser Straßen, insbesondere deren Sexualsymbolik.

324 *Lowenthal, L., M. Fiske*, The Debate Over Art and Popular Culture in Eighteenth Century England, in: M. Komarovsky (Hrsg.), Common Frontiers of the Social Sciences, Glencoe 1957, S. 33–112 (s. a. 72).

Auf Grund von literarischen und philosophischen Materialien werden vor dem Hintergrund des sozialen und ökonomischen Wandels im England des 18. Jahrhunderts Erscheinungen und Ansichten untersucht, die als Vorläufer der heutigen Populärkultur gelten können.

325 *Lüdecke, H.*, Die Tragödien des Expressionismus. Notizen zu einer Soziologie der bildenden Kunst, in: Bildende Kunst, Berlin, 3, 1949, 5, S. 48 bis 52.

326 *Martin, A. von*, Zur Soziologie der höfischen Kultur, in: Arch. Soz. W., 64, 1930, 1, S. 155–165.

327 *Martin, A. von*, Soziologie der Renaissance, Stuttgart 1932.

Soziologische Betrachtung eines kulturgeschichtlichen Höhepunktes unter den Aspekten einer allgemeinen Kulturtheorie.

328 *Montaru, H. de*, La mission sociale de l'art, in: Savoir et Beauté, 3, 1923, 8, S. 250–252.

329 *Morris, R. E.*, What is Sociology of Art, in: Amer. Cath. S. R., 4, 1958, S. 310–321.

Skizze einer Soziologie der bildenden Künste. Zu untersuchen sind: Kunst als Kommunikation mit dem Betrachter; der Künstler in diesem Dialog; sein sozialer Hintergrund, Berufsattitüden; soziales Klima; Typen der Kommunikation in der Kunst u. ä. m.

330 *Mountford, C. P.*, Art, Myth and Symbolism, Melbourne 1956.

331 *Mueller, J. H.*, Theories of Aesthetic Appreciation, in: Studies in Appreciation of Art, University of Oregon Publications 1934, 4, Nr. 6.

Soziologisches Essay über die historische Entwicklung der naturalistischen Ästhetik.

332 *Müller-Freienfels, R.*, Zur Psychologie und Soziologie der modernen Kunst, Halle 1926.

333 *Mukerjee, R.*, The Social Function of Art, New York 1954 (s. a. 95).

334 *Mumford, L.*, The Role of the Creative Arts in Contemporary Society, Durham 1958.

335 *Munro, Th.*, The Marxist Theory of Art History, in: JAAC, 18, 1960, S. 445.

336 *Niebling, G.*, Zur soziologischen Struktur der römischen Kunst. Gattungsstil und Zeitstil im 1. Jh. n. Chr., in: Abhandl. d. 14. Int. Soziologenkongresses, Bd. 4, 1950.

337 *Niebling, G.*, Kunstbetrachtung und Kunstentwicklung. Kunstsoziologische Grundbegriffe, in: Forschungen und Fortschritt, 31, Berlin 1957, 12.

338 *Noyes, C.*, The Gate of Appreciation. Studies in the Reaction of Art to Life, Boston 1907.

339 *Odenwald-Unger, J.*, The Fine Arts as a Dynamic Factor in Society, in: AJS, 1907, S. 656–665.

340 *Onasch, K.*, Einige soziologische Aspekte der Ikonenmalerei, in: Theologische Literaturzeitung, 93, 1968, 5, S. 322–332.
Religions- und kunstsoziologische Studie über Ikone als Kultusbild. Die Ikone wird als Integrations- und Kommunikationsmittel verstanden und unter diesem Aspekt in ihrer Bedeutung für die orthodoxe Kirche untersucht.

341 *Panofsky, E.*, Meaning in the Visual Arts, New York 1955.
Identifizierung der symbolischen Funktion eines Bildes mit der tiefliegenden Schicht seiner „Bedeutung", d. h. mit der philosophischen Bedeutung, wo die gesamten Beschaffenheiten der Zeit sinnreich Zeugnis tragen.

342 *Paulsson, G.*, Die soziale Dimension der Kunst, Bern 1955.
Versuch, die sozialen Dimensionen der Kunst bis zu einem „Sozialmilieu" auszudehnen, worunter ein Feld verstanden wird, in dem politische Ideen, religiöse Überzeugungen und gesellschaftliche Konventionen eine wichtige Rolle neben den künstlerischen Traditionen und den philosophischen Anregungen spielen.

343 *Pfeil, E.*, Die biologischen und soziologischen Grundlagen der Kunstgeschichte, in: Festschrift für Richard Hamann, Burg bei Magdeburg 1939, S. 94–106.

344 *Plessner, H.*, Sociological Observations on Modern Painting, in: Soc. Res. 29, 1962, 2, S. 190–200.

345 *Plessner, H.*, Der imitatorische Akt, in: ders., Diesseits der Utopie, Bern 1966.

346 *Plessner, H.*, Über die gesellschaftlichen Bedingungen der Malerei, in: ders., Diesseits der Utopie, Bern 1966.
Darstellung der These einer soziologischen Anthropologie, die den Menschen im Umfeld eines geistig-geselligen Daseins begreift; hier anhand der malerischen Aktivität.

347 *Ramsey, S. C.*, Some Sociological Aspects of Modern Architecture, in: Sociol. R., 22, 1930, 4, S. 320–328.

348 *Rannells, E. W.*, Style in the Visual Arts. Paper for a Sociological Seminar, Lexington (Kentucky) 1963.

349 *Rassem, M.*, Gesellschaft und bildende Kunst. Eine Studie zur Wiederherstellung des Problems, Berlin 1960.
Soziologische Kunstbetrachtung, die sich um „ideale Einheit aller Aspekte und Methoden" bemüht, jedoch zugunsten der Formulierung künstlerischer Normen und Werte den eigentlichen kunstsoziologischen Ansatzpunkt außer Betracht läßt.

350 *Read, H.*, Art Now. An Introduction to the Theory of Modern Painting and Sculpture, London 1933.
Zur Entwicklung der modernen Bewegung im Verhältnis zum sozialen Wandel.

351 *Read, H.*, Art and the Evolution of Man, London 1951.
Wie in allen Schriften von Read auch hier die Entwicklung der Idee, daß die Kunst ein soziales Anliegen ist.

352 *Read. H.*, Art and the Development of Personality, in: Brit. J. Med. Psych. 25, 1952, 2–3, S. 114–115.

353 *Read, H.*, Art and Society, London 1956, 3. Aufl.
Plädoyer für die ästhetische Erziehung als dem einzigen Schutz gegen Vermassung, Mechanisierung und Rationalisierung: Die Kunst muß Ein-

gang in das tägliche Leben finden, aus dem sie entsprungen ist.

354 *Read, H.*, The Grass Roots of Art. Lectures on the Social Aspects of Art in an Industrial Age, Cleveland/New York 1961.

7 Vorträge aus den Jahren 1943–1953: „The Roots of the Artist"; „Society and Culture"; „The Social Basis of Great Architecture"; „The Irrelevance of Realism"; „The Aesthetic Method of Education"; „The Decentralization of Art"; „Towards a Duplex Civilization".

355 *Riehl, H.*, Artikel „Kunst", in: Wörterbuch der Soziologie, hrsg. von W. Bernsdorf und F. Bülow, Stuttgart 1955, S. 285–289.

Sieht in der Kunst „die gestaltende Kraft einer Gesellschaft rein hervortreten". Diese Kräfte, auch im religiösen Erleben, wissenschaftlicher Erkenntnis, staatlicher und wirtschaftlicher Tätigkeit wirksam, werden in der Kunst zum Selbstzweck.

356 *Rosenthal, E.*, The Changing Concept of Reality in Art, New York 1962.

357 *Ross, E. A.*, Art, in: AJS, 3, 1897/98, S. 64–78.

358 *Rothschild, L.*, Style in Art. The Dynamics of Art as Cultural Expression, New York 1960.

359 *Ruskin, J.*, Lectures on Architecture and Painting, London 1853.

Verteidigung des Standpunktes, daß die Liebe des Menschen für die nicht verunstaltete Natur diesen, besonders den Künstler, von einem totalen Zustand träumen läßt, der einem solchen Naturzustand in die Nähe kommt.

360 *Ruskin, J.*, The Political Economy of Art, London 1857.

Ideen sozialer Reform als Angriff auf eine materialistische Philosophie der Kunst und die „grausige Wissenschaft" der Nationalökonomie.

361 *Ruskin, J.*, Lectures on Art, London 1870.

An verschiedenen Sujets wird dargestellt, daß durch die Kunst sich das tägliche Leben selbst anhand von moralischen Standards regelt.

362 *Sachs, C.*, The Commenwealth of Art. Style in the Fine Arts, Music and Dance, London 1955 (s. a. 665 u. 1011).

Geht aus von der Einheit der Künste, die definiert werden als „Reaktion des Menschen auf Stimuli von außen und innen". Der Zentralbegriff bei der Suche nach dieser Einheit ist der Stil. Es werden, nach Darstellung einer vergleichenden Kunstgeschichte, „Natur" und „Schicksal" der Stile ausführlich behandelt, wobei soziale, ökonomische, politische und religiöse Einflüsse ebenso wie Probleme von Generation und Nation miteinbezogen sind.

363 *Sahler, H.*, Social Significance of Modern Art, in: Am. Rev., 3, 1925, 2, S. 186–190.

364 *Sampayo, N. da*, A Arte e o meio (Kunst und die Umgebung), in: Brotéria, 59, 1954, 5, S. 418–422.

365 *Schmidt, G.*, Soziologische Kunstgeschichte? in: Anticheron, Tübingen 1962, S. 98–105 (s. a. 124).

366 *Schnapper, D.*, Photographie et peinture: Le club photographique de Bologne, in: R. Franc. Sociol. 5, 1964, 2, S. 140–154.

367 *Seyffert, R.*, Werbung und Kunst, in: Die Ringenden sind die Lebendigen, Stuttgart 1969, S. 170–182.

Über die Beschäftigung bildender Künstler und die Anwendungsmöglichkeiten ihrer Mittel in der kommerziellen Werbung.

368 *Söderberg, B. G.*, Sociologisk konsthistoria (Soziologische Geschichte der Kunst), in: Samtid o. Framtid, 10, 1953, 3, S. 168–173.

369 *Sonnwald, R.*, Marx und die Antike, Zürich 1957.

Über die Marxsche Bewertung der griechischen Kunst.

370 *Strauss, H.*, Jewish Art as a Minority Problem, in: J. J. Soc., 2, 1960, 2, S. 147–171.

Historische Betrachtung der Haltung der Juden gegenüber der bildenden Kunst, zur Klärung der Frage, ob es eine nationale jüdische Kunst gegeben hat. Verschiedene Epochen seit der Antike werden untersucht. Unter den modernen israelischen Künstlern werden Anzeichen für die Entwicklung eines eigenständigen Stils festgestellt.

371 *Sweeney, J. J.*, Contemporary Art. The Generative Role of Play, in: R. Pol., 21, 1959, 2, S. 389–401.

372 *Taylor, M. L., R. G. Francis*, Human Relations and the Visual Arts, in: Ind. J. Soc. Res., 2, 1961, 2, S. 69–75.

Zwei Formen von Beziehungen zwischen Künstlern und Sozialstruktur werden unterschieden: 1. Kunst ist eng verbunden mit den vorherrschenden Institutionen der Gesellschaft und besitzt daher Publikum und Förderung; 2. Kunst ist nur peripher mit sozialen Institutionen verbunden. Dementsprechend gilt es zu erforschen: Sozialstruktur und Kreativität; Muster und Normen des Kunstsammelns; soziale Rollen von Museen und Kunsthandel; Sozialisierung und Kunstverständnis.

373 *Thiele, E. (Hrsg.)*, Die Situation der bildenden Kunst in Deutschland, Stuttgart/Köln 1954 (s. a. 499).

Enthält 9 Beiträge zu Fragen wie Förderung zeitgenössischer Kunst, Kunstpreise, Ausbildung des Nachwuchses, industrielle Formentwicklung u. a. m. mit statistischen Materialen.

374 *Thurnwald, R.*, Anfänge der Kunst, in: Verhandlungen des 6. Deutschen Soziologentages, Tübingen 1929, S. 248–267.

Zu den Anfängen der Kunst und ihrer soziologischen Bedingtheit.

375 *Vandenhoute, P. J.*, Beschouwingen over het thema kunst en maatschappij (Überlegungen zum Thema Kunst und Gesellschaft), in: Tjds. Soc. Wet., 5, 1960, 1, S. 3–26.

Behandelt wird der funktionale Inhalt eines Kunstwerks, eine Kombination von Eindrücken oder Vorstellungen, die der Betrachter erfährt, die aber nicht notwendigerweise mit den Absichten des Künstlers identisch sind. Das Verständnis dieses „funktionalen Inhalts“ führt zur Bestimmung der sozialen Funktion des betreffenden Werkes. Es ist nicht Aufgabe der Kunstsoziologie, direkt die Essenz der künstlerischen Schöpfung selbst zu suchen.

376 *Wanslow, W.*, Beiträge zum sozialistischen Realismus. Grundsätzliches über Kunst und Literatur, Berlin 1953.

Darstellung der These, nach der die Kunst nicht unmittelbar mit der Produktion verbunden ist, sondern nur durch zahlreiche indirekte Bindeglieder.

377 *Warbeke, J. M.*, The Power of Art, New York 1951.

378 *Watson, B. A.*, Art and Communication, in: SSR, 43, 1958, 1, S. 28–33.

These, nach der seit Beginn der Romantik die moderne Kunst durch Experimentieren gekennzeichnet ist, was möglich war durch die Veränderungen auf dem Gebiet der Kunstpatronage. Infolge des Experimentierens und der Freiheit von Autorität ist die Kunst von exoterischen zu esoterischen Inhalten gelangt.

379 *Weil, G.*, L'art et la question sociale, in: Avenir Social, 1905, 1.

380 *Weisbach, W.*, Französische Malerei des 17. Jahrhunderts im Rahmen von Kultur und Gesellschaft, Berlin 1932.

381 *Westendörpf, K.*, Der soziologische Charakter der englischen Bilder-

sprache. Ein Beitrag zum Studium der englischen Gesellschaft seit der viktorianischen Zeit, Berlin 1939.

382 *White, C., H. White,* Institutional Change in the French Painting World, in: R. N. Wilson (Hrsg.), The Arts in Society, Englewood Cliffs 1964.

Darlegung, wie künstlerische Karrieren durch ein dichtes Gewebe der sozialen Organisation beeinflußt sind.

383 *Wiese, L. von,* Die bildende Kunst der Gegenwart soziologisch betrachtet, in: KZfS, 5, 1952/53, 4, S. 439–445.

Versuch, die „unverständlichen" und „häßlichen" Formen der Malerei kulturkritisch zu analysieren.

384 *Wüsten, E.,* Soziologie der Gotik, in: Aufbau, 3, 1947, 2, S. 128–135.

385 *Ziegenfuß, W.,* Artikel „Kunst", in: Handwörterbuch der Soziologie, hrsg. von A. Vierkandt, Stuttgart 1931, S. 301–338 (s. a. 1183).

Kultureller Betrieb ist eine „durch die gesellschaftlichen Ordnungsformen im Zusammenleben und Zusammenwirken der Menschen bestimmte soziale Gestalt von personhaftem Charakter".

2. Der bildende Künstler

386 *Antal, F.,* Hogarth und seine Stellung in der europäischen Kunst, Dresden 1966.

Verbindung der Kunst Hogarths mit ihrem sozialen Hintergrund.

386 A *Bell, Q.,* Conformity and Nonconformity in the Fine Arts, in: S. M. Lipset und L. Lowenthal (Hrsg.), Culture and Social Character, Glencoe 1961.

386 B *Berger, R.,* Art et communication, Paris 1972.

Über den Schaffensprozeß angesichts der Masse und der Massenmedien.

387 *Crowcroft, P.,* The Young Artist in Britain, in: The New Republic, Nov. 1954.

Zur sozialen Stellung des Künstlers in England.

388 *Crozet, R.,* La vie artistique en France au XVIIe siècle (1598–1661). Les artistes et la société, Paris 1954.

389 *Eisenman, R.,* Birth Order and Artistic Creativity, in: J. Individ. Psychol., 20, 1964, 2, S. 183–185.

Es wird anhand eines Zeichentests die künstlerische Kreativität von 12 erst- und 8 spätergeborenen Kunststudenten untersucht. Es bestätigt sich die Hypothese, daß die erstgeborenen in bezug auf Kreativität und Originalität, offenbar wegen ihres größeren Bedürfnisses nach Konservativismus und Konformismus, schlechter bewertet werden.

390 *Farnsworth, P. R.,* The Effects of Role-Taking on Artistic Achievement, in: JAAC, 18, 1960, S. 345–349 (s. a. 735 u. 2171).

391 *Griff, M.,* The Alienation of the Artist, in: Arts in Society, Madison 1959.

Behandlung der Berufswege des bildenden Künstlers.

392 *Griff, M.,* The Commercial Artist: A Study in Changing and Consistent Identities, in: M. Stein, A. J. Vidich und D. M. White (Hrsg.), Identity and Anxiety, New York / London 1960, S. 219 ff.

Aufgrund einer zweistufigen Untersuchung von Kunststudenten (während und nach Beendigung des Studiums) ergibt sich, daß Erfüllung der Rolle des Künstlers nur einen geringen Aspekt des Gesamtverhaltens einer Person ausmacht. Die Beibehaltung dieser Rolle mag jedoch der wesentlichste Aspekt seines Verhaltens sein.

393 *Griff, M.*, Artikel „Fine Arts" (The Recruitment and Socialization of Artists), in: Int. Enc. Soc. Sci. 5, S. 447 bis 455.

394 *Griff, M.*, The Recruitment of the Artist, in: R. N. Wilson (Hrsg.), The Arts in Society, Englewood Cliffs 1964, S. 61 ff.
Darstellung der Pfade der Wahl in der entstehenden künstlerischen Karriere und der Abbilder, die schöpferische junge Leute von sich selbst machen.

394 A *Harris, N.*, The Artist in America, New York 1966.
Stellung des bildenden Künstlers und seine Verbindungen zu Kunstinstitutionen in den USA.

395 *Haskell, F.*, Patrons and Painters, London 1963.
Studie über die Beziehungen zwischen Kunst und Gesellschaft im Italien der Barockzeit.

396 *Haskell, F.*, Artikel „Fine Arts" (Art and Society), in: Int. Enc. Soc. Sci., 5, S. 439–447.

397 *Havermans, J. W.*, De sociale positie der beeldende kunstenaars in de jaren 1950–52 (Die soziale Stellung der bildenden Künstler in den Jahren 1950 bis 1952), Den Haag 1956.

398 *Havermans, J. W.*, De sociale positie der beeldende kunstenaars. Overzicht over de jaren 1946–1961 (Die soziale Stellung der bildenden Künstler. Übersicht über die Jahre 1946–1961), Den Haag 1964.

399 *Herbert, E. W.*, The Artist and Social Reform: France and Belgium, 1885–1898, New Haven 1961 (s. a. 1241).
In 6 Kapiteln wird die radikale Sozialreformbewegung unter französischen und belgischen Künstlern am Ende des 19. Jahrhunderts analysiert: 1. Kunst in der sozialistischen Theorie und Praxis; 2. Die Stellung des Künstlers; 3. Die künstlerischen und intellektuellen Vorgänge; 4. Die Symbolisten und ihre Verbündeten; 5. Naturalisten und Realisten; 6. Die bildenden Künstler.

400 *Herrmann, R.-D.*, Der Künstler in der modernen Gesellschaft, Frankfurt/M. 1971.
Empirisch-soziologische Analyse des Verhältnisses von Künstler und Gesellschaft.

401 *Israeli, N.*, Social Interaction in Creation and Criticism in the Fine Arts, in: JSP, 35, 1952, 1, S. 73–89.
Zum Schaffensprozeß.

402 *Israeli, N.*, Creative Art: A Self-Observation Study, in: J. Gen. Psychol., 66, 1962, 1, S. 33–46.

403 *Israeli, N.*, Creative Processes in Painting, in: J. Gen. Psychol., 67, 1962, S. 251–263.

404 *Junker, H.*, Die gesellschaftliche Stellung der ägyptischen Künstler im Alten Reich, Wien 1959.
Sozialgeschichte.

405 *Lankheit, K.*, Aus der Frühzeit der Weißenburger Bilderfabrik, in: KZfS, 21, 1969, 3, S. 585–600.
Analyse einer Massenproduktionsstätte.

406 *Löwenfeld, V.*, The Nature of Creative Activity, New York 1939.
Analyse des Schaffensprozesses.

407 *Mendieta Alatorre, A.*, La creación artistica (Die künstlerische Kreation), in: R. Mexic. Sociol., 24, 1962, 2, S. 463–470.

408 *Müller-Freienfels, R.*, Künstlertum und Kunstpublikum, in: KVJH, 10, 1931, 1, S. 67–86 (s. a. 1274).

409 *Myers, B. S.*, Problems of the Younger American Artists. Exhibiting and Marketing in New York City, New York 1957.

Forschungsbericht einer empirischen Untersuchung über Berufs- und Lebensbedingungen junger New Yorker Künstler speziell im Hinblick auf ihre Beziehungen zu Galerien und Ausstellungen. Von besonderem Interesse ist ferner die Definition des „professionellen“ Künstlers.

410 *Ouy, A.*, Sur le rôle de l'artiste et du poète dans la vie sociale, in: RIS, 34, 1926, 1–2, S. 13–51 und 35, 1928, 9 bis 10, S. 477–488, sowie 36, 1928, 9–10, S. 449–494 (s. a. 1277).

411 *Passeron, R.*, Vocation et profession du peintre, in: J. Psych. norm. path., 54, 1957, 4, S. 403–421.

412 *Pelles, G.*, Art, Artist, and Society: Origins of a Modern Dilemma. Painting in England and France 1750–1850, Englewood Cliffs 1963.

Beschreibung des Positionswandels der Künstler und des daraus entstandenen Dilemmas.

412 A *Rech, P.*, Engagement und Professionalisierung des Künstlers, in: KZfS., 24, 1972, S. 509–522.

413 *Rogge, M.*, Kunst und Künstler im Räterußland. Ein Beitrag zur Soziologie der Kunst, in: Liga, 1921, 10, S. 117–121; und 11, S. 128–130.

414 *Roh, F.*, Der verkannte Künstler. Studien zur Geschichte und Theorie des kulturellen Mißverstehens, München 1948 (s. a. 199).

415 *Rosenberg, B., N. Fliegel*, The Vanguard Artist: Portrait and Self Portrait, Chicago 1965.

Umfangreiche Auswertung von Tiefeninterviews und Gruppenexperimenten mit 29 amerikanischen Künstlern über Probleme wie: Generationenkonflikte; soziale und psychische Charakteristika; familiäre und kulturelle Ursprünge; Entfremdung und Integration; Künstler und Publikum; Sexualität und Sublimation u. a. m.

416 *Saager, A.*, Die soziale Rolle des bildenden Künstlers, in: Hilfe, 1908, 39, S. 631–632.

417 *Saint-Gaudens, H.*, The American Artist and His Times, New York 1941.

Sozialgeschichtliche Darstellung.

418 *Sartre, J. P.*, Le peintre sans privilèges, in: Méditations, 1961, 2.

Über die soziale Stellung des Malers.

419 *Shahn, B.*, Artists in Colleges, in: Ch. S., 43, 1960, S. 97–113.

Obwohl Kunst ihre Wurzeln im realen Leben hat, befindet sie sich in den USA ohne natürliche Umgebung. Die Bemühungen der Universitäten, ein der Kunst günstiges Klima zu schaffen, werden durch dreierlei gehemmt: Dilettantismus; Furcht vor Kreativität und eine gewisse romantische Fehlauffassung davon, welche Art Mensch ein Künstler ist.

420 *Smith, M. W. (Hrsg.)*, The Artist in Tribal Society. Proceedings of a Symposium Held at the Royal Anthropological Institute, London 1961.

Vorträge und Diskussionsbeiträge über verschiedene Arten „primitiver“ Kunst (außereuropäische und europäische Kulturen) und ihre Bedeutung für Kunstgeschichte und Ästhetik. Es werden dabei auch Probleme des Künstlers in seiner Gesellschaft behandelt.

421 *Stromberger, P.*, Malerei und Broterwerb. Die Ergebnisse einer Hamburger Befragung als Beitrag zur Berufssoziologie der bildenden Künstler, Diss., Münster 1963.

422 *Uphoff-Hagen, C. E.*, Die soziale Stellung von Kunst und Künstler, in: Freie Wort, 10, 1911, 16, S. 611–615.

423 *Versichelen, M., C. L. Kruithof*, Levenswijze en levens voorwaarden van de kunstenaar. Een concreet onderzoek bij 150 vlaamse creatieve kunstenaars (Lebensweise und Lebensziele des Künstlers. Eine faktische Untersuchung von 150 flämischen kreativen Künstlern), (Publ. v/h Nationaal Centrum voor Arbeidssociologie), in:

Tijds. soc. Wet., 10, 1965, 3, S. 249 bis 275.

424 *Watson, B. A.*, Kunst, Künstler und soziale Kontrolle, Köln/Opladen 1961.

Nach Ansicht des Autors wird die stärkste Kontrolle des Künstlers und seiner Rolle in der Gesellschaft durch die Schicht der Künstler selbst ausgeübt, ferner durch die Kritik, bisweilen auch durch den Staat. Dagegen ist die Bedeutung des Publikums in dieser Hinsicht unwesentlicher.

425 *White, H. C., C. A. White*, Canvases and Careers. Institutional Change in the French Painting World, New York 1965.

Über den Einfluß von Institutionen auf die Welt der Maler.

426 *Wittkower, R., M. Wittkower*, Künstler – Außenseiter der Gesellschaft, Stuttgart 1965 (s. a. 210).

Sozialgeschichte der Künstlerberufe, wobei Ursache und Wirkung der Entfremdung aufgespürt werden sollen, und zwar bis zur Zeit der beginnenden Romantik. Als Quellen dienen Briefe, Memoiren, Biographien, Anekdotensammlungen, Gerichtsakten, Steuerlisten u. ä. m.

3. Das Publikum der bildenden Kunst

427 *Beier, U.*, The Attitude of the Educated African to His Traditional Art, in: Phylon, 18, 1957, 2, S. 162–165.

Untersuchung über die Gründe für die Kritik (Vorwurf der Häßlichkeit, der Rohheit und des Mangels an Realismus) gebildeter Afrikaner gegenüber ihrer traditionellen Kunst, die in der Ablehnung der gesamten Kultur der Vorfahren zu liegen scheint.

428 *Bernberg, R. E.*, Prestige Suggestion in Art as Communication, in: JSP, 38, 1958, S. 23–30.

Bericht über einen Test in bezug auf moderne Kunst, durchgeführt mit mehreren Gruppen von Studenten.

429 *Boas, G.*, The Mona Lisa in the History of Taste, in: J. Hist. Id., 1, 1940, S. 207–225.

430 *Buswell, G. Th.*, How People Look at Pictures, Chicago 1935.

431 *Clark, K.*, Art and Society, in: Harper's, 223, 1961, S. 74–82.

Eine Definition des Kunstpublikums.

432 *Frumkin, R. M.*, Some Factors in Painting Preferences Among College Students: An Empirical Study in Sociology of Art, in: J. Hum. Rel., 9, 1960, 1, S. 107–121.

433 *Frumkin, R. M.*, Social Class, Religion, Values, and Dogmatism as Factors in Painting Preferences, in: Ind. J. Soc. Res., 2, 1961, 1, S. 45–58.

Die soziologische These, nach der der Mensch in der Art denkt, in der seine Gruppe denkt, wird anhand von empirischen Untersuchungen über Präferenzen gegenüber 10 Gemälden getestet. Das Resultat bestätigt, daß soziale Klasse, Religion, Dogmatismus, Wertvorstellungen und Vertrautheit mit Malerei das Urteil beeinflussen: Kritisches Verhalten ist nicht angeboren, sondern erlernt.

434 *Henning, E. B.*, Patronage and Style in the Arts. A Suggestion Concerning Their Relations, in: JAAC, 18, 1959/1960, S. 464–471.

Über den Einfluß des Mäzenatentums auf den Stil.

435 *Knapp, R. H., S. Green*, Preferences for Styles of Abstract Art and their Personality Correlates, in: J. Project. Techn., 24, 1960, S. 396–402.

Über den Zusammenhang von Geschmack und Persönlichkeitsstruktur.

436 *Knapp, R. H., A. Wulff*, Preferences for Abstract and Representational Art, in: JSP, 60, 1963, 2, S. 255–262.

437 *Kuhirt, U.*, Das Werden des sozialistischen Realismus in der deutschen bildenden Kunst, in: Wiss. Zs. Humb. Univ., 11, 1962, S. 165–192.

438 *Lawlor, M.*, Cultural Influences on Preference for Designs, in: J. abn. soc. Psych., 61, 1955, S. 690–693.

439 *Linfert, C.*, Über die Zuschauer der Maler. Bild eines Jahrzehnts, Köln 1966.

440 *Meyer, P.*, Die Kunst und ihr Publikum, in: G. Eisermann (Hrsg.), Wirtschaft und Kultursystem, Erlenbach/Zürich/Stuttgart 1955, S. 255–266.

441 *Moulin, R.*, Un type de collectionneur: Le spéculateur, in: R. Franc, Sociol., 5, 1964, 2, S. 155–165.

Untersuchung der Probleme des Kunstmarktes, speziell des „Sammler-Spekulanten", seiner Motive und Funktionen. Ergebnis: Spekulation ist mit dem Kunstmarkt untrennbar verbunden, beeinflußt aber kaum die Entwicklung der Kunst selbst.

442 *Moulin, R.*, Le marché de la peinture en France, Paris 1967.

443 *Nohl, H.*, Die Kunst und das Publikum, in: Sammlung, 7, 1952, 1, S. 14 bis 22.

444 *Patrick, C.*, Different Responses Produced by Good and Poor Art, in: J. Gen. Psychol., 34, 1946, S. 79–95.

445 *Rosenberg, H.*, The Anxious Object. Art Today and its Audience, London 1965.

446 *Schur, E.*, Kunst und Publikum, in: Blaubuch, 1910, 50, S. 109–112.

447 *Sperber, M.*, Das Kunstwerk und sein Publikum, in: Diogenes, 3, 1956, S. 335–347.

448 *Stein, G.*, Unternehmer als Förderer der Kunst, Frankfurt/Bonn 1952.

Bericht über Mäzenatentum.

449 *Stuart, I. R., W. G. Eliasberg*, Personality Structures which Reject the Human Form in Art, in: JSP, 57, 1962, S. 383–390.

450 *UNESCO*, Bibliographie chronologique des enquêtes sur les visiteurs des musées. Zusammengestellt von F. de Borlegyi und I. A. Hanson, 1964.

Bibliographie zum Thema „Museumsbesuch".

450 A *Watson, B.*, Les publics d'art, in: RISS, XX, 4, 1968, S. 725–740.

Zur Beziehung zwischen sozialen Strukturen und Kunst.

4. Technische und ideelle Mittler

451 *Baur, J. I. H.*, Revolution and Tradition in Modern American Art, Cambridge (Mass.) 1951.

452 *Bax-Verschaeren, H.*, Is museumbezoek aanbevelenswaard voor leerlingen? (Ist Museumsbesuch für Lehrlinge empfehlenswert?), in: Maandblad N.V.T.O., 82, 1966, 7–8, S. 159–162.

453 *Behrman, S. N.*, Duveen und die Millionäre. Zur Soziologie des Kunsthandels in Amerika, Hamburg 1960.

Enthält wenige soziologische Erwägungen über die ökonomische Seite eines Berufszweiges und dessen bedeutungsvollen Einfluß auf Kunstgestaltung und Kunstverbrauch. Ein Nachwort behandelt die Kommerzialisierung der Kunst.

454 *Bourdieu, P.*, Les musées et leurs public, in: Expansion de la Recherche Scientifique, 21, 1964, S. 26–29.

455 *Bourdieu, P., A. Darbel*, L'amour de l'art. Les musées et leur public, Paris 1966.

Empirische Untersuchung des Museumsbesuches nach ökonomischen, sozialen und kulturellen Variablen der Besucher.

456 *Brabandière, E. de,* L'art et la morale, Brüssel 1905.

457 *Brunetière, F.,* L'art et la morale, Paris 1898, 2. Aufl. (s. a. 1390).

458 *Burckhardt, T.,* Heilige Kunst in den Weltreligionen, Zürich 1955.

459 *Carter, H.,* Museums and the Publics, in: M. J., 58, 1959, S. 247–254.

460 *Choisy, M.,* Kunst und Sexualität, Köln/Opladen 1962.

Die Beziehungen zwischen Kunst und Sexualität werden gesehen: 1. im Hinblick auf das schöpferische Vermögen des Künstlers; 2. in bezug auf den Ursprung der Kunst in Magie und Kult, ihre Weiterentwicklung in den Mythen und deren Sexualsymbolik.

461 *Craven, Th.,* Artikel „Art Collecting", in: Ency. Soc. Sci., Bd. 2, New York 1937, S. 259–260.

462 *Cursiter, S.,* The Place of the Art Gallery in the Life of the Community, in: Publ. Adm., 15, 1937, 2, S. 157–167.

463 *Diaz, J. H.,* Precisiones en torno al arte sagrado (Einzelheiten betreffend sakraler Kunst), in: Arbor, 24, 1953, 88, S. 541–569.

464 *Eaton, A. H.,* Beauty Behind Barbed Wire: The Arts of the Japanese in Our War Relocation Camps, New York 1952.

465 *Everard, L. C.,* Museums and Exhibitions, in: Ency. Soc. Sci., Bd. 11, S. 138–142.

Betonung der erzieherischen Funktion des Museums.

466 *Fassmann, K.,* Die Kunstkritik der Presse in der Antikritik bildender Künstler, Diss., München 1952.

467 *Fonsegrive-Lespinasse, G.,* Art et pornographie, Paris 1911.

Zum Verhältnis von Kunst und Pornographie aus katholischer Sicht.

468 *Frese, H. H.,* Anthropology and the Public: The Role of Museums, Leiden 1960.

469 *Fry, R.,* Art and Commerce, London 1926.

470 *Grohs, G.,* Wandlungen der sozialen Rolle des Kunstkritikers, in: Arch. Europ., 5, 1964, 2. S. 311–323.

471 *Haacke, W.,* Handbuch des Feuilletons, 3 Bde., Emsdetten, 1951–53.

Enthält zahlreiche Hinweise zu Kritik und Kritikern.

472 *Harrison, J.,* Ancient Art and Ritual, London 1913.

473 *Hauser, A.,* Der Begriff der Ideologie in der Kunstgeschichte, in: KZfS, 6, 1953/54, 3–4, S. 30–44.

474 *Heyl, C.,* New Bearings in Esthetics and Art Criticism, New Haven 1943.

475 *Hilbert, G.,* Kunst und Sittlichkeit, Leipzig 1906.

476 *Hodin, J. P.,* Art and Criticism. On the Problem of Living Art Criticism, in: Coll. A. J., 15, 1955, S. 18–33.

477 *Jaccard, P.,* Kunst und Religion. Das Verbot bildlicher Darstellung im alten Judentum und im Islam, in: KZfS, 21, 1969, 3, S. 453–462.

478 *Kavolis, V.,* Abstract Expressionism and Puritanism, in: JAAC, 21, 1962/1963, 3, S. 315–319 (s. a. 510).

Abstrakter Expressionismus angesehen als vielleicht letzte Phase der Auswirkungen des Puritanismus, dem die radikale Eliminierung der Natur als Gegenstand künstlerischen Ausdrucks entspreche. Da die amerikanische Kultur noch weitgehend puritanisch geprägt ist, hat der abstrakte Expressionismus dort das künstlerische Interesse anwachsen lassen.

479 *Lankheit, K.,* Das Tryptichon als Pathosformel, Heidelberg 1959.

Zur Säkularisierung religiöser Kunstwerke.

480 *Lankheit, K.*, Revolution und Restauration, Baden-Baden 1965.

Geschichtliche, soziologische und religiöse Grundlagen der Epoche.

481 *Lanuza, E. G.*, Art et séduction, in: Diogène, 48, 1964, S. 3–13.

482 *McMullen*, R., Art, Affluence, and Alienation. The Fine Arts Today, New York 1968.

483 *Mills, G. T.*, Social Anthropology and the Art Museum, in: Am. Anthrop., 1955, S. 1002–1011.

484 *Moulin, R.*, Le marchand de tableaux, in: J. Psych., 58, 1961, 3, S. 309–331.

485 *Niemann, G.*, Kunst und Kunsthandel, in: Stimmen der Zeit, 62, 1932, 10, S. 273–276.

486 *Pavlov, T.*, Filosofia i estetika; k'm o'prosa za vzaimootnošemieto meždu izkustvo reliqya, moral i nanka (Philosophie und Ästhetik. Das Problem der Interdependenz von Kunst, Religion und Wissenschaft), Sofia 1951.

487 *Piel, J.*, La fonction sociale du collectionneur de tableaux, in: Critique, Aug./Sept. 1962, S. 789–800.

488 *De Radiocursus „Openbaare Kunstbezit" als middel tot cultuurspreiding. Een publiekanalyse (Der Rundfunkkursus „öffentlicher Kunstbesitz" als Mittel zur Kulturverbreitung. Eine Publikumsanalyse)*, Amsterdam 1958, Prins Bernhard Fonds, Serie A, Nr. 1.

489 *Read, H.*, The Museums and the Artist, in: Coll. A. J., 13, 1954, 4, S. 289 bis 294.

490 *Read, H.*, Art and Industry. The Principles of Industrial Design, Bloomington 1961.

Untersuchung zur Antithese von Kunstform und industrieller Form.

491 *Reitlinger, G.*, The Economics of Taste, London 1961 und 1963.

492 *The Role of Museums in Education*, Unesco Seminar Brooklyn 1952, in: Unesco 6, 1953, 4, S. 213–220; und Unesco Seminar Athen 1954, in: Unesco 8, 1955, 4, S. 201–216.

492 A *Rosenberg, J.*, On Quality in Art: Criteria of Excellence, Past and Present, Princeton 1967.

Am Beispiel von 5 berühmten Kunstkritikern wird den Theorien und der Praxis nachgegangen, mit denen diese zu ihren Urteilen gelangt sind.

493 *Schmiedling, W.*, Kunst oder Kasse, Hamburg 1961.

494 *Silbermann, A.*, Zur Soziologie der Kunsterziehung, in: KZfS, 1964, S. 344 ff.

Erwägungen über den Unterschied zwischen „Erziehung zur Kunst" und „Erziehung durch Kunst".

495 *A Statistical Survey of Museums in the United States and Canada*, Washington 1965.

496 *Stéfane-Pol*, L'art et la moralité publique, in: N. RE., 192, S. 193–209; 194, S. 71–79; 195, S. 107–124; 196, S. 242–252.

497 *Sweeny, J. J.*, The Museums in a Mass Society, in: Daedalus, 89, 1960, 2, S. 354–358.

Die Massengesellschaft beeinflußt weniger die Kunst und die Künstler als das Publikum in seiner Reaktion auf schöpferische Kunst, die durch Reproduktionen niemals ersetzt werden kann. Aufgabe des Museums ist es, dem Publikum einen direkten Kontakt zur Kunst und damit zum Künstler zu ermöglichen.

498 *Tanyol, C.*, Örf ve adetler sosyolojisi bakimindan san 'at ve aklâk (Kunst und Ethik vom Standpunkt der Soziologie der Sitten und Bräuche), Istanbul 1953.

499 *Thiele, E.*, Die Situation der bildenden Kunst in Deutschland, Stuttgart/Köln 1954 (s. a. 373).

500 *Tomberg, F.*, Mimesis der Praxis und abstrakte Kunst. Ein Versuch über die Mimesistheorie, Neuwied/Berlin 1968.

Zum Problem der Kunst als Mimesis und dem Verhältnis von gesellschaftlichem und künstlerischem Wandel.

501 *Trofimov, P. S.*, Igrala-li religija progressivnuju rol'v razvitii iskusstva? (Spielt Religion eine progressive Rolle in der Entwicklung der Kunst?), Moskau 1959.

502 *Tudorovskiy, A. A.*, O gipnotze magičeskogo proishoždenija iskusstva (Zur Hypothese über den magischen Ursprung der Kunst), in: Vopr. Filos, 17, 1963, 9, S. 125–134.

503 *UNESCO (Hrsg.)*, Teaching of Art in Primary and Secondary Schools: A Comparative Study, Paris/Genf 1955.

504 *Weeren-Griek, H. v.*, Art Education through Television, in: Coll. A. J., 8, 1949, S. 297–299.

5. Politik und Wirtschaft

505 *Berger, J.*, Art and Revolution. Ernst Neizvestny and the Role of the Artist in the U.S.S.R., Harmondsworth 1969.

Über die Situation der revolutionären Kunst und die Rolle des Künstlers in der Sowjet-Union.

506 *Bongard, W.*, Kunst und Kommerz, Oldenburg/Hamburg 1967.

Studie über den amerikanischen Kunstmarkt sowohl in bezug auf den Markt selbst (Aussteller, Galerien, Museen, Käufer) als auch auf den amerikanischen Künstler, insoweit er sich einen Markt geschaffen hat. Hervorgehoben werden die Wirtschaftsprozesse entgegen jeder Kunstesoterik. Ergebnis: „daß es letzten Endes die Kunst und die Künstler sind, die den Kunsthändlern das Gesetz ihres Handelns und Handels aufzwingen".

507 *Bower, R. T., L. M. Sharp*, The Use of Art in International Communication: A Case Study, in: POQ, 20, 1956, 1, S. 221–229.

Untersuchung anhand von 800 Interviews über die Wirkung einer Kunstausstellung, die 1953 von der japanischen Regierung nach den USA geschickt wurde, um Attitüden gegenüber den Japanern festzustellen.

508 *Drey, P.*, Die wirtschaftlichen Grundlagen der Malkunst. Versuch einer Kunstökonomie, Stuttgart 1910.

509 *Gaertner, J. A.*, Prisma der Demokratie. Ausdruck und Selbstkritik in der Malerei Amerikas, Berlin 1961.

510 *Kavolis, V.*, Abstract Expressionism and Puritanism, in: JAAC, 21, 1962/1963, S. 315–319 (s. a. 478).

511 *Kavolis, V.*, Economic Correlates of Artistic Creativity, in: AJS, 70, 1964/1965, 3, 332–341.

Analyse der Beziehungen zwischen wirtschaftlichen Bedingungen und künstlerischer Kreativität. Letztere darf nicht als Resultat oder Symbol allgemeiner Prosperität angesehen werden.

512 *Kavolis, V.*, Art Content and Economic Reality, in: Am. J. Econ. Soc., 24, 1965, 3, S. 321–328.

513 *Kavolis, V.*, Political Dynamics and Creativity, in: SSR, 49, 1965, 4, S. 412–424.

6. Wissenschaft und Technik

514 *Bonser, F. G.*, Industrial Arts as a Social Study, in: School and Society, 25, 1927, 650, S. 675–679.

515 *Francastel, P.*, Technique et arts, in: R. Synth., 73, 1953, S. 89–120.

516 *Francastel, P.*, Art et technique aux XIXe et XXe siècles, Paris 1956.

Über die Beziehungen zwischen moderner Kunst und Industriekultur. Versuch, mit einer objektiven Methode der kritischen Analyse des Kunstwerkes über eine sozialgeschichtliche Annäherung an das Kunstwerk hinauszukommen. Die berüchtigten Konflikte zwischen Kunst und Gesellschaft und zwischen Kunst und Technik verschleiern nur das wahre Problem.

517 *Graves, E.*, Municipal Art, in: AJS, 6, 1900–01, S. 673–81.

518 *Kavolis, V.*, Art Style as Projection of Community Structure, in: SSR, 48, 1964, 2, S. 166–175.

Überblick über anthropologische und kunsthistorische Literatur mit dem Versuch, Entsprechungen zwischen Kunststil und Struktur des Gemeinwesens darzustellen. Z. B.: strukturelle Unstabilität und emotional angeregte Stile.

519 *Kavolis, V.*, Artistic Preferences of Urban Social Classes, in: Pacif. Soc. Rev., 8, 1965, 1, S. 65–70.

520 *Kepes, G.*, The Visual Arts and the Sciences. A Proposal for Collaboration, in: Daedalus, 94, 1965, 1, S. 117–134.

521 *Kerr, G. H.*, Social Change and Art in the New Age, in: Cont. Jap., 9, 1940, 9, S. 1154–1165.

522 *Kolaja, J., N. Wilson*, The Themes of Social Isolation in American Painting and Poetry, in: JAAC, 13, 1954, 1, S. 37–45.

Untersuchung über die Möglichkeit des Aufzeigens gewisser gemeinsamer kultureller Charakteristica in verschiedenen Kunstformen zu einer gegebenen Zeit.

523 *Kreis, W.*, Über die Zusammenhänge von Kultur, Zivilisation und Kunst. Die Baukunst vor dem Kriege und heute, Berlin 1927.

524 *Kroeber, A. L.*, Style and Civilizations, Ithaca (N.Y.) 1957.

Über das Problem des Stilwandels: Geschieht es aus immanenter Entwicklung oder als Antwort auf äußeren Zwang? Ist der Stil in den schönen Künsten mehr oder weniger empfänglich für die sozio-politische Umwelt als etwa der Stil in Kleidung und Ernährung?

525 *Mumford, L.*, Art and Techniques, New York 1961.

Themenkreise: Kunst und Symbol; Handwerk und Maschinenkunst; Standardisierung und Reproduktion; Kunst, Technik und kulturelle Integration.

526 *Myers, B. S.*, Art and Civilization, New York 1957.

527 *Negri, N. C.*, Art Contra Science. An Inquiry into the Sociological Aspects of the Schism Between Science and Creative Arts, in: Impact, 12, 1962, 1, S. 61–80.

C. Soziologie der Musik

Die Entwicklung der Musiksoziologie ist ebenso wie die der allgemeinen Kunstsoziologie durch sehr verschiedenartige Ansätze gekennzeichnet, die die unterschiedliche Herkunft des musiksoziologischen Denkens widerspiegeln. Diese Divergenz der Ansätze hat dazu geführt, daß ein großer Teil der musiksoziologischen Diskussion nach wie vor grundsätzlichen wissenschaftstheoretischen Fragen gewidmet ist, wobei es stets um die Definition von Gegenstand und Methodik der musiksoziologischen Erkenntnis geht, so daß vielfach der Eindruck entsteht, die Musiksoziologie befinde sich noch immer im Stadium der Rechtfertigung ihrer Existenz. In diesem Zusammenhang werden nicht nur Differenzen zwischen verschiedenartigen soziologischen Denkschulen ausgetragen, sondern entstehen auch stets von neuem Konflikte mit der traditionellen Musikwissenschaft, die nur ungern ihre frühere Monopolstellung auf dem Gebiet der Musikforschung aufzugeben bereit scheint. So hat denn auch die Frage nach der – obwohl längst fälligen, doch anscheinend nur mühsam akzeptierten – Integration der Musiksoziologie in den größeren Rahmen einer „Musikwissenschaft" breiten Raum in den Bemühungen um eine Neuorientierung der Musiksoziologie eingenommen.

Daß sich dabei speziell die deutsche Musikwissenschaft, die sich selbst als „ein Kind der deutschen romantischen Geisteswissenschaft" (Gurlitt) versteht, schwer tut, ist bei ihrer dem Historismus verpflichteten Tradition verständlich. Hinzu kommt – vom Standpunkt der Musikwissenschaft her gesehen – als ein Hindernis für die richtige Einschätzung der Bedeutung musiksoziologischer Erkenntnisse innerhalb der Musikforschung eine immer wieder zu beobachtende Unkenntnis der spezifisch soziologischen Prinzipien und Methoden. Und so ergeben sich von Anfang an, schon bei der Definition des Gegenstandes und der Aufgaben der Musiksoziologie, Mißverständnisse und Fehlentwicklungen, die dazu angetan sind, der wechselseitigen Annäherung oder Zusammenarbeit im Wege zu stehen.

Nun ist es keineswegs so, daß man auf seiten der Musikwissenschaft jeglicher Musiksoziologie prinzipiell feindlich gegenüberstünde. Im Gegenteil hat man sich auch dort schon frühzeitig um Fragestellungen bekümmert und diesbezügliches Material erarbeitet, welches soziologischen Problemen zumindest in die Nähe gelangt. Dabei handelt es sich in der Vergangenheit insbesondere um sozialgeschichtliche Tatbestände, wie sie in jedem gängigen Musikgeschichtswerk, sei es auch nur am Rande, zur Sprache gebracht werden. Hier werden aus historischer Sicht zumeist die Aufführungsbedingungen und ihre jeweiligen gesellschaftlichen Anlässe bzw. „Funktionen" der verschiedenen Musiken erörtert (so etwa Kirchenmusik, Entstehung der Oper, höfische Musik usw.), aber auch Fragen wie die soziale Stellung des Musikers, Entstehung und Entwicklung von musikalischen Institutionen oder Organisationen finden hier ihren Platz.

Schon am Ende des 19. Jahrhunderts war es Hermann Kretzschmar, der sich als einer der ersten sehr ausgiebig mit aktuellen Problemen des Musiklebens auseinandersetzte und hier zu Aktion und Reform aufrief[1]. In ähnlicher Weise wies Paul Bekker, vor allem in seinem Buch „Das deutsche Musikleben“ [2], auf soziologische Implikationen bei der Behandlung von Fragen des Musiklebens hin. Er ging allerdings einen Schritt weiter, indem er sich nicht allein mit strukturellen und organisatorischen Problemen befaßte, sondern in seiner Kritik der reinen Formalästhetik den Begriff der musikalischen Form als gesellschaftlich bedingten postulierte: „Musik als Erscheinung ist lebendige Gesellschaftsgestaltung, bewegt nach der Idee des Schaffenden, der die tätigen Kräfte dieser Gesellschaft an sich zieht, in sich vereinigt und aus dieser Vereinigung heraus, gemäß seiner persönlichen Anschauungskraft, in klangliche Symbole faßt“ (S. 205). Unter der Voraussetzung, daß Klangmaterie erst zur Form werde, indem sie von der Umwelt wahrgenommen wird, sah Bekker die Verbindung vom Komponisten zum Hörer in der Vorstellung des Künstlers von der Auswirkung der geformten Klangmaterie auf das gesellschaftliche Wahrnehmungsvermögen, die sich im Klangbild konkretisiere, woraus sich ergab, daß die eigentliche Entstehung des Kunstwerks einer gemeinsamen Bemühung, einer Kooperation von Komponist, Interpret und Hörer bedürfe. Von hier aus wäre es bei Anwendung einer spezifisch soziologischen Theorie kein großer Schritt mehr zu einer eigentlichen Musiksoziologie gewesen, anstatt es bei sozialgeschichtlicher „Deutung“ von Musik und Musikleben zu belassen – ein Schritt, den Bekker jedoch unterließ. Auch im weiteren Verlauf ihrer Entwicklung hat sich die Musikwissenschaft sozialen Betrachtungen über Musik nicht verschlossen, wie eine Anzahl von sozialgeschichtlich orientierten Arbeiten zeigt. Überdies wurden von verschiedenen musikwissenschaftlichen Seiten Versuche zu theoretisch-soziologischen Grundlegungen unternommen, so z. B. von Walter Serauky [3], Arnold Schering [4] oder Hans Mersmann. Letzterer, den Überlegungen einer „soziologischen Ästhetik“ nahestehend, wie sie von der französischen Schule um Charles Lalo ausging, hat schon von seinen frühesten Schriften an die Wesentlichkeit einer soziologischen Annäherung an die Musik erkannt. Zusammenfassend veröffentlichte er eine Studie [5], in der er zwischen einem „unmittelbaren“ und einem „mittelbaren“ Weg unterscheidet, mit dem man die Soziologie in die Geschichte der Künste „einbauen“ könnte. „Unmittelbar“ bedeutet in diesem Zusammenhang die Stellung und Durchführung eines soziologischen Themas im Bereiche der Kunst- oder Musikgeschichte. Der „mittelbare“ Weg geht nicht von der Stellung eines eigenen Themas aus, sondern legt soziologische Maßstäbe und Methoden der Befragung an das Kunstwerk und die einzelnen Zeiträume der Musikgeschichte an. Diesem letzteren Weg widmet sich Mersmann in seinem Aufsatz dann ausführlich. „Grundlagen für die soziologische Befragung des Kunstwerkes“ seien aufzustellen, und zwar solche, die „nicht von den Methoden einer Soziologie, sondern immer nur von den eigenen Gesetzen der Musik abzulesen sind“. Erst später wären dann „Spiegelungen zu untersuchen“, die über das eigentlich Musikalische hinausführen. Schließlich soll die Frage behandelt werden, an welchen Stellen und in welchem Grade die künstlerische Aussage unmittelbar soziologisch bestimmt wird. Damit wird die Rolle der Soziologie als diejenige einer Hilfswissenschaft im Dienste der Musikgeschichte definiert. Es ist dieser Punkt, der sich insbesondere darin manifestiert, daß „nicht von den Methoden einer Soziologie, sondern immer nur von den eigenen Gesetzen der Musik“ ausgegangen werden soll, der letzten Endes eine sinnvolle Integration oder Kooperation immer wieder erschwert, wenn nicht verhindert.

Für den neueren Stand musiksoziologischer Überlegungen, und zwar innerhalb der Musikwissenschaft, dürften wohl die diesbezüglichen Artikel in den Enzyklopädien „Die Musik in Geschichte und Gegenwart“ [6], „Riemann Musik Lexikon“ [7], oder „International Encyclopedia of the Social Sciences“ [8] repräsentativ sein. Auch hier geht der Tenor dahin, die Musiksoziologie als „Hilfswissenschaft“ zu apostrophieren; auch hier liegt der Akzent nahezu ausschließlich auf dem Geschichtlichen, nicht aber auf dem Soziologischen.

Diese Auffassung bestätigt sich neuerlich in einem noch rezenteren Versuch der Abgrenzung des musiksoziologischen Forschungsobjekts [9]. „Gegenstand der Musiksoziologie“, so heißt es dort, „sind die geschichtlich konkreten Formen des gesellschaftlichen Daseins, die sich in der musikalischen Gattungs- und Stilgeschichte niederschlagen.“ Und an anderer Stelle: „Der Einfluß des gesellschaftlichen Lebens auf die Musik ist ausschließlich in der musikalischen Form zu suchen.“ So ist es denn kein Wunder, daß der Verfasser zu dem für den Soziologen einigermaßen absurden Schluß gelangt, daß „Arbeiten, die sich nicht mit der Sache selbst, mit der musikalischen Gestalt befassen“, nicht in den Rahmen der Musiksoziologie gehören: „Das sind Arbeiten, die etwa den sozialen Stand von Musikern, musizierende Gruppen, die Organisationsformen des Musiklebens, den musikalischen Geschmack und ähnliches untersuchen, ohne die dabei gewonnenen Einsichten in den jeweiligen Gattungs- und Stilmerkmalen selbst zu verifizieren. Musiksoziologie – als Oberbegriff von Gattungs- und Stilsoziologie – entsteht dagegen, wenn die Tatsachen des Musiklebens für die Gattungs- und Stilanalyse nutzbar gemacht werden“ (S. 234).

Auf seiten der an der Kunst interessierten Soziologen war, wie schon früher erwähnt, Georg Simmel einer der ersten, der den Versuch unternahm, sich sozio-musikalischen Phänomenen soziologisch zu nähern [10]. Grob skizziert, sieht Simmel die Musik innerhalb der Gesellschaft als einen Ausdruck der Substanz einer Gesellschaft, d. h. als einen Aspekt der sozialen Beziehungen zwischen Einzelpersonen selbst, als einen Aspekt der Beziehungen zwischen diesen und den Kommunikationsmustern, die diese Beziehungen aufrechterhalten, strukturieren und umstruktuieren. Es wird also eine Kunstform, hier die Musik, in den Kontext sozialer Beziehungen und in die Mitte des Kommunikationsinhalts plaziert, ein Unterfangen, das sich in immer mehr verfeinerter Weise bis auf heutige Trends in der Musiksoziologie feststellen läßt.

Einen anderen Weg ging Max Weber in seiner fragmentarischen Studie „Die rationalen und soziologischen Grundlagen der Musik“ [11], die zwar im Zusammenhang mit kunstsoziologischen Arbeiten viel zitiert wird – ihrem Sinne nach die empirische Kunstsoziologie auch stark beeinflußt hat –, dennoch selten in ihrer Essenz und ihren Folgen verstanden wird. Wenn Webers Arbeit auch hauptsächlich reinen Gedankengängen über die Besonderheiten der fortschreitenden Rationalisierung auf kulturellen Gebieten gewidmet ist, also einem Ordnungsprinzip nachgeht, so ist das doch noch nicht alles. Es geht ihm, wie so manchem Kunstsoziologen seit seiner Zeit, auch darum, die Phänomene des musikalischen oder auch allgemeinen künstlerischen Verhaltens von damals und heute einander gegenüberzustellen, um daran den sozialen Charakter der Musik bzw. der Künste aufzuzeigen. Es kann also gar keine Rede davon sein, daß „an der im einzelnen wie im ganzen überaus geistreichen Schrift Max Webers ... leider eines nahezu irreführend (ist): das Wort von den *soziologischen* Grundlagen der Musik" [12]. Denn selbst das sozio-ökonomische Moment wird im letzten Teil der Abhandlung angerührt. Gerade indem Weber im Verlaufe seiner Arbeit dem Gegensatz zwischen gewissen musiktheoretischen Prinzipien, fernerhin zwischen Zweckmäßigkeit und ästhetischem Bedürfnis sowie dem zwischen dem Emotionalen und dem Rationalen in der Musik nachspürt, will sagen: gerade indem er hiermit an der Musik aufzeigt – was ebenfalls für die anderen Kunstformen gilt -, daß soziales Verhalten sich nie ausschließlich in der einen oder anderen Richtung orientiert, entfernt er sich im Gegensatz zu so manchen Kunstsoziologen von absoluten Wertorientierungen. Wie Georg Simmel eröffnet er den Weg, der direkt zum Verhalten von sozio-musikalischen Gruppen führt, von denen in der neueren Musiksoziologie gesprochen wird, wenn in diesem Zusammenhang z. B. zwischen formalistischer, institutioneller, hermeneutischer und programmatischer Musik unterschieden wird [13]. Die Tatsache, daß Weber streng bei einer rationalen, d. h. logischen oder mathematisch-naturwissenschaftlichen Analyse verblieben ist, um von hier aus ein soziologisches Bild, wenn auch ein unvollständig gebliebenes, zu entwerfen; die Tatsache, daß er, trotz der verführerischen Qualität der Musik zum Emotionalen hin, an keiner Stelle emotionalen oder künstlerisch-ästhetischen Argumenten verfallen ist; letztlich die Tatsache, daß er nirgends versucht hat, das Musikalische bzw. das Künstlerische mit Weltanschaulichem zu durchtränken – alle diese Tatsachen machen das Fragment zu einem Vorbild für jedwede Art kunstsoziologischer Studien, sowohl in methodischer als auch in erkenntnistheoretischer Hinsicht. Nie begab sich Weber in die Katakomben „verstehender" Untersuchungen, sondern versuchte, eine Vermittlung herzustellen zwischen der kausal-erklärenden, naturwissenschaftlich-soziologischen Position und der verstehenden und individualisierenden.

Historismus war Weber in diesem Zusammenhang eine mit Skepsis zu handhabende apriorische Voraussetzung. Er galt ihm wenn möglich als ein methodologisches Prinzip für eine wissenschaftliche Geschichtsschreibung, nicht aber – wie etwa für Kurt Blaukopf, der in mancher Hinsicht auf Webers Einsichten fußt – eine existentielle Aussage, die dazu dient, um eine „Soziologie der Tonsysteme" [14] zu rechtfertigen oder eine „Soziologie der Raumakustik" [15]. Blaukopf, dessen Absicht es ist, „die Produktion und Reproduktion von Musik im Zusammenhang mit dem geschichtlichen Entwicklungsprozeß der menschlichen Gesellschaft zu begreifen" [16], bedient sich in seiner Studie zur Raumakustik der sozialpsychologischen Lehre des Behaviorismus, spricht von „Verhaltenserwartungen", und sagt, daß die „Internalisierung von gesellschaftlichen Verhaltenserwartungen auch auf akustischem Wege erfolgen kann" [17]. Diese durch das Wort „auch" unterstrichene seltsame Kombination von soziologischen und akustisch-physikalischen Relevanzen ist typisch für musiksoziologische Haltungen, die versuchen, sich zu gleicher Zeit sozial, ideell, materiell und immateriell zu gebärden – eine Verbindung, die, wenn sie in einem Atem geschieht, nicht nur verwirrend sich selbst aufhebt, sondern auch, und eben darum, jedem Sinn und Prinzip des soziologischen Denkens widerspricht, einschließlich dem dialektischen. Im Prinzip wird weder hier, bei raumakustischen Erwägungen, noch bei den anderen derartig konzipierten Überlegungen zu den vielfältigen Fragen der Beziehungen zwischen dem sonoren Material und dem Hören Soziologie, d. h. die Lehre von der Gesellschaft betrieben, sondern wiederum reinste Musikwissenschaft. Die soziologische Ausrichtung wird vermeintlicherweise einfach dadurch erreicht, daß man dem ganzen einen sozialpsychologischen Anstrich gibt, und dazu dann noch meistens, so wie hier, den gänzlich deplazierten von den Verhaltenserwartungen, die nach einer Beobachtung „on the spot“ verlangen, nicht post festum betrachtet werden können, und vor allen Dingen in ihrer Dynamik, in ihrer Entfaltung, in ihrer Intensität so differenziert sind, daß sie „von einem persönlich unverbindlichen Befolgen solcher Erwartungen über eine zunehmende Identifikation mit den entsprechenden Normen bis hin zu deren vollständiger Internalisierung, der Verinnerlichung reichen“ [18].

Nach Simmel und Weber fand die empirisch ausgerichtete Musiksoziologie einen gewissen ersten theoretischen Kulminationspunkt bei Pitirim A. Sorokin in seinem Werk „Social and Cultural Dynamics“ [19], und zwar in dem Abschnitt „Fluctuation of Ideational, Sensate, and Mixed Forms of Music“ [20]. Die Bedeutung der Sorokinschen Analyse, hier in bezug auf Musik und abgesehen von den zahlreichen Hinweisen auf den Wandel gewisser Kulturformen, liegt dort, wo er den Weg zu einer wahrlich soziologisch ausgerichteten Einschätzung der Musik und des Musiklebens eröffnete. Denn er war es, der auf die Bedeutung sozialer Prozesse in der Bildung des musikalischen Geschmacks hinwies; er war es, der dem Wandel der Rolle des beruflichen Musikkritikers Aufmerksamkeit schenkte; er war es, der den in der Musik enthaltenen Symbolismus mit dem sozialen Milieu und dem Kollektivbewußtsein in Verbindung brachte; und er war es auch schließlich, dem es um die empirische Erkenntnis der Interdependenz sozialer Prozesse und musikalischer Formen ging, d. h. der hinwegging von der deutschen idealistischen Tradition im Sinne von Wilhelm Diltheys „Von deutscher Dichtung und Musik“ [21], um den Grad der kulturellen und sozialen Integration sozialer Systeme erkennen zu können.

Hier auch setzte Paul Honigsheim an [22], der, angeregt durch seine Freundschaft mit Max Weber, sich darum bemühte, Kategorien aufzustellen, die der Analyse konkreter sozio-musikalischer Situationen dienlich sein können. Ähnlich wie Sorokin sieht Honigsheim in der soziologischen Erfassung der Musik keine Analyse der Musik als Endzweck in sich selbst („Denn nicht um Kunstphilosophie handelt es sich hier, sondern um den Versuch einer Soziologie der Kunst, Musik und Literatur“ [23]), sondern als einen Aspekt des Studiums sozialer und kultureller Systeme.

Auch bei Theodor W. Adorno spielt die Erkenntnis sozialer und kultureller Systeme eine wesentliche Rolle, befürwortet er doch eine Musiksoziologie, die zu erkennen habe, „wie Gesellschaft in den Kunstwerken sich objektiviert“ [24]. Die Frage ist allerdings, wie das zu geschehen hat. Soll man wie Adorno „die Frage, ob Kunst und alles, was sich auf sie bezieht, soziales Phänomen sei“, selbst als ein „soziologisches Problem“ ansehen, um dann bewertend ausrufen zu können: „Es gibt Kunstwerke höchster Dignität, die zumindest nach den Kriterien ihrer quantitativen Wirkung sozial keine erhebliche Rolle spielen.“ [25] Oder soll man, wie Honigsheim bereits im ersten Satz seiner kunstsoziologischen Darstellung unterstreicht, „die Möglichkeit werturteilsfreier Kunstsoziologie“ [26] ins Auge fassen?

Th. W. Adorno und im Anschluß an ihn auch seine vulgärmarxistischen Epigonen haben sich nun einmal dazu entschieden, alles, was ihnen als soziales Phänomen entgegentritt, im Werturteil zu relativieren. Ob Adorno schreibt: „Was in der kammermusikalischen

Musikübung einmal die Basis guten und adäquaten Hörens war, der Geschmack, verkümmert und gerät zugleich in Mißkredit" [27], anstatt von einer „Veränderung", von einem Wandel des Geschmacks zu sprechen, oder ob er schreibt: „Autonome Kunstwerke richten sich nach ihrer immanenten Gesetzlichkeit, nach dem, was sie als sinnvoll und stimmig organisiert" [28], also ein Gesichtspunkt der Beurteilung einer inneren Zweckmäßigkeit – stets läßt sich Adorno von Werturteilen leiten, die den Tatsachen bestimmte Entscheidungen unterschieben, statt sie direkt aus diesen Tatsachen abzuleiten. So muß er denn – was Musik betrifft – notgedrungen alles von der Hand weisen, was diesbezüglich auch nur im entferntesten in die Nähe der empirischen Sozialforschung gerät. Da er sich davon fernhält, seine musiksoziologischen Erwägungen mit den Techniken der empirischen Sozialforschung zu verifizieren, begnügt er sich damit, von „übereifrigem Empirismus" oder ironisch vom „Allheilmittel der research-Methoden" zu sprechen, sobald er denjenigen entgegentritt, die nicht einfach nur über den „den Kunstwerken immanenten sozialen Gehalt" [29] *reflektieren* wollen, sondern ihm, auf welche Weise auch immer, tatsächlich nachzugehen wünschen.

So ist es zu verstehen, daß Adorno und seine Gefolgschaft der empirisch-theoretischen Musiksoziologie im Grunde genommen nichts anderes vorzuwerfen haben als einen Verlaß auf durch Musik hervorgerufene Wirkungen, als einen Ersatz der Musiksoziologie durch „methodologische Präferenzen, nämlich die für die Verfahrensweisen der empirischen Sozialforschung, mit denen man die Rezeption von Werken feststellen und quantifizieren zu können beansprucht" [30], womit gemeint sind das Schema thematisch ausgeweiteter Marktforschung bzw. das Gesetz der großen Zahl als Maß geistiger Dinge. Diese Ablehnung wäre durchaus richtig, wenn es in der Tat nur solche Primitivuntersuchungen gäbe wie beispielsweise jener Typ von „Zuschauerforschungen", mit denen einerseits Marktlücken gefunden und andererseits kommerzielle Selbstbestätigungen gesucht werden.

Aber schon ein Blick auf zahlreiche Schriften, die anhand von empirischen Forschungen von sozio-musikalischen Gruppen und ihrer Struktur oder von sozio-musikalischen Gruppen und ihrer Funktion oder von sozio-musikalischen Gruppen und ihrem Verhalten sprechen, zeigen auf, daß es einer wahrhaften Musiksoziologie um weit mehr geht als nur um die Erfassung von Hörerreaktionen. Andererseits aber stimmt es auch, daß sie sich im Gegensatz zu Adorno und seinen Adepten stets strikt von der Formulierung musikalischer Werte und Normen fernhalten; denn das Studium der soziologischen Verzweigungen der Musik dient nicht dazu, Natur und Essenz der Musik selbst zu klären. Das aber ist gerade das letzte Ziel der Adornoschen Musiksoziologie: Hinweg von Verhaltensweisen, die durch die Musik hervorgerufen werden können, hinweg von allen Determinanten, die der sozialen Funktion der Musik zugrunde liegen können, im Grunde genommen auch hinweg vom Menschen als soziales Wesen – nur der Wahrheitsgehalt einer Musik soll ihr gültiger Maßstab sein.

Jedoch, so muß unumwunden gesagt werden, ist es für den empirischen Soziologen völlig uninteressant, was in der Kunst gesellschaftlich richtig bzw. wahr sein kann. Vielmehr geht es um Probleme, die weit über Wahrheitsgehalte, Stimmigkeit, Wirkungsmechanismen und ähnliches hinausgehen, nämlich um etwas, das sich kaum besser formulieren läßt als es Johannes Riedel tut, wenn er schreibt: „In einer Zeit, die zahlreiche

soziale und politische Veränderungen sieht, in einer Generation, die Zeuge des dauernden Aufstiegs vieler neuer Nationen und deren Forderung nach sozialer Gerechtigkeit und politischer Freiheit ist, muß der Musiker anfangen, sich nicht in einem Zustand unverantwortlicher Isolierung, sondern in einem Zustand sozialer Integration zu sehen." [31]
Daher auch das besondere Interesse an Problemen der Kommunikation, die Einsicht, daß Kommunikation ein sozialer Prozeß ist, und Musik gar ein gesamtgesellschaftlicher Kommunikationsprozeß.

Der Vorwurf, der von seiten der empirischen Musiksoziologie der Denkweise eines Adorno oder der des vielzitierten Arnold Hauser gemacht wird, geht so weit, hier von einem ausgesprochenen Soziologismus zu sprechen, zumal sie es nicht verstanden hat, sich von einem offensichtlichen Apriorismus zu befreien. Anstelle ihre Zeit damit zu verlieren, eine spezifische Ideologie zu rechtfertigen, befaßt sich die empirische Musiksoziologie damit, konkrete Probleme zu lösen; spezielle „Fälle" zu untersuchen, die uns erlauben, die Genese der künstlerischen Schöpfung besser zu verstehen; die Beziehungen des Künstlers zu der Geschichte und seinem Milieu zu erforschen; und auch dem Phänomen des „Genies" in die Nähe zu gelangen.

Die Musik ist ein Ereignis der Kultur, und daher ist die Beschäftigung mit ihr in erster Linie Humanwissenschaft, Wissenschaft vom Menschen selbst. Schließlich ist es augenscheinlich, daß die Musik ein menschliches Phänomen ist und sie nicht nur im Himmel reiner musikalischer Ideen lebt. Selbst in ihren abstraktesten Formen ist sie Ausdruck des ganzen Menschen und von daher „Widerschein" aller außer-musikalischen Faktoren, die sie haben beeinflussen können: von ökonomischen und sozialen bis zu kulturellen Elementen.

Angesichts einer natürlichen und menschlichen Geschichte des Schönen läßt uns die Musiksoziologie teilnehmen an der Errichtung und Evolution der Formen im Verlaufe der Geschichte, und zwar stets in Beziehung zu den sozialen Prozessen. Schließlich ist der Begriff des „Stils" zu seinem größten Teil ein soziologischer Begriff; denn er bringt immer den Geist einer Epoche zum Ausdruck. Und daher auch läßt sich ein musikalischer Stil nur verstehen, indem er in Bezug gesetzt wird zu dem Geisteszustand, zu den Ideen und Anschauungen der Menschen der Epoche, die ihn nach ihren Wünschen herausgefordert haben. Was den Künstler betrifft, so ist er die Frucht einer Kultur; er steckt in einem sozialen und kulturellen Milieu, das sein Werk wiedergibt. Und so wird man nie den Künstler verstehen, wenn man ihn von dem Milieu trennt, in dem er gelebt hat. Es gehört also zu einer der Aufgaben der Musiksoziologie, die musikalischen Stile in ihren geistigen Rahmen unterzubringen, aufzuzeigen, welche tiefdringenden Beziehungen die Musik mit dem Menschlichen verbinden: diesem Material, das ihr ihre Bedeutung und ihren Wert verleiht, nämlich ihre Echtheit. Was in diesem Zusammenhang jedoch besonders unterstrichen werden muß ist die Tatsache, daß die empirische Musiksoziologie, indem sie sich dieser Aufgabe widmet, nun nicht nur auf dem theoretischen Niveau zweckdienlich ist, sondern überdies eine moralische und äußerst praktische Rolle übernimmt. Denn indem sie erkennen läßt, wie sehr die Technik Sprache und wie sehr der Stil Mensch ist, d. h. die menschlichen Quellen der musikalischen Kreation freilegt, erleichtert sie in großem Maße den Zugang zur Musik sowohl für den Interpreten wie auch für den Hörer.

Fernerhin kommt es der Musiksoziologie zu, die künstlerische Aktivität als soziales Phänomen zu studieren oder, anders ausgedrückt, den Musiker inmitten des sozialen Lebens zu plazieren und von dort aus zu sehen; denn wie jeder Kaufmann unterliegt auch der Musiker den Gesetzen von Angebot und Nachfrage. Möge man aus ideellen Gründen dafür oder dagegen sein, möge man hier den Begriff des „Fetischcharakters" ins Spiel bringen oder nicht, wirklichkeitsnahe ist es, zu erkennen, daß ökonomische und soziale Gründe musikalische Kreationen einwärts biegen, daß sie es erlauben oder untersagen, nach eigenem Willen zu erschaffen. Wenn sich musiksoziologische Untersuchungen damit befassen, der Trennung nachzugehen, die heutzutage zwischen dem zeitgenössischen Komponisten und dem Publikum vorherrscht, und danach fragt, ob diese Komponisten nicht vielleicht aufgehört haben, eine soziale Funktion zu erfüllen, dann befassen sie sich mit einem Problem der künstlerischen Aktivität unter seinem sozio-moralischen Aspekt. Gefragt wird nämlich danach, wieso und warum zeitgenössische Komponisten mit ihrer streckenweise abstrakten Künstelei das Menschliche mißachten und allen Kontakt zu ihm verloren haben. Dies impliziert natürlich ebenfalls eine Untersuchung der Pflichten der Gesellschaft gegenüber dem Künstler, denn diese sind ja wohl nichts anderes als die Pflichten gegenüber sich selbst.

Immer erneut muß von seiten einer positivistisch ausgerichteten Musiksoziologie die ihr zu eigen seiende Prämisse wiederholt werden, nach der der Künstler nicht für sich allein kreiert. Er bedarf der Teilnahme eines Publikums, denn nur dieses schreibt sein Werk in das Buch der Geschichte ein. Schließlich ist diese Teilnahme am Ende das einzige Kriterium des künstlerischen Wertes. Und wenn die Musiksoziologie das Verhalten sozialer Gruppen angesichts von Kunstwerken untersucht, dann geht es eben darum, die Herkunft künstlerischer Urteile zu erkennen. Den a priori-Absolutismus der Ästhetik ersetzt die musiksoziologische Methode durch einen nuancierten Relativismus: sie unterscheidet nicht zwischen gültig und nicht-gültig, sondern zieht es vor, von problematischen, zeitweiligen und permanenten Werten zu sprechen, je nachdem welches Publikum, welche soziale Schicht angesprochen wird.

Das musiksoziologische Denken und Forschen befreit gleichzeitig auch von einem wirklichkeitsfremden Impressionismus sowie einem sterilen Dogmatismus, indem es einen kausalen Relativismus nach vorne bringt. Durch diesen werden die ästhetischen Probleme aus nebulösen Wolken zurück zur Erde geführt und zum Objekt faktischer Studien. Das heißt, auch auf diesem Gebiet verbleibt die empirische Musiksoziologie im Felde des positiven Denkens: weder überschreitet sie ihre Grenzen noch versucht sie etwas zu lenken, was sich ihrem Eingriff entzieht. Da wir wissen, daß die Kunst nicht nur Wirkung, sondern auch Ursache ist, wirkt die Kunst auf das Publikum ein, indem sie sich das ihr eigene Publikum schafft, diese Ideale, mit ihr im Einklang stehende Gesellschaft, die sie verwickelt und anruft. Jedoch diese Gesellschaft ist kein zusammengeschlossener Block, sondern besteht aus vielen einzelnen (kleinen oder großen) Gruppen, unter denen sich die einen an ästhetische Gesetze halten, die anderen sich gemäß den Funktionen der Musik organisieren, wieder andere einem künstlerischen Ideal folgen und wieder andere sich durch die gemeinsame Bewunderung für eine schöpferische Persönlichkeit zusammenfinden usw.

So entsteht denn eine ganze Reihe von Untersuchungskomplexen, die in dieser einleitenden Übersicht natürlich nicht alle aufgezählt werden können. Nur einige, in kurzen Sätzen angeführt, sollen dazu dienen, ein wenig das musiksoziologische Arbeitsfeld anzudeuten. Da ist *erstens* die Untersuchungsgruppe, die sich mit den Beziehungen zwischen Komponisten, Instrumentalisten sowie Sängern und dem Rest der gesellschaftlichen Gruppen befaßt, oder, anders ausgedrückt, die Fragestellung: Gibt es eine Musiker-Klasse; welches ist ihr Status, ihr Erziehungsgrad, ihr Einkommen usw.? *Zweitens* geht es um die Rolle der Musik in der Kultur: Welche Mischung aus Funktionen und ästhetischem Gewicht besitzt sie? *Drittens* stehen vor uns die Probleme der musikalischen Erziehung, sei es durch oder zur Musik. Das führt *viertens* zu Problemkreisen, die das Verhältnis von Alter und Musik behandeln, also z. B. zu Fragen wie die Bedeutung spezieller Instrumente oder Kompositionen für die verschiedenen Altersgruppen (Kinderlieder, Popschlager usw.). Ein *fünftes* Forschungsgebiet befaßt sich mit einzelnen Variablen (z. B. Geschlecht, Konfession usw.) und deren Einfluß auf Musik, Musiker und Musikpublikum.

Ohne hier noch weitere Untersuchungsfehler aufzuzählen, dürften die erwähnten bereits aufzeigen, daß kein Gebiet der allgemeinen Soziologie besteht, welches nicht durch Musik sich exemplifiziert und/oder beleuchtet wird, handle es sich um Klasse, Familie, Wirtschaft, Religion, Gruppe, Status, Rolle, Sozialisierung, Sanktionen, sozialer Wandel, Elite und vieles andere mehr. Dementsprechend läßt sich mit Recht sagen, daß die Musiksoziologie Teil des allgemeinen soziologischen Gebietes ist, woraus der Schluß zu ziehen ist, daß jedwedes mit Musik in Verbindung stehendes menschliches Verhalten in der gleichen Weise zu behandeln und zu analysieren ist wie jedes andere Verhalten. Sein sozialer Charakter und sein soziales Vorleben sowie seine Wirkungen sollten in der gleichen Weise und mit den gleichen Methoden beobachtet und studiert werden wie jedes andere menschliche Verhalten in jedem anderen sozialen Kontext.

Ob man sagt: „Soziologie ist das wissenschaftliche Studium der Organisation menschlicher Gesellschaften“ [32] oder ausführt: „Soziologie ist das wissenschaftliche Studium der Phänomene, die aus den Gruppenbeziehungen menschlicher Wesen entspringen. Das Studium des Menschen und seiner menschlichen Umgebung in ihren Beziehungen zueinander“ [33] oder es vorzieht, von der Soziologie als dem „Studium der Systeme des sozialen Handelns und seiner Interrelationen“ zu sprechen [34] – stets führen uns diese oder andere Definitionen zurück auf das menschliche Verhalten, aus dem das Verhalten anderer deduziert und vorausgesagt werden kann. Daher rührt denn auch die oft von uns unterstrichene Erkenntnis, daß sich eine wohlverstandene empirische Musiksoziologie nicht auf die Musik als solche gründet, sondern auf das *Musikerlebnis;* denn nur dieses stellt als beobachtbares Faktum ein soziales Phänomen dar und verleiht somit der Musik soziologische Relevanz [35]. Studiere man von hier aus gesehen die Organisationen, die sich mit Musik befassen, oder Gruppen von Komponisten, Interpreten, Hörern, Impresarios, Typen musikalischer Kreationen, Aufführungen, Verlage usw. zu verschiedenen Zeiten und an verschiedenen Orten – stets bleibt für die Musiksoziologie der Mensch in seinem sozio-musikalischen Sein Ausgangs- und Mittelpunkt ihrer Überlegungen.

Anmerkungen

[1] S. z. B. *Hermann Kretzschmar,* Gesammelte Aufsätze über Musik, Leipzig 1910/11.
[2] Berlin 1916.
[3] *Walter Serauky,* Wesen und Aufgabe der Musiksoziologie, in: Zeitschrift für Musikwissenschaft, XVI, 1934, S. 232 ff.
[4] *Arnold Schering,* Artikel „Musik", in: Alfred Vierkandt (Hrsg.), Handwörterbuch der Soziologie, Stuttgart 1931, S. 393 ff.
[5] *Hans Mersmann,* Soziologie als Hilfswissenschaft der Musikgeschichte, in: Archiv für Musikwissenschaft, 10. Jg., 1953.
[6] Stichwort „Musiksoziologie", Bd 9.
[7] Stichwort „Soziologie der Musik", Sachteil.
[8] Artikel „Music" (Music and Society), Bd. 10.
[9] *Tibor Kneif,* Der Gegenstand musiksoziologischer Erkenntnis, in: Archiv für Musikwissenschaft, 23, 1966.
[10] *Georg Simmel,* Psychologische und ethnologische Studien über Musik, in: Zeitschrift für Völkerpsychologie und Sprachwissenschaft, 13, 1882, S. 261 ff.
[11] *Max Weber,* Die rationalen und soziologischen Grundlagen der Musik, München 1921.
[12] *Hermann Matzke,* Musikökonomik und Musikpolitik, Breslau 1927, S. 8.
[13] So z. B. *John H. Mueller,* A Sociological Approach to Musical Behavior, in: Ethnomusicology, 1963, Vol. VII, S. 216 ff. Vgl. hierzu auch *Alphons Silbermann,* Wovon lebt die Musik – Die Prinzipien der Musiksoziologie, Regensburg 1957, Kap. 6.
[14] *Kurt Blaukopf,* Musiksoziologie, St. Gallen 1950.
[15] *Kurt Blaukopf,* Raumakustische Probleme der Musiksoziologie, in: Gravesaner Blätter, 1960, No. 19/20, S. 163 ff.
[16] *Kurt Blaukopf,* Musiksoziologie, a.a.O., S. 8.
[17] *Kurt Blaukopf,* Raumakustische Probleme der Musiksoziologie, a.a.O., S. 170.
[18] *René König* (Hrsg.), Soziologie, Frankfurt/M. 1962[4], S. 220.
[19] *Pitirim A. Sorokin,* Social and Cultural Dynamics, 4 Bde., New York 1937–1941.
[20] Ebd., Kap. 12.
[21] *Wilhelm Dilthey,* Von deutscher Dichtung und Musik, Leipzig und Berlin 1933.
[22] Vgl. unter den Schriften von *Paul Honigsheim* besonders: Soziologie der Kunst, in: Verhandlungen des 7. Deutschen Soziologentages 1930, Tübingen 1931, S. 179 ff.; Soziologie der Kunst, Musik und Literatur, in: Gottfried Eisermann (Hrsg.), Die Lehre von der Gesellschaft, Stuttgart 1958, S. 338 ff., u. a. m.
[23] *Paul Honigsheim,* in: Gottfried Eisermann (Hrsg.), a.a.O., S. 372.
[24] *Theodor W. Adorno,* Thesen zur Kunstsoziologie, in: Kölner Zeitschrift für Soziologie und Sozialpsychologie, Jg. 19, 1967. Als „Thesen über Kunstsoziologie", in: Ohne Leitbild, Frankfurt/M., S. 102.
[25] Ebd. S. 97.
[26] *Paul Honigsheim,* in: Gottfried Eisermann (Hrsg.), a.a.O., S. 338.
[27] *Theodor W. Adorno,* Einleitung in die Musiksoziologie, Frankfurt/M. 1962, S. 112/113.
[28] *Ders.,* Thesen über Kunstsoziologie, a.a.O., S. 97/98.
[29] Ebd., S. 98.
[30] Ebd., S. 94.
[31] *Johannes Riedel,* The Sociology of Music, in: Music Educators Journal, 49, No. 2, S. 42.
[32] *Emilio Willems,* Dictionnaire de sociologie, Paris 1961, S. 231.
[33] *Henry Pratt Fairchild* (Hrsg.), Dictionary of Sociology, Paterson 1961, S. 302.
[34] *Alex Inkeles,* What is Sociology?, Englewood Cliffs 1964, S. 16.
[35] Vgl. hierzu ausführlich *Alphons Silbermann,* Wovon lebt die Musik – Die Prinzipien der Musiksoziologie, a.a.O.

Bibliographie

1. Beiträge zur Theoriebildung

528 *Abendroth, W.*, Vom Werden und Vergehen der Musik, Hamburg 1949.
Kulturkritische Erwägungen.

529 *Adler, G.*, Musik und Musikwissenschaft, in: Peters Jahrbuch 1898.
Erste Ansätze zur Etablierung einer empirischen Musiksoziologie.

530 *Adorno, Th. W.*, Zur gesellschaftlichen Lage der Musik, in: ZSF, 1, 1932, S. 103 ff. und S. 252 ff.

531 *Adorno, Th. W.*, On Popular Music, in: Studies in Philosophy and Social Science (London), 9, 1941/42.

532 *Adorno, Th. W.*, Philosophie der Neuen Musik, Tübingen 1949.
Kritische Abhandlungen, in denen „Schönberg und der Fortschritt" und „Strawinsky und die Restauration" gegenübergestellt werden. Die Absicht ist, den Stand des Komponierens, der über den der Musik entscheidet, in die dialektische Behandlung hineinzuziehen und die objektiven Antinomien zu erkennen, in die sich die Kunst inmitten der Wirklichkeit verfängt.

533 *Adorno, Th. W.*, Prismen. Kulturkritik und Gesellschaft, Frankfurt/M. 1955.
Enthält kulturkritische Ausführungen zu den Themen: Bach gegen seine Liebhaber verteidigt; Zeitlose Methode; Über Jazz.

534 *Adorno, Th. W.*, Kunst- und Musiksoziologie, in: Soziologische Exkurse, in: Frankfurter Beiträge zur Soziologie, Bd. 4, 1956, S. 93–105.

535 *Adorno, Th. W.*, Dissonanzen. Musik in der verwalteten Welt, Göttingen 1956.
Vier Abhandlungen über die Musik in einer Situation, die als „verwaltete Welt" postuliert wird:
1. „Über den Fetischcharakter in der Musik und die Regression des Hörens" (zum Funktionswechsel der Musik unter dem Gesichtspunkt einer Preisgabe der Individualität); 2. „Die gegängelte Musik" (über die Kulturpolitik kommunistischer Staaten); 3. „Kritik der Musikanten" (über die Musik der Jugendmusikbewegung); 4. „Das Altern der neuen Musik" (Kritik neuer musikalischer und ästhetischer Richtungen). Die Betrachtungsweise ist ästhetisch und soziologisch zugleich.

536 *Adorno, Th. W.*, Klangfiguren. Musikalische Schriften I., Berlin/Frankfurt/M. 1959.
Von musiksoziologischem Interesse sind die Aufsätze: „Ideen zur Musiksoziologie"; „Bürgerliche Oper"; Neue Musik, Interpretation, Publikum"; „Die Meisterschaft des Maestro"; „Musik und Technik". Die „Ideen" (zuerst in: Schweizer Monatshefte 38, 1958, 8, S. 679–691) geben in gedrängter Form die Auffassungen des Autors über Möglichkeiten und Aufgaben der Musiksoziologie wieder.

537 *Adorno, Th. W.*, Einleitung in die Musiksoziologie, Frankfurt/M. 1962.
In der Folge des Prinzips, methodologische Erwägungen nicht von inhaltlichen Fragen zu trennen, werden jene anhand von konkreten Einzelproblemen erörtert wie: „Typen musikalischen Verhaltens", „Leichte Musik", „Oper", „Kammermusik", „Musikleben", „Musik und Nation" u. a. m. Aus allem spricht eine stark philosophisch orientierte Haltung sowie eine

teilweise Ablehnung empirischen Vorgehens.

538 *Adorno, Th. W.*, Der getreue Korrepetitor. Lehrschriften zur musikalischen Praxis, Frankfurt/M. 1963.

Musiksoziologisch relevant sind in diesem Band drei kulturkritische Essays: „Die gewürdigte Musik" (Analyse einer amerikanischen Musiksendung); „Anweisungen zum Hören neuer Musik" und „Über die musikalische Verwendung des Radios".

539 *Adorno, Th. W.*, Quasi una fantasia. Musikalische Schriften II, Frankfurt/M. 1963.

Eine Essaysammlung mit teilweise soziologischem Einschlag.

540 *Adorno, Th. W.*, Moments musicaux. Neu gedruckte Aufsätze 1928–1962, Frankfurt/M. 1964.

Querschnitt durch die Schriften des Autors zu musikalischen Fragen in teils essayistischer, teils aphoristischer Form. Soziologische Probleme werden nur selten direkt angesprochen.

541 *Adorno. Th. W.*, Richard Strauß, in: Neue Rundschau, 1964, 4.

542 *Adorno, Th. W.*, Soziologische Anmerkungen zum Musikleben in Deutschland, in: Frankfurter Allgemeine Zeitung, 11. 3. 1967, 60.

Hinweis auf das Fortbestehen der Krise einer ideologisierten Kunst und Forderung nach Versachlichung.

543 *Adorno, Th. W.*, Thesen über Kunstsoziologie, in: ders., Ohne Leitbild, Frankfurt/M. 1967.

Thesenhafte Formulierung einer Musiksoziologie zu Zwecken der Dechiffrierung der Gesellschaft anhand von Kompositionen.

544 *Allen, W. D.*, Our Marching Civilization: An Introduction to the Study of Music and Society, Stanford 1943.

545 *Apresjan, J.*, Die Kunst als gesellschaftliches Phänomen, in: Sowjetskaja Musyka, 9, 1951, S. 39–44.

Marxistische Auffassung von der Musik als gesellschaftliche Erscheinung.

546 *Balet, L.*, Die Verbürgerlichung der deutschen Kunst, Literatur und Musik im 18. Jahrhundert, Straßburg 1936 (s. a. 285).

547 *Bartenstein, H.*, Hector Berlioz' Instrumentationskunst und ihre geschichtlichen Grundlagen, Diss., Freiburg und Straßburg 1939.

Sozialgeschichtliche Darstellung.

548 *Barzun, J.*, Music in American Life, New York 1956.

Zum Verhältnis von Musik und Gesellschaft.

549 *Bauer, R.*, Artikel „Oper", in: W. Bernsdorf und F. Bülow (Hrsg.), Wörterbuch der Soziologie, Stuttgart 1955.

Kurzer soziologischer Abriß ausgehend von der Entstehung der Oper, mit anschließender Behandlung von Themenwahlen.

550 *Bekker, P.*, Das deutsche Musikleben, Berlin 1916.

Kritische Betrachtung der Situation des zeitgenössischen Musiklebens. Im Mittelpunkt steht der „soziologische Formbegriff" der Musik als Weiterentwicklung einer nur die Klangmaterie berücksichtigenden formal-ästhetischen. Die Gestaltungsgesetze der Materie werden als Ergebnisse der Wechselwirkung zwischen Materie und gesellschaftlichem Wahrnehmungsvermögen angesehen.

551 *Belvianes, M.*, Sociologie de la musique, Paris 1951.

In jeder Kunst wird ein bewußter oder unbewußter Symbolismus gesehen, mit dem Ziel, die Rolle der Musik in der Geschichte darzustellen. Tanz, Magie, Schrei der Vögel, Religion, Zahl, Apollo und Dyonisos, Feste, Kriege, Glück und Arbeit stehen als Symbole für den sozialen Wert der Musik im Vordergrund.

552 *Berten, W.*, Musikpolitik – Musiksoziologie – Musikdramaturgie. Be-

griffsbestimmungen und Zielsetzungen, in: Festschrift für P. Raabe, o. O. 1942, S. 52 f.

553 *Besseler, H.*, Musik des Mittelalters und der Renaissance, Potsdam 1931.

Das Einleitungskapitel zeigt eine sozialgeschichtliche Annäherungsweise auf.

554 *Bie, O.*, Oper und Gesellschaft, in: Musik, 1911/12, 18, S. 331–348.

555 *Blaukopf, K.*, Die Endkrise der bürgerlichen Musik und die Rolle Arnold Schönbergs, Wien 1935 (unter dem Pseudonym Hans E. Wind erschienen).

Marxistische Ausführungen.

556 *Blaukopf, K.*, Musiksoziologie, St. Gallen 1950.

Eine Einführung in die Grundbegriffe mit besonderer Berücksichtigung einer Soziologie der Tonsysteme. Fortführung des Ansatzes von M. Weber, um zu einer Kritik an der Verabsolutierung des Tonsystems der 12stufigen gleichschwebenden Temperatur zu gelangen und hiermit den Einfluß der Gesellschaftsstruktur auf die Gestalt des Tonsystems und dessen Handhabung durch die Menschen aufzuzeigen. Der Autor steht der marxistischen Denkweise nahe.

557 *Blaukopf, K.*, Musiksoziologie: Bindung und Freiheit in der Wahl von Tonsystemen, in: C. Brinkmann (Hrsg.), Soziologie und Leben, Tübingen 1952, S. 237–257.

558 *Blaukopf, K.*, Tonalität und Soziologie. Referat auf dem Internationalen Musikkongreß 1952, in: Musikerziehung, Wien 1953.

559 *Blaukopf, K.*, Über die Veränderung von Hörgewohnheiten, in: Schw. M. Z., Febr. 1954.

560 *Blaukopf, K.*, Artikel „Musik“, in: W. Bernsdorf und F. Bülow (Hrsg.), Wörterbuch der Soziologie, Stuttgart 1955.

Definition der Musiksoziologie als Sammlung aller für die musikalische Praxis relevanten gesellschaftlichen Tatbestände, Ordnung dieser Tatbestände nach ihrer Bedeutung für die musikalische Praxis und Erfassung der für die Veränderung der Praxis entscheidenden Tatbestände. Insgesamt wird mehr das Musikalische als das Soziologische betont und die Musiksoziologie als „vorübergehende Wissenschaft“ bezeichnet, die später in die Musikgeschichte integriert werden könne.

561 *Blaukopf, K.*, Raumakustische Probleme der Musiksoziologie, in: Gravesaner Blätter, 19/20, 1960, S. 163–173.

Am Beispiel der mittelalterlichen Kirchenmusik werden raumakustische Probleme aufgezeigt, die, nach dem Autor, dadurch soziologische Bedeutung haben, daß diese Musik die von den Gläubigen geforderte Haltung bewirkte und verstärkte, da „die Internalisierung von gesellschaftlichen Verhaltenserwartungen auch auf akustischem Wege erfolgen kann“.

562 *Blaukopf, K.*, Probleme der Raumakustik und des Hörverhaltens, in: Musikalische Zeitfragen, Bd. XII, S. 61–71.

563 *Blaukopf, K.* (Hrsg.), Zur Bestimmung der klanglichen Erfahrung der Musikstudierenden, Heft 2 der Schriftenreihe „Musik und Gesellschaft“, Karlsruhe 1968.

Forschungsbericht über Untersuchungen an Musikstudierenden zum Thema der Wandlungen des Klangideals durch die technischen Medien und deren Einflüsse auf die klangliche Erfahrung insgesamt.

564 *Blaukopf, K.*, Werktreue und Bearbeitung. Zur Soziologie der Integrität des musikalischen Kunstwerks, Heft 3 der Schriftenreihe „Musik und Gesellschaft“, Karlsruhe 1968.

Behandelt technische und soziologische Einflüsse auf Klangbild und Aufführungspraxis in verschiedenen Epochen der Musikgeschichte.

565 *Blaukopf, K.*, Der Gegenstand musiksoziologischer Forschung, in: Musik und Bildung, 2, 1972, S. 67–68.

Kurze Zusammenfassung früher ausgeführter Thesen.

566 *Bonnot, R.*, Sociologie de la musique, in: G. Gurvitch (Hrsg.), Traité de Sociologie, Bd. 2, Appendix, S. 297 bis 298.

Unvollständige Hinweise auf musiksoziologische Probleme.

567 *Borris, S.*, Vom Wesen der Musik. Soziologische Musikbetrachtung, in: Das Musikleben, 3, 1950.

Versuch einer soziologischen Typologisierung von Musikgattungen.

568 *Borris, S.*, Einfluß und Einbruch primitiver Musik in die Musik des Abendlandes, in: Sociologus, 2, 1952, 1, S. 52–72.

Ethnologische und soziologische Analyse der Entstehung der mehrstimmigen europäischen Musik aus außereuropäischen Elementen; ferner 5 spätere Phasen der Beeinflussung durch „primitive" Musik: 1. „stile barbaro" (1910–1919); 2. Jazz (1919–1925); 3. Stabilisierung und Entstehung einer Tradition (1925–1934); 4. „Western primitivity" (1934–1945); 5. Reaktion gegen konventionelle Musik (seit 1945).

569 *Bourguès, L., A. Denéréaz*, La musique et la vie intérieure. Essai d'une histoire psychologique de l'art musical, Paris 1921.

570 *Brailoiu, G.*, Réflexions sur la création musicale collective, in: Diogène, 25, 1959, S. 83–93.

571 *Britten, B.*, The Artist and Society, in: Records and Recording, Nov. 1964, S. 14–17 und 90.

Der Komponist betont den Zusammenhang des Musikers mit Interpreten und Publikum, für die er schreibt, und daher die Notwendigkeit, in Material und Sprache die jeweiligen Gegebenheiten, Möglichkeiten und Aufführungsbedingungen zu berücksichtigen, um verstanden zu werden.

572 *Bücher, K.*, Arbeit und Rhythmus, 1896 u. ö., (erstmals in Sitzungsberichten der Kgl. Sächsischen Gesellschaft der Wissenschaft 1896 – 6/1924).

Zur Herkunft und Funktion der Musik. Rhythmus wird aus der zweckmäßigen Ordnung der Bewegung bei mechanischen Arbeiten abgeleitet. Die These lautet: Auf der primitiven Stufe ihrer Entwicklung seien Arbeit, Musik und Dichtung miteinander verschmolzen gewesen, doch habe den Grundbestandteil dieser Dreiereinheit die Arbeit gebildet.

573 *Burde, W.*, Was ist eine musiksoziologische Tatsache?, in: Musik und Bildung, 2, 1972, S. 57–61.

Zum Gegenstand musiksoziologischer Reflexion.

574 *Cuvelier*, A., La musique et l'homme, ou relativité de la chose musicale, Paris 1949.

Ästhetische und musikalisch-technische Erörterungen zur Frage: Was ist Musik und wodurch vermag sie den Menschen zu berühren? Akustische Gesetze, Kompositionsregeln, Probleme des Ausdrucks, der Interpretation, der Kritik u. a. werden behandelt zur Läuterung der Relativität aller musikalischen Elemente in der Beziehung von Mensch und Musik.

575 *Dadelsen, G. v.*, Die Vermischung musikalischer Gattungen als soziologisches Problem, in: Bericht über den internationalen musikwissenschaftlichen Kongreß Kassel 1962, Kassel 1963, S. 23–25.

576 *David, H. T.*, The Cultural Functions of Music, in: J. Hist. Id., 12, 1951, 3, S. 423–439.

577 *Dilthey, W.*, Von deutscher Dichtung und Musik, Stuttgart/Göttingen 1957 (s. a. 1046).

Wissenschaftliche Deutung geistesgeschichtlicher Zusammenhänge mit positivistischer Ausrichtung.

578 *Diserens, Ch. M.*, The Influence of Music on Behavior, Princeton 1926.
Verhaltensforschung angewandt auf die Wirkungen der Musik.

579 *Eisler, H.*, Gesellschaftliche Grundfragen der Modernen Musik, in: Aufbau, 1948.
Ausführungen über die Bedeutung der Musik als Element der sozialistischen Gesellschaftsstruktur.

580 *Engel, H.*, Musik, Gesellschaft, Gemeinschaft, in: ZfMW, 17, 1935, S. 175 ff.
Musik als gemeinschaftsbildendes Element.

581 *Engel, H.*, Grundlegung einer Musiksoziologie, in: Der Musik-Almanach, 1948, S. 253 ff.
Sozialgeschichtliche Thesen.

582 *Engel, H.*, Soziologie des Musiklebens, in: Musica 1949, S. 78 ff.

583 *Engel, H.*, Musik und Gesellschaft, Bausteine zu einer Musiksoziologie, Berlin 1960.
Musikalische Sozialgeschichte mit dem Versuch, den sozialen Hintergrund des Musikschaffens und der Musikausübung mit dieser in Verbindung zu bringen. Umfangreiches musikgeschichtliches und statistisches Material wird ohne soziologische Verarbeitung unterbreitet.

584 *Engel, H.*, Artikel „Music“ (Music and Society), in: Int. Ency. Soc. Sci., Bd. 10, S. 566–575.

585 *Etzkorn, K. P.*, Social Context of Songwriting in the United States, in: Ethnomusicology, 7, 1963, 2, S. 96 bis 106 (s. a. 963).
Um die Unsicherheitsfaktoren hinsichtlich Verbreitung und Erfolg von Schlagern festzustellen, werden erfolgreiche Schlagerautoren soziologisch untersucht: ihr Arbeitsstil, Zusammenarbeit mit Arrangeuren, Produzenten und ausübenden Musikern, ihre Beziehung zum Publikum im Musikgeschäft u. a. m.

586 *Etzkorn, K. P.*, Georg Simmel and the Sociology of Music, in: Soc. Forc., 43, 1964, 1, S. 101–107.
Ausgehend von Simmels Abhandlung „Psychologische und ethnologische Studien über Musik“ (1882) wird eine Theorie über Geschmacksgruppen vorgelegt und Simmels Auffassung von Musiksoziologie erläutert.

587 *Etzkorn, K. P.*, Non-Rational Elements in the Sociology of Arts, in: Ind. Soc. B., 8, 1966, 4, S. 279–285.
Zur Definition des Untersuchungsgegenstands der Kunstsoziologie.

588 *Farnsworth, P. R.*, Musical Taste. Its Measurement and Cultural Nature, Stanford 1950.
Methodologisches zur Messung von musikalischem Geschmack.

589 *Fellerer, K. G.*, Gesellschaftsformen und musikalischer Stil, in: Deutsche Tonkünstlerztg. (Berlin), Jg. 29.
Sozialgeschichtliche Überlegungen.

590 *Fellerer, K. G.*, Soziologie der Kirchenmusik, (Materialien zur Musik- und Religionssoziologie), Köln/Opladen 1963.
Kirchenmusikalische Gegebenheiten werden in sozialen Zusammenhängen gesehen, um unterschiedliche Erlebnis- und Verhaltensweisen innerhalb spezifischer Gruppen zu verdeutlichen. Die Untersuchung gliedert sich in die Abschnitte: 1. Die Kirchenmusik in der sozialen Wirklichkeit; 2. Die Träger der Kirchenmusik; 3. Die kirchenmusikalische Ordnung und Verwirklichung.

591 *Frances, R.*, La langue musicale dans la société contemporaine, in: Sci. Art, 1, 1964, S. 29–46.

592 *Friedländer, W.*, Probleme und Methoden der Musiksoziologie, in: Das Musikleben, 7, 1954.

593 *Friedländer, W.*, Musik und Gesellschaft, Probleme und Methoden der Musiksoziologie, in: Frankfurter Allgemeine Zeitung, 1954, 100.

Plädoyer für eine empirische Musiksoziologie.

594 *Fukač, J., L. Mokry, V. Karbusický,* Die Musiksoziologie in der Tschechoslowakei, Prag 1967.

Informationsschrift für die Teilnehmer am Internationalen Kongreß für Musikwissenschaft in Ljubljana 1967 über Tradition und Auffassung des musiksoziologischen Denkens in der Tschechoslowakei. Ziel war festzustellen, welche Bedürfnisse, Tätigkeiten, Prozesse, gesellschaftliche Beziehungen und Strukturen sowie Funktionen und Werte im gesellschaftlichen Leben auf die Musik Bezug haben.

595 *Girod, R.,* Recherches sociologiques et développement de la culture musicale, in: C. Et. Ra-Tel., 1955, 3–4, S. 338–343.

596 *Günther, S.,* Die Gesellschaft als Ursache und Wirkfeld der Neuen Musik, in: Schw. M. Z., 103, 1963, 1, S. 2–13.

Beschreibung der Situation der Neuen Musik im Zusammenhang mit der Aufsprengung der kommunikativen Ganzheit, der Autonomie des Ästhetischen und der Stellung des schöpferischen Musikers zur heutigen Gesellschaft, usw.; theoretisch weitgehend auf den Begriff des „sekundären Systems" begründet.

597 *Günther, S.,* Das säkularisierte Requiem, in: Musica, 18, 1964, 4.

598 *Günther, S.,* Musik in der verwalteten Welt. Die gesellschaftliche Situation der Musik in Deutschland seit dem Ende des ersten Weltkrieges, in: KZfS, 16, 1964, 3, S. 491–506.

Darstellung von Entstehung und Notwendigkeit der Musiksoziologie unter den veränderten gesellschaftlichen Verhältnissen im 20. Jahrhundert sowie Beschreibung der Entwicklung musikalischer Institutionen (Hochschulen, Theater, Konzertdirektionen u. a.).

599 *Günther, S.,* Lied in der Zeit – Zeit im Lied. Eine musiksoziologische Studie, in: Schw. M. Z., Dez. 1966.

Über die strukturellen Wandlungen der Form des Kunstlieds im Zusammenhang mit den veränderten Wirkekreisen, in denen diese Form des Musikerlebnisses im 20. Jahrhundert steht.

600 *Günther, S.,* Die Musik in der pluralistischen Massengesellschaft. Über die soziale Mobilität im deutschen Musikleben des 20. Jahrhunderts, in: KZfS, 19, 1967, 1, S. 64–86 und 19, 1967, 2, S. 283–305.

Empirische Untersuchung über Strukturwandlungen des Musiklebens von seiten der Konsumtion sowie grundsätzliche Erwägungen über Sektoren im musikalischen Wirkfeld: Drei Konsumentenschichten in Funktion zu 1. Populärmusik; 2. traditionellem Oper- und Konzertbetrieb; 3. Avantgarde.

601 *Hahn, A.,* Von zwei Kulturen der Musik, München 1913.

602 *Hahn, A.,* Von Grenzen und Ländern der Musik, München 1916.

603 *Hoke, H. G.,* „Gemeinschaft"-Musik, in: Beiträge zur Musikwissenschaft, 2, 1960, 3/4, S. 104–109.

604 *Honigsheim, P.,* Musikformen und Gesellschaftsformen, in: W. Bernsdorf und G. Eisermann (Hrsg.), Die Einheit der Sozialwissenschaften, Stuttgart 1955.

Darstellung des sozialen Hintergrunds, auf dem Musik produziert wird.

605 *Honigsheim, P.,* Soziologie der Kunst, Musik und Literatur, in: G. Eisermann (Hrsg.), Die Lehre von der Gesellschaft, Stuttgart 1958, S. 338–373 (s. a. 316 u. 1085).

606 *Honigsheim, P.,* Die Ähnlichkeit von Musik und Drama in primitiven und totalitären Gesellschaften, in: KZfS, 16, 1964, 3, S. 481–490 (s. a. 1086).

Beschreibung der dem politischen Totalitarismus entsprechenden Arten von Musik und Theater im Bereich der

Theorie und der Praxis, ihre Formen und Inhalte sowie ihren sozialpsychologischen Aspekt, der auch die Basis für gewisse künstlerische Manifestationen primitiver Gesellschaften bildete und mit diesen verglichen werden kann.

607 *Honolka, K.*, Die soziale Funktion der neuen Musik, in: Musica, 1953, 6.

608 *Howes, F.*, Man, Mind and Music, London 148.

Deterministische Auffassung des Einflusses des Gesellschaftszustandes auf die Schöpfung bestimmter Musikarten.

609 *Hughes, Ch. W.*, The Human Side of Music, New York 1948.

Im ersten Teil wird Musik als Ausdruck bestimmter gesellschaftlicher Bedürfnisse und dementsprechend die Wechselwirkung zwischen Musiker und seiner Umwelt betrachtet. Der zweite Teil ist ein historischer und ästhetischer Abriß der musikalischen Entwicklung unter besonderer Betonung der Frage nach den formal-musikalischen Elementen und ihrer Expressivität, durch die die Musik ihre soziale Funktion erfüllt.

610 *Jager, H. de*, De Sociologische Benaderingswijze van de Muziekgeschiedenis (Die soziologische Annäherungsweise an die Musikgeschichte), in: Mens Mij., 32, 1957, 1, S. 22–31.

Ein allgemeiner Überblick über einschlägige Veröffentlichungen zur Musiksoziologie. Eine soziologisch orientierte Musikgeschichte sollte in der Beschreibung von Produktion und Reproduktion von Musik angesichts des sozialen Wandels und in der Untersuchung aller für das Musikleben relevanten sozialen Faktoren bestehen.

611 *Jager, H. de*, Enige beschouwingen over de muzieksociologie van Paul Honigsheim (Einige Betrachtungen über die Musiksoziologie von Paul Honigsheim), in: Mens Mij., 36, 1961, 5, S. 394–399.

611 A *Jelinek, E.*, F. Zellwecker, W. Zobl, Materialien zur Musiksoziologie, Wien/München 1972.

Vulgärmarxistische Ausführungen.

612 *Kahl, W.*, Soziologisches zur neueren rheinischen Musikgeschichte, in: ZfM, 106, 1939.

Sozialgeschichtliche Abhandlung.

613 *Karbusický, V.*, Zur empirisch-soziologischen Musikforschung, in: Beiträge zur Musikwissenschaft, Berlin, 8, 1966, 3/4, S. 215–240.

Methodische Darlegung zur Erfassung des Musikverständnisses.

614 *Kempers, P. B.*, Soziale und asoziale Kunst, in: Internationaler Musikkongreß Wien 1952, Bericht, Wien 1953.

615 *Kiesewetter, R. G.*, Geschichte der europäisch-abendländischen und unserer heutigen Musik, Leipzig 1834.

Erste musiksoziologische Ansätze.

616 *Kneif, T.*, Der Gegenstand musiksoziologischer Erkenntnis, in: AfMw, 23, 1966, 3, S. 213–236.

Ziel der Musiksoziologie soll sein die soziologische „Deutung" von musikalischen Gattungen und Stilen, nicht aber die Untersuchung allgemeiner Gesetzmäßigkeiten. Arbeiten, die sich nicht mit der musikalischen Gestalt selbst befassen, werden abgelehnt.

617 *Kneif, T.*, Zeichen und Gleichnis. Über zwei Anschauungsmodelle der Musiksoziologie, in: NZfM, 1968, 10, S. 444 bis 446.

Musiksoziologie aufgefaßt als Vorstellung einer historisch herausgeformten Lebens- und Kulturtotalität.

618 *Kneif, T.*, Musiksoziologie, Köln 1971.

Ein Gefüge von Aphorismen gegen alle bedeutenden musiksoziologischen Denkweisen.

619 *Kresánek, J.*, Die gesellschaftliche Funktion der Musik, in: Beiträge zur Musikwissenschaft, 5, 1963, S. 304 bis 306.

620 *Kretzschmar, H.*, Musikalische Zeitfragen, Leipzig 1903.

Hinweis auf die Verbindung der Musik mit dem Leben der Nation. Gemeint sind hier „nicht Fragen über Tempo und Takt, sondern musikalische Angelegenheiten besonders dringlicher Natur".

621 *Kretzschmar, H.*, Gesammelte Aufsätze über Musik und Anderes, 2 Bde., Leipzig 1910/11.

622 *Kunst, J.*, Some Sociological Aspects of Music, Washington 1958.

623 *Kwalwasser, J.*, Exploring the Musical Mind, New York 1955.

624 *Launspach, J. A.*, Muzieksociologische Notities (Anmerkungen zur Musiksoziologie), in: Mens Mij., 39, 1964, 2, S. 81–89.

Musiksoziologie gründet sich auf ein philosophisches Kunstverständnis, indem Kunst als ein Symbolsystem verstanden wird.

625 *Lesure, F.*, The Employment of Sociological Methods in Music History, in: Report of the 8th Congress of the Int. Musicological Society, Bd. 1, New York 1961, S. 333–347.

Musiksoziologie als Hilfswissenschaft der Musikgeschichte.

625 A *Lesure, F.*, Musicologie et sociologie, in: La Revue musicale, 1953, 221, S. 4–11.

Musiksoziologie aufgefaßt als Historiographie.

626 *Liess, A.*, Die Musik im Weltbild der Gegenwart, Lindau 1949.

Zur Verbindung von philosophischen und weltanschaulichen Elementen der Musik.

627 *Liess, A.*, Gegenwartsmusik und Symbol, in: Wissenschaft und Weltbild, März 1958.

628 *Lissa, Z.*, Zur historischen Veränderlichkeit der musikalischen Apperzeption, in: Festschrift für Heinrich Besseler, Leipzig 1961.

Essay in mtaerialistischer Geschichtsauffassung.

629 *Mackerness, E. D.*, A Social History of English Music, London/Toronto 1964.

Unter Heranziehung umfangreichen, teils schwer zugänglichen Materials werden spezifische, durch soziale Faktoren bedingte Probleme der englischen Musikgeschichte dargestellt, wobei auch Unterhaltungs- und Trivialmusik mit einbezogen ist: Geistliche Einflüsse auf das Musikleben; wirtschaftliche Vorgänge; äußere Anlässe des Musizierens usw.

630 *Maler, W.*, Ästhetisch oder soziologisch?, in: Musica, 1949, 7–8.

631 *Mauclair, C.*, La musique d'expression sociale, in: Documents progrès, 1910, 3, S. 223–228.

632 *Mayer, G.*, Zur musiksoziologischen Fragestellung, in: Beiträge zur Musikwissenschaft, 5, 1963, S. 311–322.

633 *Meinardus, L.*, Die Bedeutung der Musik im sozialen Leben des deutschen Volkes, München 1888.

Kulturgeschichtliche Darstellung.

634 *Mellers, W.*, Musik und Gesellschaft, 2 Bde., Frankfurt/M. 1964 und 1965.

Musikgeschichtliche Darstellung, die nur gelegentlich in die Nähe soziologischer Fragestellungen gelangt. Musikalische Werke werden anhand von Notenbeispielen analysiert mit dem Versuch, ihren „Bedeutungsgehalt" mit geistesgeschichtlichen Vorgängen in Zusammenhang zu bringen.

635 *Merriam, A. P.*, The Use of Music in the Study of a Problem of Acculturation, in: Am. Anthrop., 57, 1955, 1, S. 28–34.

Musik als Element des Kulturwandels.

636 *Merriam, A. P.*, Music in American Culture, in: Am. Anthrop., 57, 1955, 6, S. 1173–1181.

Bericht über anthropologisch orientierte Musikuntersuchungen amerikanischer

Musik, wobei vier Musikarten unterschieden werden: 1. akademische (klassische) Musik; 2. Volksmusik der Weißen; 3. populäre Musik (Schlager); 4. Negermusik (einschließlich Jazz). Im Zusammenhang mit letzterer, Behandlung der Rolle des professionellen Tanzmusikers.

637 *Mersmann, H.*, Soziologie als Hilfswissenschaft der Musikgeschichte, in: AfMw., 10, 1953.

Unterschieden wird zwischen einem „unmittelbaren“ und einem „mittelbaren“ Weg, auf dem sich die Soziologie in die Geschichte der Künste „einbauen“ läßt. Ersterer ist „die Stellung und Durchführung eines soziologischen Themas im Bereich der Kunst- oder Musikgeschichte“; letzterer „legt soziologische Maßstäbe und Methoden der Befragung an das Kunstwerk und die einzelnen Zeiträume der Musikgeschichte an“, die „immer nur von den eigenen Gesetzen der Musik abzulesen“ sind.

638 *Meyer, E. H.*, Die aktive gesellschaftliche Rolle der Musik, in: Aufbau, 7, 1951.

639 *Meyer, E. H.*, Musik und Gesellschaft, Berlin 1951.

Sozialgeschichtliche Darstellung von den Wechselbeziehungen zwischen musikalischen Gegebenheiten und gesellschaftlicher Entwicklung.

640 *Meyer, E. H.*, Musik im Zeitgeschehen: Grundprobleme der Musiksoziologie, Berlin 1952.

Marxistische Auffassung des musiksoziologischen Denkens.

641 *Meyer Serra, O.*, Problemes de una sociologia de la musica (Probleme einer Musiksoziologie), in: R. Mexic. Sociol, 13, 1951, 1, S. 23–34.

642 *Molnár, A.*, A zene szociológiajához (Die Soziologie der Musik), in: Valóság, 4, 1961, 6, S. 65–70.

643 *Moos, P.*, Zur Philosophie der Musik von Kant bis Hartmann, o. O. 1922.

644 *Moser H. J.*, Geschichte der deutschen Musik, Bd. 1, Stuttgart 1920.

Musikgeschichte gegliedert nach soziologischen Gesichtspunkten.

645 *Mueller, J. H., K. Hevner*, Trends in Musical Taste, Bloomington (Ind.) 1942.

Historisch-soziologische Studie des öffentlichen Lebens der Kunstform nach seiner Kreation anhand quantitativer Data.

646 *Mueller, J. H.*, Methods of Measurement of Aesthetic Folkways, in: AJS, 51, 1945/46, S. 276–282 (s. a. 824).

Am Beispiel von Trends im Repertoire von Sinfonieorchestern werden statistische Techniken für die Messung musikalischer Geschmacksrichtungen und -wandlungen erläutert.

647 *Mueller, J. H.*, The American Symphony Orchestra: A Social History of Musical Taste, Bloomington (Ind.) 1951.

Umfangreichere Fassung von „Fragen des musikalischen Geschmacks“, Köln/Opladen 1963. Weitere Kapitel beschreiben Entwicklung und Profile amerikanischer Orchester sowie ihre Funktionen im Musikleben.

648 *Mueller, J. H.*, Baroque – Is It Datum, Hypothesis or Tautology?, in: JAAC, 12, 1954, 4, S. 421–437.

Kritik musikalischer Ästhetik, die die Gesellschaft als totale Einheit auffaßt.

649 *Mueller, J. H.*, The Social Nature of Musical Taste, in: Journal of Research in Music Education, 4, 1956, 2, S. 113 bis 122.

Knappe Darstellung einer Soziologie des Geschmacks im Zusammenhang mit Fragen der Musikerziehung.

650 *Mueller, J. H.*, Fragen des musikalischen Geschmacks, Köln/Opladen 1963.

Behandelt in vier Kapiteln: Soziale Theorien der Kunst und die Messung ästhetischen Brauchtums; die Lebensspanne von Komponisten im sinfonischen Repertoire; musikalischer Geschmack und Erziehung; musikalischer Geschmack und seine Gestaltung. Mit Nachdruck wird eine empirisch-soziologische Auffassung vom Geschmack vertreten und traditionellen romantischen, die schöpferische Persönlichkeit mystifizierenden Doktrinen gegenübergestellt.

651 *Muziek*, Spez.-Nr. von Mens en Maatschappij, 39, 1964, 2 (Beiträge von J. A. Launspach: Muzieksociologische notities, S. 81–90; W. Zweers: Muzikale differentatie en sociale stratificatie, S. 90–107; H. de Jager, De componist in sociologisch perspectief, S. 107–117; J. Niezing, Overwinning van de drempelvrees, S. 117–122).

652 *Nagel, W.*, Die Musik im täglichen Leben. Ein Beitrag zur Geschichte der musikalischen Kultur unserer Tage, Langensalzach 1907.

653 *Nettl, B.*, Musical Cartography and the Distribution of Music, in: Southw. J. Anthrop., 16, 1960, 3, S. 338–347.

Mit einer musikalischen Kartographie ist die Frage nach der Verbreitung von Musik in der Welt verbunden. Diese kann dargestellt werden als: 1. Verbreitung nach musikalischen Elementen (Tonsystemen, Skalen, Rhythmen); 2, Verbreitung von Kompositionen oder Varianten individueller Kompositionen; 3. Verbreitung von ganzen Stilarten.

654 *Niemann, K.*, Experimentelle und soziologische Methoden zur Ermittlung des Musikniveaus. Ein Beitrag zur Methodik empirischer Musiksoziologie, Diss., Berlin 1968.

655 *Pisk, P. A.*, Zur Soziologie der Musik, in: Kampf (Wien). 18, 1925, 5, S. 184 bis 187.

656 *Preussner, E.*, Die bürgerliche Musikkultur. Ein Beitrag zur deutschen Musikgeschichte des 18. Jahrhunderts, Hamburg 1954, 2. Aufl.

Versuch, von der gesellschaftlichen Kreisbildung aus die Entwicklung der Kultur und ihrer künstlerischen Werke und Formen zu erklären.

657 *Rebling, E.*, Die soziologischen Grundlagen der Stilwandlung der Musik in Deutschland um die Mitte des 18. Jahrhunderts, Diss., Berlin 1935.

658 *Reinhold, H.*, Die Bedeutung musiksoziologischen Denkens für die Musikgeschichte, in: Festgabe für K. G. Fellerer, Köln 1952.

Beschreibung methodologischer Schwierigkeiten der als notwendig erachteten soziologischen Analyse musikgeschichtlicher Tatbestände mit starkem wissenssoziologischen Akzent.

659 *Reinhold, H.*, Musik im Rundfunk. Ein kultursoziologisches Problem unserer Zeit, in: KZfS, 7, 1955, 1/2, 1955, (s. a. 890).

Kritischer Bericht zum Pariser Kongreß 1954 über die soziologischen Aspekte der Musik am Rundfunk.

660 *Reinhold, H.*, Musikerziehung zwischen Kultursoziologie und Musikwissenschaft, in: Musik im Unterricht, 48, 1957, 5, S. 141–144.

Plädoyer für eine von der Soziologie zu klärende Neuorientierung der Musikerziehung.

661 *Reinold, H.*, Grundverschiedenheiten musikwissenschaftlichen und soziologischen Denkens und Möglichkeiten zu ihrer Überwindung, in: Gesellschaft f. Musikforschung (Hrsg.), Bericht über den internationalen musikwissenschaftlichen Kongreß Hamburg 1956, Kassel/Basel 1957.

662 *Riedel, J.*, The Sociology of Music, in: Music Educators Journal, Washington 49, No. 2.

663 *Rigg, M.*, What Features of a Musical Phase leave Emotional Suggestiveness. Social Science Research Council, Oklahoma 1929.

664 *Rumbelow, A. S.*, Music and Groups. An Interactionist Approach to the So-

ciology of Music, Diss., Minnesota 1969.

665 *Sachs, C.*, The Commonwealth of Art. Style in the Fine Arts, Music and Dance, London 1955 (s. a. 362 und 1011).

666 *Schaefer, H.*, Über Glanz und Elend des bürgerlichen Musiklebens, in: Musik und Gesellschaft, Berlin, 12, 1962, S. 216–220.

Marxistisch ausgerichtete Ausführungen.

667 *Schaul, J. B.*, Briefe über den Geschmack in der Musik, Carlsruhe 1809.

668 *Schering, A.*, Artikel „Musik", in: A. Vierkandt (Hrsg.), Handwörterbuch der Soziologie, Stuttgart 1931.

Erarbeitung musikalischer Typen in bezug auf die soziale Situation, in der Musik aufgeführt wird.

669 *Schloezer, B. de*, La musique ancienne et nous, in: R. franç. Sociol., 3, 1962, 4, S. 395–398.

Untersuchung über die Vorliebe unserer Gesellschaft für alte Musik: Die getreue Wiederherstellung alter Musik ist auch mit Originalinstrumenten unmöglich, da der adäquate sozialkulturelle Zusammenhang fehlt. Der heutige Zuhörer hört Musik, die niemals existiert hat.

669 A *Schubert, G.*, Aspekte der Bekkerschen Musiksoziologie, in: IRMAS, 1, 1970, S. 179–186.

670 *Schuessler, K. F.*, Social Background and Musical Taste, in: ASR, 13, 1948, S. 330–335.

Empirisch-statistische Erhebung über musikalische Präferenzen bezogen auf Geschlecht, Alter, sozioökonomischen und musikalischen Hintergrund. Festgestellt wird eine positive Beziehung zwischen musikalischem Geschmack und kulturellem Hintergrund.

671 *Schwaen, K.*, Tonweisen sind Denkweisen. Beiträge über die Musik als eine gesellschaftliche Funktion, Berlin 1949.

Aufdeckung der Beziehungen zwischen Musik und Gesellschaft vom Standpunkt marxistischer Gesellschaftstheorie.

672 *Seeger, Ch.*, Artikel „Music" (Music and Musicology), in: Ency. Soc. Sci., Bd. 11, S. 143–150.

673 *Serauky, W.*, Wesen und Aufgabe der Musiksoziologie, in: ZfMw, 16, 1934, S. 232.

Ein erster grundlegender Versuch der Aufgabenbestimmung der Musiksoziologie als selbständiger Wissenschaftszweig.

674 *Siegmeister, E.*, Music and Society, New York 1938.

Skizze der Entwicklung, die einige Funktionen der Musik im Laufe der primitiven, feudalen, bürgerlichen und modernen Gesellschaftsordnung genommen haben.

675 *Siegmund-Schultze, W.*, Musikwissenschaft als Gesellschaftswissenschaft, in: Deutsches Jahrbuch der Musikwissenschaft, 2, 1957.

676 *Silbermann, A.*, Of Musical Things, Sydney 1949.

Soziologisch-ästhetische Darstellung diverser Komponisten.

677 *Silbermann, A.*, Organisierte Kultur, in: KZfS, 4, 1951/52, S. 442 ff.

Zum Unterschied zwischen organisierter und dirigierter Kunst.

678 *Silbermann, A.*, Was will der Hörer überhaupt hören. Sinn und Unsinn der Musikstatistik, in: Das Musikleben, 8, 1955.

679 *Silbermann, A.*, Introduction á une sociologie de la musique, Paris 1955.

Einzelfallstudie, ausgehend von Leben und Werk des englischen Komponisten und Dirigenten E. Goossens, in der soziologisch relevante Probleme wie Musik in England; Erfolgsideologie; Oper; Reisedirigenten; u. a. m. behandelt werden.

680 *Silbermann, A.*, Das Chaos der Neuen Musik. Zur Verwischung der Grenzen zwischen Philosophie und Soziologie, in: Musica, 1956, S. 30–32.

Darlegung der Berechtigung einer phänomenologischen oder existentialistischen Konzeption gegenüber der oft vertretenen hegelianischen angesichts der Neuen Musik.

681 *Silbermann, A.*, Wovon lebt die Musik. Die Prinzipien der Musiksoziologie, Regensburg 1957.

Umfassende systematische Darstellung der empirischen Musiksoziologie. Der erste Teil erörtert die verschiedenen Annäherungswege an die Musik und erläutert, inwiefern Musik Objekt der Sozialwissenschaften sein kann. Als „soziale Tatsache" wird das Musikerlebnis definiert. Im zweiten Teil werden nach dem Konzept der strukturell-funktionalen Analyse die Prinzipien für die Untersuchung soziomusikalischer Gruppen, ihrer Struktur, ihrer Funktion und ihres Verhaltens unter dem Aspekt des Musikerlebnisses als Ausgangs- und Mittelpunkt musiksoziologischer Forschung erläutert.

682 *Silbermann, A.*, Musiksoziologisches Akrostichon, in: Musikerkenntnisse und Musikerziehung, Festgabe für Hans Mersmann, Kassel/Basel 1957, S. 135–142.

683 *Silbermann, A.*, Die Stellung der Musiksoziologie innerhalb der Soziologie und der Musikwissenschaft, in: KZfS, 10, 1958, 1, S. 102–115.

Plädoyer für eine wechselseitige Ergänzung beider Disziplinen aufgrund verschiedener Fragestellungen und Methoden.

684 *Silbermann, A.*, Die Ziele der Musiksoziologie, in: KZfS, 14, 1962, 2, S. 322–335.

685 *Silbermann, A.*, Die Pole der Musiksoziologie, in: KZfS, 15, 1963, 3, S. 425–448.

Wissenschaftstheoretische Abhandlung über die verschiedenartigen Ansätze musiksoziologischen Denkens und Forschens unter genauer Abgrenzung von Disziplinen wie Geschichtsphilosophie, Sozialgeschichte der Musik, soziologischer Ästhetik usw., denen eine empirische und realitätsbezogene Musiksoziologie gegenübergestellt wird.

686 *Silbermann, A.*, Max Webers musikalischer Exkurs, in: KZfS, Sonderheft 7, 1963, S. 448–469.

Ausführliche musikwissenschaftliche und soziologische Deutung des oft zitierten Weberschen Fragments „Die rationalen und soziologischen Grundlagen der Musik".

687 *Silbermann, A.*, Sozialpsychologische Aspekte im Wandel des Chopin-Idols, in: The Book of the First International Congress Devoted to the Works of Fr. Chopin, Warschau 16.–22. 2. 1960, Warschau 1963.

688 *Silbermann, A.*, Artikel „Musik", in: W. Bernsdorf (Hrsg.), Wörterbuch der Soziologie, Stuttgart 1969, S. 725 bis 727.

689 *Silbermann, A.*, Theoretische Stützpunkte der Musiksoziologie, in: Musik und Bildung, 2, 1972, S. 61–67.

Eine Übersicht grundlegender empirischer musiksoziologischer Theorien.

690 *Simmel, G.*, Psychologische und ethnologische Studien über Musik, in: ZVPsSp, 13, 1882, S. 261–305.

Ein erster Versuch, die Musik als ein Produkt sozialer Beziehungen aufzufassen, die innerhalb verschiedener sozialer Kontexte in verschiedenartigen Manifestationen erscheinen. Musik wird innerhalb der Gesellschaft als ein Ausdruck der Substanz einer Gesellschaft gesehen.

691 *Simmelmann, M.*, Zur Erforschung lebensgesetzlicher Vorgänge in der Musik, Diss., Hamburg 1940.

692 *Spencer, H.*, Literary Style and Music, New York 1952.

693 *Stockhausen, K.*, Musik in Funktion, in: Melos, 24, 1957, 9, S. 249–251.

Forderung für die aktuelle Musikproduktion nach einer neuen Funktion in Hinsicht auf ihren soziologischen Ort. Funktionen der Musik werden aus ihr selbst herausgelesen und in Beziehung gesetzt zu den Aufführungsbedingungen und ihren gesellschaftlichen Anlässen.

694 *Storck, K.*, Die kulturelle Bedeutung der Musik, o. O. 1907.

695 *Stuckenschmidt, H. H.*, Musik gegen jedermann, in: Melos, 22, 1955, 9, S. 245–248.

Polemik gegen die Musiksoziologie, deren Fragestellung im wesentlichen auf diejenige nach dem gesellschaftlichen „Nutzen“ von Musik reduziert wird.

696 *Supicic, I.*, Problèmes de la sociologie musicale, in: CIS, 37, 1964, S. 119 bis 129.

Darstellung verschiedener Untersuchungsfelder der Musiksoziologie: Soziale Rollen des Musikers, Kritikers und Publikums; Fragen der Erfindung, der Originalität, der Tradition u.a.m. Auch Probleme von Form und Inhalt der Musik werden miteinbezogen.

696 A *Supičič, I.*, Musique et société. Perspectives pour une sociologie de la musique, Zagreb 1971.

Entwurf eines Programms für die Untersuchungsfelder der Musiksoziologie.

697 *Tooze, R., B. P. Krone*, Literature and Music as Resources for Social Studies, Englewood Cliffs 1955 (s. a. 1172).

698 *Valentin, E.*, Zur Soziologie des Musiklebens, in: Kongreßbericht der Gesellschaft für Musikforschung Lüneburg 1950, Kassel o. J., S. 220–223.

699 *Valentin, E.*, Musikgeschichte – soziologisch betrachtet, in: ZFM, 114, 1953.

Sozialgeschichtliche Betrachtungen.

700 *Valls, M.*, Musica i societat. Notes pera un etudi de la funcio social de la musica (Musik und Gesellschaft. Anmerkungen zum Studium der sozialen Funktion der Musik), Barcelona 1963.

701 *Vötterle, K.*, Soziale Umschichtung und die Funktion der Musik, in: Hausmusik, 15, 1951.

Zum Umschichtungsprozeß des Musiklebens.

702 *Wanslov, W.*, Über die Widerspiegelung der Wirklichkeit in der Musik, in: Musik und Gesellschaft, 8, 1951.

703 *Wanslov, W.*, Arbeits- und Studienmaterial zur Frage des Formalismus und Realismus in der Musik, Dresden 1952.

704 *Weber, M.*, Die rationalen und soziologischen Grundlagen der Musik, München 1921, 2. Aufl., München 1924, wieder abgedr. in: ders., Wirtschaft und Gesellschaft, 3. Aufl., 2. Halbbd., Tübingen 1956, S. 818–869.

Einer der ersten Versuche, sich der Musik empirisch-soziologisch zu nähern. Behandelt wird die Entwicklung der Musik in ihren Elementen wie Tonsystemen, Skalen, Instrumenten, Temperatur, Mehrstimmigkeit, um auch auf dem Gebiet der Musik den Prozeß einer fortschreitenden Rationalisierung nachzuweisen.

705 *Wellek, A.*, Industrielle Revolution in der Musik. Zur Musiksoziologie, in: NZfM, 123, 1962, S. 161–165 (s. a. 936).

706 *Wierling, G.*, Das Tonkunstwerk als autonome Gestalt und Ausdruck der Persönlichkeit, Diss., Bonn 1931.

707 *Wilzin, L.*, Musikstatistik, Logik und Methodik gesellschaftsstatistischer Musikforschung, Wien 1937.

Entwurf einer Musikstatistik zur Aufdeckung der Zusammenhänge zwischen gesellschaftlicher und Musikentwicklung.

708 *Zanzig, A. D.*, Music in American Life, New York 1932.

Untersuchung über die Aktivitäten der Amateurmusiker in den USA, die in der damaligen Zeit als zu geringfügig angesehen werden. Darstellung der Situation von Hausmusik, Schulmusik, usw. anhand von umfangreichem Tatsachenmaterial.

709 *Zweers, W.*, Muzikale differentiatie en sociale stratifikatie (Musikalische Differenzierung und soziale Schichtung), in: Mens Mij., 39, 1964, 2, S. 90–106.

Musik wird als Teil des kulturellen Wertsystems betrachtet und die Unterschiede zwischen verschiedenen Gesellschaftsschichten in bezug auf Natur und Formen ihrer musikalischen Aktivitäten untersucht. Hinsichtlich der Kommunikation zwischen Komponist und Publikum wird besonders auf teilweise durch die Schichtung bedingte Veränderungen der Musik bei der Rezeption hingewiesen.

2. Der Musiker

710 *Allensbach,* Institut für Demoskopie, Jahrbuch der öffentlichen Meinung, hrsg. von E. Noelle und E. P. Neumann, Allensbach 1956 et pass.

Enthält regelmäßig erscheinende Berufsstatistik.

711 *Anthon, C.*, Some Aspets of the Social Status of Italian Musicians during the 16th Century, in: Journal of Renaissance and Baroque Music, 1, 1946, S. 111–123.

712 *Bahle, J.*, Der musikalische Schaffensprozeß, Konstanz 1947.

Erörterung außermusikalisch-produktiver Erlebnisse unter besonderer Beachtung der schöpferischen Tätigkeitsstruktur.

713 *Becker, H. S.*, The Professional Dance Musician and His Audience, in: AJS, 57, 1951, 2, S. 136–144 (s. a. 996).

Untersuchung der Attitüden von Tanzmusikern gegenüber ihrem Publikum anhand von Interviews. Nachweis der Konflikte, die sich aus dem Gegensatz zwischen Jazz und kommerzieller Musikausübung sowie aus dem Selbstverständnis der Musiker gegenüber dem Laienpublikum ergeben und eine Isolierung der Musiker zur Folge haben, die von diesen durch ihr Verhalten selbst gefördert wird.

714 *Becker, H. S.*, Some Contingencies of the Professional Dance Musician's Career, in: Human Organization, 12, 1952, 1.

715 *Becker, H. S.*, Outsiders, New York 1963.

Enthält u. a. eine ausführliche Darstellung von H. S. Beckers „The Professional Dance Musician and his Audience", in: AJS, 57, 1951, 2, S. 136 bis 144.

716 *Beckwith, J., U. Kasemets (Hrsg.)*, The Modern Composer and his World. A Report from the International Conference of Composers 1960, Toronto 1961.

Über die Stellung des zeitgenössischen Komponisten, sein Werk und sein Publikum.

717 *Bernet Kempers, K. Ph.*, Sociale positie van toonkunstenaars (Die soziale Stellung von Musikern), in: Orgaan K.N.T.V., 7, 1953–54, 7, S. 3–6.

718 *Bernhardt, K.-F.*, Musik – von Frauen geschrieben, in: Musik und Gesellschaft, 14, 1964, S. 552–553.

719 *Bimberg, S.*, Gesellschaftlicher Auftrag und Komponist, in: Musik und Gesellschaft, 13, 1963, S. 562–563.

Über die Aufgaben des Komponisten im Rahmen des sozialistischen Realismus.

720 *Böhme, E. W.*, Zur sozialen Lage unserer Musiker, in: NMZ, 3, 1949, 4, S. 50.

720 A *Brunsmann, P.*, Maten en meten, Utrecht 1969.

Bericht einer Untersuchung bei holländischen Komponisten und Dirigenten in bezug auf Produktion und Aufführung sogenannter ernster Musik in den Jahren 1946 bis 1966.

721 *Cameron, W. B.*, Sociological Notes on the Jam Session, in: Soc. Forc., 33, 1954, 2, S. 177–182.
Beschreibung aus eigenen Beobachtungen als Jazz-Musiker des Vorgangs und der Funktionen von Jam Sessions im Hinblick auf Rolle, Status und Verhalten des Jazzmusikers.

722 *Chanales, S.*, Education and Mobility Factors in the Career of the Concert Pianist. Paper read at the Sociology of Art Section of the Annual Meeting of the American Sociological Society, Washington 1957.

723 *Clercq, J. de.*, La profession de musicien. Une enquête, Brüssel 1970.
Untersuchung über Ausbildung, Situation und Attitüden von Berufsmusikern ernster Musik in Belgien.

724 *Daniélou, A.*, The Situation of Music and Musicians in Countries of the Orient, Florenz 1971.

725 *Dorian, F.*, L'atelier du musicien, Paris 1962.
Über die Beziehungen des Künstlers zu seinem Innenleben und seiner Umgebung.

726 *Drinker, S.*, Women in Music, New York 1948.
Sozialgeschichtliche Übersicht.

727 *Einem, G. v.*, Komponist und Gesellschaft, Heft 1 der Schriftenreihe „Musik und Gesellschaft", hrsg. von K. Blaukopf, Karlsruhe 1967.
Indirekte soziologische Folgerungen eines Komponisten zu Fragen der Kompositionsaufträge, der Geschmackslenkung, der sozialen Stellung des Komponisten, u. a. m.

728 *Einstein, A.*, Stargagen und Kontraktbrüche, in: Nationale und Universale Musik, 1958.

729 *Eisler, H.*, Hörer und Komponist, in: Aufbau, 1949, S. 200–208.

730 *Eitner, R.*, Die soziale Stellung der Musiker im 18. Jahrhundert, in: MfM, 22, 1890, S. 1.
Sozialgeschichtliche Abhandlung.

731 *Engel, H.*, Soziologisches Portrait J. S. Bachs, in: Kongreßbericht Lüneburg 1950, S. 223.
Über die berufliche Stellung des Komponisten.

732 *Etzkorn, K. P.*, On Esthetic Standards and Reference Groups of Popular Songwriters, in: Sociological Inquiry, 36, S. 39–47.
Vorstudie zu K. P. Etzkorn, „Musical and Social Patterns of Songwriters".

733 *Etzkorn, K. P.*, Musical and Social Patterns of Songwriters: An Exploratory Study, Diss., Princeton 1959.
Beschreibung und Analyse der Tätigkeit des Schlagerkomponisten sowie der für sein Milieu typischen sozialen Beziehungen, Wertvorstellungen usw. unter Beachtung des Sozialisierungsprozesses.

734 *Etzkorn, K. P.*, Die Verwundbarkeit von Berufen und der soziale Wandel: Das Beispiel der Schlagerkomposition, in: KZfS, 21, 1969, 3, S. 529–542.

735 *Farnsworth, P. R.*, The Effects of Role-Taking on Artistic Achievement, in: JAAC, 18, 1960, S. 345–349 (s. a. 390 u. 2171).

736 *Federhofer, H.*, Der Musikerstand in Österreich von ca. 1200–1520, in: Deutsches Jahrbuch der Musikwissenschaft, 1959, 3, S. 92–97.
Sozialgeschichtliche Abhandlung.

737 *Finkelstein, S. W.*, Composer and Nation: The Folk Heritage of Music, New York 1960.

738 *Furtwängler, W.*, Der Musiker und sein Publikum, Freiburg 1955.
Ansichten eines Dirigenten über die Haltungen des Musikpublikums.

739 *Grunsky, K.*, Richard Wagner und die Juden, München 1920.

740 *Halbwachs, M.*, La mémoire collective chez les musiciens, in: Rev. phil., 1939, S. 136–165.

Die Theorien des französischen Soziologen über das Kollektivgedächtnis angewandt auf den Musiker.

741 *Harrison, F.*, The Social Position of Church Musicians in England, 1450 bis 1550, in: Report of the 8th Congress of the Int. Musicol. Society, Bd. 1, 1961, S. 346–356.

Sozialgeschichtlich angelegte Studie über die soziale Stellung von Kirchenmusikern im England des 15. und 16. Jahrhunderts.

742 *Hindemith, P.*, A Composer's World. Horizons and Limitations, Cambridge 1952.

Ein Leitfaden durch das Universum der kompositorischen Arbeitsstätte. Die Sammlung der 1949/1950 an der Harvard University gehaltenen Vorlesungen enthält die ästhetische Einstellung des Komponisten in bezug auf die sozio-kulturelle Umgebung.

743 *Hindemith, P.*, Musik und Publikum, in: Musik und Gesellschaft, 13, 1963, S. 132.

744 *Honigsheim, P.*, Die Bohème, in: KVJH, 3, 1923.

Analyse der Wechselbeziehungen zwischen sozialen Einstellungen und sozial-ökonomischer Wirklichkeit.

745 *Jager, H. de*, Muzieksociologische kanttekeningen rond het auteursrecht van de componist (Musiksoziologische Anmerkungen zum Copyright des Komponisten), in: Mens Mij., 1960, S. 256–265.

746 *Jager, H. de.*, De Componist in Sociologisch Perspectief (Der Komponist in soziologischer Perspektive), in: Mens Mij., 39, 1964, 2, S. 107–116.

Untersuchung der sozialen Stellung und der Produktion des Komponisten in verschiedenen Gesellschaften.

747 *Kaplan, M.*, The Musician in America. A Study of his Social Roles: Introduction to a Sociology of Music, Diss., Illinois 1951.

748 *Kaplan, M.*, Teleopractice: A Symphony Orchestra as it Prepares for a Concert, in Soc. Forc., 33, 1955, S. 352–359.

Zur Persönlichkeit des Dirigenten und seinem Einfluß auf die soziale Identität von Orchestermitgliedern.

749 *Kobalt, K.*, Beethoven. Seine Beziehungen zu Wiens Kunst und Kultur, Gesellschaft und Landschaft, Wien 1964.

Zum Einfluß der Umwelt auf den Komponisten.

750 *Komponist – Interpret – Publikum*, in: Musik und Gesellschaft, 12, 1962, S. 329–330.

751 *Kraft, G.*, Von Volkssängern und Wandermusikanten. Zur sozialen und ökonomischen Stellung des deutschen Spielmannstumes, in: Musik und Gesellschaft, 9, 1959, S. 20–24.

752 *Krehl, S.*, Musikerelend. Betrachtungen über trostlose und unwürdige Zustände im Musikerberuf, Leipzig o. J.

753 *Krenek, E.*, Komponist und Hörer. Musikalische Zeitfragen, Bd. 12, Kassel/Basel 1964.

Essay eines Komponisten in eigener Sache über seine Erfahrungen und Vorstellungen hinsichtlich der Beziehungen des Musikers zum Publikum.

754 *Krieger, L.*, Soziale Lage der Theatermusiker, Diss., Heidelberg 1913.

755 *Lewinski, W.-E. v.*, Der junge Interpret im heutigen Musikleben, in: Musica, 17, 1963, 5, S. 203–206.

756 *Liess, A.*, Beethoven und Wagner im Pariser Musikleben, Hamburg 1938.

Geschichtliche Darstellung der sozialen Stellung des Komponisten.

757 *Lindemann, K.*, Der Berufsstand der Unterhaltungsmusiker in Hamburg, Diss., Heidelberg 1939.

758 *Marsop, P.*, Die soziale Lage der deutschen Orchestermusiker, o. O., 1905.

759 *Marsop, P.*, Zur „Sozialisierung" der Musik und der Musiker. Ein Vortrag mit einem Anhang: Musiker und Musikagent, Regensburg 1919.

760 *Materne, G.*, Soziale und wirtschaftliche Probleme des Musikers, Diss., München 1953.

761 *Michel, P.*, Lage und Ausbildung des Musikers im 19. Jahrhundert, in: Musik in der Schule, 14, 1963, 3, S. 95 bis 105.

Sozialgeschichtliche Darstellung.

762 *Möndkeberg, A.*, Die Stellung der Spielleute im Mittelalter, Diss., Freiburg 1910.

763 *Nash, D. J.*, The American Composer. A Study in Social Psychology, Diss., Pennsylvania 1954.

Untersuchung über das Verhalten amerikanischer Komponisten.

764 *Nash, D. J.*, The Socialization of an Artist: The American Composer, in: Soc. Forc., 35, 1957, 4, S. 307–313.

Untersuchung mit Hilfe von Interviews und Rorschach-Tests von 47 amerikanischen Komponisten aus zwei Altersgruppen im Hinblick auf ihren sozialen Status, ihre sozialen und Familienbeziehungen usw.

765 *Nash, D. J.*, The Role of the Composer, in: Ethnomusicology, 5, 1961, S. 81–94 und 187–201.

766 *Nash, D. J.*, The Alienated Composer, in: R. N. Wilson (Hrsg.), The Arts in Society, Englewood Cliffs 1964.

Untersuchung über die sozialen Bedingungen der Musik im heutigen Amerika anhand der Rolle des Komponisten, als deren Hauptcharakteristikum die soziale Entfremdung angesehen wird. Grundlage der Studie ist die Definition des sozialen Prozesses zwischen Komponist und Publikum und der Kommunikation als wichtigster sozialer Funktion der Musik.

767 *Pauli, H.*, Für wen komponieren Sie eigentlich? Frankfurt/M. 1971.

Befragung von 6 zeitgenössischen Komponisten.

768 *Petschul, H.*, Die soziale Lage der deutschen Musiklehrkräfte, Diss., Gießen 1924.

769 *Petzoldt, R.*, Zur sozialen Stellung des Musikers im 17. Jahrhundert, in: Kongreßbericht Köln 1958, S. 216.

Sozialgeschichtliche Darstellung.

770 *Ratcliffe, H.*, Social and Economic Position of the Performing Musician, in: The World of Music, 3, 1961, S. 61–64.

771 *Rebling, E.*, Eine neue Situation. Probleme der Ausbildung von Berufsmusikern, in: Musik und Gesellschaft, 13, 1963, S. 649–654.

772 *Salmen, W.*, Der fahrende Musiker im europäischen Mittelalter, Kassel 1960.

Die soziographische Studie beschreibt den Prozeß der Professionalisierung des Musikerberufes, wobei musikwissenschaftliche und soziologische Fragestellungen miteinander verbunden behandelt werden, z. B.: Einfluß des sozialen Milieus; Publikumsverhalten; Status des Spielmanns, Umformungsprozesse; Spielmann als Hüter der Tradition und Anwalt der Mode, u. a. m.

773 *Saß, H., W. Wiora*, Musikberufe und ihr Nachwuchs – Statistische Erhebungen 1960/61 des Deutschen Musikrates, Mainz 1962.

Statistische Untersuchung über Stand der musikalischen Berufsausbildung, Berufspraxis an Bühnen und in Orchestern, Schulmusik, Privatmusikerziehung.

774 *Schaap, J.*, De materiele positie van de dirigent (Die materielle Lage des Dirigenten), in: De Dirigent, 7, 1967, 3, S. 5–8.

775 *Schollum, R.*, Zur Situation des Komponisten in Österreich, in: ÖMZ, 19, 1964, 4, S. 181–185.

776 *Schutz, A.*, Making Music Together. A Study in Social Relationship, in: Soc. Res., 18, 1951, 1, S. 76–97.

777 *Singelmann, M.*, Zur Erforschung lebensgesetzlicher Vorgänge aus der Musik, Diss., Hamburg 1940.

778 *Spellmann, A. B.*, Black Music: Four Lives, New York 1970.

Über das Leben von Jazzmusikern anhand von Interviews.

778 A *Stahmer, K.*, Musikalische Formung in soziologischem Bezug, dargestellt an der instrumentalen Kammermusik von Johannes Brahms, Diss., Kiel 1968.

778 B *Stahmer, K.*, Korrekturen am Brahmsbild, in: Die Musikforschung, 25, 1971, S. 152–167.

Analyse der Brahms-Interpretation im Verhältnis zur Gesellschaftsstruktur der Entstehungszeit der Kompositionen.

779 *Stebbins, R. A.*, Class, Status, and Power among Jazz and Commercial Musicians, in: Sociological Quarterly, 7, 1966, 2, S. 197–214.

780 *Stein, L.*, The Racial Thinking of Richard Wagner, New York 1950.

781 *Stockhausen, K. H.*, Komponist sein in dieser unserer Zeit, in: Frankfurter Allgemeine Zeitung, 17. 3. 1962.

Über die wirtschaftliche Lage des Komponisten.

782 *Stuckenschmidt, H.-H.*, Die Musik, der Mensch und die Menschen, in: KZfS, 21, 1969, 3, 484–497.

Überlegungen zum Schaffensprozeß, individualistisch gesehen.

783 *Tappolet, W.*, De quoi vit le compositeur suisse?, in: Schw. M. Z., 1961, 4, S. 246–248.

Zur wirtschaftlichen Situation des schweizer Komponisten.

784 *Thielecke, R.*, Die soziale Lage der Berufsmusiker, Diss., Frankfurt 1922.

785 *Wellesz, E.*, Der Musiker und sein Pulikum, in: Atti del secondo congresso internazionale di musica 1937, ersch. 1940.

786 *Westby, D. L.*, The Career Experience of the Symphony Musician, in: Soc. Forc., 38, 1960, 3, S. 223–229.

Auswertung von 70 Interviews mit Mitgliedern eines amerikanischen Symphonie-Orchesters über ihre Berufsbedingungen und -aussichten, speziell auch ihre Beziehungen untereinander.

787 *Winick, Ch.*, The Use of Drugs by Jazz Musicians, in: Soc. Prob., 7, 1959/60, 3, S. 240–253.

Befragung und Beobachtung von 690 Musikern in New York (1954/55) unter der Hypothese, daß eine Beziehung besteht zwischen dem Grad der sozialen Isolierung, Stimulantien und der gespielten Musik.

788 *Wiora, W.*, Komponist und Mitwelt, Kassel/Basel 1964.

Im Rahmen einer geschichtssoziologischen Betrachtungsweise werden Grundstrukturen der musikgeschichtlichen Verläufe erklärt und versucht, die Darstellung der Musikgeschichte durch ihre Beziehung zu den diversen Sozialstrukturen miteinander in Verbindung zu bringen, um so typologische Folgen zu erarbeiten.

788 A *Woodfill, W. L.*, Musicians in English Society, from Elizabeth to Charles I, Princeton 1963.

Sozialgeschichtliche Darstellung.

3. Das Publikum der Musik

789 *Aspekte des internationalen Musikkonsums*, Spez.-Nr. ÖMZ, 19, 1964, 10.

790 *Behn, F.*, Musikleben im Altertum und frühen Mittelalter, Stuttgart 1954.

Sozialgeschichtliche Darstellung.

791 *Benoit, G.*, Vom Weg der Musik, in: Die Tat, 25, Bd. I.

792 *Beville, H. M.*, Social Stratification of the Radio Audience, New York 1939.

Über die soziale Schichtung der Rundfunkhörer.

792 A *Brailoiu, C.*, Vie musicale d'un village (Recherches sur le répertoire de Dragus-Roumanie, 1929–1932), Institut Universitaire Roumain, Paris 1960.

Analyse des Musiklebens eines Dorfes.

793 *Buker, A.*, A Social Approach to Music Appreciation. Music and History from Stone Age to Steel Age, Palo Alto 1963.

Sozialgeschichtliche Darstellung über die Annäherung an die Musik.

793 A *Clercq, J. de*, Le public des concerts à Bruxelles, in: IRMAS, 3, 1972, S. 43–60.

Methodologische Darstellung.

794 *Conyers, J. E.*, An Exploratory Study of Musical Tastes and Interests of College Students, in: Sociological Inquiry, 33, 1963, 1, S. 58–66.

Untersuchung über die musikalischen Interessen und Aktivitäten von 202 farbigen Studenten nach: Musiktypen; Situationen musikalischer Präferenzen; Typen der Wiedergabe von Musik und Schallplattensammlungen. Ein Kriterium für sogenannten „Negergeschmack" in bezug auf Musik konnte nicht gefunden werden.

794 A *Descotes, J.*, La musique fonctionelle, in: Polyphonie, 7/8, 1951, S. 71–92.

Über die Benutzung der Musik in Fabriken.

795 *Eckardt, H.*, Die Vorliebe für bestimmte Musikgattungen und ihre wechselseitigen Beziehungen, in: Bertelsmann Briefe, 62, Mai 1969, S. 5–10.

Bericht über eine Befragung von 500 Mitgliedern einer Schallplattengemeinschaft nach bevorzugten Musikgattungen in 12 Kategorien.

796 *Fisher, R. L.*, Preferences of Different Age and Socio-economic Groups in Unstructured Musical Situations, in: JSP, 33, 1951, S. 147–152.

Über das Verhältnis von Alters- und Wirtschaftsstrukturen zur Musikrezeption.

797 *Fisher, S., R. L. Fisher*, The Effects of Personal Insecurity on Reactions to Unfamiliar Music, in: JSP, 34, 1951, S. 265–273.

Die Auswirkungen persönlicher Unsicherheit auf die Rezeption unbekannter Musik.

798 *Gatty, R.*, The Musical Public and Its Opinions, in: MQ, 3, 1917, S. 517 ff.

799 *Geiger, Th.*, A Radio Test of Musical Taste, in: POQ, 1950/51, S. 453 ff.

Ein Ansatz zur Messung des musikalischen Geschmacks.

800 *Gierlichs, W.*, Soziologische Grundlagen des Kölner Musiklebens, in: Rheinische Blätter, 20, 1943, 6.

801 *Günther, S.*, Hörer und Hören in unserer Zeit. Versuch einer psychologischen Typologie der Konzertbesucher von heute, in: Schw. MZ, 1958, S. 7–8.

802 *Heinemann, R.*, Der Hörer zwischen Musikwissenschaft, Soziologie und Kulturkritik, in: KZfS, 21, 1969, 3, S. 560–568.

Zum Problem der Anpassung der Disziplinen.

803 *Herrmann, H.*, Struktur und Funktion des Publikums. Eine grundsätzliche Frage, in: Musica, 1958, 6.

804 *Hirch, I. T.*, La mesure de l'audition, Paris 1956.

805 *Hoebaer*, R., L'intérêt pour l'art musical. Essai d'analyse sociologique, in: Bulletin de l'Institut de Recherches Économiques et Sociales, 22, 1956, S. 699–731.

806 *Höckner, H.*, Musik und Gemeinschaft, in: Die Musikantengilde, 1924.

807 *Hörer – Komponist – Interpret,* in: Musik und Gesellschaft, 13, 1963, 10, S. 577–78.

Über die Wechselbeziehungen im Kommunikationsprozeß der Musik.

808 *Honolka, K.,* Hat das Publikum versagt? Eine notwendige Richtigstellung, in: Musica, 1956, 7–8.

809 *De Houding van het publiek tegenover de opera,* Verslag van een psychologisch en statistisch onderzoek, ingesteld in opdracht van de Amsterdamse Kunstraad (Die Haltung des Publikums gegenüber der Oper. Bericht einer psychologischen und statistischen Untersuchung im Auftrag des Amsterdamer Kunstrat, Amsterdam 1963.

810 *Jager, H. de,* Listening to the Audience. A Survey among Regular Concertgoers of the Utrecht Symphony Orchestra, Utrecht 1963.

Untersuchung des Publikums eines Sinfonie-Orchesters.

811 *Jager, H. de,* Cultuuroverdracht en concertbezoek (Kulturübermittlung und Konzertbesuch), Leiden 1967.

Untersuchung über die verschiedenen Dimensionen der Kulturvermittlung.

812 *Karbusický, V., J. Kasan,* Erforschung des gegenwärtigen Standes der Musikalität, Prag 1964.

Vorschläge zur Erfassung der Musikalität durch Interviews mit Hilfe von Musikbeispielen.

813 *Keston, M. J.,* An Experimental Investigation of the Relationship Between the Factors of the Minnesota Multiphasic Personality Inventory and Musical Sophistication, in: Am. Psychol., 11, 1956, S. 434.

Empirische Untersuchung, nach der im College Mädchen mit musikalischen Interessen ähnliche Persönlichkeitsstrukturen aufweisen wie solche ohne Interessen und musikalische Jungens mehr zu femininen Merkmalen neigen als andere.

814 *Klausmeier, F.,* Radio-Hören und Musikpflege. Ein Beitrag zur geistigen Situation der höheren Schule, in: Kulturarbeit, 6, 1954, 1.

815 *Klausmeier, F.,* Singen und Lied in unserer Gesellschaft. Ein Beitrag zu ihrer Motivation, in: Schriftenreihe der Bundeszentrale für politische Bildung, Heft 76, o. J., S. 3–12 (s. a. 874).

Ausgehend von der Psychologie der ersten stimmlichen Äußerungen des Menschen (dem Schrei und Lallgesang des Säuglings), Beschreibung nach den Kategorien der Intro- und Extraversion der Motivationen des Singens verschiedener sozialer Gruppen.

816 *Klausmeier, F.,* Das Musikinteresse der höheren Schüler in Köln und sein Bezug zur Konfession, in: KZfS, 11, 1959, 3, S. 460–495.

Untersuchung von 1040 Kölner Schülern über ihr musikalisches Interesse, Besitz an Instrumenten, Zeit und Dauer für Radio- und Schallplattenhören.

817 *Klausmeier, F.,* Der Einfluß sozialer Faktoren auf das musikalische Verhalten von Jugendlichen, in: W. Kraus (Hrsg.), Musik und Musikerziehung in der Reifezeit.

818 *Klausmeier, F.,* Jugend und Musik im technischen Zeitalter, Bonn 1963.

Untersuchung über Attitüden und Verhalten Jugendlicher gegenüber Musik im Zusammenhang mit dem Einfluß von Rundfunk und Schallplatten, basierend auf einer Erhebung unter höheren Schülern und Berufsschülern in der Stadt Köln.

819 *Klausmeier, F.,* Über die Wirkung der Musik, in: Musik im Unterricht, 7/8, 1966.

Zum Begriff der Regression.

820 *Krugman, H. E.,* Affective Response to Music as a Function of Familiarity, in: J. abn. soc. Psych., 38, 1943, S. 388–392.

Über Musikrezeption im Verhältnis zur Familiarität mit Kompositionen.

821 *Leonard, C.*, Recreation Through Music, New York 1952.

822 *Liess, T.*, Beeinträchtigt die musikalische Analyse den Kunstgenuß, in: Das Musikleben, 1952, 11.

823 *Marsop, P.*, Theater, Konzertsaal, Zuhörerschaft, in: Wissen und Leben, 17, 1922, S. 1339–1347.
Über die Zusammensetzung des Pulikums und seine Beziehungen zum Dargebotenen.

824 *Mueller, J. H.*, Methods of Measurement of Aesthetic Folkways, in: AJS, 51, 1945/46, S. 276–287 (s. a. 646).
Unter Benutzung statistischer Techniken wird eine Analyse der ästhetischen Folkways im musikalischen Geschmack anhand von Trends im Repertoire von Sinfonieorchestern durchgeführt.

825 *Music and its Public*, Spez.-Nr. von The World of Music, 5, 1963, 1–2.

826 *Muze aan de Maas*, Enquête over muziek en het muziekleven bij de bevolking van Rotterdam en omgeving (Freizeit an der Maas. Erhebung über Musik und Musikleben der Bevölkerung von Rotterdam und Umgebung), Nederlandse Stichting voor Statistiek, Den Haag 1965.

827 *Nägeli, H. G.*, Vorlesungen über Musik mit Berücksichtigung der Dilettanten, Stuttgart 1826.

828 *Niezing, J.*, Overwinning van de Drempelvrees (Die Überwindung der „Schwellen-Angst"), in: Mens Mij, 39, 1964, 2, S. 117–122.
Bericht über 2 in Holland 1962/63 durchgeführte Untersuchungen über Konzert- bzw. Opernpublikum mit dem Ziel: Wie das gegenwärtige Publikum gehalten und neue Besucher gewonnen werden können.

829 *Het Orkestwezen in Nederland* (Das Orchesterwesen in den Niederlanden), Amsterdam 1953, 2. Aufl., Mededelingen v/h Prins Bernhard Fonds, Nr. 4 (s. a. 885).

830 *Pollmann, J.*, Notities over muziek en publiek (Anmerkungen über Musik und Publikum), in: Volksopvoeding, 15, 1966, 6, S. 372–378.

831 *Preussner, E.*, Der Hörer im Wandel der Zeiten, in: Das Musikleben, 1951, 9.
Über das Verhältnis von Hören und sozialem Wandel.

832 *Reinold, H.* Zur Problematik des musikalischen Hörens, in: AfMw, 11, 1954, 2.
Vordringen aus dem Begriff des akustischen Modus zum Funktionsgeschehen der musikalischen Wahrnehmung.

833 *Richter, H. P.*, Zur Soziologie und Psychologie des Hörers, in: Rufer und Hörer, 7, 1952/53.

834 *Rittenhouse, C. H.*, Masculinity and Femininity in Relation to Preferences in Music, Diss., Stanford 1952.
Ausgehend von der Feststellung, daß maskuline Werte in der amerikanischen Kultur prädominieren, soll nachgewiesen werden, daß a) beide Geschlechter Kompositionen vorziehen, die auch von ihresgleichen als maskulin empfunden werden; daß aber b) Frauen und „feminine" Männer weniger stark derartige maskuline Musik vorziehen.

835 *Rochlitz, F.*, Verschiedenheit der Wirkungen der Musik auf gebildete oder ungebildete Völker, in: Freunde der Tonkunst, 1868, S. 119.

836 *Rogers, V. R.*, Children's Musical Preferences, in: J. M. Seidmann (Hrsg.), The Adolescent, New York 1960, 2. Aufl., S. 510–515.

837 *Schoen, M.*, The Effects of Music, New York 1927.
Sozialpsychologische Ausführungen über die Wirkungen der Musik.

838 *Siebel-Mogle, H.*, Die schwarze Scheibe und das Buch, in: Verlagspraxis, 11, 1964, 1, S. 21–24.

Vergleichende Darstellung der mentalen und psychologischen Elemente des Buchlesers und des Schallplattenhörers.

839 *Silbermann, A.*, Musik, Rundfunk und Hörer. Die soziologischen Aspekte der Musik am Rundfunk, Köln/Opladen 1959.

Behandelt außer diversen theoretischen und methodologischen Problemstellungen (Musikstatistik; Hörerverhalten; Konzept einer Kultursoziologie; Rundfunk als soziokulturelle Institution) die verschiedenen Funktionen des Rundfunks gegenüber Musikern, Musik und Gesellschaft.

839 A *Siohan, R.*, L' histoire du public musical, Lausanne 1967.

Populär gehaltene Übersicht.

840 *Snyders, G.*, Une révolution dans le goût musical au 18e siècle; l'apport de Diderot et Jean-Jacques Rousseau, in: Annales, 18, 1963, S. 20–43.

841 *Staudinger, H.*, Individuum und Gemeinschaft in der Kulturorganisation des Vereins, Jena 1913.

842 *Taylor, D.*, The Well Tempered Listener, New York 1940.

Betrachtungen eines Musikkritikers über Publikumsverhalten.

843 *Thiel, J. (Hrsg.)*, Musische Jugend und technische Mittler, Tagungsprotokoll der Landesarbeitsgemeinschaft Jugendmusik Nordrhein-Westphalen 1957.

Vorträge und Diskussionen teils kulturkritischer Art, teils in Form von Erfahrungsberichten aus der Praxis zu drei Hauptthemenkreisen: 1. Rundfunk – Tonband – Schallplatte; 2. Film – Bild – Fernsehen; 3. Technische Mittler als Helfer.

843 A *Tran Van Khê*, Le public de concert en orient devant les changements d'ordre sociologique, in: The World of Music, 1963, 5.

Zur Anpassung des Publikums im Orient an okzidentales Konzertverhalten.

844 *Walker, E.*, Das musikalische Erlebnis und seine Entwicklung, Göttingen 1927.

Über die Entwicklung des musikalisch-ästhetischen Erlebens bei Kindern. Einer phänomenologischen und psychologisch-genetischen Betrachtung folgt eine experimentelle Untersuchung von 380 Kindern und Jugendlichen über ihre musikalischen Erlebnisweisen.

844 A *Wangermée, R.*, La musique flamande dans la société des XVe et XVIe siècles, Brüssel 1966, 2. Aufl.

Sozialgeschichtliche Darstellung mit soziologischen Ansätzen.

845 *Williams, G. D.*, The Effect of Order of Appearance on the Appreciation of Musical Selections, in: J. gen. Psychol., 27, 1942, S. 295–310.

846 *Williams, G. D.*, The Effect of Program Notes on the Enjoyment of Musical Selections, in: J. gen. Psychol., 29, 1943, S. 261–279.

Sozialpsychologische Beeinflussung durch Programmnotizen.

847 *Zieblinski, J.*, Konzertbesuch, in: Psychologische Monatshefte, Heft 2, unter: I, Beiträge zur Persönlichkeitsbildung.

4. Technische und ideelle Mittler

848 *Adorno, Th. W.*, A Social Critic of Radio Music, in: Kenyon Review, 7, 1945.

Sozialpsychologische Ansichten zur Verfälschung von Musik und Hören durch Rundfunkübertragungen.

849 *Adorno, Th. W., H. Eisler*, Komposition für den Film, München 1969.

Auseinandersetzung über Massenkultur dargestellt am Verhältnis von Film und Musik.

850 *Blaukopf, K.*, Die qualitative Veränderung musikalischer Mitteilung in den technischen Medien der Massenkommunikation, in: KZfS, 21, 1969, 3, S. 510–516.

851 *Blum, K.*, Die Funkoper, Diss., Köln 1951.

Zur Rundfunkoper als neue Kunstform.

852 *Bohnstedt, W.*, Erwägungen zum Thema Film und Radio als Gegenstände soziologischer Erkenntnis, in: E. Jurkal (Hrsg.). Reine und angewandte Soziologie, Festgabe für F. Tönnies, Leipzig 1936.

853 *Bornoff, J. (Hrsg.)*, Music Theatre in a Changing Society. The Influence of the Technical Media, Paris 1968.

853 A *Bornoff, J.*, Music and the Twentieth Century Media, Florenz 1972.

Zum Einfluß der Massenmedien auf das Musikleben.

854 *Brodt, G.*, Von der Entwicklung der Konzerte, in: NMZ, 4, 1950, S. 314.

855 *Brunner, A.*, Wesen, Funktion und Ort der Musik im Gottesdienst, Zürich 1960.

856 *Caplow, T.*, The Influence of Radio Music as a Social Institution, in: CÉt RA–TÉL, 1955, 3/4, S. 279–291.

Über die Institutionalisierung der Musik durch den Rundfunk.

857 *Chase, G., u. a.*, Music in Radio Broadcasting, New York/London 1946.

858 *Le premier Congrès international consacré aux aspects sociologiques de la musique à la radio*, Paris 1954, in: B. int. Sci. soc., 7, 1955, 1.

Zahlreiche Beiträge zu den soziologischen Aspekten der Musik am Rundfunk.

859 *Echanove, T.*, La Radiofusion, y la Cultura (Der Rundfunk und die Kultur), in: R. Int. Sociol., 16, 1958, 64, S. 589–615.

Über die Bedeutung des Rundfunks für die Verbreitung von Musik und die Veränderung ihrer Funktionen.

860 *Erpf, H.*, Tagesfragen des Musiklebens, Stuttgart 1957.

Enthält Kapitel: „Die soziologische Aufgabe der Musik und der Mensch des 20. Jahrhunderts."

861 *Fasset, J.*, What Radio is Doing for Serious Music, Pittsburgh 1940.

862 *Finkelstein, S. W.*, How Music Expresses Ideas, London 1952.

863 *Gönnenwein, W.*, Die Schallplatte im gesellschaftlichen Leben unserer Zeit, in: Musica Phonoprisma, 1966, Mai/Juni, S. 69–74.

864 *Günther, S.*, Die Bedeutung der Umwelt für die Musikerziehung, in: Die Musikpflege, 1, 1931, 11, S.521–536.

Über bildende Faktoren aus der Umwelt.

865 *Honigsheim, P.*, Übersicht über die bestehenden Volksbildungseinrichtungen und Strömungen, und: Umrisse einer Geschichtsphilosophie der Bildung, in: L. v. Wiese, Soziologie des Volksbildungswesens, München/Leipzig 1921.

866 *Honigsheim, P.*, Die soziologischen und sozialpsychologischen Grundlagen des Rundfunks und der Radiomusik, in: Musikprobleme vor dem Mikrophon, Berlin 1928.

867 *Horner, V.*, Music Education. The Background of Research and Opinion, Australian Council of Educational Research 1965.

Über Forschungs- und Meinungstendenzen in bezug auf Musikerziehung.

868 *Jager, H. de*, Musical Socialization and the Schools, in: Music Educators, 53, 1967, 6.

869 *Jeans, J.*, Science and Music, Cambridge 1943.

Zur Frage der Transmission von Musik durch Auge und Ohr.

870 *Kaplan, M.*, Foundations and Frontiers of Music Education, New York 1966.

Perspektiven eines Soziologen über Musikerziehung im Rahmen der Erkenntnisse der Funktionen der Musik.

871 *Kaufmann, H. (Hrsg.)*, Symposion für Musikkritik, Studien zur Wertungsforschung, Heft 1, Graz 1968.

Abdruck von drei Grundsatzvorträgen: Th. W. Adorno, Reflexion über Musikkritik; J. Kaiser, Zur Praxis der Musikkritik; H. Kaufmann, Thesen über Wertungsforschung sowie von 8 Kurzreferaten zur Situation der Musikkritik in verschiedenen Ländern.

872 *Kaufmann, H. (Hrsg.)*, Studien zur Wertungsforschung, Heft 2, Graz 1969.

Enthält Texte von 3 Vorträgen von Th. W. Adorno, Konzeption eines Wiener Operntheaters; H. H. Stuckenschmidt, Was ist Musikkritik? Gedanken zur Vernichtung des Kunsturteils durch Soziologie; H. Kaufmann, Zur Problematik der Werkgestalt. Kategorien der Bewußtseinssoziologie in der Musik des 18. Jahrhunderts.

873 *Kestenberg, L.*, Musikerziehung und Musikpflege, Leipzig 1921.

Pragmatische Vorschläge zu einer Neugestaltung des Musiklebens unter Betrachtung der Lage der Schulmusik und der Musikschulen. Überdies zeitgebundene Erörterungen der verschiedenen Aspekte des öffentlichen Musiklebens.

874 *Klausmeier, F.*, Singen und Lied in unserer Gesellschaft. Ein Beitrag zu ihrer Motivation, in: Schriftenreihe der Bundeszentrale für politische Bildung, Heft 76, o. J., S. 3–12, (s. a. 815).

875 *König, R.*, Sur quelques problèmes sociologiques de l'émission radiophonique musicale, in: CÉT RA-TÉL, 3/5, 1955, S. 348–365.

Über Schwierigkeiten der sozial-kulturellen Anpassung an neue technische Gegebenheiten und den Prozeß der Institutionalisierung der Musik.

876 *Kolneder, W.*, Pädagogisch-soziologische Betrachtungen zur Neuen Musik, in: Stilkriterien der Neuen Musik, Berlin 1961.

877 *Kroupa, E.*, Soziale Kunst. Das Programm des Vereins für volkstümliche Musikpflege in Wien, Wien 1919.

878 *Leichtentritt, H.*, Music, History, and Ideas, Cambridge 1941.

879 *List, K.*, Zur Soziologie der Schallplatte, in: ÖMZ, 23, 1968, 3, S. 140 bis 145.

879 A *Luthe, H. O.*, La musique enregistrée et l'industrie du disque, in: RISS, XX, 4, 1968, S. 712–724.

Vorschläge zur Durchführung einer Soziologie der Schallplatte.

880 *Mies, P.*, Musik und Philathelie. Kulturgeschichtliche und soziologische Streiflichter, in: Musikhandel, Mai/Juni 1962, S. 108–109 und 157–159.

Eine internationale Übersicht über Briefmarken mit musikalischen Motiven, die als „Spiegel von Zeit und Kultur" beschrieben werden.

881 *Music in Canada*, its Resources and Needs. Canadian Music Council Conference 1966, Ottawa 1966.

Statistische Erhebung über das Musikleben in Kanada.

882 *Music Education*, Basic Concepts, National Society for the Study of Education (Hrsg.), Chicago 1958.

Erörterung u. a. von Fragen der Funktionen von Musik und Musikerziehung; des musikalischen Geschmacks; und des amerikanischen Musiklebens. Zur Erkenntnis des Verhältnisses von Musikleben und Gesellschaft.

883 *Musik im Wandel von Freizeit und Bildung*, Kassel 1957, (Musikalische Zeitfragen, Bd. 2).

884 *Nettel, R.*, The Orchestra in England. A Social History, London 1956.

Sozialgeschichtliche Darstellung des englischen Orchesterwesens.

885 *Het Orkestwezen in Nederland (Mededelingen van het Prins Bernhard Fonds)*, Amsterdam 1953, 2. Aufl., (s. a. 829).

Empirische Untersuchungen über Funktion, Repertoire und Finanzen von Orchestern.

886 *Pietzsch, G.*, Die Musik im Erziehungs- und Bildungsideal des ausgehenden Altertums und frühen Mittelalters, Halle 1932.

887 *Pinthus, G.*, Das Konzertleben in Deutschland. Ein Abriß seiner Entwicklung bis zum Beginn des 19. Jahrhunderts, Straßburg 1932.

888 *Radio, musique et société*, Actes du congrès international sur les aspects sociologiques de la musique à la radio, Paris 27.–30. Okt. 1954, in: CÉTRATÉL 1955, 3–4, S. 259–575.

Dokumentation des Kongresses unter 5 Generaltiteln: 1. Veränderung von Sozialstrukturen durch Radiomusik; 2. Kontinuität und kultureller Wert der Radiomusik; 3. Entwicklung sozialer und kultureller Regeln aufgrund von Radiomusik; 4. Natur, Entwicklung und Wirkfeld von Musikprogrammen; 5. Der Prozeß des Aufbaus und der Organisation von Musikprogrammen.

889 *Reichardt, R.*, Die Schallplatte als kulturelles und ökonomisches Phänomen. Ein Beitrag zum Problem der Kunstkommerzialisierung, Zürich 1962.

Behandlung der wirtschaftlichen, rechtlichen, technischen, soziologischen und psychologischen Zusammenhänge, in denen die Schallplatte steht. Leitgedanke der Studie ist das Problem der Kommerzialisierung der Kunst.

890 *Reinold, H.*, Musik im Rundfunk. Ein kulturgeschichtliches Problem unserer Zeit, in: KZfS, 7, 1955, 1/2 (s. a. 659).

891 *Ringbom, N.-E.*, Über die Deutbarkeit der Tonkunst, Wiesbaden 1955.

Versuch einer zweischichtigen Methode der Musikbetrachtung durch Verbindung des Phänomenologischen mit dem Hermeneutischen.

892 *Schönberg, A.*, Style and Idea, London 1951.

893 *Scholes, P. A.*, The Puritans and Music in England and New England, London 1934.

894 *Schott, S.*, Theater und Orchester, in: StatJb. 1931, 5, S. 279–308 (s. a. 2020).

Statistische Aufzeichnung.

895 *Schulz-Köhn, D.*, Die Schallplatte auf dem Weltmarkt, Diss., Berlin 1940.

Wirtschaftsübersicht.

896 *Siegmund-Schultze, W.*, Die Rolle der Tradition in der Musik des sozialistischen Realismus, in: Musik in der Schule, 10, 1959, S. 4–10.

897 *Silbermann, A.*, La musique deviendrait-elle malhonnête. Étude sociologique, in: Psyché, 98, 1954, S. 1–19.

Zur Kommerzialisierung der Musik.

898 *Smith, D. C.*, Music Programming of 13 Los Angeles Music Stations, in: J. Broad., 8, 1964, 2, S. 173–184.

Analyse von Musikprogrammen am Rundfunk.

899 *Soibelman, D.*, Therapeutic and Industrial Uses of Music, New York 1948.

Besprechung zahlreicher Erfahrungen und Tests in USA, England, Kanada, Australien.

900 *Sychra, A.*, Parteiliche Musikkritik als Mitschöpferin einer neuen Musik. Eine Einführung in die Musikästhetik des sozialistischen Realismus, Berlin 1953.

Darstellung der Grundzüge des sozialistischen Realismus in der Musik im Rahmen der marxistischen Musikwissenschaft.

901 *UNESCO*, Music in Education, International Commission on the Role and Place of Music in the Education of Youth and Adults, Brüssel, 29. Juni bis 9. Juli 1953, Paris 1955.

Sammlung von Auszügen aus Vorträgen zur Musikerziehung, gesehen von europäischen und außereuropäischen Gesichtspunkten.

902 *Vetterl, K.*, Sociologii hundebniho rczhlasu (Zur Soziologie des Musikrundfunks), in: Musikologie, Brünn 1938, 1, S. 27 ff.

903 *Walker, A.*, An Anatomy of Musical Criticism, London 1966.

904 *Young, P.*, The Concert Tradition from the Middle Ages to the 20th Century, London 1965.

5. Politik und Wirtschaft

905 *Adorno, Th. W.*, Die gegängelte Musik. Bemerkungen über die Musikpolitik der Ostblockstaaten, Frankfurt/M. 1954.

906 *Adorno, Th. W.*, Musikalische Warenanalyse, in: Die Neue Rundschau, 1, 1955, S. 69.

Angriff auf die „Ware“ der Spätromantik.

907 *Berger, K.*, Die Funktionsbestimmung der Musik in der Sowjetideologie, Berlin 1963.

Zum Problem der gesellschaftspolitischen Aktivierung der Musik.

908 *Bose, F.*, Meßbare Rassenunterschiede in der Musik, in: Homo, 2, 1951, S. 147–158.

909 *Cardinell, R. L.*, Music in Industry, 3 Bde., New York 1944.

910 *Cardinell, R. L.*, Music in Industry, in: D. Schulian und M. Schoen (Hrsg.), Music and Medicin, New York 1948.

911 *Carpenter, P. S.*, Music, an Art and a Business, Oklahoma 1950.

912 *Chrennikow, T.*, Auf dem Wege zur Musikkultur des Kommunismus, in: Musik und Gesellschaft, 12, 1962, S. 261–264.

913 *Dibelius, U. (Hrsg.)*, Verwaltete Musik. Analyse und Kritik eines Zustandes, München 1971.

Sammlung von Einzelbeträgen zum Thema „Verwaltete Welt“.

914 *Eichenarer, R.*, Musik und Rasse, München 1932.

914 A *Englert, H.*, Der Markt für musikalische Kompositionen, Diss., Köln 1971.

Eine wirtschafts- und kunstsoziologische Studie über die Situation in der Bundesrepublik Deutschland.

915 *Geissmar, B.*, Musik im Schatten der Politik, Freiburg 1951.

Bericht über Musikleben unter dem Nationalsozialismus.

916 *Goldhammer, O.*, Westgesang und Ostland-Lied. Die mißbrauchte Schulmusik in Westdeutschland, in: Musik in der Schule, 11, 1960, 12, S. 531 bis 539.

917 *Hirsch, P.*, The Structure of the Popular Music Industry. An Examination of the Filtering Process by which Records are Preselected for Public Consumption, University of Michigan 1970.

918 *Ihlert, H.*, Die Reichsmusikkammer, Berlin 1935.

Zur politischen Organisation der Musik unter dem Nationalsozialismus.

919 *Lachmann, U.*, Die Struktur des deutschen Musikmarktes unter besonderer Berücksichtigung des erwerbswirtschaftlichen Sektors, Diss., Tübingen 1960.

920 *Liebermann, R.*, Oper in der Demokratie, in: Musica, 1964, S. 98–103.

921 *Matzke, H.*, Musikökonomik und Musikpolitik. Grundzüge einer Musikwirtschaftslehre. Ein Versuch, Breslau 1927.

Entwicklung eines Systems der sozialen und wirtschaftlichen Grundlagen des Musiklebens und seiner Organisation, sowie Behandlung einzelner musikalischer Zeitfragen (Musikerkammern, Volksmusik, Musikerziehung, Militärkapellen u. a.). Auffassung der Musikwirtschaftslehre als Teilgebiet der Musiksoziologie.

922 *Matzke, H.*, Vom Schicksal der Musik im Zeitalter der Technik, in: Festschrift der Technischen Hochschule zu Breslau, 1935.

923 *Musik und Wirtschaft*, Spez.-Nr. von Musica, 5, 1951, 7/8.

924 *Nettel, R.*, Music in Five Towns 1840–1914. A Study of Social Influence of Music in an Industrial District, Oxford 1945, 3. Aufl.

925 *Notowicz, N.*, Über die Entwicklung unseres musikalischen Schaffens zu einer sozialistischen Kunst, in: Musik und Gesellschaft, 10, 1960, S. 259 bis 271.

926 *Raabe, P.*, Die Musik im Dritten Reich, Regensburg 1935.

Ausführungen zur Musik als Ausdruck des Nationalsozialismus.

927 *Raabe, P.*, Kulturwille im deutschen Musikleben, Regensburg 1936.

Plädoyer für die Musik als nationalsozialistisches Kulturgut.

928 *Riesenfeld, P.*, Politik und Musik. Von großen Zeitaltern zu kleinen Gleichschaltern. Von Plato und Aristoteles bis zu Stalin und Hitler, Tel Aviv 1958.

Polemische Schrift mit dem Versuch, den politischen Zustand einer Gesellschaft an der Musik abzulesen.

929 *Schwaen, K.*, Der gefesselte Orpheus, in: Musik und Gesellschaft, 9, 1959, S. 338–340.

Gesellschaftspolitische Auseinandersetzung.

930 *Slusser, R. M.*, Soviet Music Since the Death of Stalin, in: AAAPSS, 303, 1956, S. 116–125.

930 A *Soriano, M.*, Les problèmes de la musique et le marxisme, in: La Pensée, 56, 1954, S. 77–88.

Musik muß die Massen berühren und ihnen verständlich sein.

931 *Sponsorship of Music*, The Role of Local Authorities. A PEP Report, London 1966.

Über gemeindliches Mäzenatentum.

932 *Stengel, Th., H. Gerigk*, Lexikon der Juden in der Musik, Berlin 1943.
Nationalsozialistische Schrift.

933 *Stumme, W. (Hrsg.)*, Musik im Volk. Grundfragen der Musikerziehung, Berlin 1939.

Nationalsozialistische Schrift.

934 *Stumme, W.*, Was der Führer der Einheit vom Singen wissen muß, Wolfenbüttel 1941.

Nationalsozialistische Schrift.

935 *Wang, B.*, Folk Songs as Regulators of Politics, in: SSR, 20, 1935, 2, S. 161 bis 166 (s. a. 993).

936 *Wellek, A.*, Industrielle Revolution in der Musik, in: NZfM, 13, 1962, S. 161–165 (s. a. 705).

937 *Wulf, J.*, Musik im Dritten Reich, Gütersloh 1963.

Umfangreiche Dokumentation.

6. Wissenschaft und Technik

938 *Alvin, J.*, Music Therapy, London 1966.

939 *Aubry, G. J.*, La musique et les nations, Paris 1922.

940 *Becquerel, J.*, L'art musical dans ses rapports avec la physique, Paris 1926.

941 *Cohen, J. E.*, Information Theory and Music, in: Behavioral Science, 7, 1962, 2, S. 137–163.
Über die Gültigkeit von Resultaten bei der Anwendung der Informationstheorie auf Musik, sowie Bericht über vorhandene und mögliche Arbeiten auf diesem Gebiet.

942 *Danion, L.*, La musique et l'oreille, Paris 1907.

943 *Jaëll, M.*, La musique et la psychophysiologie, Paris 1896.

944 *Kaplan, M.*, Music in the City, Pueblo 1944.

945 *Lesure, F.*, Musik und Gesellschaft im Bild, Kassel 1966.
Sozialgeschichtliche Darstellung in Bildern.

946 *Michel, P.*, Über musikalische Fähigkeiten und Fertigkeiten, o. O. 1962.

947 *Stevens, S. S., H. Davis,* Hearing, its Psychology and Physiology, New York o. J.

948 *UNESCO*, Music Theatre in a Changing Society, Paris 1968.
Über den Einfluß der technischen Medien auf das Musiktheater.

949 *Watt, H. J.*, The Pychology of Sound, Cambridge 1917.

7. Volksmusik, Schlager, Jazz

950 *Alilunas, L. J.*, Negro Music in American Culture. Sociological and Ethnomusical Interpretations, in: J. Hum. Rel., 10, 1962, 4, S. 474–479.

951 *Amiot, J.*, Mémoires sur la musique des Chinois tout anciens que modernes, Paris 1779.
Eine der ersten Studien in musiksoziologischer Richtung.

952 *Bachmann, F.*, Lied, Schlager, Schnulze, o. O. 1962.

953 *Benet, S.*, Song, Dance and Customs of Peasant Poland, London 1951.

954 *Berendt, J. E., Th. W. Adorno,* Für und wider den Jazz, in: Merkur, VII, 1953.

955 *Berghahn, W.*, In der Fremde. Sozialpsychologische Notizen zum deutschen Schlager, in: Frankfurter Hefte, 17, 1962, 3, S. 193.

956 *Bernard, Y.*, La chanson, phénomène social, in: R. Franç. Soziol., 5, 1964, 2, S. 166–174.
Historische Darstellung des sozialen Einflusses von Populärmusik, wobei die Funktion des Schlagers in der modernen Gesellschaft sowie Rezeption und Verhalten des Publikums ihm gegenüber behandelt werden.

957 *Cameron, W. B.*, The Sociology of the Jazz Aesthetic, in: Ind. J. Soc. Res., 3, 1962, 2, S. 56–65.
Über ästhetische, ökonomische und soziologische Probleme des Jazz, der wegen seiner schnellen Ausbreitung in relativ kurzer Zeit als soziologisch bedeutungsvoll angesehen wird.

958 *Carpitella, D.*, Gli studi sul folklore musicale in Italia (Studien zur Volksmusik in Italien), in: Società, 8, 1952, S. 539–549.

959 *Courlander, H.*, Negro Folk Music. USA, New York 1963.

960 *Dennison, T.*, The American Negro and His Amazing Musik, New York 1963.

961 *Densmore, F.*, The American Indians and Their Music, New York 1936.

962 *Erdely, St.*, Methods and Principles of Hungarian Ethnomusicology, Cleveland 1965.

963 *Etzkorn, K. P.*, Social Context of Songwriting in the United States, in: Ethnomusicology, 7, 1963, S. 96–106 (s. a. 585).

964 *Freeman, L.*, The Melodies Linger on: Fifty Years of Popular Song, Walkins Glen (N. J.) 1951.

965 *Green, B.*, The Reluctant Art. The Growth of Jazz, New York 1963.

966 *Günther, F.*, Schlager, in: Die Musik, 2, 1930/1.

967 *Heilfurth, G.*, Das Bergmannslied: Wesen, Leben, Funktion. Ein Beitrag zur Erhellung von Bestand und Wandlung der sozialkulturellen Elemente im Aufbau der industriellen Gesellschaft, Kassel 1954.

967 A *Helms, S. (Hrsg.)*, Schlager in Deutschland. Beiträge zur Analyse der Popularmusik und des Musikmarktes, Wiesbaden 1972.

Eine Sammlung von 23 Beiträgen zur Umreißung des Themas.

968 *Horton, D.*, The Dialogue of Courtship in Popular Songs, in: AJS, 62, 1957, 6, S. 569–578.

Analyse von Texten amerikanischer Schlager und ihre Bedeutung für die Entwicklung Jugendlicher.

969 *Johnstone, J., E. Katz*, Youth and Popular Music: A Study in the Sociology of Taste, in: AJS, 62, 1957, 6, S. 563–568.

970 *Jones, L.*, Blues People. Schwarze und ihre Musik im weißen Amerika, Darmstadt 1969.

971 *Kaplan, A.*, Folksinging in a Mass Society, in: Sociologus, 5, 1955, S. 14–28.

972 *Karbusický, V.*, Mezi lidovou písní a šlágrem (Zwischen Volkslied und Schlager), Prag 1968.

Darstellung des Verhältnis der heutigen Schichtung des Gesangs zur historischen Problematik.

973 *Lehmann, O.*, Le resultat scientifique de la première assemblée plenière de la Commission internationale des arts populaires, in: Coopération intellectuelle, 2, 1930, 19, S. 337–347.

Über Tanz, Gesang und Volksmusik in ihren sozialen Beziehungen.

974 *Leonard, N.*, Jazz and the White Americans: The Acceptance of a New Art Form, Chicago 1962.

Analyse der Geschichte des Jazz als Beispiel des Prozesses, in dem die Gesellschaft eine neue musikalische Richtung rezipiert, unter Bezugnahme auf Material aus den zwanziger Jahren.

975 *Lomax, A.*, Song Structure and Social Structure, in: Ethn., 1, 1962, 4, S. 425–451.

Ethnomusikologische Untersuchungen mit Hilfe eines die Kategorisierung ermöglichenden Skalensystems (Cantometrics). Die Ergebnisse sind mit den jeweiligen Sozialstrukturen in Beziehung gesetzt.

976 *Lomax, A.*, Nuova ipotesi sul canto folkloristico italiano nel quadro della musica popolare mondiale (Neue Hypothesen über italienischen Volksgesang im Rahmen der Populärmusik in der Welt), in: Nuovi Argomenti, 17 bis 18, 1955/56, S. 109–135.

977 *Merriam, A. P., R. W. Mack*, The Jazz Community, in: Soc. Forc., 38, 1960, 3, S. 211–222.

Die Jazzgemeinde wird als eine Interessengemeinschaft gesehen, die sich häufig in Isolierung von der Gesellschaft befindet.

978 *Michels, R.*, Die Soziologie des Nationalliedes, in: ders., Der Patriotismus, München/Leipzig 1929.

Zur Übereinstimmung von Hymnen und weltanschaulichen Grundlagen eines Staates.

979 *Musique et psychologie des peuples*, in: Revue de Psychologie des Peuples, 1956, 4.

980 *Nettel, R.*, Seven Centuries of Popular Song: A Social History of Urban Ditties, London 1956.

981 *Odum, H. W., G. B. Johnson*, The Negro and his Songs. A Study of Typical Negro Songs in the South, Hatboro (Pa.) 1964.

982 *Peacock, K.*, A Survey of Ethic Folkmusic across Western Canada, in: Anthropol. Papers National Museum of Canada, 5, 1963, S. 1–13.

983 *Rörig, W.*, Zur Soziologie des Schlagers, in: Die Neue Gesellschaft, 2, 1955, 6.

984 *Rottweiler, H. (Pseudonym für Th. W. Adorno)*, Über Jazz, in: ZSF, 5, 1936, 2, S. 235–239.

Angriff auf den Jazz aus soziologisch-ästhetischer Sicht.

985 *Saxena, S. K.*, Les fondaments de la musique hindoustani, in: Diogène, 45, 1964, S. 3–24.

986 *Skourgiôtê, G.*, Eisagôgé stên koinôniologikê éxétasi tou dêmotikou tragoudiou (Einführung in die soziologische Untersuchung des Schlagers), in: Koinôn Ereuna, I, 1957, S. 55–66.

987 *Skourgiôtê, G.*, Koinôniologikê éxétasê tîn dêmotikôn tragoudiôn (Soziologische Untersuchung von Schlagern), in: Koinôn Ereuna, I, 1958, S. 142–152.

988 *Slotkin, J. S.*, Jazz and its Forerunners as an Example of Acculturation, in: ASR, 1943, S. 570–575.

989 *Sønstevold, G., K. Blaukopf*, Musik der „einsamen Masse“. Ein Beitrag zur Analyse von Schlagerschallplatten, Heft 4 der Schriftenreihe „Musik und Gesellschaft“, Karlsruhe 1968.

„Musikalische Warenanalyse“ von 11 erfolgreichen Schlagerplatten. Stützt sich unter Ablehnung einer „Übertragung mißverstandener naturwissenschaftlicher Methoden auf die Soziologie“ auf den Hypnose-Psychologismus von G. Tarde.

990 *Spaeth, S.*, The Facts of Life in Popular Song, New York 1934.

990 A *Twittenhoff, W.*, Jugend und Jazz, Mainz 1953.

Enthält u. a. Ausführungen über das Verhältnis des Jazz zur modernen Umwelt.

991 *Vargyas, L. (Hrsg.)*, Folk Music Research in Hungary, Budapest 1964.

992 *Wang, B.*, Folk Songs as a Means of Social Control, in: SSR, 19, 1934, S. 64–69.

993 *Wang, B.*, Folk Songs as Regulators of Politics, in: SSR, 20, 1935, 2, S. 161 bis 166 (s. a. 935).

994 *Wolferen, M. D. van*, Sociale Factoren in de Ontwikkeling der Jazz Muziek (Soziale Faktoren in der Entwicklung der Jazzmusik), in: Mens Mij., 31, 1956, 3, S. 125–150.

Sozialgeschichtliche Darstellung der Jazzmusik, zurückgehend auf ihre Ursprünge bis ins 17. Jahrhundert, unter Berücksichtigung des sozial-kulturellen Hintergrundes.

8. Tanz und Ballett

995 *Bahr, W.*, Zur Entwicklungsgeschichte des höfischen Gesellschaftstanzes, Diss., Breslau 1941.

996 *Becker, H. S.*, The Professional Dance Musician and His Audience, in: AJS, 57, 1951, 2, S. 136–144 (s. a. 713).

997 *Boehn, M. von*, Der Tanz, Berlin 1925.

Sozialgeschichtliche Darstellung.

998 *Böhme, F.*, Materialien zu einer soziologischen Untersuchung des künstlerischen Tanzes, in: Ethos, 1, 1925, 2, S. 274–293.

Früher Ansatz der Einreihung des Tanzes als sozial bedingte Ausdrucksform.

999 *Cressey, P. G.*, The Taxi-Dance Hall, Chicago 1932.

Analyse einer sozialen Erscheinung.

1000 *Gregor, J.*, Kulturgeschichte des Balletts, Wien/Zürich 1946.

Sozialgeschichtliche Darstellung.

1001 *Hambly, W.*, Tribal Dancing and Social Development, London 1926.

Über die sozialen Funktionen des Tanzes in primitiven Gesellschaften.

1002 *Haskel, A.*, Ballet Panorama, London 1938.

1003 *Heyer, F. (Hrsg.)*, Der Tanz in der modernen Gesellschaft, Hamburg 1958.

Deutung des Phänomens durch diverse Wissenschaftszweige.

1004 *Italiaander, R.*, Tanz in Afrika, Berlin 1960.

Zur Bedeutung des Tanzes im Leben der Neger.

1005 *Kurath, G. P.*, Native Choreographic Areas of North America, in: Am. Anthrop., 55, 1953, 1, S. 60–73.

Kulturanthropologische Übersicht.

1006 *Martin, J.*, Artikel „Dance", in: Ency. Soc. Sci., 4, S. 701–706.

Auffassung des Tanzes als eine Beziehung zwischen dem Einzelnen und der Gruppe.

1007 *Nettl, P.*, Tanz und Tanzmusik, Freiburg/Br. 1962.

Sozialgeschichtliche Darstellung der Zusammenhänge.

1008 *Rössner, L.*, Jugend im Erziehungsbereich des Tanzes, Bern 1963.

Sozialpädagogische Analyse.

1009 *Rust, F.*, Dance in Society. An Analysis of the Relationship between the Social Dance and Society in England from the Middle Ages to the Present Day, London 1969.

Untersuchung über die funktionalen Aspekte des Gesellschaftstanzes.

1010 *Ryser, C. P.*, The Student Dancer, in: R. N. Wilson (Hrsg.), The Arts in Society, Englewood Cliffs 1964, S. 95 bis 121.

Eine Studie über Lebensbedingungen, Berufsbild, Karriereaussichten und Attitüden von Tänzern während ihrer Ausbildung. Für die Untersuchung wurden 16 Schüler einer Tanzschule ausgewählt und befragt.

1011 *Sachs, C.*, The Commonwealth of Art. Style in the Fine Arts, Music and Dance, London 1955 (s. a. 362 u. 665).

Umfangreiche sozialgeschichtliche Abhandlung.

1012 *Zacharias, G.*, Ballett – Gestalt und Wesen. Die Symbolsprache im europäischen Schautanz der Neuzeit, Köln 1962.

Kulturgeschichtlich-psychoanalytische Darstellung.

1013 *Zoete, B.*, The other Mind. A Study of Dance in South India, New York 1960.

D. Soziologie der Literatur

Von allen Zweigen der Kunstsoziologie erweist sich die Literatursoziologie zweifellos als die populärste. Das zeigt sich schon an der Quantität der hierzu angeführten Schriften, die bei weitem die Titel zur Soziologie der bildenden Kunst und zur Musiksoziologie überragt. Diese Disproportion mag zum einen an der relativ leichten, will sagen direkten und relativ preiswerten Zugänglichkeit des gedruckten Wortes liegen, zum anderen aber wohl auch an der présence des literarischen Werkes, die dem Denker eine kontemplative Vertiefung erlaubt, die die anderen Kunstformen nicht immer gewährleisten. Zu bedenken gilt überdies noch, daß die Sprache zu den Primärtechniken, Schreiben und Drucken zu den Sekundärtechniken der symbolischen Kommunikation gehören und bekanntlicherweise das Kulturniveau einer ethnischen Gruppe nach dem Grad der Beherrschung von Sprache und Schrift eingestuft wird. Noch manche andere Gründe ließen sich anführen, warum die soziologische Beschäftigung mit der Literatur viel eindringlicher ist als die diesbezügliche Bekümmerung um Malerei oder Musik; warum schon zu Zeiten, als eine empirische Soziologie sich überhaupt erst zu etablieren suchte, der Literatur als soziales Phänomen Aufmerksamkeit gezollt wurde. Eine solche Aufgabe würde nicht nur den uns zur Verfügung stehenden Platz sprengen, sondern wäre auch eher die Aufgabe einer bislang noch nicht verfaßten, wohl aber begrüßenswerten, kohärenten *Geschichte der Literatursoziologie*. Ansätze in dieser Richtung gibt es einige. Jedoch enden sie so gut wie immer entweder in dem, was die moderne Soziologie als „cross-cultural"-Studien bezeichnet, oder aber werden sie zur Beschreibung historischer Trends in der Literatur bzw. zu Belegen für die künstlerische Evolution. Zweifellos kann auf diese Weise eine zusammenhaltende Klammer geschaffen werden, jedoch zerbricht diese allzuleicht in einzelne Stückchen, da die Annäherung an das literarische Werk überhaupt meist eher mikro- als makrosoziologisch geschieht.

Indem in erster Linie von dem Kunstobjekt als solchem ausgegangen wird, von dem Kunsterzeugnis, führt der Weg des Interesses direkt zu einer Art von Genetik, die herauszufinden versucht, wie das literarische Kunstwerk entstanden ist und welches seine Qualitäten und sein Stil sind. Dementsprechend werden einzelne oder ganze Gruppen von Literaturerscheinungen in Beziehung gesetzt zu allen möglichen Variablen, die von materiellen und technischen, über psychologische und soziale bis zu ideologischen und philosophischen reichen [1]. Die Beschränkungen, die diese mikrosoziologische Annäherungsweise dem Literatursoziologen auferlegt hat, wurde dort zu überbrücken versucht, wo dazu übergegangen wurde, das literarische Werk in die Mitte eines breiteren Bezugsrahmens zu stellen, nämlich in den einer aus der Verbindung von psychologischen und historischen Elementen bestehenden. Hier griffen die Literatursoziologen zum einen Bestandteile auf, die die Geschichte beeinflussen (ökonomische, technologische, soziale u. a. m.), und zum anderen Faktoren der Individual- und der Kollektiv-

psychologie, und versuchten nun diese gemeinsam als genetischen Mechanismus auf ein gegebenes Literaturwerk zu projizieren.
Da auch hierbei noch immer das mikrosoziologische Bild überwiegt, wandte sich eine andere Denkrichtung gänzlich hiervon ab und begann nun ihr Augenmerk, vom Persönlichen hinweg, auf das Gesamt von Gesellschaften und deren Einfluß auf das literarische Kunstwerk zu lenken. Dabei verloren sich allerdings einige Forscher so sehr, daß sie aus der Literatursoziologie eine Geschichtssoziologie machten, indem ihnen die Literatur zu einer Art Index zur Entschlüsselung der Natur von Gesellschaft und Kultur wurde. Wie in der Archäologie wurden materiell greifbare Kunsterzeugnisse zur „basis of evidence and inference about a culture“ [2]. Wenn auch vielfach nur literatursoziologisch getarnt, haben wir es hier mit einer Unzahl von interessanten Schriften zu tun, die aus dem literarischen Kunstwerk politische Ereignisse, Ideen, Weltanschauungen, Sitten, Mores, Verhaltensmuster und andere Aspekte einer gegebenen historischen Periode deduzieren. Erst als man auf diesem Weg weiterging und sich darauf verlegte, das literarische Werk auf die Beziehungen des Einzelnen zum Einzelnen, des Einzelnen zur Gruppe, der Gruppe zur Gruppe und des Einzelnen und der Gruppe zur Gesellschaft und ihrer Zeit hin zu analysieren, war der Aufstieg vom Mikro- zum Makrosoziologischen vollzogen, wurden bei literatursoziologischen Analysen sowohl die kleinste beobachtbare soziale Einheit, will sagen die soziale Interaktion von zwei Personen, als auch die größte, nämlich das soziale System, mit in die Betrachtungen einbezogen.
Aus dieser hier nur kursorisch dargestellten Entwicklung hat der Literatursoziologe Leo Lowenthal vier Hauptbeschäftigungsfelder für den Literatursoziologen zu etablieren versucht, die sich für ihn wie folgt darstellen [3]. In einer ersten Untersuchungsgruppe geht es um das Verhältnis von Literatur und dem sozialen System. Hier gilt es, das literarische Werk in Bezug zu setzen zum funktionalen Rahmen in einer gegebenen Gesellschaft sowie zu den unterschiedlichen Schichten bzw. Klassen dieser Gesellschaft. Das Instrumentale einer Literatur, so könnte man sagen, steht hier im Vordergrund. Nach Lowenthal ist in diesem Zusammenhang ein weiterer Aspekt das Studium literarischer Formen; denn ob es sich da handle um das Drama, den Roman oder die Lyrik, sie alle weisen in ihrem Schicksal gewisse Affinitäten zum sozialen Schicksal gegebener Gesellschaften und/oder gewisser Institutionen auf.
Als eine zweite Hauptaufgabe der Literatursoziologie führt Lowenthal die Untersuchung der Stellung des Schriftstellers in der Gesellschaft an. Der soziologische Bezugsrahmen ist hier das Konzept der sozialen Rolle sowie das der Rollenvielfalt und des Status. Die zahlreichen Untersuchungen und Diskussionen über Beruf, Professionalisierung und die Verantwortung des Schriftstellers finden hier ihren Platz.
Bei einem dritten Hauptbeschäftigungsfeld geht es um die Analyse von Gesellschaft und sozialen Problemen als literarische Materialien. Hierüber wurde bereits gesprochen. Dem ist nur noch hinzuzufügen, daß in diesem Zusammenhang die Behandlung aller der vielen sozialen Phänomene, handle es sich da um Liebe, Krieg, Armut, Krankheit, Gefräßigkeit oder Bildung in Frage kommen kann.
Als letztes Untersuchungsgebiet führt Lowenthal dasjenige an, welches sich mit dem Erfolg, dem Einfluß, kurz gesagt mit der Wirkung des literarischen Werkes befaßt, und zwar sowohl auf den Produzenten als auch auf den Konsumenten bezogen.

Gerade dieses Gebiet hat schon seit Jahren die Arbeit der Literatursoziologie inspiriert. Und noch intensiver ist dieser literatursoziologische Beschäftigungszweig geworden, seitdem die Massenmedien ihren rapiden Entwicklungsverlauf immer mehr beschleunigt haben. Allerdings enden die meisten der Bücher und Studien, die sich diesbezüglich mit der Stellung der Schriftsteller, der Leser und der Literatur befassen, im allgemeinen nicht nur mit einem Schrei der Verzweiflung, sondern sie gehen meist auch schon in den ersten Seiten hinweg von ihrem eigentlichen Untersuchungsobjekt und finden sich wiederum bei der Analyse der Position des Schriftstellers an sich (mit oder ohne Bezug auf seine Schöpfungen) und seiner Situation innerhalb der Gesellschaft. Dieses offensichtliche Hauptinteresse aller literaturwissenschaftlichen Bemühungen findet dort seinen Ausdruck, wo auch von literatursoziologischer Seite viel über den „Schriftsteller" und nur wenig zum Thema „Publikum" ausgesagt wird. Und wenn selbst die umfangreiche und wissenschaftlich hochstehende „International Encyclopedia of the Social Sciences" unter dem Stichwort „Literature" auch nur in erster Linie sich mit Form, Inhalt und Kommunikationslinien der Literatur zu befassen weiß, um nur am Rande, unter der Überschrift „The Sociology of Reading" [4] publikumsausgerichtet zu erscheinen, dann muß dies schon seine guten Gründe haben. Diesen muß zum Verständnis der gesamten Problematik einer empirisch ausgerichteten Literatursoziologie nachgegangen werden.

Ein erster Grund ist dort zu suchen, wo sich eine von ihrer Tradition her stark historisierend ausgerichtete Literaturwissenschaft stets noch dagegen verwehrt, soziologische Forschungsmethoden in ihre Untersuchungsaufgaben einzubeziehen. Indem sie die Schwierigkeiten der Wirkungsforschung durchaus richtig einschätzt, verbleibt sie lieber im Felde von einseitigen Schreibtischerwägungen über Sinn, Form und Inhalt literarischer Werke, über Bedeutungsgehalt und Klassifizierungsschemata sowie über ästhetisch-linguistische, manchmal auch semiologische Probleme. Den Schriftsteller und seine Kreationen in Interaktion mit dem Publikum zu sehen, um von dort aus zu Wirkungsmodi vorzustoßen, erachtet die klassische Literaturwissenschaft als eine Überforderung ihrer Aufgaben. Wenn diese Thematik überhaupt *faktisch* angerührt und nicht nur als Spiegelbildgerede vorgetragen wird, dann sehen wir vor uns einen Wust von Statistiken, der aufzeigt, wieviel in diesem oder jenem Land gelesen wird oder wie die Käuferschaft strukturiert ist oder was zur Zeit auf der Bestsellerliste steht oder wieviel von je 100 den „Doktor Schiwago", „Exodus" oder die „Brüder Karamasow" gelesen haben bzw. noch zu lesen gedenken. Kurz gesagt: Literatur und Leser bzw. Nichtleser sowie das prozentuale Verhältnis von Lesen und Freizeitbeschäftigungen, manchmal auch gar die Bedeutung oder der Wert des Lesens – alles das wird immer wieder mit Hilfe von repräsentativ ausgerichteten statistischen Untersuchungen von Zeit zu Zeit pro Land und im interkulturellen Vergleich erfaßt. Kein Grund besteht, hierauf besonders stolz zu sein. Denn soweit es Wirkungsfaktoren betrifft, sind alle diese statistischen Zusammenstellungen nichts anderes als Grunddaten. In bezug auf die Wirkekraft und die Wirkekreise des Buches besitzen sie nicht den geringsten Aussagewert. Bedeutungsvoll sind sie nur, wenn es zur Diskussion über das Thema der „Literacy" (der Belesenheit) oder des Analphabetismus kommt.

Ein weiterer Grund für die mäßige Beschäftigung mit dem Publikum entspringt natürlicherweise der Heterogenität der Konsumentengruppen. Zusätzlich aber auch und in engstem Zusammenhang damit stehend, der einerseits Heterogenität der Produzentengruppe und andererseits der Vielfalt der literarischen Sparten: vom Trivialroman über den Comicstrip bis zur Theaterliteratur. So fällt es schon von dorther schwer, die Wechselwirkungen zwischen Produzent und Konsument in ihren Folgen zu erfassen. Hinzu kommt aber noch, daß der Literat, als Künstler gesehen, sozusagen undefiniert im Raume steht. Nicht, daß es an solchen Definitionen fehlt. Ganz im Gegenteil. Nur stehen sie in keiner Beziehung zum gesellschaftlichen Kontext, und diese Relation muß als erste geklärt werden, will man sich über Auswirkungen in dieser oder jener Richtung, anders ausgedrückt, über das Funktionale oder das Disfunktionale des Schriftstellers als Künstler oder schlechthin als Verfasser von literarischen Werken – seien diese für die Buch-, Radio-, Film-, Fernseh oder Kassettenproduktion bestimmt – Klarheit verschaffen.

Denn wenn die von einem Menschen hergestellte Literatur – sei sie, arbiträr gesprochen, hohen, mittleren oder niederen Niveaus – Einfluß ausüben kann oder soll, so nehmen hierbei Rolle und Status des Kommunikators eine prädominierende Stellung ein. Ästhetische, stilistische, formalistische oder strukturelle Werte des literarischen Werkes sind hierbei für den Soziologen von keinerlei Bedeutung: sie bleiben außerhalb der Betrachtung. Ja, eine empirische Literatursoziologie besteht gar darauf, die krasse Vermengung von Ästhetischem und Sozialem, die sich als Bewertungsmodell aufdrängt, von der Hand zu weisen. Kundgebungen einer ästhetischen Ideologie – wie z. B. „Verdienste um das Kulturschaffen“ oder „Künstler ist ein Mensch, der die Dinge des Universums interpretiert und ihnen eine Form gibt“ – müssen aus dem Wege geschafft werden, um die soziale Wirklichkeit klar sehen zu können. Erst dann wird man Funktionen und Wirkekreise erkennen können. Erst dann wird sich erkennen lassen, daß „der ausgedehnte Verlaß einer Masse von Menschen auf von Professionellen hergestellte unterhaltende Befriedigungen“, d. h. auf die Künste, der modernen Gesellschaft eigentümlich ist[5].

Es würde zu weit führen, an dieser Stelle auch noch auf wirtschaftswissenschaftliche oder sozialpsychologische Problemstellungen einzugehen. Jedoch berufssoziologische Elemente können und dürfen im angedeuteten Zusammenhang von Kommunikator und Rezipient nicht übergangen werden, da von der Auffassung, die der Empfänger sich vom Schriftsteller, dem Produzenten von Literatur, macht, so unendlich viel für die Wirkung des Produktes abhängt. Wissen wir doch, daß der Schriftsteller im allgemeinen unter dem Vorzeichen des „freien Berufes“ läuft, gleich ob er schöngeistige Literatur verfertigt oder fürs Theater, für Zeitschriften, für Rundfunk, für Film, Fernsehen oder andere audio-visuelle Mittel schreibt. Diese Einordnung in die Kategorie des „freien Berufes“ hat stets große Schwierigkeiten bereitet, da die inhaltliche Deutung des Adjektivs „frei“, abgeleitet von „Freiheit“, so starken Veränderungen unterliegt, daß sie ohne klare Auslegung der sie bestimmenden sozial-funktionellen Zusammenhänge einfach nicht durchzuführen ist oder aber so stark zum Ideologischen hin tendiert, daß die Determination als eine Wertaussage irrelevant wird.

Von besagten sozial-funktionellen Zusammenhängen gehen heutzutage fast alle empirisch ausgerichteten berufssoziologischen Erwägungen aus. Als grundlegend für diese Auffassung darf Theodor Geigers Arbeit „Aufgaben und Stellung der Intelligenz in der

Gesellschaft"[6] bezeichnet werden, in der er drei funktionale Trägergruppen als Träger der Kultur zur Unterscheidung dartut. Sie sind für ihn: die *Intelligenz,* die *Gebildeten* und die *Akademiker,* wobei sich die Funktionsträgerschaft dieser Gruppen – jene Voraussetzung für gleich welche Wirkekreise – grosso modo gesprochen so auswirkt, daß es der Intelligenz zukommt, das Dasein zu vergeistigen, theoretische Voraussetzungen für die Rationalisierung des Lebens zu schaffen, das Politisch-Soziale zu erkennen und Kritik zu üben. Den Gebildeten steht es zu, an den Kulturgütern einer Epoche mit einem Blick auf die Humanisierung der Gesellschaft Anteil zu nehmen. Und den Akademikern kommt es zu, immer mit Geiger gesprochen, Kulturschöpfungen zu „gebrauchen" und zu „verwenden".

Wenig Zweifel dürfte darüber bestehen, daß nach der Geigerschen Aufteilung doch wohl ein jedes Mitglied der diversen Beschäftigungsgruppen angesichts ihres eigenen Status auch jede der Geigerschen Funktionsträgerschaften für sich in Anspruch nehmen kann und darf. Also muß die die Wirkungen hervorrufende Determinante noch klarer herausgearbeitet werden, der Blick muß nochmals eingeengt und rein auf den Beruf hin gezielt werden. In der Tat sehen wir dann sozial bezogen: erstens den *Intelligenz-Beruf,* bestimmt durch seine Exklusivität im intelligenzlerischen Schaffen; zweitens den *Experten-Beruf,* bestimmt durch seine Sach- und Fachkundigkeit; drittens den *freien Beruf,* bestimmt durch seine universalistische, kulturelle Mittlerrolle[7].

Wie immer man auch die freiheitliche Berufsausübung sehen und kategorisieren möge, irgendwie und irgendwo ist der Schriftsteller als „Künstler" ein „möglicher Bewerber für Führerschaft", und zwar „als Kategorie gesehen, nicht als Individuum"[8]. Diese „führende Rolle", trete sie bewußt oder unbewußt in Erscheinung, liegt natürlicherweise in einem sozialkulturellen System eingebettet, woraus sich nicht nur der Status und das Prestige des Literaten innerhalb seines Milieus, seiner Kultur und seiner Gesellschaft bestimmen, sondern, hiervon ausgehend, auch die Wirksamkeit seiner Produktion.

Diese Selbstverständlichkeit wird vielfach übersehen, besonders dort, wo interkulturelle Vergleiche über die literarische Wirksamkeit angestellt werden. So gilt es also, neben Funktion und Funktionsträgerschaft auch noch die aus dem Kulturellen hervorgehenden sozialen Verflechtungen zu berücksichtigen. Schematisch dargestellt und unter Einbeziehung der von uns angeführten Kategorisierungsversuche sowie anderer, auf die hier nicht alle eingegangen werden kann[9], ergibt sich dann das folgende Berufsbild:

Nach der Funktionsträgerschaft:	Intelligenz	Experten	Freie Berufe
	|	|	|
Nach der Funktion:	schöpferisch	anwendend	vermittelnd
	|	|	|
Nach der sozialen Verflechtung:	Exklusivität	Pragmatik	Universalismus

Unsere schematisierte Dreiteilung findet in der literarischen Wirklichkeit natürlich Übergänge und Vermengungen, auf die es uns hier nicht ankommen kann. Wir versuchen nur zu verdeutlichen, daß für den Soziologen der Literat weder Priester noch Sklave der Gesellschaft ist, sondern eines ihrer Mitglieder, dem spezielle, zur Existenz der Gesellschaft wesentliche Qualitäten bzw. Funktionen immanent sind. Diese Qualitäten bzw. Funktionen werden allerdings gerne und oft übergangen. Nicht etwa, weil man Schrifttum für verderblich hält oder den Schriftsteller als einen herumlungernden Bohémien ansieht, sondern weil im Rahmen der sozialen Verflechtungen der Schriftsteller so eng mit den Errungenschaften unserer vorgeschrittenen industriellen Gesellschaft in Verbindung steht, daß man die Verachtung für diesen Gesellschaftstyp am Literaten und seinen Schöpfungen ausläßt.

Mit dieser Problematik hat sich eine ganze Anzahl von Literatursoziologen befaßt. Sie versuchen, die Situation zu klären, die auf der einen Seite dazu geführt hat, zwischen „seriösen" und „unseriösen" Schriftstellern zu unterscheiden, andererseits zu den wirkungsbedingten Schlagworten wie „Vermassung", „Nivellierung" oder „Halbbildung" Stellung zu nehmen. Insgesamt bedeutet dies eine soziologische Beschäftigung mit dem Begriff der *Populärkultur*. Und wenn wir sagen, daß sich eine Soziologie der literarischen Populärkultur mit der kulturellen Entwicklung der demokratischen und postindustriellen Gesellschaft sowie einer sich herausbildenden Dienstleistungsgesellschaft befaßt, unterstreichen wir erneut, daß für den empirisch ausgerichteten Literatursoziologen kulturelle Erscheinungen, ihr Gehalt, ihre Verwertung und ihre Funktionen im Rahmen der Gesellschaft zu sehen sind, d. h. in der strukturellen Sicht des Bestehens verschiedener Schichten, Klassen und Gruppen. Der Erkenntnisfaktor liegt dann in dem Total von Vorstellungen, Haltungen und Werten, die der Entfaltung der Persönlichkeit durch Teilnahme am kulturellen (literarischen) und sozialen Leben dienen.

Wenn nun in diesem Zusammenhang immer wieder von Bedürfnissen die Rede ist, dann gilt es sich vor Augen zu halten, daß sich im Prozeß des sozialen Wachsens einer Gesellschaft zwei entgegengesetzte Tendenzen gegenüberstehen: Moralisch führt Wachstum zu dem Wunsch nach größerer Gleichheit, während funktional das soziale Wachsen eine komplexere Arbeitsteilung zur Folge hat. Aus dieser Dichotomie lassen sich zusammengefaßt die folgenden Funktionen und ihre respektiven Wirkekreise für die Literatur erkennen:

1. Die zunehmende Differenzierung einer Gesellschaft macht die Verbreitung wenigstens des Grundwissens notwendig, um so eine Basis für die zwischenmenschlichen Beziehungen verschiedener sozialer Gruppen zu ermöglichen und um somit außerordentliche Spannungen zu vermeiden.
2. Die mit dem sozialen Wachstum verbundene größere soziale Mobilität macht die Weiterbildung des Einzelnen notwendig, wenn er seinen sozialen Status erhalten will. Bei Unzufriedenheit mit dem sozialen Status ist oft eine starke Motivation zur Veränderung gegeben und damit ein erhöhtes Bedürfnis nach Wissen.
3. Die fortschreitende Differenzierung in unserer Gesellschaft hat ein stärkeres Bedürfnis nach speziellem Wissen zur Folge, da diese Differenzierung mit zunehmender Spezialisierung verbunden ist.
4. Neben dem Bedürfnis nach Information als Folge der Differenzierung besteht das Bedürfnis nach Entspannung. Durch zunehmende Arbeitsteilung (partitiver Arbeitsstil) und Arbeitsspezialisierung werden beim Einzelnen stärkere Spannungen hervorgerufen. Durch den Zwang, immer wieder die gleichen Arbeiten zu verrichten, gelangt nur ein kleiner Teil der Persönlichkeit des Einzelnen zum Ausdruck. Die Folge davon ist

ein erhöhtes Bedürfnis nach Kompensation, zu dessen Befriedigung Literatur und/oder Massenkommunikationsmittel aller Arten benutzt werden.

So darf gesagt werden, daß während auf der einen Seite die Komplexität zu einem rationaleren Verhaltensmuster zwingt und das Bedürfnis nach Wissen und Information stärker in den Vordergrund rückt, auf der anderen Seite die mit der rapiden Veränderung der Gesellschaft in engem Zusammenhang stehenden gefühlsmäßigen Spannungen ein Bedürfnis nach kompensatorischer Literatur hervorrufen. In der Folge dieser funktionalen Entwicklung läßt sich erkennen, daß der Trend zur Entfaltung und Anerkennung einer Populärkultur immer stärker werden muß, während die Anhänglichkeit an eine Elitekultur nachläßt.

Diese Erkenntnis wird nun von der marxistischen Literatursoziologie insoweit aufgegriffen, als sie diese hier kurz angedeutete Entwicklungslinie bewußtseinsgebunden macht, um so zu einem „Immanentismus" vorschreiten zu können, worunter die Eingeschlossenheit des Menschen in seine eigenen Bewußtseinszustände verstanden werden soll. Anders ausgedrückt geht die marxistische Auffassung davon aus, daß die Annäherung an das literarische Kunstwerk bestimmt werde von der Rolle des Einzelnen oder der Gruppe innerhalb des Systems: Zustimmung oder Ablehnung des Kunstwerkes sowie Wirkefaktoren werden mit und von der „Geschichte" getragen und nicht von denjenigen, die „Objektivität" für sich in Anspruch nehmen. Dort also, wo sich der empirische Literatursoziologe, soweit dies menschenmöglich ist, der Objektivität in der Annäherung an das Kunstwerk befleißigt, wird ihm Wertungsabstinenz zum Vorwurf gemacht; denn es sei offenbar, „daß die Literatursoziologie in ihrer Wertungsabstinenz den herrschenden Verhältnissen nicht nur nicht schadet, sondern auch aktiv beisteht" [10]. Um hier Abhilfe zu schaffen, kommt von dieser Seite her der Ruf nach einer „kritischen Literatursoziologie"; denn „daß Literatur des Publikums bedarf, daraus ist nicht naiv zu folgern, sie werde für dessen Bedürfnisse geschrieben. Sie ist ihr eigener Zweck" [11].

Im Rahmen dieses l'art-pour-l'art-Konzeptes kommen nun besagter kritischer Literatursoziologie drei Aufgabengebiete zu, die wie folgt umschrieben werden [12]:

1. Das Bild, das Dramen oder Romane von Personenbeziehungen entwerfen, als eine quasi-soziale Struktur lesen zu lernen.
2. Zu diesem noch ästhetischen Strukturbild das historische Bezugsbild zu finden, d. h., jene historische Situation zu rekonstruieren, auf die das Drama oder der Roman eine Antwort darstellt.
3. Der Vergleich beider Bilder, des historischen Bezugsbildes mit dem ästhetischen.

Wie sich dieses dreifache Verlangen in der Praxis manifestiert, soll im folgenden dargelegt werden, zumal es uns zusätzlich dazu dient, aufzuzeigen, wo denn eigentlich die Trennungslinien zwischen der sogenannten positivistischen und der marxistischen Literatursoziologie liegen – falls solche, wie wir einleitend zur Theorie der Kunstsoziologie ausgeführt haben, erkenntnistheoretischen Prinzipien nach überhaupt bestehen sollten.

Wer sich für Victor Hugo, sein Werk, seine Zeit, seinen Einfluß und seine Stellung im Rahmen seiner Gesellschaft interessiert, muß notgedrungen eine andere Brille aufsetzen als derjenige, dem Emile Zola, Gerhart Hauptmann oder Samuel Beckett am Herzen liegen. Aber mehr noch: wer beispielsweise einem der Werke Balzacs oder

Baudelaires soziologisch-analytisch nahezukommen wünscht, darf er es sich eigentlich erlauben – wie z. B. Walter Benjamin[13] oder Theodor W. Adorno[14] –, einfach ein Stück aus dem Riesenkuchen des dichterischen Gesamtwerkes herauszuschneiden, um einzig daran irgendwelche allgemeingültigen Leitideen zu exemplifizieren? Kann man Meriten gewisser literarischer Passagen bei Balzac an Hand von „Motiven“ einerseits und „kompositorischer Funktion“ andererseits (beides Mittel der Analyse) herausarbeiten, um mit Hilfe einer vergleichenden Brücke, die zu Gide und Proust führt, auszurufen: „Sie (Gide und Proust) haben die scheinhafte Grenze zwischen Schein und Realität verflüssigt und der verpönten Reflexion Raum geschaffen, indem sie es verschmähen, deren Antithese zur vorgeblich reinen Anschauung verbissen durchzuhalten. In diesem Zug ist jenes Balzacsche Stück ein exemplarisches Programm der Moderne“ [15]? Sicherlich kann man das, und zwar mit vollster Berechtigung – aber nicht als Soziologe. Daher muß an dieser Stelle auch sofort gesagt werden, daß bei einem solchen Vorgehen nicht der Soziologe spricht, sondern eher der reflektierende Literaturkritiker. Nun richtet sich unser Einwand nicht etwa gegen literaturphilosophische Erkenntnisse, denen es zu Recht zusteht, wertend das Gewebe unserer oder vergangener Zeiten zu entfädeln. Nur im Augenblick, in dem der Literaturphilosoph sein mit dogmatischen Steinen erbautes Podest verläßt, um unter Benutzung soziologischer Hinweise zu „entlarven“, erst dann ist es an der Zeit, die Grenzen zu ziehen. Aber gerade dieser Grenzübertritt, dieses Hin und Her ist zu einem beliebten Spiel einer sich soziologisch tarnenden Literaturphilosophie oder Literaturkritik geworden. Überblickt man z. B. die Reihe der Beiträge, die sich in dem Band „Literatur und Gesellschaft“ gesammelt finden[16], ein Titel, der doch wohl eindeutig genug sein dürfte, und liest man dort in der Mehrzahl Deutungsversuche und Interpretationen von Erzählungen, Gedichten und Dramen von Kleist bis Thomas Mann, dann erscheint der Begriff „Gesellschaft“ in diesem Zusammenhang nur noch wie ein modisches Schlagwort. Denn was dort sich an „Gesellschaftlichem“ finden läßt, sind so gut wie nie soziologische Elemente. Nur hie und da erscheint die Gesellschaft im Blickpunkt der Erwägungen, aber auch dann nur mit recht vagen, von keinerlei Methodik getragenen Bemerkungen, wie z. B.: „Fontanes Romane reflektieren die Gesellschaft in ihren *Zuständen.*“ [17]

In einem solchen Satz, der hier nur als Beispiel für viele andere der gleichen Reflektions-Theorie gelten soll, kommt eindeutig zum Ausdruck, wo die Ursache für unsere Bemängelung zu suchen ist. Sie liegt nämlich dort, wo der Unterschied zwischen *sozialer* Bedeutung und *soziologischer* Bedeutung in bezug auf die Analyse eines literarischen Kunstwerkes nicht erkannt wird. Für den Soziologen bedarf dieser Unterschied keiner Erläuterung. Für den Literaturwissenschaftler jedoch bedeutet er eine latente Gefahr, der er so lange nicht entgehen wird, bis er eingesehen hat, daß die *soziale* Interpretation nur darauf ausgerichtet sein kann, das literarische Kunstwerk in bezug auf das soziale Problem zu bewerten, welches es schildert, beschreibt oder auf das es hinzuweisen sucht. Kommt es dagegen zur *soziologischen* Interpretation, dann geht es unter Beachtung eines spezifischen Bezugsrahmens darum, zu analysieren, warum das Werk kreiert, warum es von der Gesellschaft akzeptiert wurde, warum es sich dieser oder jener Form angepaßt bzw. unterworfen hat und wie es im Verhältnis zu anderen Gegebenheiten von kultureller Bedeutung steht. Nicht, daß damit nun die Aufgaben der Literatursoziologie völlig umschrieben wären. Die Aufzählung möge nur dazu dienen, um das Dilemma vor Augen zu führen, in dem sich eine Mélange von Literaturphilosophie, Literatursoziologie und Literaturkritik verfangen kann. Dieses, der empirischen Literatursoziologie widerstrebende, unglückliche Dilemma kann nicht deutlicher exemplifiziert werden als an einem im Zusammenhang mit einer Auseinandersetzung über gewisse marxistische literaturkritische Ansichten ausgesprochenen Satz, der folgendermaßen lautet: „Dieser nur auf dem Wege einer sehr verschlungenen dialektischen Argumentation erreichbare Schluß hat das Unternehmen einer gesellschaftlichen Literaturbetrachtung in Verruf gebracht, zumal eine ihres geschichtlichen Inhalts beraubte, formale, mit statistischen Methoden vorgehende Soziologie der ästhetischen Struktur nicht gerecht wird." [18] Ohne hier schon auf die marxistische Praxis einzugehen, und unter nochmaliger Betonung der Tatsache, daß der soeben zitierte Satz in den Zusammenhang einer Diskussion über marxistische Praktiken der Literaturbetrachtung gehört, glauben wir ihn dennoch als Hinweis auf besagtes Dilemma anführen zu dürfen. Wendet er sich doch im Grunde genommen gegen eine *jede* gesellschaftliche, lies soziologische Literaturbetrachtung, die ohne geschichtlichen Blick, formal und mit statistischen Methoden „der ästhetischen Struktur nicht gerecht wird". Das aber heißt nach der vorgetragenen Ansicht – unter Außerachtlassung der teilweise durchaus berechtigten Kritik an einer puren Formalsoziologie –, daß es des Literatursoziologen letzte Aufgabe ist, „ästhetische Strukturen" zu erkennen, zu analysieren oder aber in seinen Arbeiten miteinzubeziehen.

Günter Rohrmoser, der bei seinen Überlegungen von Georg Lukács' vielzitierter Studie „Die Theorie des Romans" [19] ausgeht, erkennt zu Recht, daß bei Lukács einerseits der Geschichtsphilosoph spricht [20] und andererseits der Vertreter einer ganz spezifischen ästhetischen Richtung, wobei nach althergebrachter Auffassung sich die Ästhetik definiert als eine Philosophie der Kunst und der Schönheit, als eine Betrachtung über den Sinn der Kunst in der menschlichen Existenz und über das Wesen der Schönheit [21]. Aber weder mit dem einen noch mit dem anderen hat es die Literatursoziologie zu schaffen. Sonst wäre auch sie nichts anderes als „ein typischer Repräsentant der Geisteswissenschaft, ohne über ihre methodologischen Schranken hinauszuweisen", wie Lukács im Vorwort zu seiner „Theorie des Romans" schreibt [22]. Was dabei die Kritik betrifft, die von Rohrmoser in bezug auf die Methode dieser marxistisch-soziologischen Literaturästhetik vorgetragen wird, so ähnelt sie mit ihrem Hinweis auf Formalistik, mangelnder historischer Sicht und statistischem Gehabe stark der Kritik aller jener Ästhetiker, die in der Soziologie nichts anderes sehen können als eine statistische „physique sociale". Auf diesen Irrtum an dieser Stelle einzugehen, dürfte zu weit führen und uns von der Sache selbst ablenken. Es muß genügen, darauf hinzuweisen, daß seit der Entstehung der Lukácsschen Literaturästhetik, der es in erster Linie darum ging, einen sterilen Positivismus zu überwinden (wir befinden uns im Jahre 1920!), und zwar durch intuitives, synthetisches Denken in der Nachfolge von Diltheys Gedankenwelt [23], einige Zeit vergangen ist. Darum darf man heute ruhig sagen, daß mit der Weiterentwicklung der Soziologie von einer positivistisch ausgerichteten Comteschen „physique sociale" zum „study of systems of social action and of their interrelations" [24] sich auch ihre Methoden derart verfeinert haben, daß schon längst keine Rede mehr von Formalismus noch von ausschließlichem Verlaß auf die Statistik sein kann. Wir wagen es auszusprechen, daß der Angriff gegen die empirische soziologische Forschungsmethode, so wie sie heute vor uns steht – ob durch Außerachtlassung, durch Verkennung oder durch radikale Ablehnung –, nichts anderes bedeutet als eine Abwehrhaltung gegenüber einem überaus lästigen Fortschritt, dem zu folgen nicht immer leicht fällt.

Unter dem Einfluß des *frühen* Lukács, der später öffentlich bekannte: „Es wurde Sitte, aus wenigen, zumeist bloß intuitiv erfaßten Zügen einer Richtung, einer Periode usw. synthetisch allgemeine Begriffe zu bilden, aus denen man dann deduktiv zu den Einzelerscheinungen herabstieg und so eine großzügige Zusammenfassung zu erreichen meinte“ [25], entsteht nach wie vor eine sich soziologisch gebende Literaturanalyse, die sich notfalls als soziologische Literaturästhetik kennzeichnen ließe, aber weder Literatursoziologie noch kritische Literatursoziologie ist.

Diese Feststellung muß belegt werden. Und zu diesem Zweck nehmen wir uns die Ausführungen des Marxisten Lucien Goldmann vor, der im Anschluß an die Lukácsschen Gedankengänge zunächst das Werk von Pascal und Racine analysierte [26] und dann, sozusagen zusammenfassend, eine Soziologie des Romans vorlegte [27]. Diese beiden Werke und so auch einige seiner ins Deutsche übersetzte Schriften haben in der literatursoziologischen Diskussion einen einflußreichen Platz eingenommen. Für Goldmann und seine Anhänger steht im Vordergrund das Problem „der Beziehung zwischen der Romanform selbst und der Struktur des sozialen Milieus, innerhalb derer sie sich entwickelt hat, d. h. des Romans als literarisches Genre und der modernen individualistischen Gesellschaft“ [28]. Diesbezüglich lautet die Hypothese: „Die Romanform scheint uns in der Tat die Transposition des aus der Produktion für den Markt geborenen täglichen Lebens in der individualistischen Gesellschaft auf die literarische Ebene zu sein. Es besteht eine haarscharfe Übereinstimmung zwischen der literarischen Form des Romans... und der täglichen Beziehung der Menschen mit den Gütern im allgemeinen und, im weiteren Sinne, der Menschen mit den anderen Menschen in einer für den Markt produzierenden Gesellschaft.“ [29] Was die apostrophierte „Struktur des sozialen Milieus“ angeht, so lauten die zentralen Thesen, daß die Romanform, die hier untersucht wird, „eine Form des Widerstandes gegenüber der sich in der Entfaltung begriffenen bourgeoisen Gesellschaft (ist)“ [30], und fernerhin, daß die vorliegende „soziologische Studie“ über die Romanform „um so wichtiger ist, als sie außer ihrem eigentlichen Objekt ein nicht geringfügiger Beitrag sein könnte zum Studium der psychischen Strukturen gewisser sozialer Gruppen, insbesondere der Mittelschichten“ [31].

Was sich angesichts der durch diese Sätze angedeuteten Aufgaben in bezug auf Romane ergibt, sind nach Goldmann enge Zusammenhänge zwischen der Evolution des Werkes und der kulturellen, sozialen und politischen Geschichte sowie die innere Kohärenz von Schriften und die hauptsächlichsten Probleme, die die Beziehungen zwischen der Kultur und Phasen in der Geschichte der Gesellschaft aufwerfen. Es werden also in engem Anschluß an Lukács mit etwas zusätzlichem, leicht modifiziertem Neo-Marxismus die „innere Kohärenz“ eines Werkes und der Blick auf die Umwelt miteinander verbunden. Benannt „genetischer Strukturalismus“ gilt die These, daß „der Kollektivcharakter der literarischen Schöpfung von der Tatsache herrührt, daß die *Strukturen* des Universums des Werkes den menschlichen *Strukturen* gewisser sozialer Gruppen homolog sind“ [32], indem sich nämlich „die menschlichen Realitäten wie doppelseitige Prozesse darstellen: *Destrukturisation* von alten Strukturen und *Strukturisation* von neuen Ganzheiten, die in der Lage sein werden, die neuen Erfordernisse der sozialen Gruppen zu befriedigen, die sie ausgearbeitet haben“ [33].

Hiermit zeigt sich einerseits jene Dialektik, die nichts anderes kennt als die Polarisation von Widersprüchen; andererseits eine Modellkonstruktion, die unter Benutzung psychologischer, soziologischer und literaturgeschichtlicher Intuitionen ein Kommunikationssystem aufweisen soll, wobei soziologische Phänomene wie soziale Mobilität und sozialer Wandel ebenso unter den Tisch fallen wie abgesicherte soziologische Forschungstechniken.

Hingegen ist viel die Rede vom „Univers littéraire“ und der „Analyse structuraliste-génétique en histoire de la littérature“ sowie der „pensée dialectique“, was dazu dienen soll, eine neue „vision du monde“, um nicht zu sagen: eine neue Weltanschauung zu etablieren, die allerdings leider nicht neu ist. Sie ist, wie bei vielen dieser Art von Studien, schlicht und einfach eine Ideologie des Verfassers, die der Philosoph soziologisch zu verbrämen sucht. Letzteres erweist sich aber als völlig unnötig. Denn einem jeden Philosophen steht es zu, *seinen* Vorstellungen von der Welt Ausdruck zu verleihen, d. h. entweder seine Ideologie in das literarische Werk hineinzuprojizieren oder aber sich bei der Lektüre von Romanen als geschickter Gedankenleser zu betätigen, d. h. ohne durch eine direkte Befragung des Schriftstellers (soweit dies noch möglich ist) zu erfahren, was sich dieser bei irgendeiner Aussage eigentlich gedacht hat – falls er es überhaupt selbst noch wissen sollte.

Fern liege es uns, irgend jemandem zu verwehren, der Prophet von Georg Lukács zu sein. Dann aber führe man auch dessen theoretisch-methodologische Grundlegungen zur Literatursoziologie oder dessen historisch-soziologische Literaturinterpretationen derart fort, daß man nicht – im Anschluß an einen bekannten Satz – nach genauem Studium derartiger Bücher verführt ist, auszurufen: „Right or wrong, my Marxism!“ Der Fanatismus, der das marxistische, das neo-marxistische oder das marxistisch-leninistische literatursoziologische Denken bedrängt, macht es aller Vorsicht, aber auch aller Einsicht bar. Nie scheint es Kenntnis genommen zu haben von jenen beiden grundlegenden Sätzen zu einer wahrlich fundierten Literatursoziologie (und nicht Literaturphilosophie), denen der dem Marxismus durchaus nahestehende Leo Lowenthal schon vor langem Ausdruck verlieh, als er unter der Überschrift „Gesellschaft und gesellschaftliche Probleme als literarischer Stoff“ schrieb [34]: „Trotzdem darf sich der Soziologe, der literarische Interessen und analytische Erfahrung auf dem Gebiet der schönen Literatur hat, nicht damit zufrieden geben, nur das literarische Material zu interpretieren, das per definitionem soziologisch ist. Seine Aufgabe besteht auch darin, die sozialen Implikationen solcher literarischer Themen und Motive zu untersuchen, die von den staatlichen und gesellschaftlichen Vorgängen weit abliegen.“ Ferner [35]: „Die Aufgabe des Literatursoziologen besteht darin, die imaginären Gestalten der Dichtung mit der spezifischen historischen Situation der sie entstammen, in Beziehung zu setzen und auf diese Weise die literarische Hermeneutik zu einem Teil der Wissenssoziologie zu machen. Er muß gewissermaßen die privaten Gleichungen der Themen und stilistischen Mittel in soziale Gleichungen überführen.“ Damit fallen vom Standpunkt des Soziologen alle solche

Behauptungen flach, die unerwiesenermaßen und methodisch keineswegs abgesichert behaupten, der Roman des problematischen Heros entspreche der liberalen Wirtschaftsform, und der nicht-biographische Roman entspreche den Gesellschaften, die die liberale Marktwirtschaft und damit verbunden den Individualismus schon hinter sich gelassen haben [36].

Wenn wir uns im Rahmen dieser einleitenden Bemerkungen so ausführlich mit einer uns als typisch erscheinenden Studie auseinandersetzen, so darum, weil uns die Tendenz derart gelagerter Studien für die Entwicklung einer auf festem Boden stehen wollenden Literatursoziologie gefahrvoll erscheint. Nicht etwa, weil diese Tendenz marxistischen Ursprungs ist; nicht etwa, weil man nicht in der Lage zu sein scheint, von Lukács loszukommen, sondern weil sie ein Epigonentum der Kunstsoziologie darstellt. Dies in doppeltem Sinn. Erstens als Nachfolge einer Auffassung von den Funktionen der Literatur, so wie sie heute selbst in den kommunistischen Ländern nicht länger völlig akzeptiert wird. Zeigen uns doch die neuesten Entwicklungen in diesen Ländern, daß jener Ausruf, den A. A. Zhdanov den sowjetischen Schriftstellern im Jahre 1934 wie einen Befehl zurief, nämlich: „Der Niedergang und der Verfall der bourgeoisen Literatur rührt von dem Niedergang und dem Verfall des kapitalistischen Systems her" [37], überholt zu sein scheint. Zweitens als ein Zurück in aprioristische Gedankengänge, die, während sie einstens noch einer beginnenden Literatursoziologie im Sinne von Hippolyte Taine und seiner Denkschule anstanden, heute, angesichts der modernen Soziologie mit ihren weit fortgeschrittenen Forschungstechniken, keine Existenzberechtigung mehr haben. Wenn überhaupt, dann nur als das, was der englische Sprachgebrauch als „literary criticism" bezeichnet, eine Begriffskonstellation, die in ihrer Doppelsinnigkeit weit über das hinausgeht, was im deutschen Sprachgebrauch schlechthin als „Literaturkritik" bezeichnet wird.

Jene von uns aufgezeigten hypothetischen Parallelistik-Erwägungen müssen aus dem Wege geschafft werden, so brillant sie sich auch immer lesen mögen. Sonst verfällt nicht nur unser Blick auf die Literatur in das gefährliche Geschmacksdiktum eines Ruskin oder eines Croce, sondern läßt uns auch übersehen, wozu uns die Literatursoziologie eigentlich dient, und überdies, was sie bereits geleistet hat.

Ohne allzuweit in die Vergangenheit zurückzugreifen, möge es diesbezüglich genügen, nur auf einige Arbeiten im Felde einer gesichert fundierten Literatursoziologie hinzuweisen. Da wäre als erstes die in zweiter Auflage erschienene Untersuchung von Levin L. Schücking: „Die puritanische Familie in literar-soziologischer Sicht" zu nennen [38], in der ganz allgemein die Familie als literarisches Problem und als literarisches Publikum abgehandelt wird. Dies an Hand einer präzisen Analyse der sogenannten „Conduct books", der Hauszuchtbücher, in denen die Wirkekraft des Puritanismus in bezug auf Lebensformen und Verhaltensweisen der Familie in jener Epoche sich verdeutlicht. Nicht unähnlich verfolgt der 1959 verstorbene Martin Greiner in seinen „Studien zum Trivialroman des 18. Jahrhunderts" [39] die „mächtigen Zuflüsse", die uns erkennen lassen, „was denn eigentlich das Triviale am Trivialroman ist und wodurch er sich von der sogenannten ‚hohen Literatur' unterscheidet" [40]. Hierbei kommt er an Hand zahlreicher Beispiele aus dem Schrifttum der behandelten Epoche zu dem Ergebnis, daß die Trivialität dieser Literatur darauf beruht, weder zur Kunst noch zur Ge-

schichte eine sichere Beziehung zu haben – ein Ergebnis, welches man so manchem vorhalten möchte, der sich mit vernichtender Berserkerwut auf die Trivialliteratur unserer Tage stürzt, ohne sich zunächst um eine literatursoziologische Erfassung der Trivialität zu bemühen, so wie sie sich *heute* manifestiert. Geschieht dies nicht, dann wird, im soziologischen Sinne gesprochen, nicht nur wissenschaftlich unsauber gearbeitet, wird nicht nur gegen ein Phantom angekämpft, sondern wird auch ein arbiträrer Kampf geführt gegen das, was unter völliger Verkennung der Funktion der Populärkultur so gerne als „Massenkultur" in Grund und Boden verdammt wird.
Auch sei noch auf eine gänzlich anders gelagerte Facette der empirischen Literatursoziologie hingewiesen, nämlich auf die, welche sich einerseits dem Buch als solchem – seinen neuen Techniken der Produktion und der Distribution – zuwendet, und andererseits dem Buch als Massenmedium, insofern es zu diesem durch die demographische Explosion, die Generalisation der Bildung und die Ausdehnung der Freizeit geworden ist. Auf diesem Forschungsgebiet hat der französische Gelehrte Robert Escarpit in dem unter seiner Leitung stehenden „Centre de sociologie des faits littéraires" der Universität Bordeaux bereits mehrere rein empirisch ausgerichtete Untersuchungen durchgeführt. Eines seiner Bücher[41] handelt von den Funktionen des Buches, von der Popularisierung des „literarischen Tatbestands", von den Veränderungen der Lesergewohnheiten, hervorgerufen durch die Einführung des Taschenbuches und anderem mehr. All dies bleibt bezogen auf die enge Relation zwischen Buch bzw. Literatur und Gesellschaft bzw. Leserpublikum, und zwar ohne Zuhilfenahme von Literaturkritik, Literaturphilosophie oder soziologischer Literaturästhetik: streng im Rahmen literatursoziologischer Methoden und Erkenntnisse – eben so, wie es einer wahren Literatursoziologie gebührt, dem Namen, dem Begriff und ihren empirischen Methoden entsprechend.
Als in einem sehr umfangreichen Buch der Versuch unternommen wurde, das Verhältnis von Dichtung und Gesellschaft zusammenfassend zu überblicken[42], ging der Verfasser von einer Kapiteleinteilung aus, die sich wie eine Aufzählung der diversen Phänomene liest, mit denen sich die Literatursoziologie befaßt und zu befassen hat. Im einzelnen lauten die dort abgehandelten Gebiete: Der Schriftsteller – Das Publikum – Die Umwelt – Der Gehalt – Die Form – Der Stil – Die Rezeption – Literarische Einflüsse – Aspekte des Wertungsproblems.
Sollen alle diese Felder bearbeitet werden, dann bedürfen sie natürlich einer allumfassenden theoretischen Grundlage, die allerdings bis heute noch nicht zustandegekommen ist – weder bei der positivistisch-empirischen noch bei der marxistisch-neomarxistischen Literatursoziologie[43]. Wohl aber kennt die empirische Literatursoziologie gewisse unablässige Grundbedingungen für ihren theoretischen Ausgangspunkt, denen ihre Methode verpflichtet ist. Sie lauten im einzelnen:

1. Der literarische Tatbestand ist als ein sozialer Tatbestand anzusehen.
2. Der literarische Tatbestand ist auf nichts anderes als auf sich selbst zurückzuführen.
3. Der literarische Tatbestand ist ein Tatbestand des Wertes.
4. Der literarische Tatbestand ist nicht ein einfacher Wissens-Tatbestand.
5. Der literarische Tatbestand ist keine Aktionstechnik[44].

Von hier ausgehend, sieht die empirische Literatursoziologie sich in der Lage, ihre Methoden anzuwenden, und zwar mit dem Ziel, im Rahmen der Beziehungen zwischen

Literatur und Gesellschaft einmal die sozialen Umstände herauszufinden, in denen der Schriftsteller arbeitet, da diese es sind, die die literarischen Formen bestimmen und die Wahl seiner Themen konditionieren, und zum anderen die Wirkungen dieser Formen und Themen auf die Leserschaft und deren Beschäftigung mit denselben.

Anmerkungen

[1] Wir folgen hier streckenweise den Ausführungen von *Milton C. Albrecht, James H. Barnett* und *Mason Griff* (Hrsg.), The Sociology of Art. A Reader, London 1970, Introduction zu Kap. VI, S. 616 ff.
[2] Ibid., S. 617.
[3] Siehe *Leo Lowenthal,* Literature and Sociology, in: *James Thorpe* (Hrsg.), Relations of Literary Study, Modern Language Association of America, New York 1967, S. 97 ff.
[4] *David L. Sills* (Hrsg.), New York 1968, Vol. 9, S. 417 ff.
[5] *Richard T. LaPiere,* Sociology, New York 1946, S. 323.
[6] Stuttgart 1949.
[7] Vgl. *Heinrich Stieglitz,* Der soziale Auftrag der freien Berufe, Köln/Berlin 1960, S. 146/147.
[8] *Talcott Parsons,* Stichwort „Professions", in: International Encyclopedia of the Social Sciences, a.a.O., Vol. 12, S. 546.
[9] S. z. B. bei *Theodore Caplow,* The Sociology of Work, Minneapolis 1954; *J. F. V. Deneke,* Die freien Berufe, Stuttgart 1956; *Paul F. Lazarsfeld* und *W. Thielens,* The Academic Mind, Glencoe (Ill.) 1958; *René König,* Soziologische Orientierungen, Köln/Berlin 1965, S. 179 ff.
[10] *Bernd Jürgen Warneken,* Zur Kritik positivistischer Literatursoziologie, in: *Horst Albert Glaser, Peter Hahn* u. a., Literaturwissenschaft und Sozialwissenschaften, Stuttgart 1971, S. 113.
[11] *Horst Albert Glaser,* Literarischer Anarchismus bei Sade und Burroughs, in: *Horst Albert Glaser, Peter Hahn* u. a., op. cit., S. 345/46.
[12] Ibid., S. 346.
[13] Über einige Motive bei Baudelaire, in: Illuminationen, Frankfurt/M. 1961, S. 201 ff.
[14] Rede über ein imaginäres Feuilleton, in: Noten zur Literatur III, Frankfurt/M. 1965, S. 46 ff.
[15] Ibid., S. 51.
[16] *Hans Joachim Schrimpf* (Hrsg.), Literatur und Gesellschaft vom neunzehnten ins zwanzigste Jahrhundert, Bonn 1963.
[17] *Hermann Lübbe,* Fontane und die Gesellschaft, in: Literatur und Gesellschaft, op. cit., S. 240.
[18] *Günter Rohrmoser,* Literatur und Gesellschaft, Zur Theorie des Romans in der modernen Welt, in: Literatur und Gesellschaft, op. cit., S. 15.
[19] Zuerst Berlin 1920. Zweite, um ein Vorwort vermehrte Auflage, Neuwied 1963.
[20] Der Untertitel des Lukácsschen Buches lautet: „Ein geschichtsphilosophischer Versuch über die Formen der großen Epik."
[21] Vgl. *L. Meynard,* Esthétique, Paris 1961.
[22] A.a.O., S. 9.
[23] Vgl. *Georg Lukács,* op. cit., S. 7.
[24] *Alex Inkeles,* What is Sociology?, Englewood Cliffs 1964, S. 16.
[25] Vorwort zu *Georg Lukács,* op. cit., S. 7.
[26] *Lucien Goldmann,* Le dieu caché, Paris 1955.
[27] *Lucien Goldmann,* Pour une sociologie du roman, Paris 1964.
[28] Ibid., S. 23.
[29] Ibid., S. 24.
[30] Ibid., S. 34.
[31] Ibid., S. 37.
[32] Ibid., S. 218.
[33] Ibid., S. 214.

[34] Zuerst in: Literature and the Image of Man, Boston 1957, dann in: Literature, Popular Culture, and Society, Englewood Cliffs 1961, Kap. 5; jetzt in deutscher Übersetzung: Literatur und Gesellschaft, Neuwied 1964, S. 247/248.
[35] Ibid., S. 248/249.
[36] *Lucien Goldmann,* op. cit., S. 56.
[37] *A. A. Zhdanov,* On Literature, Music and Philosophy, London 1950, S. 13.
[38] Bern/München 1964. Erste Auflage 1929 unter dem Titel: Familie im Puritanismus.
[39] Die Entstehung der modernen Unterhaltungsliteratur, Reinbek bei Hamburg 1964.
[40] Ibid., S. 17.
[41] La révolution du livre, Paris 1965.
[42] *Joseph Strelka,* Die gelenkten Musen, Wien/Frankfurt/Zürich 1971.
[43] Im „Wörterbuch der marxistisch-leninistischen Soziologie", Opladen 1971², fehlt gar sowohl das Stichwort „Literatur" als auch das Stichwort „Kunst".
[44] Vgl. hierzu ausführlich *Albert Memmi,* Problèmes de la sociologie de la littérature, in: Georges Gurvitch (Hrsg.), Traité de sociologie, Bd. 2, Paris 1960, S. 303 ff.

Bibliographie

1. Beiträge zur Theoriebildung

1014 *Ackerknecht, E.*, Der Kitsch als kultureller Übergangswert, in: Schriften der Zeitschrift Bücherei und Bildung, Reutlingen 1950.

1015 *Adorno, Th. W.*, George und Hofmannsthal. Zum Briefwechsel: 1891 bis 1906, in: Prismen, Kulturkritik und Gesellschaft, Berlin/Frankfurt/M. 1955.

1016 *Adorno, Th. W.*, Rede über Lyrik und Gesellschaft, in: Akzente, 1957, 1, S. 8–26.

Zur kulturellen Bedeutung der Lyrik.

1017 *Adorno, Th. W.*, Noten zur Literatur I, Frankfurt/M., 1958.

Sammelband von Essays mit teilweise sozio-ästhetischer Ausrichtung.

1018 *Adorno, Th. W.*, Noten zur Literatur II, Frankfurt/M. 1961.

1019 *Adorno, Th., W.*, Noten zur Literatur III, Frankfurt/M.,1965.

1020 *Albrecht, M. C.*, The Relationship of Literatur and Society, in: AJS., 59, 1954, 5, S. 425–436.

Analyse diverser theoretischer Gesichtspunkte und Konzeptionen sowie empirischer Studien der amerikanischen Literatursoziologie. Insbesondere werden drei Ansätze diskutiert: 1. Spiegelbildtheorie (Literatur und Kunst reflektieren die Gesellschaft, ihre Normen und Werte, soziale Prozesse usw.); 2. Literatur als Mittel sozialer Kontrolle (besonders zur Aufrechterhaltung des Status quo); 3. Beeinflussungstheorie (positiver und negativer Einfluß).

1021 *Arvin, N.*, Literature and Social Change, in: Mod.Q., 6, 1932, S. 20–25.

Zum Verhältnis von sozialem Wandel und Literatur.

1022 *Aspects nouveaux de l'analyse littéraire*, Spez.-Nr. von Annales, Économies, Sociétés, Civilisations, 20, 1965, 3.

1022 A *Aubery, P.*, Pour une interprétation sociologique de la littérature, in: French Review, 37, 1963, S. 169–175.

Zur Funktion der Literatur als Mittel sozialer Reform.

1023 *Bain, R.*, Poetry and Social Research, in: SSR., 12, 1927, 1, S. 35–49.

Vertreter der Spiegelbildtheorie, der in der Dichtung Material zur Feststellung sozialer Werte und Einstellungen sieht. Verschiedene Hinweise auf einzelne Möglichkeiten werden gegeben, vor allem im Hinblick auf die These der „kulturellen Verspätung".

1024 *Bastide, R.*, Sociologie et littérature comparée, in: CIS, 1954, 17, S. 93 bis 100.

Über die Zusammenarbeit von Soziologie und vergleichender Literaturwissenschaft.

1025 *Bellamy, R. F.*, Art and Literature, in: J. C. Roucek u. a., Social Control, New York 1947, S. 240–259.

1026 *Berge, M.*, Madame de Staël. On Fiction, Literature and National Character, Garden City 1964.

Analyse des Beitrages von de Staël zur Entwicklung der Literatursoziologie.

1027 *Blanc, L.*, De l'influence de la société sur la littérature, in: Revue Républicaine, 1, 1834, S. 276.

1028 *Bloch, A.*, Toward the Development of a Sociology of Literary and Art Forms, in: ASR., 8, S. 313 ff.

Klassifizierung literarischer Themen oder Muster, die dann entstehen, wenn Künstler kein gemeinsames soziales Idiom besitzen.

1029 *Bonald, L. de*, Mélanges politiques, littéraires et philosophiques, Paris 1819.

Einer der ersten Vertreter der Theorie von der Abhängigkeit der Literatur von den gesellschaftlichen Verhältnissen. Insbesondere wird der Einfluß der politischen Institutionen auf die Literatur und die Künste bei den verschiedenen Nationen aufgezeigt.

1030 *Bourbon Busset, J. de*, La littérature dans la société de demain, in: La Table Ronde, 1962, 177, S. 117–125.

1030 A *Brang, P.*, Der russische Beitrag zur literatursoziologischen Forschung, in: ZÄAK, 9, 1964.

Kritik an der Analyse des Gehalts von Sprachkunstwerken.

1031 *Brodwin, St.*, Die Komödie und ihre gesellschaftliche Bedeutung. Einleitung zu: ders., Das Narrenschiff, Berlin 1947.

1032 *Brooks, C.*, Modern Poetry and the Tradition, Chapel Hill 1939.

Zur Evolutionstheorie.

1033 *Burger, H. O. (Hrsg.)*, Studien zur Trivialliteratur, Frankfurt/M. 1968.

Literaturwissenschaftliche Studien mit gelegentlicher Einbeziehung literatursoziologischer Probleme.

1034 *Caillois, R.*, Sociologia de la novella (Soziologie der Novelle), Buenos Aires 1942.

1034 A *Caillois, R.*, Littérature et Sociologie, in: AS, 1949, S. 893 ff.

1035 *Candido, A.*, Art et Société, in: CIS, 1964, 37, S. 131–147.

Ausgehend von der Erkenntnis der Interaktion zwischen Kunst und Gesellschaft durch den Kommunikationsprozeß zwischen Künstler, Kunstwerk und Publikum, werden wechselseitige Einflüsse, besonders im Hinblick auf den künstlerischen Schaffungsprozeß, behandelt.

1036 *Cassagne, A.*, La théorie de l'art pour l'art en France chez les derniers romantiques et les premiers réalistes, Paris 1906.

1037 *Castellani, L.*, El problema sociologico del libro (Das soziologische Problem des Buches), in: Dinámica social, 28, 1952, 3, S. 13–14.

1037 A *Chatelet, F.*, Peut-il y avoir une sociologie du roman?, in: Annales, Économies, Sociétés, Civilisations, 20, 1965, S. 490–502.

1037 B *Chiarini, P.*, Letteratura e Società, Bari 1959.

1038 *Coq, J. P. le*, Dynamic Social Forces of Literature, in: SSR., 31, 1946/47, S. 117–126.

1039 *Cousins, A. N.*, The Sociology of the War Novel, in: Ind. J. Soc. Res., 2, 1961, 2, S. 83–90.

Wegen der entscheidenden Bedeutung von Krieg und Frieden für die Gesellschaft werden Kriegsromane als wesentlich für die Untersuchung der sozialen Rolle von Literatur angesehen: An ihnen zeigten sich zugleich Ursache und Wirkung der Sozialkritik, Typen von Gruppenfunktionen, Persönlichkeit und Gesellschaft, sozialer Wandel.

1040 *Croce, B.*, La letteratura come espressione della società (Die Literatur als Ausdruck der Gesellschaft), in: Problemi di Estetica, Bari 1910, S. 56–60.

Behandelt das Konzept von der Literatur als Ausdruck der Gesellschaft.

1041 *Daiches, D.*, Literatur and Society, London 1938.

Sozialgeschichtliche Interpretation der englischen Literatur vom frühen Mittelalter bis zur Gegenwart.

1042 *Daiches, D.*, The Novel and the Modern World, Chicago 1960, (s. a. 1558).
Analyse anhand der Spiegelbildtheorie.

1043 *Daiches, D.*, Poetry and the Modern World, Chicago 1940.

1044 *Dell, F.*, The Difference Between Life and Fiction, in: The Novel of Tomorrow and the Scope of Fiction, Indianapolis 1922.

1045 *Diaconde, E.*, Le substratum social du phénomène littérature, in: RIS, 46, 1938, 9–10, S. 527–543.

1046 *Dilthey, W.*, Von deutscher Dichtung und Musik, Stuttgart/Göttingen 1957 (s. a. 577).

1047 *Doutrepont, G.*, La littérature et la société, Brüssel 1942.
Literatursoziologische Betrachtungen zum Gattungsproblem.

1048 *Dumont, F.*, La sociologie et la critique de la littérature, in: Rech. soc., 1964, Bd. 1–2.

1049 *Duncan, H. D.*, Language and Literature in Society. A Sociological Essay on Theory and Method in the Interpretation of Linguistic Symbols with a Bibliographical Guide to the Sociology of Literature, Chicago 1953.
Literatur wird wertend gesehen entweder als „große Kunst", als „magische Kunst", als „Verstellung oder Trug", sowie als „soziale Institution" – letzteres nach 4 Kategorien sozialer Funktionen: Beschäftigung mit bestimmten Problemen; Schaffung von Symbolformen; Bildung spezifischer Publikumsgruppen, Entwicklung von Kritikern – Fernerhin Erörterung methodologischer Probleme bei der soziologischen Analyse von linguistischen Symbolen.

1050 *Duncan, H. D.*, Communication and Social Order, New York 1962.
Enthält Abschnitte über die soziale Funktion der Kunst und der Komödie.

1051 *Edfelt, J.*, Die soziale Funktion der Dichtung, in: Deutsche Rundschau, 1953, 79, S. 950–954.

1052 *Egger, R.*, The Administrative Novel, in: APSR, 53, 1959, 2, S. 448–455.

1053 *Elizalde, I.*, Literatura y sociología (Literatur und Soziologie), in: Fom. soc., 14, 1959, 54, S. 145–157.

1054 *Escarpit, R.*, Sociologie de la littérature, Paris 1958.

1055 *Escarpit, R.*, Das Buch und der Leser. Entwurf einer Literatursoziologie, Köln/Opladen 1961.
Systematische Darstellung von Prinzipien und Methoden einer Soziologie der Literatur unter Verwertung von empirischen Forschungsresultaten. Innerhalb der drei Hauptabschnitte „Produktion", „Distribution" und „Konsumtion" finden sich die Prinzipien der Typologisierung von Schriftstellern, die Strukturierung der soziolitarischen Gesellschaft, Funktionen und Verhalten der Gruppen der soziolitarischen Gesellschaft.

1056 *Escarpit, R.*, La révolution du livre, Paris 1965.
Die im Auftrag der UNESCO durchgeführte Studie untersucht Strukturen und Funktionen der Buchproduktion und des Buchmarktes angesichts der Massenverbreitung von Büchern in verschiedenen Gebieten der Welt. Produktion und Konsumtion werden mit politischen Strukturen in Zusammenhang gebracht.

1057 *Escarpit, R.*, Artikel „Literature" (The Sociology of Literature), in: Int. Ency. Soc. Sci. 9, S. 417–425.

1058 *Escarpit, R. (Hrsg.)*, Le littéraire et le social. Éléments pour une sociologie de la littérature, Paris 1970.
Darstellung eines nicht-elitären und nicht-formalistischen Konzepts der Literatursoziologie.

1058 A *Flores, A. (Hrsg.)*, Literature and Marxism, New York 1938.

1059 *Fourastié, F. und L.*, Les écrivains témoins du peuple, Paris 1964.

1060 *Freisitzer, K.*, Die Literatursoziologie, Diss., Graz 1957.

1061 *Fréville, J. (Hrsg.)*, Sur la littérature et l'art, 2 Bde., Paris 1936.

Zur marxistischen Literatursoziologie. Enthält Texte von Marx, Engels, Lenin und Stalin.

1062 *Fügen, H. N.*, Die Hauptrichtungen der Literatursoziologie und ihre Methoden, Bonn 1964.

Übersicht über Probleme und Methoden der Literatursoziologie, die sich insbesondere um Abgrenzung von der traditionellen Literaturwissenschaft bemüht, indem Literatur als soziales Phänomen definiert wird, das sich durch die Beziehung Schriftsteller – Leser manifestiert.

1063 *Fügen, H. N., (Hrsg.)*, Wege der Literatursoziologie, Neuwied/Berlin 1968.

Enthält Beiträge in einem historischen Teil und einem systematischen Teil, gegliedert nach: Soziologische Analysen von Inhalt und Form; Rolle und Status der Schriftsteller; Soziologie des Publikums; die institutionalisierten Vermittler.

1064 *Gallas, H.*, Marxistische Literaturtheorie, Neuwied/Berlin 1971.

1065 *Gamberg, H.*, The Modern Literary Ethos: A Sociological Interpretation, in: Soc. Forc., 37, 1958, 1, S. 1–14 (s. a. 1423).

Untersuchung allgemeiner Tendenzen soziologischer Literaturinterpretation anhand der Schriften von Kultur- und Literaturkritikern.

1066 *Glaser, H. A., Holm, P., u. a.*, Literaturwissenschaft und Sozialwissenschaften. Grundlagen und Modellanalysen, Stuttgart 1971.

Aufsatzsammlung zum Thema der gesellschaftlichen Vermittlung aus marxistischer Sicht.

1067 *Glicksberg, Ch. J.*, Literature and Society, in: Arizona Quarterly, 8, 1952, S. 128 ff.

1068 *Goldmann, L.*, Le Dieu caché. Étude sur la vision tragique dans les Pensées de Pascal et dans le théâtre de Racine, Paris 1955 (s. a. 1751).

Über die Beziehungen von Literatur und Gesellschaft im Frankreich des 17. Jahrhunderts. An den Werken von Pascal und Racine wird ein Stück Sozialgeschichte Frankreichs abgelesen. Zugleich wird mit diesem Beispiel eine Theorie der Literatursoziologie entwickelt, die stark von Georg Lukács beeinflußt ist.

1069 *Goldmann, L.*, Marx, Lukács, Girard et la sociologie du roman, in: Médiations, 1961, 2, S. 143–153.

1070 *Goldmann, L.*, Problèmes d'une sociologie du roman, in: CIS, 9, 1962, 32, S. 61–72.

Versuch, die Zusammenhänge zwischen literarischen und sozial-ökonomischen Strukturen im Sinne einer marxistischen Interpretation aufzudecken.

1071 *Goldmann, L.*, Pour une sociologie du roman, Paris 1964.

Außer Abhandlungen über Malraux sowie den Nouveau Roman wird eine „strukturalistisch genetische Methode in der Literaturgeschichte" dargelegt, derzufolge die wahren kulturellen Schöpfer die sozialen Gruppen und nicht isolierte Individuen sind.

1072 *Goldmann, L.*, Dialektische Untersuchungen, in: Soziologische Texte, Band 29, Neuwied/Berlin 1967.

Enthält u. a. Aufsätze zum Thema: Dialektischer Materialismus und Literaturgeschichte; Das Wesen des Werkes; Georg Lukács: Der Essayist; Gibt es marxistische Soziologie.

1073 *Goldmann, L.*, Weltflucht und Politik. Dialektische Studien zu Pascal und Racine, Neuwied/Berlin 1967.

Vier Essays zum Thema „Weltsicht".

1073 A *Goldmann, L.*, The Sociology of Literature: Status and Problems of Method, in: ISSJ, XIX, 4, 1967, S. 493 bis 516.

1074 *Graña, C.*, El Analisis social de la literatura: Posibilidades y limitaciones (Die soziale Analyse der Literatur: Möglichkeiten und Beschränkungen), in: R. Cienc. Soc., 6, 1962, 2, S. 215–238.

Beitrag zur Theorie der Literatursoziologie mit einer Kritik der marxistischen Methode: Soziologen sollten auch Stiluntersuchungen betreiben, da der Stil eine Möglichkeit darstellt, um soziale Werte auszudrücken.

1075 *Greiner, M.*, Literatur und Gesellschaft. Literatur als Wirkungsgeschichte der Dichtung, in: Deutsche Universitäts-Zeitung, 12, 1957, 8, S. 14–17.

Auffassung von der Literatursoziologie als Zweig der Literaturwissenschaft.

1076 *Greiner, M.*, Die Entstehung der modernen Unterhaltungsliteratur. Studien zum Trivialroman des 18. Jahrhunderts, Reinbek 1964.

Über den Zusammenhang von hoher und niederer Literatur sowie der Erhellung des Phänomens der Trivialität.

1076 A *Grivel, Ch.*, Matériaux pour servir à l'examen sociologique de la poésie à la fin du second empire, in: Neophilologus, 50, 1966, S. 44–59.

1077 *Guérard, A.*, Literature and Society, Boston 1935.

Ausführungen im Anschluß an H. Taines Grundgedanken.

1078 *Gürster, E.*, Wertverlust der Freiheit, Gedanken zur Literatur der Gegenwart, in: Polit. St., 14, 1963, 151, S. 517–528 (s. a. 1457).

1079 *Haacke, W.*, Das Territorium des Trivialromanes, in: Bertelsmann Briefe, Heft 30, 1964, S. 18–20.

Zur Abgrenzung des Begriffs „Trivialroman".

1080 *Hamburger, K.*, Zwei Formen literatursoziologischer Betrachtung. Zu Erich Auerbachs „Mimesis" und Georg Lukács „Goethe und seine Zeit", in: Orbis Litterarum, 7, 1949, S. 142 bis 160.

Sieht unter Auslassung spezifisch soziologischer Fragestellungen zugunsten von sozio-ästhetischen Überlegungen in H. Taine den „Vater der soziologischen Methode".

1081 *Hauser, A.*, Sozialgeschichte der Kunst und Literatur, München 1953 (s. a. 313).

1082 *Hauser, A.*, Ziele und Grenzen der Soziologie der Kunst und Literatur, in: Frankfurter Beiträge zur Soziologie, Frankfurt/M. 1955 (s. a. 314).

1083 *Hirsch, A.*, Soziologie und Literaturgeschichte, in: Euphorion, Stuttgart 1928.

Versuch einer literatursoziologischen Theorie als Sinnerfassung.

1084 *Hodeige, F.*, Zur Stellung von Dichter und Buch in der Gesellschaft. Eine literatursoziologische Untersuchung, Diss., Marburg 1949 (s. a. 1242).

Zur Wirkungsproblematik der Literatur.

1084 A *Hoggart, R.*, Literature and Society, in: ders., Speaking to Each Other, London 1970, Bd. 2.

Literatur als Hilfsmittel zum Verständnis des Lebens einer Gesellschaft.

1085 *Honigsheim, P.*, Soziologie der Kunst, Musik und Literatur, in G. Eisermann (Hrsg.), Die Lehre von der Gesellschaft, Stuttgart 1958 (s. a. 316 u. 605).

1086 *Honigsheim, P.*, Die Ähnlichkeit von Musik und Drama in primitiven und totalitären Gesellschaften, in: KZfS, 16, 1964, 3, S. 481–490 (s. a. 606).

1087 *Hunt, E. L.*, The Social Interpretation of Literature, in: English Journal, 24, 1935, S. 214–218.

1088 *Inglis, R. A.*, An Objective Approach to the Relationship between Fiction and Society, in: ASR., 3, 1938, S. 526 bis 533.

Analyse der gelenkten Wirklichkeit.

1088 A *Keferstein, G.*, Aufgaben einer volksbezogenen Literatursoziologie, in: Volksspiegel 1, 1934, S. 114–123.

Volkstum-Soziologie.

1089 *Keller, A. G.*, Sociology and the Epic, in: AJS, 6, 1900, S. 267–271.

1090 *Kern, A. C.*, The Sociology of Knowledge in the Study of Literature, in: Sew. Rev., 50, 1942, S. 505–514.

Das Studium der Literatur als Teil der Wissenssoziologie.

1091 *Klein, J.*, Ästhetik und soziologische Literaturbetrachtung, in: Arch. SG, Bd. I, 1961, S. 19–25.

1092 *Kleinberg, A.*, Soziologische Literaturgeschichtsforschung, in: Die Gesellschaft, 2, 1925, 2.

1093 Kleinberg, A., Geschichtsmaterialismus und Literaturgeschichte. Ein methodologischer Versuch, in: Die Gesellschaft, 5, 1928, 6, S. 533–540.

Zur marxistischen Literaturtheorie.

1094 *Knospe, H.*, Artikel „Literatursoziologie", in: W. Bernsdorf (Hrsg.), Wörterbuch der Soziologie, 1969, S. 637–643.

1095 *König, R.*, Die naturalistische Ästhetik in Frankreich und ihre Auflösung. Ein Beitrag zur systemwissenschaftlichen Betrachtung der Kunstästhetik, Leipzig 1931.

Sozio-ästhetische Analyse.

1096 *König, R.*, Literarische Geschmacksbildung, in: Das deutsche Wort, 13, 1937, 2, S. 71–82.

1097 *Kofler, L.*, Zur Theorie der modernen Literatur. Der Avantgardismus in soziologischer Sicht, Neuwied/Berlin 1962.

Marxistische Literaturbetrachtung im Anschluß an G. Lukács. Bestimmte zentrale Schwächen der modernen Literatur und eng damit zusammenhängend auch der Literaturtheorie sollen aufgezeigt werden.

1098 *Kohn-Bramstedt, E.*, Probleme der Literatursoziologie, in: Neue Jahrbücher für Wissenschaft und Jugendbildung, 7, 1931, S. 719–731.

Literatursoziologie erfasse den gesamten Wirkungszusammenhang von literarischer Produktion und Rezeption auf dem Hintergrund der Gesellschaft.

1099 *Kreuder, E.*, Funktion und Wesen der Dichtung, in: Jahrbuch der Akademie der Wissenschaften und der Literatur in Mainz, 1952, S. 263–274.

1100 *Krysmanski, H. J.*, Die utopische Methode, Köln/Opladen 1963 (s. a. 1614).

Eine soziologische Untersuchung deutscher utopischer Romane des 20. Jahrhunderts.

1101 *Kuhn, H.*, Dichtungswissenschaft und Soziologie, in: Studium Generale, 3, 1950, 11, S. 622–626.

1102 *Langenbucher, W.*, Der aktuelle Unterhaltungsroman, Bonn 1964.

Die unterhaltende Literatur wird in Parallele zum Journalismus gesetzt, indem soziale Kommunikation als Gegenstand der Zeitungswissenschaften angesehen wird.

1103 *Langenbucher, W.*, Im Banne eines Begriffs, in: kürbiskern, 4, 1966, S. 90–97.

Ablehnung ästhetischer Betrachtungsweisen der Trivialliteratur.

1104 *Lanson, G.*, L'histoire littéraire et la sociologie, in: Revue de métaphysique et morale, 12, 1904, S. 621–642.

Versuch, das literarische Werk in den Rahmen der Umstände zu setzen, aus denen es hervorgegangen ist.

1104 A *Lasse, J.*, Dichtung und Gesellschaft. Aufsätze zur Literatursoziologie, Linz 1966.

1105 *Leenhardt, J.*, La sociologie de la littérature: quelques étapes de son histoire, in: RISS, 4, 1967.

Darstellung der Entwicklung der Literatursoziologie.

1106 *Lerner, M., E. Mims,* Artikel „Literature", in: Ency. Soc. Sci., 9, 1933, S. 523–543.

Aufzeichnung der diversen Arten des sozialen Prozesses durch Literatur.

1107 *Lessing, C.,* Das methodische Problem der Literatursoziologie, Diss., Bonn 1950.

Unter Ablehnung der These, daß Dichter und Welt in einem kausalen Verhältnis zueinander stehen, wird auf ein grundlegendes Beziehungsgefüge dialogischer Reziprozität verwiesen.

1108 *Levin, H.,* Literature as an Institution, in: Accent, 6, 1946, S. 159–168.

Über die Institutionalisierung der Literatur. Zum Einfluß des Publikums auf die Entstehung eines Sprachkunstwerkes.

1109 *Linpinsel, E.,* Soziologie in der Wissenschaft von der Dichtung, in: KZfS, 2, 1949/50.

Umriß der Grundlagen einer Literatursoziologie.

1110 *Littérature et Société,* Problèmes de méthodologie en sociologie de la littérature. Colloque organisé conjointement par l'Institut de Sociologie de l'Université Libre de Bruxelles et l'École Pratique des Hautes Études de Paris, Brüssel 1967.

Enthält neben literatursoziologischen auch Beiträge zu Film und Theater.

1111 *Löwenthal, L.,* Zur gesellschaftlichen Lage der Literatur, in: ZSF, 1, 1932, S. 85–102.

Plädoyer für eine erklärende Literaturgeschichte, die die ökonomischen Grundstrukturen, wie sie sich in der Dichtung darstellen, sowie die Wirkungen untersucht, die innerhalb der durch die Ökonomie bedingten Gesellschaft das materialistisch interpretierte Kunstwerk ausübt.

1112 *Löwenthal, L.,* Literatur und Gesellschaft. Das Buch in der Massenkultur. Neuwied/Berlin 1964.

Sammlung von 5 früher veröffentlichten Essays zum Thema „Massenkultur" (Populärkultur) und Kunst anhand von Beispielen, insbesondere aus dem 16.–18. Jahrhundert. Der 5. Abschnitt versucht die Hauptprobleme einer geisteswissenschaftlich orientierten Literatursoziologie als Teil einer Kultursoziologie darzulegen.

1113 *Löwenthal, L.,* Das Bild des Menschen in der Literatur, Neuwied/Berlin 1966 (s. a. 1619).

Einzelfallstudie über Werke von Lope de Vega, Calderon, Cervantes, Shakespeare, Corneille, Racine, Molière, Goethe, Ibsen und Hamsun mit dem Ziel, die Erfahrungen der durch den Dichter erfundenen Charaktere und Situationen mit dem historischen Klima, aus dem sie stammen, in Verbindung zu setzen.

1114 *Lublinski, S.,* Literatur und Gesellschaft im 19. Jahrhundert, 2 Bde., Berlin 1899, 1900.

Sozialgeschichtliche Darstellung.

1115 *Lützeler, H.,* Probleme der Literatursoziologie, in: Die neueren Sprachen, 40, 1932, S. 473–478.

Vertritt die Ansicht, daß der dichterische Gehalt nicht im Soziologischen aufgehe.

1116 *Lukács, G.,* Zur Soziologie des modernen Dramas, in: Arch. Soz. W., 38, 1914, I, S. 303–345; II, S. 662–706.

1117 *Lukács, G.,* Schriften zur Literatursoziologie, Neuwied 1961.

I. Teil: Geschichtsphilosophische und theoretisch-methodologische Grundlegungen zur Literatursoziologie.
II. Teil: Historisch-soziologische Literaturinterpretation. Insgesamt Literaturbetrachtungen im Sinne der marxistisch-leninistischen Ästhetik und dementsprechend gesellschaftskritisch orientiert.

1118 *Lukács, G.,* La forme intérieure du roman, in: R. Inst. S., 36, 1963, 2, S. 243–261.

1119 *Lukács, G.*, Die Eigenart des Ästhetischen, 2. Bd., Neuwied/Berlin 1964.

Versuch der Entwicklung einer systematischen Ästhetik zur Definition der objektiv-subjektiven Natur künstlerischer Kreation und Reaktion mit Hilfe einer vergleichenden, historischen Methode.

1120 *Lukács, G.*, Über die Besonderheit als Kategorie der Ästhetik, Neuwied/Berlin 1967.

1121 *Macherey, P.*, Pour une théorie de la production littéraire, Paris 1966.

1122 *Mann, H. de*, Literatur und Gesellschaft, in: Der Volksbibliothekar, 4, 1950, 3.

1123 *Marshall, T. F. (Hrsg.)*, Literature and Society, 1950–1955; A Selective Bibliography, Coral Gables (Fla.) 1956.

1124 *Marx, K., F. Engels*, Über Kunst und Literatur, Eine Sammlung aus ihren Schriften, hrsg. von Michael Lifschitz, Berlin 1950.

Umfangreiche Zusammenstellung aus dem Gesamtwerk von Marx und Engels mit meist nur indirektem Bezug auf Kunst und Literatur.

1125 *McCormick, J. O.*, The Novel and Society, in: Jahrbuch für Amerikastudien, 1, 1956, S. 70–75.

1125 A *Mehring, F.* Gesammelte Schriften, Berlin 1961.

Besonders in den Bdn. 9, 10 und 11 finden sich Ansätze zur Anwendung der Gesellschaftstheorie auf die Literatur.

1126 *Memmi, A.*, Cinq propositions pour une sociologie de la littérature, in: CIS, 6, 1959, 26, S. 149–163.

Zur Bedeutung einer Soziologie der literarischen Tatsache. Die hauptsächliche Funktion der Literatursoziologie wird darin gesehen, die Wertelemente in literarischen Kunstwerken aufzudecken.

1127 *Memmi, A.*, Problèmes de la sociologie de la littérature, in: G. Gurvitch (Hrsg.), Traité de Sociologie, Bd. 2, Paris 1960, S. 299–314.

Eine literaturgeschichtliche Betrachtungsweise, ergänzt durch soziologische Erläuterungen.

1128 *Meuter, H.*, Literatur als Quelle der Soziologie, in: Geist und Zeit, 1956, 1, S. 101–118.

Versuch, Methoden einer quellenmäßigen Verwendung literarischer Kunstwerke für die Soziologie zu entwickeln. Diese als „literarische Soziologie" bezeichnete Methode wird als Teil der Literatursoziologie angesehen.

1129 *Meyer, H.*, Grundlagen der Literatursoziologie, in: Studium Generale, 17, 1964, S. 1–33.

Versuch einer allgemeinen literatursoziologischen Theorie.

1130 *Monroe, N. E.*, The Novel and Society. A Critical Study of the Modern Novel, Washington 1965.

1131 *Mounin, G.*, Poésie et société, Paris 1962.

Über die mangelnde Kraft des Kommunikationsprozesses zwischen Produzent und Konsument von Poesie.

1132 *Muir, E.*, Essays on Literature and Society, London 1965.

1133 *Needham, H. A.*, Le développement de l'esthétique sociologique en France et en Angleterre au XIXe siècle, Paris 1926 (s. a. 101).

1134 *Newald, R.*, Artikel „Literatur", in: Wörterbuch der Soziologie, hrsg. von W. Bernsdorf und F. Bülow, Stuttgart 1955, S. 302–306.

Literatursoziologie überwiegend gesehen unter literaturwissenschaftlichem Aspekt, woraus sich die Forschungsgebiete: 1. Stoff und Gehalt; 2. Form und Gestalt; 3. Dichterpersönlichkeiten; 4. Publikumswirkung und Erfolg ergeben.

1135 *Niemann, L.*, Soziologie des naturalistischen Romans, Berlin 1934.
Sozio-ästhetische Betrachtung.

1136 *Oritz Sanchez, M.*, Novela y sociedad (Novelle und Gesellschaft), in: R. Inst. Cienc. soc., 4, 1964, S. 325–337.

1137 *Parrington, V. L.*, Main Currents in American Thought, New York 1927 (s. a. 1642).
Beschreibung der wirtschaftlichen und politischen Kräfte, die literarischen Schulen und Bewegungen vorangehen und Ideen hervorbringen, aus denen eine literarische Kultur sich entwickelt (Determinismus).

1137 A *Pichois, C.*, Vers une sociologie historique des faits littéraires, in: Revue d'Histoire littéraire de la France, 1961, 1.

1138 *Pollock, T. C.*, The Nature of Literature. Its Relation to Science, Language and Human Experience, Princeton 1947.

1139 *Pospelov, G. N.*, Littérature et sociologie, in: RISS, 4, 1967.

1140 *Radar, E.*, La mime comme manifestation de sociabilité, jeu et expression artistique, in: Diogène, 50, 1965, S. 49–63.

1141 *Reiss, A.*, Das Drama als soziologisches Phänomen. Ein Versuch. Braunschweig 1954.

1142 *Risse, H.*, Gesellschaft und Literatur. Bemerkungen über ihre Beziehungen, in: Welt und Wort, 1955, S. 35–39, 77–80.

1143 *Rohrmoser, G.*, Literatur und Gesellschaft. Zur Theorie des Romans in der modernen Welt, in: H. J. Schrimpf (Hrsg.), Literatur und Gesellschaft, Bonn 1963.
Literaturwissenschaftlich-geschichtsphilosophische Abhandlung über die Theorie des Romans.

1144 *Roman et réalité*, Le, Spez.-Nr. von Esprit, 32, 1964, Nr. 329.

1145 *Rosenberg, B., D. M. White (Hrsg.)*, Mass Culture. The Popular Arts in America, Glencoe 1957 (s. a. 116).
Enthält u. a. Beiträge zur Massenliteratur, Detektivromanen und Comics, alles gesehen in der Perspektive einer Massenkultur.

1146 *Rosengren, K. E.*, Sociological Aspects of the Literary System, Stockholm 1968.
Entwicklung einer Methode zur Messung von Erfolg und Struktur literarischer Bezugsgruppen.

1147 *Roucek, J. S.*, La sociologia de la literatura, in: R. Mexic. Sociol., 21, 1959, 2, S. 691–701.
Erörterung von drei theoretischen Prinzipien der Literatursoziologie: Spiegelbildtheorie, Literatur als Mittel sozialer Kontrolle, Beeinflussungstheorie.

1148 *Roucek, J. S.*, The Sociology of Literature, in: Ind. J. Soc. Res., 2, 1961, 2, S. 22–30.

1149 *Roucek, J. S.*, La sociologia de la literatura detectivesca, criminal y de misterio, in: R. Mexic. Sociol., 23, 1961, 2, S. 555–564.
Untersuchung anhand der Entwicklung angelsächsischer Kriminalliteratur über die Gründe für deren Popularität und ihre Bedeutung im Zusammenhang mit Überwindung von Frustrationen, Eskapismus u. ä. m.

1149 A *Sakulin, P. N.*, Die soziologische Methode in der Literaturwissenschaft, Moskau 1925.
Zur sozialen Genesis der poetischen Formen.

1150 *Sandor, P.*, Probleme einer Kunstsoziologie mit besonderer Berücksichtigung der Literatur, Diss., Wien 1925.

1151 *Sartre, J.-P.*, Was ist Literatur? Ein Essay, Hamburg 1958.
Soziale Definition der Literatur.

1152 *Scanlan, R.*, Drama as Form of Persuasive Communication, Diss., Cornell University 1937.

1153 *Schmidt-Henkel, G., Enders, H., Knilli, F., Maier, W. (Hrsg.),* Trivialliteratur, Berlin 1964.

Sammelband von Essays, die aufgrund von Arbeiten im Literarischen Colloquium, Berlin, entstanden sind.

1154 *Schücking, L.,* Soziologie der literarischen Geschmacksbildung, München 1923.

Grundgedanke ist, daß die als Geschmack bezeichnete Übereinstimmung des Gefallens an künstlerischen Werken nicht einfach aus deren Qualität hervorgeht, sondern das Ergebnis eines verwickelten Prozesses ist, in dem sehr verschiedenartige Kräfte miteinander ringen, um ein Ergebnis herbeizuführen.

1154 A *Schücking, L.,* Literatur und Soziologie, in: Forschung und Fortschritte, 7, 1931, S. 372–373.

1155 *Schücking, L.,* Literarische „Fehlurteile". Ein Beitrag zur Lehre vom Geschmacksträgertyp, in: DVJ, 10, 1932, S. 371–386 (s. a. 1362).

1156 *Schücking, L.,* Literaturgeschichte und Geschmacksgeschichte, in: Germanisch-Romanische Monatsschrift, 5, 1913, S. 561–577.

Die Hauptfrage der Literaturgeschichte soll lauten: Was lesen die verschiedenen Bildungsschichten zu einer bestimmten Zeit?

1157 *Slote, B. (Hrsg.),* Literature and Society, Lincoln 1964.

1158 *Smith, H.,* Relativism in Bonald's Literary Doctrine, in: MPh., 22, 1924, S. 193–210.

Zu L. de Bonalds Theorie von der Literatur als Ausdruck der Gesellschaft.

1159 *Snell, B.,* Poetry and Society, Bloomington (Ind.) 1961.

Literatur- und sozialgeschichtliche Deutung literarischer Manifestationen aus der Dichtung des antiken Griechenlands.

1160 *Sociologie de la Littérature,* Recherches récentes et discussions, Brüssel 1970.

Einzelabhandlungen genetisch-strukturalistischer Art, die aufzuzeigen suchen, daß jedes große literarische Werk ein soziales Produkt ist.

1161 *Sorensen, R. G. und T. C.,* A Proposal for the Use of Content Analysis Evidence in Literary Infringment Cases, in: Soc. Forc., 33, 1955, 3, S. 262 bis 267.

Vorschlag zur Anwendung der Inhaltsanalyse im literarischen Feld.

1162 *Spearman, D.,* The Novel and Society, London 1966.

Untersuchung über die Anfänge des Romans als literarische Gattung sowie die Darstellung der Ergebnisse in Beziehung zur allgemeinen soziologischen Theorie.

1163 *Spiller, R. E.,* Value and Method in American Studies: The Literary versus the Social Approach, in: Jb. für Amerikastudien, 4, 1959, S. 11–24.

1164 *Staël-Holstein, A. L. G. de,* De la littérature considérée dans ses rapports avec les institutions sociales. 2 Bde., Paris 1800.

Früher „spiegelbildtheoretischer" Versuch, die Entwicklung literarischer Stile und Formen aus Faktoren wie Rasse, Klima, Religion, Nation u. a. abzuleiten.

1165 *Strachey, J.,* Literature and Dialectical Materialism, New York 1934.

Marxistische Abhandlung.

1166 *Strauss, W.,* Vorfragen einer Soziologie der literarischen Wirkung, Diss., Köln 1934.

Behandlung sozialer Funktionen und soziologischer Zusammenhänge.

1166 A *Strelka, J.,* Die gelenkten Musen. Dichtung und Gesellschaft, Wien/Frankfurt/Zürich 1971.

Kritische Zusammenstellung der diversen Sparten des literatursoziologischen Gebietes.

1167 *Strich, F.*, Dichtung und Zivilisation, München 1928.

1168 *Taine, H.*, Histoire de la littérature anglaise, 3 Bde., Paris 1864.

Anwendung der Taineschen Determinanten: Rasse, Milieu und Zeit auf die Geschichte der englischen Literatur.

1169 *Templin, E. H.*, The Social Approach to Literature, Berkeley/Los Angeles 1944.

Um den Autor in seinem Lebensbereich und innerhalb der verschiedenen Zusammenhänge, die er in seinen Werken darstellt, zu erkennen, können nur solche Werke als der soziologischen Analyse adäquat angesehen werden, die einen „sozialen" Inhalt aufweisen.

1170 *Thorpe, J. (Hrsg.)*, Relations of Literary Study, New York 1967.

Beiträge zur interdisziplinären Literaturforschung u. a. ein Beitrag von L. Lowenthal „Literature and Sociology".

1171 *Todorov, T.*, La déscription de la signification en littérature, in: Communications, 4, 1964, S. 33–39.

Semiologische Untersuchung.

1172 *Tooze, R., B. P. Krone*, Literature and Music as Resources for Social Studies. Englewood Cliffs 1955 (s. a. 697).

1173 *Vanslov, V. V.*, Beiträge zum sozialistischen Realismus. Grundsätzliches über Kunst und Literatur, Berlin 1953.

1174 *Viëtor, K.*, Programm einer Literatursoziologie, in: Volk im Werden, 2, 1934, S. 35–44.

1174 A *Waltz, M.*, Methodological Reflections Suggested by the Study of Groups of Limited Complexity: Outline of a Sociology of Mediaeval Love Poetry, in: ISSJ, XIX, 1967, 4, S. 599–613.

Zur Beziehung zwischen literarischer Form und Gruppenstruktur.

1175 *Warren, A.*, Literature and Society, in: TC, 1946, S. 304–314.

Verbindung sozialliterarischer und sozialhistorischer Gegebenheiten, ohne spezifische literatursoziologische Methode.

1176 *Watt, J.*, Literature and Society, in: R. N. Wilson (Hrsg.), The Arts in Society, Englewood Cliffs (N. J.) 1964.

Skizzierung genereller Probleme der Literatursoziologie unter historischer Perspektive, gegliedert nach den Abschnitten: Sozialer Kontext der Schriftsteller; Literatur als Reflexion der Gesellschaft; soziale Funktion der Literatur.

1177 *Wellek, R., A. Warren*, Theorie der Literatur, Frankfurt/M. 1963.

Systematische Darstellung der Literaturwissenschaft. Enthält ein soziologisches Kapitel „Literatur und Gesellschaft".

1177 A *Wengraf, E.*, Literatur und Gesellschaft, in: Die Neue Zeit, 7, 1889, S. 241–248.

Die niedere Literatur als Lieferant eines verfälschten Bildes gilt als bedenkenswertes Studienobjekt.

1178 *Wiese, L. v.*, Das Verfahren bei beziehungswissenschaftlicher Induktion und Analysen von Schriftwerken, in: KVJH, 5, 1925/26.

1179 *Wilson, R. N.*, Literature, Society, and Personality, in: JAAC, 10, 1952, S. 297–309.

1180 *Witte, W.*, The Sociological Approach to Literature, in: MLR, 36, 1941, S. 86–94.

Theoretische Ideen in bezug auf eine Trennung zwischen marxistischer und nicht-marxistischer Literatursoziologie.

1181 *Zapf, W.*, Drei Skizzen zur Literatursoziologie, in: Studien und Berichte aus dem soziologischen Seminar der Universität Tübingen, 2, 1962, S. 49 bis 63.

1182 *Zhdanov, A. A.*, On Literature, Music and Philosophy, London 1950 (s. a. 271).
Enthält Reden aus den Jahren 1934, 1947 und 1948 über die marxistische Kunsttheorie und sowjetische Kulturpolitik sowie die Situation der Philosophie im Zeichen des Marxismus.

1183 *Ziegenfuss, W.*, Artikel „Kunst", in: A. Vierkandt (Hrsg.), Handwörterbuch der Soziologie, Stuttgart 1931, S. 301–338 (s. a. 385).

2. Der Literat

1184 *Alter, R.*, Israeli Writers and Their Problems, in: Commentary, 34, 1962, 1, S. 20–27.

1184 A *Altick, R. D.*, The Sociology of Authorship: The Social Origins, Education, and Occupations of 1100 British Authors, 1800–1935, in: The Bulletin of the New York Public Library, LXVI, 1962, S. 389–404.
Statistische Übersicht.

1185 *Alvarez, A.*, Under Pressure: The Writer in Society: Eastern Europe and the USA, Baltimore 1966.

1186 *Arréat, L.*, Génie individuel et contrainte sociale, Paris 1912.
Zum Verhältnis von Genie und sozialem Zwang.

1187 *Arvin, N.*, Individualism and American Writers' Talents, in: Nation, 133, 1931, S. 391–393.

1188 *Author and the Public (The) P.E.N. International Congress*, Problems of Communication, London 1957.

1189 *Baldwin, J. A.*, Mass Culture and the Creative Artist. Some Personal Ideas, in: Daedalus, 89, 1960, 2, S. 373 bis 376.
Über die Aufgabe des Dichters, unabhängig von einer Massenkultur zu sein.

1190 *Barret, W.*, Writers and Madness, in: Part. Rev., 14, 1947, 1, S. 5 ff.

1191 *Barron, F.*, Diffusion, Integration, and Enduring Attention in the Creative Process, in: R. W. White (Hrsg.), The Study of Lives, New York 1963.
Theoretische Ausführung basiert auf empirischen Beobachtungen von Schriftstellern.

1192 *Beljame, A.*, Le public et les Hommes des Lettres en Angleterre au XVIIIe siècle, Paris 1883.
Darstellung ökonomisch-historischer Hintergründe (s. a. 1318).

1193 *Benjamin, W.*, Zum gegenwärtigen gesellschaftlichen Standort des französischen Schriftstellers, in: ZSF, 3, 1934, 1, S. 54–78 (s. a. 1528).

1194 *Bennett, A.*, The Artist and the Public, in: ders., The Author's Craft, London 1914, S. 101–132.

1195 *Bennett, H. S.*, The Author and his Public in the Fourteenth and Fifteenth Centuries, Oxford 1938.
Sozialgeschichtliche Darstellung.

1196 *Bergengruen, W.*, Privilegien des Dichters, Mainz 1956.
Verteidigung der Stellung des Dichters unter einigen Hinweisen auf seine soziale Bedeutung.

1197 *Bergler, E.*, The Relation of the Artist to Society, in: American Imago, 5, 1948, S. 247–258.

1198 *Blanke, G. H.*, Das Verhältnis von Dichtung, Dichter und Gesellschaft in der amerikanischen Literaturkritik des 20. Jahrhunderts, in: Jb. für Amerikastudien, 6, 1961, S. 59–74.

1199 *Borée, K. F.*, Schriftstellern und Schmökern. Über die soziologische Funktion der Belletristik, in: Welt und Wort, 4, 1949, S. 58–61.

1200 *Brandt, W.*, Die Kluft zwischen dem heutigen Schriftsteller und seinem Publikum, Bussum 1963.

1201 *Bryson, L.*, Writers: Enemies of Social Science, in: Saturday Review of Literature, 13. Okt. 1945.

1201 A *Burns, J.*, La Vie de Bohème, in: New Society, 239, 1967.
Über zeitgenössische, regionale Bohemiens.

1202 *Calmberg, E.*, Die Auffassung vom Beruf des Dichters im Weltbild deutscher Dichtung zwischen Nietzsche und George, Diss., Tübingen 1937.

1203 *Chamberlain, J.*, The Negro as Writer, in: Bookman, 80, 1930, S. 603–11.

1204 *Chartier, B.*, The Social Role of the Literary Elite, in: Soc. Forc., 29, 1950 bis 1951, S. 179–186.
Überblick über die persönlichen und sozialen Aspekte der Rolle von Mitgliedern der „literarischen Elite", die als Produzenten von Ideen für den öffentlichen Konsum gesehen wird.

1204 A *Chase, R.*, The Fate of the Avant-Garde, in: J. Howe (Hrsg.), Literary Modernism, Greenwich, (Conn.) 1967.
Über den Einfluß des Kulturwandels auf den Schriftsteller.

1205 *Clark, E. L.*, American Men of Letters: Their Nature and Nurture, New York 1916.
Untersuchung über die soziale Herkunft bedeutender Persönlichkeiten des amerikanischen literarischen Lebens.

1206 *Collins, A. S.*, Authorship in the Days of Jonson: A Study of the Relation between Author, Patron, Publisher, and Public, 1726–1780, London 1927.
Darstellung ökonomisch-historischer Hintergründe.

1207 *Collins, A. S.*, The Profession of Letters: A Study of the Relation of Author and Patron, Publisher and Public, 1780–1832, London 1928.
Wirtschaftsgeschichtliche Abhandlung.

1208 *Corso, G.*, Dichter und Gesellschaft in Amerika, in: Akzente, 1958, S. 101 bis 112.

1208 A *Cowley, M.*, The Literary Situation, New York 1954.
Über die soziale Herkunft des Schriftstellers.

1209 *Cowley, M.*, Writers at Work, in: The Paris Review Interviews, New York 1958.
Über den Schaffensprozeß.

1210 *Davis, E.*, Some Aspects of the Economics of Authorship, New York 1940.
Zur wirtschaftlichen Lage des Autors.

1211 *De Voto, B.*, Writing for Money, in: Saturday Review, 16, 1947, 240, S. 3–4.

1212 *Dilthey, W.*, Dichterische Einbildungskraft und Wahnsinn, und die Einbildungskraft des Dichters, in: ders., Gesammelte Schriften, Bd. VI, Leipzig 1924.
Versuch einer Erklärung des dichterischen Schaffens, hauptsächlich psychologisch ausgerichtet.

1213 *Dultz, W.*, Zur gesellschaftlichen Lage des Schriftstellers, in: Einheit, 2, 1947, 7, S. 699–702.

1214 *Durling, R. M.*, The Figure of the Poet in Renaissance Epic, Cambridge (Mass.) 1965.
Untersuchung kritisch-historischer Themen und Strukturen von vier Renaissance-Epen mit Bezug auf deren Autoren; ferner römische und mittelalterliche Einflüsse auf dieselben.

1215 *Eastman, M.*, Artists in Uniform. A Study in Literature and Bureaucratization, New York 1934.

1216 *Easton, M.*, Artists and Writers in Paris. The Bohemian Ideas 1803–1867, New York 1964.

1217 *Ehrlich, V.*, The Double Image: Concepts of the Poet in Slavic Literatures, Baltimore 1964.

1218 *Einstein, N.*, Der Erfolg. Ein Beitrag zur Frage der Vergesellschaftung, Frankfurt/M. 1919.

1219 *Eliot, T. S.*, Die gesellschaftliche Funktion der Dichtung, in: ders., Dichter und Dichtung, 1958, S. 404–423.

1220 *Ellis, H.*, A Study of British Genius, London 1904.

1221 *Ellison, F. P.*, The Writer, in: J. J. Johnson (Hrsg.), Continuity and Change in Latin America, Stanford 1964.

Impressionistische Beschreibung von Herkunft, Status und besonders politischer Rolle von Schriftstellern in Lateinamerika.

1222 *Estang, L.*, D'où viennent les écrivains, in: Christ. soc., 1959, 67, S. 1.

1223 *Farrar, L. D.*, Successful Writers and How They Work, New York 1959.

Zum Schaffensprozeß des Schriftstellers.

1224 *Farrell, J. T.*, The Fate of Writing in America: Will the Commercialisation of Publishing Destroy Good Writing? Some Observations on the Future of Books, in: New Directions, 9, New York 1946.

Über Selbstentfremdung beim Personal von Massenmedien als Folge von deren die Kreativität bürokratisierenden und depersonalisierenden Funktionen.

1225 *Fast, H.*, The Naked God: The Writer and the Communist Party, New York 1957.

1225 A *Findlater, R.*, What are Writers Worth? A Survey of Authorship, London 1963

1225 B *Findlater, R.*, The Book Writers: Who are They, London 1966.

Statistische Analyse.

1226 *Fitch, R. E.*, The Bourgeois and the Bohemian, in: Ant. R. 16, 1956, S. 131 bis 146.

1227 *Flanagan, Th.*, The Irish Novelists 1800–1850, New York 1959.

1228 *Fontane, Th.*, Die gesellschaftliche Stellung der Schriftsteller, in: Magazin für Literatur, 60, 1891, S. 818 bis 1819.

1229 *Frank, K.*, Anschauung vom Wesen und Beruf des Dichters im Zeitalter des englischen Klassizismus, Diss., Freiburg 1930.

Sozialgeschichtliche Abhandlung.

1230 *Fulda, L.*, Gibt es einen Schriftstellerstand? in: ders., Aus der Werkstatt, 1904.

1231 *Gehring, A.*, Genie und Verehrergemeinde. Eine soziologische Analyse des Genieproblems, Bonn 1968.

Zum Begriff Genie in der Literatur.

1232 *Geiger, Th.*, Aufgaben und Stellung der Intelligenz in der Gesellschaft, Stuttgart 1949.

Soziologische Abhandlung zum Problem der Intelligenz.

1233 *Gerber, D.*, Studien zum Problem des Künstlers in der modernen deutschschweizerischen Literatur, in: KZfS, 1948.

1234 *Ghiselin, B.*, Automatism, Intention, and Autonomy in the Novelist's Production, in: Daedalus, 92, 1963, 2, S. 297–311.

Über den Schaffensprozeß bei Romanciers; seine bewußten und unbewußten Komponenten.

1235 *Gill, R. S.*, The Author, Publisher, Printer Complex, Baltimore 1940.

Zum Problem wirtschaftlicher Zwänge.

1236 *Graña, C.*, Bohemian Versus Bourgeois. French Society and the French Man of Letters in the 19th Century, New York 1964 (s. a. 1579).

Beschreibung der sozialen Bedingungen, unter denen sich die französische Literatur im 19. Jahrhundert entwikkelte. Analyse anhand von 3 typischen Fällen (Stendhal, Flaubert und Baudelaire) des Prozesses der Entfremdung zwischen Schriftsteller und Bürgertum.

1237 *Grimm, H.*, Der Schriftsteller und die Zeit, München 1931.

1237 A *Gross, J.*, The Rise and Fall of the Man of Letters, London 1969.

Wissenssoziologische Abhandlung über die literarische Intelligentia.

1238 *Guerber, E.*, La destinée sociale du poète, Paris 1907.

1239 *Haferkorn, H. J.*, Der freie Schriftsteller, in: Börsenblatt für den Deutschen Buchhandel, v. 28. 1. 1963, 8 a.

Der Untertitel der ursprünglichen Diss. (Göttingen 1959) lautet: Eine literatursoziologische Studie über seine Entstehung und Lage in Deutschland zwischen 1750 und 1800.

1240 *Hart, H. (Hrsg.)*, The Writer in a Changing World, New York 1937.

1240 A *Hashagen, E.*, Der Beruf des Dichters in den Anschauungen der Biedermeierzeit, Diss., Tübingen/Düsseldorf 1938.

1241 *Herbert, E. W.*, The Artist and Social Reform. France and Belgium 1885 bis 1898, New Haven (Conn.) 1961 (s. a. 399).

Analyse der radikalen sozialen Reformbewegung unter französischen und belgischen Schriftstellern und Künstlern am Ende des 19. Jahrhunderts.

1242 *Hodeige, F.*, Zur Stellung von Dichter und Buch in der Gesellschaft. Eine literatursoziologische Untersuchung, in: Archiv für die Geschichte des Buchwesens, Bd. I, Frankfurt/M. 1956 (s. a. 1084).

1243 *Holman, C. H.*, Literature and Culture: The Fugitive-Agrarians, in: Soc. Forc., 37, 1958, 1, S. 15–19 (s. a. 1759).

Untersuchung des Verhältnisses von Künstler und der ihn umgebenden Kultur. Von einer Charakterisierung der dichterischen Wertvorstellungen ausgehend, wird ein aus drei Elementen bestehendes Schema für die Analyse des Verhältnisses Literatur–Kultur entwickelt: Talent, Gegenstand, Thema.

1244 *Hourdin, G.*, L'écrivain et son époque, in: Christ, soc., 1959, 67, 1.

1245 *Howells, W. D.*, The Man of Letters as a Man of Business, in: Scribner's Magazine, 14, 1893, 43, S. 429–445.

Ökonomische Überlegungen.

1246 *Humm, R. J.*, Ein freier Schriftsteller in der Schweiz, in: KZfS, 6, 1953 bis 1954, 3–4, S. 58–76.

1247 *Hussein, T.*, L'écrivain dans la société moderne, in: UNESCO (Hrsg.), L'artiste dans la société contemporaine, Paris 1954.

1248 *Ivanow, A. I.*, Rol' mirovozzrenija v tvotcestve pisatelja (Die Rolle der Konzeption des Autors in der Welt seiner Kreativität), in: Saratov, Isdatel'stvo Sratskogo universiteta 1962.

1249 *Jacobson, R. J.*, Hawthorne's Conception of the Creative Process, Cambridge (Mass.) 1965.

Analyse der Schriften des amerikanischen Schriftstellers in bezug auf die Beziehungen zwischen Kunst und Moral.

1250 *Jones, B. F.*, James Baldwin: The Struggle for Identity, in: BJS, 17, 1966, 2, S. 107–121.

Zum Problem der Identitätssuche des Schriftstellers.

1251 *Kazin, A.*, Writing for Magazines, in: Commentary, 30, 1960, 1, S. 57–59 (s. a. 1444).

Über Erfordernisse an Zeitschriftenautoren angesichts des Umfangs und der Beeinflußbarkeit des Leserkreises.

1252 *Kemp, F.*, Dichtung als Sprache, München 1965.

Im letzten Kapitel: Über die Stellung des Schriftstellers in der modernen Welt.

1253 *Kesteloot, L.*, Les écrivains noirs de langue française, Brüssel 1963 (s. a. 1608).

Eine umfangreiche Studie über die französischsprachigen Negerschriftsteller. Untersucht die Ursprünge verschiedener Negerkulturen und ihres Schrifttums sowie die sozialkulturellen und ideologischen Einflüsse auf die Schriftsteller und ihre Werke.

1254 *Kluckhohn, P.*, Berufungsbewußtsein und Gemeinschaftsdienst des deutschen Dichters im Wandel der Zeiten, in: DVJ, 14, 1936, S. 1–30.

1255 *Kluckhohn, P.*, Dichterberuf und bürgerliche Existenz, Tübingen 1949.

1256 *Kreymborg*, A Poet and His Audience, in: New Republic, 5. 12. 1923.

1257 *Kubat, D.*, Writers in a Totalitarian State: Czechoslovakia, 1945–56, in: AJS, 67, 1962, 4, S. 438–441.

1258 *Lange-Eichbaum, W.*, Genie, Irrsinn und Ruhm, München 1929.

Zur Persönlichkeitsstruktur kreativer Künstler.

1259 *Langenbucher, H.*, Der Dichter und seine Zeit, in: Weltliteratur, 15, 1940, 10, S. 182–187.

1260 Lewis, W., Detachment and the Fictionist, in: English Review, 1934.

1261 *Linz, G.*, Literarische Prominenz in der Bundesrepublik, Olten/Freiburg 1965.

Bringt u. a. Hinweise auf soziale Herkunft von Schriftstellern.

1262 *Loggins, V.*, The Negro Author. His Development in America to 1900, Port Washington (N. Y.) 1964.

1263 *Lord, W. J. L.*, How Authors Make a Living. An Analysis of Free Lance Writers' Incomes 1953–1957, New York 1962.

Statistische Einkommensübersicht.

1264 *Lowell, J. R.*, The Function of the Poet and Other Essays, hrsg. von Albert Mordell, Boston 1920.

1265 *MacLeish, A.*, The Isolation of the American Artist, in: Atlantic Monthly, 201, 1958, 1, S. 55–59.

Zur Frage sozialer Integration des Künstlers.

1266 *Mann, Th.*, Der Künstler und die Gesellschaft, in: Altes und Neues, Frankfurt/M. 1953.

1266 A *Martin, A. v.*, Der Humanismus als soziologisches Problem, in: Arch. Soz. W., Bd. 65.

Über den Dichter-Gelehrten.

1267 *Matthews, B.*, Literature as a Profession, in: ders., The Historical Novel and Other Essays, New York 1901.

1268 *Mattieu, A. M., E. Gratton*, Writer's Market, Cincinnati 1959.

Sozio-ökonomische Darstellung.

1269 *Mauriac, F.*, Der katholische Schriftsteller und die Welt, in: Frankfurter Hefte, 13, 1958, 3, S. 165–176.

1270 *McGrew, R. E.*, The Russian Intelligentsia: Radishev to Pasternak, in: Ant. R., 23, 1963–1964, 4, S. 425–437.

1271 *Michel, P. H.*, Problèmes de la création artistique: La leçon de la Renaissance, in: Diogène, 1964, 46, S. 33–58.

1272 *Miller, E. H.*, The Professional Writer in Elizabethan England, Cambridge (Mass.) 1959.

Sozialgeschichtliche Darstellung.

1273 *Mosteller, F., D. L. Wallace*, Indifference in an Authorship Problem, in: J. Am. Stat. Ass., 58, 1963, 302, S. 275–309.

1274 *Müller-Freienfels, R.*, Künstlertum und Kunstpublikum, in: KVJH, 10, 1931–32, 1, S. 67–86 (s. a. 408).

1275 *Muschg, W.*, Der Dichter und sein Ruhm, in: Universität, 5, 1950, S. 391 bis 394.

1276 *Nutz, W.*, Der Trivialroman, seine Formen und seine Hersteller, Köln/Opladen 1962 (s. a. 1464).

Darstellung der Formen der Herstellung, der Inhalte und Verbreitung von Trivialromanen.

1277 *Ouy, A.*, Sur le rôle de l'artiste et du poète dans la vie sociale, in: RIS, 34, 1926, 1–2, S. 13–51, 35, 1928, 9–10, S. 477–488, 36, 1929, 9–10, S. 449 bis 494 (s. a. 410).

1278 *Parry, A.*, Garrets and Pretenders: A History of Bohemianism in America, New York 1933 (s. a. 225).

1279 *Pascal, R.*, The German Sturm und Drang, New York 1953.
Behandlung des sozialen und politischen Beitrags der Sturm- und Drang-Periode.

1280 *Pascal, R.*, Design and Truth in Autobiography, London 1960.
Zum Problem der Autobiographien als soziographische Data.

1281 *Peyre, H.*, Les générations littéraires, Paris 1948.
Sozialgeschichtliche Übersicht.

1282 *Popkin, H.*, Jewish Writers in England – A Tradition Begins, in: Commentary, 31, 1961, 2, S. 135–141. (s. a. 1649).

1283 *Prosenc, M.*, Die Dadaisten in Zürich, Bonn 1967.
Über die literarische Dada-Gruppe als Gegenstand der Literaturgeschichte und Soziologie.

1284 *Putnam, G. H.*, Authors and Their Public in Ancient Times. A Sketch of Literary Conditions and of the Relations with the Public of Literary Producers from the Earliest Time to the Fall of the Roman Empire, 1894. 2. Aufl.
Sozialgeschichtliche Darstellung.

1285 *Rexine, J.*, In Memorian: The Spiritual Challenge of Boris Pasternak, in: St. Vlad. Sem. Quart., 1960, 4, S. 20 bis 24.

1285 A *Rickett, A. C.*, The Vagabond in Literature, London 1906.
Typologisierung einiger Schriftsteller als literarische Vagabunden.

1286 *Rosenhaupt, H. W.*, Der deutsche Dichter um die Jahrhundertwende und seine Abgelöstheit von der Gesellschaft, Berlin/Leipzig 1939.

1286 A *Rosenthal, M.*, Vulgar Sociology and Metaphysics, in: A. Flores (Hrsg.), Literature and Marxism, New York 1938.
Kritik der These, nach der der Dichter durch seine Standesherkunft determiniert werde.

1287 *Rothe, W.*, Der Schriftsteller und die Gesellschaft, in: Dt. Literatur im 20. Jhdt., 1961, 1, S. 179–211.

1288 *Rothe, W.*, Schriftsteller und totalitäre Welt, Bern 1966.
Enthält unter Überschriften wie: „Anarchie der Triebe“, „Krankheit zum Tode“, „Welt ohne Transzendenz“ Erörterungen über diverse Schriftsteller sowie ein Kapitel zum Thema „Künstler und Gesellschaft im 20. Jahrhundert“.

1289 *Rühle, J.*, Literatur und Revolution. Der Schriftsteller und der Kommunismus, Köln 1960.
Analyse des Einflusses des „sozialistischen Realismus“ auf die literarische Kreation.

1290 *Rütsch, J.*, Die Situation des modernen Dichters, in: Deutschunterricht, 10, 1958, 5, S. 5–20.

1291 *Rust, H. L.*, The Structure of the Literary Establishment: Who makes or breaks a Writer's Reputation?, in: Esquire, Juli 1963, S. 41.

1292 *Sachs, M.*, The Career of Alphonse Daudet. A Critical Study, Cambridge (Mass.) 1965.
Untersuchung über exogene Einflüsse auf die Entwicklung eines Schriftstellers.

1293 *Saunders, J. W.*, The Profession of English Letters, London o. J.
Zur Entwicklung der englischen Literatur unter dem Gesichtspunkt des Berufs.

1294 *Schirmann, J.*, The Function of the Hebrew Poet in Medieval Spain, in: J. Soc. Stud., 16, 1954, 3, S. 235–252.

Beschreibung von Rolle, Lebensbedingungen und Funktionen des hebräischen Dichters im Spanien des Mittelalters, insbesondere im Hinblick auf Professionalisierung und das Verhältnis von christlicher und islamischer Literatur.

1295 *Seypel, J.*, Der Künstler in der Gesellschaft. Ein Gespräch, in: Lit. D., 2, 1951, 10, S. 2.

1296 *Sichelschmidt, G.*, Hedwig Courths-Mahler. Deutschlands erfolgreichste Autorin, Bonn 1967.

Beabsichtigt ist eine „literarische Erfolgssoziologie", die zur Rechtfertigung wird.

1297 *Smirnov, A. A.*, Shakespeare, in: Critic's Group Series, New York 1936.

Marxistische Darstellung.

1298 *Smith, D. N.*, Authors and Patrons, London 1917.

Sozialgeschichtliches über Mäzenatentum.

1299 *Spender, St.*, Writers in the World of Necessity, in: Part. Rev., 1945, 3, S. 352–360.

1300 *Swados, H.*, The coming Revolution in Literature, in: Saturday Review, 21. 8. 1965, S. 14–17.

Zum Wandel der Haltung der Gesellschaft gegenüber dem Schriftsteller und den daraus entspringenden Folgen.

1301 *Tiegs, A.*, Zur Zusammenarbeit englischer Berufsdramatiker vor, neben und nach Shakespeare, Diss., Breslau 1933.

Zum Beruf des Schriftstellers.

1302 *Turnell, M.*, The Writer and Social Strategy, in: Part. Rev., 28, 1951, S. 167–182.

1303 *Walker, R. H.*, The Poet and the Guilded Age, Philadelphia 1963.

1304 *Watts, V. N.*, Effect of Therapy on the Creativity of a Writer, in: Am. J. Orthops., 32, 1962, 1, S. 186–193.

Zum Schaffensprozeß.

1304 A *Weber, M.*, Der Literatenstand, in: ders., Konfuzianismus und Taoismus, Tübingen 1920.

Ausführungen über den Literatenstand selbst. (Kap. V.)

1305 *Wiese, L. v.*, Der Schriftsteller und der Staat, Berlin/München 1918.

Zur Beziehung von Literat und Politik.

1306 *Wildi, M.*, Künstler und Gesellschaft in England 1850–1900, in: Individuum und Gemeinschaft. Festschrift zur Fünfzigjahrfeier der Handelshochschule St. Gallen, St. Gallen 1949, S. 605–628.

1307 *Wilson, R. N.*, The American Poet. A Role Investigation, Diss., Harvard 1952.

Zur sozialen Rolle des Dichters.

1308 *Wilson, R. N.*, Man made Plain. The Poet in Contemporary Society, Cleveland 1958.

Untersuchung über Rolle und Funktion des Dichters in der Gesellschaft.

1309 *Wilson, R. N.*, Albert Camus: Personality as Creative Struggle, in: R. W. White (Hrsg.), The Study of Lives. Essays on Personality in Honor of Henry A. Murray, New York 1963, S. 348–363.

1310 *Wilson, R. N.*, The Poet in American Society, in: R. N. Wilson (Hrsg.), The Arts in Society, Englewood Cliffs (N. J.) 1964, S. 3–34.

Über die Rolle des Schriftstellers in der Gesellschaft, in bezug auf amerikanische Wertsysteme, protestantische Ethik, Pragmatismus, Selbsterfüllung usw.

1311 *Ziegenfuss, W.*, Gerhart Hauptmann. Dichtung und Gesellschaftsidee der bürgerlichen Humanität, Berlin 1948.

3. Das Publikum der Literatur

1311 A *Alewyn, R.*, Klopstocks Publikum, Köln/Opladen 1953.
Analyse eines entwickelten bürgerlichen Publikums zu Zeiten Klopstocks.

1312 *Allen, R. J.*, The Clubs of Augustan London, Cambridge (Mass.) 1933.
Publikumsuntersuchung über eine einflußreiche Gruppe im England des 17. und 18. Jahrhunderts.

1313 *Altick, R. D.*, The English Common Reader. A Social History of the Mass Reading Public 1800–1900, Chicago 1957.
Sozialgeschichtliche Leseranalyse.

1314 *Ancelet-Hustache, J.*, Les succès du livre étranger en France, in: Chron. soc. Fr., 67, 1959, 1.
Buchmarktübersicht.

1315 *Auerbach, E.*, Das französische Publikum des 17. Jahrhundert, Münchener Romanistische Arbeiten, 3, München 1933.

1316 *Austin, G. R.*, Non-Fiction Best-Sellers: Types and Trends, in: JSP, 38, 1953, S. 141–143.

1317 *Beeg, A.*, Leseinteressen der Berufsschüler, München 1963.

1318 *Beljame, A.*, Le public et les Hommes des Lettres en Angleterre au XVIIIe siècle, Paris 1883.
Abhandlung über wirtschaftsgeschichtliche Hintergründe (s. a. 1192).

1319 *Bertaut, J.*, La vie littéraire en France au XVIIIe siècle, Paris 1954.
Sozialgeschichte.

1320 *Eine Bevölkerungsumfrage über Bekanntheit und Leserkreis moderner Schriftsteller*, in: Börsenblatt für den Deutschen Buchhandel, Frankfurt/M., 17, 1961, S. 368–370.

1321 *Breddin, H. H.*, Stufen des Lesens, in: Bücherei und Bildung, 5, 1953, S. 1284 bis 1290.
Zur pädagogischen Diskussion über Trivialliteratur. Siehe auch folgende Jahrgänge dieser Zeitschrift.

1322 *Brown, D.*, Soviet Attitudes Toward American Writing, Princeton 1962.

1323 *Bruford, W. H.*, Theatre, Drama, and Audience in Goethe's Germany, London 1950 (s. a. 1546).
Darstellung sozialer und politischer Faktoren.

1324 *Buch und Leser in den Niederlanden*, Gütersloh 1963.
Buchmarktforschung.

1325 *Buch und Leser in Frankreich*, Gütersloh 1963.
Buchmarktforschung.

1326 *Buch und Leser in Deutschland*, Gütersloh 1965.
Buchmarktforschung.

1327 *Caceres, B.*, Dans le secteur non commercial quels moyens sont à encourager pour mettre le livre en contact avec le lecteur?, in: Informations Sociales, (Paris) 2, 1957, S. 122–128.

1328 *Carroll, H. A.*, Influence of the Sex Factor upon Appreciation of Literature, in: School and Society, 37, 1933, S. 468–473.

1329 *Doche, T.*, Über die Rolle des Publikums in der Literatur, in: Doiku Bungaku, 18, 1957, S. 58–65.

1329 A *Engelsing, R.*, Der Bürger als Leser. Die Bildung der protestantischen Bevölkerung Deutschlands im 17. und 18. Jahrhundert am Beispiel Bremens, in: Archiv für Geschichte des Buchwesens, 3, 1960/1961, S. 205–368.
Zum Problem der Mäzenatenliteratur.

1330 *Fechter, W.*, Das Publikum der mittelhochdeutschen Dichtung, Frankfurt/M. 1935.
Sozialgeschichtliche Analyse.

1331 *Foltin, H, F.*, Die Methoden der Leserforschung, in: Jb. d. Marburger Universitätsbundes, 2, 1963, S. 121 bis 135.

1332 *Ford, G. H.*, Dickens and his Readers, Princeton 1955.

1333 *Goddard, Z. W.*, Literary Taste and Democracy, in: Sociol. R., 28, 1936, 4, S. 423–437 (s. a. 1864).

1334 *Goody, J., J. Watt*, The Consequences of Literacy, in: Comparative Studies in Sociology and History, 5, 1963, 3, S. 304–345.

Zur Frage des Buchwissens.

1335 *Hackett, A. P.*, Sixty Years of American Best-Sellers, 1895–1955, New York 1956.

Enthält Bestsellerlisten seit 1895.

1336 *Henry, N. B. (Hrsg.)*, Adult Reading: The Fifty Fifth Yearbook of the National Society for the Study of Education, II, Chicago 1956.

Übersicht über Forschungsergebnisse hinsichtlich Lesegewohnheiten und Interessen, Motivationen, Einfluß der Massenmedien u. a. m.

1337 *Hodeige, F.*, Über einige Formen des Bucherfolges in der Trivialliteratur wie in der Belletristik. Eine literatursoziologische Studie, in: das werk der bücher, Freiburg 1956, S. 214–227.

1338 *Hofmann, W.*, Die Lektüre der Frau, Leipzig 1931.

1339 *Holzknecht, K. J.*, Literary Patronage in the Middle Ages, Philadelphia 1923.

Wirtschaftsgeschichtliche Abhandlung.

1340 *Kelchner, M., E. Lau*, Die Berliner Jugend und die Kriminalliteratur. Eine Untersuchung auf Grund von Aufsätzen Jugendlicher, in: ZaPS, Beiheft 42, Leipzig 1928.

Untersuchung zur Leserpsychologie.

1340 A *Kracauer, S.*, Über Erfolgsbücher und ihr Publikum, in: Das Ornament der Masse, Frankfurt/M. 1963.

1341 *Leavis, Q. D.*, Fiction and the Reading Public, New York 1965.

1342 *Lessmann, A.*, Von Lesern und Büchern. Allerlei Gedanken zur Bücherauswahl, in: Neue Volksbildung, 7. Jg., Wien 1956, S. 300–359.

Behandlung des Begriffs der Lebensnähe in bezug auf den Romanstoff.

1343 *Link, H., H. Hopf*, People and Books. A Study of Reading and Book Buying Habits, New York 1946.

1343 A *Le Livre et la lecture en France*, Paris 1969.

Untersuchungen über die Lesegewohnheiten der Franzosen.

1344 *Loeb, J. J., Jr.*, The Public and Its Attitude toward Tragedy in Eighteenth Century France, 1717–1789, Diss., Northwestern Univ. 1936.

1345 *Lowenthal, L.*, The Reception of Dostoevski's Work in Germany: 1880 bis 1920, in: R. N. Wilson (Hrsg.), The Arts in Society, Englewood Cliffs (N. J.) 1964, S. 124–147.

Anhand von Äußerungen in Büchern, Zeitschriften und Zeitungsartikeln über Dostojewsky wird versucht, Aufschluß zu erhalten über politische und moralische Ideologien und Attitüden der deutschen Mittelklassen.

1346 *Lubbers, K.*, Aufgaben und Möglichkeiten der Rezeptionsforschung, in: GRM, 45, Neue Folge, 14, 1964, S. 292–302.

Methodologisches zur Publikumsforschung.

1347 *Manheim, E.*, The Communicator and His Audience: Liberals and Traditionalists in Eighteenth-Century Germany, in: W. J. Cahnman und A. Boskoff, Sociology and History. Theory and Research, Glencoe (Ill.) 1964, S. 503–515.

Behandlung der Möglichkeiten historisch orientierter Meinungsforschung sowie vergleichender Forschung auf dem Gebiet des kollektiven Verhaltens und sozialer Bewegungen.

1347 A *Mann, P. H., J. L. Burgoyne,* Books and Reading, London 1969.
Statistische Analyse über Ankauf und Lesen von Büchern.

1348 *McKeon, R., R. K. Merton, W. Gellhorn,* The Freedom to Read: Perspective and Program, New York 1957.

1349 *Miller, R. A.,* The Relation of Reading Characteristics to Social Indexes, in: AJS, 1936, 6.

1349 A *Miller, J. E., jr., P. D. Herring,* The Arts and the Public, Chicago/London 1967.
Zur Schichtung des Publikums.

1350 *Muller, H.,* Two Major Approaches to the Social Psychology of Reading, in: Library Quarterly, 1942.
Methodologische Hinweise.

1351 *Nachrodt, H. W.,* Soziologische Wesenszüge im deutschen Roman der Nachkriegszeit. Ein Beitrag zur Soziologie der deutschen Nachkriegsgesellschaft, Diss., Heidelberg 1934 (s. a. 1638).

1352 *Nisin, A.,* La littérature et le lecteur, Paris 1959.

1353 *Nollau, A.,* Das literarische Publikum des jungen Goethe, Reihe Literatur und Leben, Bd. 5, Weimar 1935.

1354 *Patrick, C.,* How Responses to Good and Poor Poetry Differ, in: J. of Psychology, 8, 1939, S. 253–284.

1355 *Powell, A.,* Novels of High Society from the Victorian Age, London 1946.

1356 *Price, L. M.,* The Reception of English Literature in Germany, Berkeley 1932.

1357 *Priestley, J. B.,* Literature and Western Man, London 1960.

1358 *Rumpf, W.,* Das literarische Publikum und sein Geschmack in den Jahren 1760–1770. Versuch einer sozialliterarischen Literaturbetrachtung, Diss., Frankfurt 1924.

1358 A *Schalk, F.,* Das Lächerliche in der französischen Literatur des Ancien Regime, Köln/Opladen 1954.
Die Rolle der Salons und des Hofes in der Geschichte der französischen Literatur.

1359 *Schenda, R.,* Kleinformen der Trivialliteratur aus sechs Jahrhunderten, in: Beiträge zur dt. Volks- und Altertumskunde, Bd. 10, 1966, S. 49–66.
Als Hauptaufgabe der Trivialliteraturforschung wird verlangt, aus dem vorhandenen Literaturmaterial Rückschlüsse auf die Verhaltensweisen des trivialen Lesers zu ziehen.

1359 A *Schenda, R.,* Volk ohne Buch. Studien zur Sozialgeschichte der populären Lesestoffe 1770–1910, Frankfurt/M. 1970.
Ausführliche Darstellung von Produktion, Distribution, Leserschaft und Gattungen populärer Lesestoffe.

1360 *Schilling, R.,* Literarischer Jugendschutz. Theorie und Praxis, Strategie und Taktik einer wirksamen Gefahrenabwehr, Berlin/Neuwied/Darmstadt 1959.

1361 *Schücking, L. L.,* Die Familie des Puritanismus, Leipzig 1929.
Untersuchung der Rolle der Familie und Frauen als literarisches Publikum im 18. Jahrhundert.

1362 *Schücking, L. L.,* Literarische „Fehlurteile“. Ein Beitrag zur Lehre vom Geschmacksträgertyp, in: DVJ, 10, 1932, S. 371–386 (s. a. 1155).
Darlegung der Abwendung von einer autonomen, vom Publikum gänzlich absehenden Ästhetik, unter Unterstreichung der Bedeutung von Geschmacksveränderungen.

1363 *Smith, R. H. (Hrsg.),* The American Reading Public. What it Reads, Why it Reads. The Daedalus Symposium, New York 1965, 2. Aufl.

1364 *Spiegel, M.,* Der Roman und sein Publikum im frühen 18. Jahrhundert, 1700–1767, Bonn 1967.

Enthält Analysen sozial-moralischen Verhaltens.

1365 *Steinberg, H.*, Buch und Leser, Vorträge über Vorurteil und Wirklichkeit in Deutschland, Bibliotheksdienst, Beiheft 24, Berlin 1967.

Aufgrund der Analyse von empirischen Untersuchungen über das Leserverhalten werden sieben Hypothesen zum Verhältnis Buch und Leser aufgestellt und erläutert.

1365 A *Strauß, W.*, Der Buchhandel und seine potentiellen Kunden. Eine soziologische Betrachtung, in: Jahrbuch der öffentlichen Meinung 1965–1967, Allensbach 1967.

Statistik über Leserinteressen.

1366 *Tinker, Ch. B.*, The Salon and English Letters, New York 1915.

Publikumsuntersuchung.

1367 *Ude, K.*, Zur Soziologie des Bücherlesers, in: Welt und Wort, 18, 1963, S. 228.

1368 *Walraff, K.-H.*, Der literarische Massenerfolg, in: KZfS, 1, 1948/49, 4, S. 420–430.

Ausführung der These, nach der das Buch einen entscheidenden Einfluß in der Sozialsphäre ausüben kann, wobei es Aufgabe der Literatursoziologie ist, die Beziehungen zwischen Buch und Sozialsphäre aufzuzeigen und zu untersuchen.

1368 A *Walraff, K.-H.*, Soziologische Probleme der unteren Grenze, in: Bücherei und Bildung, 3, 1951, S. 792–796.

1369 *Waples, D., B. Berelson, F. Bradshaw*, What Reading does to People, Chicago 1940.

Zur Frage des Verhältnisses von Problemnähe und Anklang.

1370 *Winter, L.*, Heinrich Mann und sein Publikum, Köln/Opladen 1965.

Literatursoziologische Studie zum Verhältnis von Autor und Öffentlichkeit.

1371 *Ziegler, K.*, Vom Recht und Unrecht der Unterhaltungs- und Schundliteratur, in: Die Sammlung, 2. Jg., 1947, S. 565–574.

Zum Problem der sozialen Isolierung und dem Respekt vor einer guten Unterhaltungsliteratur.

4. Technische und ideelle Mittler

1372 *Abrams, M. H. (Hrsg.)*, Literature and Belief, New York 1958.

Über die Rolle des Glaubens in der Literatur der älteren und neueren Zeit.

1373 *Adams, R. P.*, Pacifism in the English Renaissance 1497–1530: John Colet, Erasmus, Thomas More and J. L. Vives, Diss., Chicago 1937.

1374 *Albrecht, M. C.*, Does Literature Reflect Common Values?, in: ASR, 21, 1956, 6, S. 722–729.

Untersuchungen von Kurzgeschichten aus amerikanischen Zeitschriften in bezug auf Familiennormen, eingeteilt nach Unter-, Mittel- und Oberklasse.

1375 *Aldridge, J. W.*, In Search of Heresy: American Literature in an Age of Conformity, New York 1956.

1376 *Arbeit mit dem Buch*, Das Taschenbuch in der Erwachsenenbildung, Beilage 3 zu „Volkshochschule im Westen“ 1964, hrsg. von der Pädagogischen Arbeitsstelle des Deutschen Volkshochschul-Verbandes.

Materialien zur Nutzung des Informationsmittel „Taschenbuch“.

1377 *Arréat, L.*, La morale dans le Drame: l'Épopée et le Roman, Paris 1884.

1378 *Baker, C.*, The Place of the Bible in American Fiction, in: ThT, 17, 1960, S. 53–76.
Eine Untersuchung über den Einfluß der King-James-Bibel auf die Dichtung.

1379 *Ballanche, P. S.*, Du sentiment considéré dans ses rapports avec la littérature et les arts, Lyon/Paris 1880.

1380 *Bardoux, J.*, Le mouvement idéaliste et social dans la littérature anglaise aux XIXeme siècle, Coulommiers 1900.

1381 *Becker, E. D.*, Das Literaturgespräch zwischen 1848–1870 in Robert Prutz' Zeitschrift „Deutsches Museum", in: Publizistik, 12, 1967, 1.
Analyse von Abhandlungen über das literarische Leben mit Bezug auf soziale Funktionen der Literatur.

1382 *Beebe, H. K.*, Biblical Adventures in an American Novel, in: J. Bible & Relig., 27, 1959, S. 133–138.
Zur Verwendung biblischer Themen und Symbole im Roman.

1383 *Benseler, F.*, Sprachlose Gesellschaft?, in: Die Pädagogische Provinz, 1964, 2–3, S. 85–112.
Über das Verhältnis von Literatur und gesellschaftlicher Abhängigkeit.

1384 *Bhattacharya, A.*, Traditional Literature Associated with Religious Ceremonies, in: Bulletin of the Ramakrishna Mission Institute of Culture, 8, 1957, 2, S. 35–40.

1385 *Börsenverein deutscher Verlegerverbände (Hrsg.)*, Buch und Buchhandel in Zahlen, Frankfurt/M.
Regelmäßige Veröffentlichung des Unternehmerverbandes.

1386 *Boussinesq, J.*, La Lecture dans les Bibliothèques d' Entreprise de Bordeaux, Bordeaux o. J.
Statistische Erfassung der Buchausleihe.

1387 *Brestel, H.*, Bücher, Sortimenter, Leser, in: Frankfurter Allgemeine Zeitung, 1962, Nr. 298, S. 5.

1388 *Broch, H.*, The Heritage of Myth in Literature, in: America, 4, 1946, S. 3.

1389 *Bruford, W. H.*, Kultur und Gesellschaft im klassischen Weimar 1775 bis 1806, Göttingen 1966.
Über Gruppenbildung durch Zusammenspiel gesellschaftlicher und geistiger Faktoren und Werte.

1390 *Brunetière, F.*, L'art et la morale, Paris 1898, 2. Aufl. (s. a. 457).

1391 *Calverton, V. F.*, The Puritan Myth. A Challenge to the Theory that the Puritans are Responsible for the Inferiority of Our Literature and Culture, in: Scribner's Magazine, 89, 1931, S. 251–257.

1392 *Chandler, H. B., J. T. Croteau*, A Regional Library and Its Readers, New York 1940.

1393 *Charensol, G.*, Quels enseignements peut-on tirer des chiffres de tirage de la production littéraire actuelle?, in: Informations Sociales, 2, 1957, S. 36 bis 46.
Methodologisches zu Fragen der Buchauflage.

1394 *Cheney, O. H.*, Economic Survey of the Book Industry 1930–1931, New York 1932.

1395 *Cooke, A. H.*, Human Values in Drama, in: J. Hum. Rel., 6, 1958, 3, S. 70 bis 81.
Geschichte und Funktionen des Dramas gesehen unter dem Gesichtspunkt der Gruppe, deren Werte es jeweils repräsentiert und erhält.

1396 *Critic and Criticism*, Chicago 1952.
Methodologische Essays über den Charakter der literarischen Kritik.

1397 *Crocioni, G.*, Folklore e letterature (Folklore und Literatur), Florenz 1954.

1398 *Croombridge, B.*, The Londoner and His Library, London 1965.

1399 *Curley, T. F.*, Catholic Novels and American Culture, in: Commentary, 36, 1963, 1, S. 34–42.

Über die Einflüsse der katholischen Religion auf Vorstellungswelt, soziale Attitüden und Kunst bei amerikanischen Schriftstellern.

1399 A *Daiches, D.*, Criticism and Sociology, in: Critical Approaches to Literature, New York 1956.

Auseinandersetzung über die genetische Betrachtung des literarischen Werkes.

1400 *Daniels, W. M., (Hrsg.)*, The Censorship of Books, New York 1954.

Sammlung von Zeitschriften und Zeitungsartikeln über literarische Zensur und Kontrolle moralischer und politischer Art.

1401 *Davenport, B., u. a.*, The Science Fiction Novel: Imagination and Social Criticism, Chicago 1959.

1402 *Davies, J. C.*, Artikel „Literature“ (Political Fiction), in: Int. Ency. Soc. Sci., 9, S. 430–440.

1403 *Debidour, V.-H.*, Angoisse et déespoir dans la littérature du XXe siècle, in: Cron. Soc. Fr., 67, 1959, 1.

1404 *Dornis, J.*, Le sentiment religieux dans la poésie française contemporaine, in: RdM, Juli 1911, S. 96–122.

1405 *Downer, A. S. (Hrsg.)*, American Drama and Its Critics. A Collection of Critical Essays, Chicago 1965.

1406 *Driver, T. F.*, Psychologism: Roadblock to Religious Drama, in: Rel. Life, 29, 1959, S. 106–117.

Psychologismus als Schranke zur Beschäftigung mit sozialen, philosophischen und theologischen Themen.

1406 A *Dudek, L.*, Literature and the Press, Toronto 1960.

Über den Einfluß der Massenkultur auf den Schriftsteller.

1407 *Dumazedier, J., J. Hassendorfer*, Eléments pour une sociologie comparée de la production, de la diffusion et de l'utilisation du livre, Paris 1963.

Freizeitstudie.

1408 *Dusenbury, W. L.*, The Theme of Loneliness in Modern American Drama, Gainesville (Florida) 1960.

Untersuchung von 19 Dramen amerikanischer Autoren zu Themen wie: Persönliches Versagen; Heimatlosigkeit; Unglückliche Familie; Sozioökonomische Mächte; Konflikt zwischen dem Geistigen und dem Materiellen; Der einsame Held.

1409 *Eliasberg, W. G.*, Psychiatric Viewpoints on Indecency, Obscenity, and Pornography in Literature and the Arts, in: Am. J. Psychoth., 16, 1962, 3, S. 477–483.

1410 *Escarpit, R.*, Der Buchhändler, die Behörden und das Publikum, in: Bertelsmann Briefe, 31, 1964, S. 6–10.

Bericht über Probleme bei der Erforschung des Buchhandels als einem teils kommerziellen, teils kulturellen Phänomen.

1411 *Falardeau, J.-C.*, Le désir du départ dans quelques anciens romans canadiens, in: Rech. soc., 4, 1963, 2, S. 219 bis 223.

Analyse von 3 Romanen über die Motivationen von Helden, Land oder Ort für einen Neubeginn des Lebens zu verlassen.

1412 *Falardeau, J.-C.*, Notre société et son roman, Montreal 1967.

1413 *Farrell, J.*, Literature and Morality, New York 1946.

Marxistische Analyse.

1414 *Finkelstein, S. W.*, Existentialism and Alienation in American Literature, New York 1965.

1415 *Fiske, M.*, Book Selection and Censorship. A Study of School and Public Libraries in California, Berkeley 1959.

Zum Prozeß der Auswahl von Büchern für Bibliotheken.

1416 *Foster, R.*, Frankly, I Like Criticism, in: Ant. R., 22, 1962, 3, S. 273–283.
Abhandlung über den „New Criticism" und die durch ihn geförderte neue literarische Kultur.

1417 *French, W.*, The Social Novel at the End of an Era, Carbondale 1966.

1418 *Freund, M.*, Vom Lesen und Gelesenwerden. Soziologie der Buchkritik, in: Der Monat, Nov. 1955, 86.
Über die gesellschaftlichen Abhängigkeiten von Kritik und Kritikern.

1419 *Friedman, N.*, Criticism and the Novel, in: Ant. R., 18, 1958, 3, S. 343 bis 370.
Hinweis auf die Gefahren einer „symbolischen Analyse" durch die Buchkritik.

1420 *Fröhner, R.*, Das Buch in der Gegenwart, Gütersloh 1961.
Empirische Untersuchung über die Rolle des Buches in der Vorstellungswelt der erwachsenen Bevölkerung in der Bundesrepublik Deutschland.

1421 *Frye, R. M.*, Perspective on Man; Literature and the Christian Tradition, Philadelphia 1961.

1422 *Frye, N.*, Myth, Fiction, and Displacement, in: Daedalus, 90, 1961, 3, S. 587–605.
Zur Klärung des Begriffs „Mythos" in der Literaturkritik.

1423 *Gamberg, H.*, The Modern Literary Ethos, in: Soc. Forc., 37, 1958, 1, S. 1–14 (s. a. 1065).

1424 *Gideonse, H. D.*, The Literature of Freedom and Liberal Education. A Report of the Twentyfifth Educational Conference, New York 1960.
Analyse der Literatur zum Thema „Freiheit".

1424 A *Giraud, V.*, La critique littéraire, Paris 1945.
Über die verschiedenen Möglichkeiten der Literaturkritik.

1425 *Glicksberg, C. J.*, Literature and Religion. A Study in Conflict, Dallas 1960.

1425 A *Glotz, P.*, Buchkritik in deutschen Zeitungen, Hamburg 1971.
Eine Kritik der Kritik.

1426 *Gonski, H., u. a.*, Der deutsche Buchhandel in unserer Zeit, Göttingen 1961.
Sozio-ökonomische Probleme des Buchhandels.

1427 *Gracq, J.*, Entdeckungen. Essays zu Literatur und Kritik.
Über Literaturbetrieb und Literaturpreise.

1428 *Grundmann*, H., Kulturelle Betätigung im Buchhandel. Ein neuer statistischer Versuch, in: Börsenblatt für den Deutschen Buchhandel, 1962, 72, S. 1544–1548.

1429 *Gürster, E.*, Wertverlust der Freiheit. Gedanken zur Literatur der Gegenwart, in: Polit. St., 14, 1963, 151, S. 517–528 (s. a. 1078).

1430 *Hawthorn, H. B.*, Utopias and Durability in Literature and Reality, in: Int. J. Comp. Sociol., 4, 1963, 1, S. 50–65.

1431 *Haygood, W. C.*, Who Uses the Public Library? A Survey of the Patrons of the Circulation and Reference Departments of the New York Public Library, Chicago 1938.

1432 *Heer, F.*, Die Rolle des Buches in der Geistes- und Meinungsbildung, Wien 1962.

1433 *Hellmann, M.*, Es bestsellert sich nicht so. Gedanken und Untersuchungen zu den Bestsellerlisten, in: Bertelsmann Briefe, 39, 1965, S. 7–13.
Kritische Auseinandersetzung mit der Herstellung und Verbreitung von Bestsellerlisten in Zeitungen und Zeitschriften.

1434 *Hiller, H.*, Zur Sozialgeschichte von Buch und Buchhandel, Bonn 1966.
Darstellung der Buchsoziologie als Wirtschaftssoziologie.

1435 *Hitchcock, C.*, Are Publishers Important? in: Journal of Adult Education, 9, 1937, S. 249–254.

1436 *Hopper, S. R.*, Spiritual Problems in Contemporary Literature: A Series of Addresses and Discussions. New York 1952.

1437 *Howe, I.*, Mass Society and Post-Modern Fiction, in: Part. Rev., 26, 1959, 3, S. 420–436.
Analyse des Verlusts von Werten und moralischen Themen im modernen Roman.

1438 *Hutton, E.*, Catholicism and English Literature, London 1948.

1439 *Jennewein, A.*, Gefahr und Chance des öffentlichen Büchereiwesens in Deutschland, in: Im Dienste der Erwachsenenbildung, Festgabe für R. Reuter, Osnabrück 1961, S. 168–184.

1440 *Johns-Heine, P., H. H. Gerth*, Values in Mass Periodical Fiction, in: POQ, 13, 1949.

1441 *Jones, H. M.*, The Theory of American Literature, Ithaca (N. Y.) 1965.
Analyse der europäischen Einflüsse auf das amerikanische literarische Bewußtsein, auf Kritik und Philologie.

1442 *Joseph, M., G. Overton*, The Commercial Side of Literature, New York/London 1926.

1443 *Karstedt, P.*, Studien zur Soziologie der Bibliothek, Wiesbaden 1954.

1444 *Kazin, A.*, Writing for Magazines, in: Commentary, 30, 1960, 1, S. 57–59 (s. a. 1251).

1445 *Kinnaird, J.*, The Paradox of an American „Identity“, in: Part. Rev., 25, 1958, 3, S. 380–405.
Analyse des amerikanischen Bewußtseins-Dualismus im Werk von Walt Whitman.

1445 A *Knittel H.*, Der Roman in der deutschen Illustrierten 1946 bis 1962, Diss., Berlin 1967.

1446 *Kohlschmidt, W.*, Die entzweite Welt. Studien zum Menschenbild in der neueren Dichtung, Gladbeck 1953.

1447 *Kroch, A.*, A Great Bookstore in Action, in: L. R. Wilson (Hrsg.), The Practice of Book Selection, Chicago 1940, S. 288–319.

1448 *Kunkel, K.*, Ein artiger James Bond, in: Der Monat, 18, 1966, S. 61–70.
Über Angebot, Konsum und Herstellungspraktiken der Trivialliteratur.

1449 *Lacey. D.*, The Economics of Publishing or Adam Smith and Literature, in: Daedalus, 92, 1963, 1, S. 42 bis 62.
Beschreibung von Charakteristika, Umfang und Wandlungen auf dem Gebiet des Buchverlagswesens in den USA.

1449 A *Landheer, B.*, Social Functions of Libraries, New York 1957.
Soziologie der Bibliotheken.

1449 B *Leenhardt, J.*, Psychocritique et sociologie de la littérature, in: G. Poulet (Hrsg.). Les chemins actuels de la critique, Paris 1968, S. 253–271.

1450 *Licklider, J. C. R.*, Libraries of the Future, Cambridge (Mass.) 1965.

1451 *Lissovoy, V. de*, A Sociological Approach to Religious Literacy, in: J. Educ. Sociol., 27, 1954, 9, S. 419–424.

1452 *Mays, B. E.*, The Development of the Idea of God in Contemporary Negro Literature, Diss., Chicago 1935.

1453 *Merritt, L. C., M. Boaz, K. S. Tisdale*, Reviews in Library Book Selection, Detroit 1958.
Statistische Untersuchung über Literaturkritik und ihre Medien; Kritiken von Bestsellern; Buchauswahl durch Bibliothekare.

1454 *Meyer, Ch. H. Z.*, Sacred Lyrics of Protestant America: A Sociological Study in Compensation, Diss., Northwestern Univ. 1934.

1455 *Meyer-Dohm, P.*, Der westdeutsche Büchermarkt. Eine Untersuchung der Marktstruktur, zugleich ein Beitrag zur Analyse der vertikalen Preisbindung, Stuttgart 1957.

Sozio-ökonomische Untersuchung.

1456 *Meyer-Dohm, P.*, Buchhandel als kulturwirtschaftliche Aufgabe, Gütersloh 1967.

1457 *Miller, W.*, The Book Industry, New York 1950.

Deskriptive historische Untersuchung über die Struktur des Verlagswesens.

1458 *Mita, M.*, Best-Seller no Sengo Nihonshi (Trends bei Bestsellern im Nachkriegsjapan), in: Shisô no Kagaku, 1963, 9, S. 86–92.

1459 *Mizener, A.*, The Novel of Manners in America, in: Kenyon Review, 1950, S. 1.

1460 *Moseley, E. M.*, Pseudonyms of Christ in the Modern Novel, Pittsburgh 1963.

Untersuchung über die verschiedenen Weisen, in denen Christus in modernen Romanen offen oder symbolisiert dargestellt wird.

1461 *Müller, A.*, La question du roman catholique, Paris 1957.

1462 *Muller, H. J.*, Modern Fiction: A Study of Values, New York/London 1937.

1463 *Neven Du Mont, R.*, Die Kollektivierung des literarischen Konsums in der modernen Gesellschaft durch die Arbeit der Buchgemeinschaften, Diss., Freiburg 1961.

1464 *Nutz, W.*, Der Trivialroman. Seine Formen und seine Hersteller, Köln/Opladen 1962 (s. a. 1276).

1465 *Nutz, W.*, Der Frauenroman, in: Bertelsmann Briefe, Heft 30, 1964, S. 13 bis 18.

Über Herstellungsmethoden und Inhalte des als „Frauenroman“ verbreiteten Typus der Trivialliteratur.

1466 *Otto, U.*, Die literarische Zensur als Problem der Soziologie der Politik, Stuttgart 1968.

Über die Zensur als Instrument politischer und sozialer Kontrolle.

1467 *Pareto, V.*, Le mythe vertuïste et la littérature immorale, Paris 1911.

Studie über die moralischen Tugendwächter.

1468 *Parker, E. B.*, The Effects of Television on Library Circulation, in: POQ, 27, 1963, 4, S. 578–589.

Empirische Untersuchung zur Verdrängung von belletristischer Literatur bei Bibliotheksbenutzung durch Fernsehen.

1469 *Plant, M.*, The English Book Trade, London 1949.

1470 *Platte, H.*, Soziologie des Taschenbuches, in: Zur Soziologie der Massenkommunikationsmittel, Münster o. J., abgedr. in: Bertelsmann Briefe, Gütersloh 15. 8. 1962.

Die Konzeption des Taschenbuches mit „Massenintention“ wird als verfehlt dargestellt.

1471 *Podhoretz, N.*, The New Nihilism and the Novel, in: Part. Rev., 25, 1958, 4, S. 576–590.

Studie über Werke aus USA, Frankreich und England in bezug auf den sich darin wiederspiegelnden Wertverlust.

1472 *Portou, E.*, Du roman et du théâtre contemporains et de leur influence sur les moeurs, Paris 1859.

1473 *Price-Jones, A.*, Religion and Literature, in: Confluence, 4, 1955, 2, S. 194–201.

1474 *Raleigh, J. H.*, O'Neill's „Long Day's Journey into Night“ and New England Irish-Catholicism, in: Part.Rev., 26, 1959, 4, S. 575–592.

Zum Einfluß des irischen Katholizismus auf die Persönlichkeitsstruktur.

1475 *Raleigh, J. H.*, Victorian Morals and the Modern Novel, in: Part. Rev., 25, 1958, 2, S. 241–264.

Zum Problem des Einflusses der viktorianischen Moralauffassung auf die Literatur.

1476 *Rehm, W.*, Der Todesgedanke in der deutschen Dichtung vom Mittelalter bis zur Romantik, Halle 1928.

1477 *Ritsert, J.*, Zur Gestalt der Ideologie in der Populärliteratur über den zweiten Weltkrieg, in: Soz. Welt, 15, 1964.

1477 A *Roesch, L.*, Der Einfluß des evangelischen Pfarrhauses auf die Literatur des 18. Jahrhunderts, Diss., Tübingen 1932.

1478 *Röpke, W.*, Der wirtschaftliche Standort des Buchhändlers, in: Börsenblatt für den deutschen Buchhandel, Nr. 35, 1959.

1479 *Routh, H. v.*, Money, Morals, and Manners as Revealed in Modern Literature, London 1935.

1480 *Rüegg, W.*, Der gesellschaftliche Sinn des Buchhändlers, Olten 1962.

1481 *Rüegg, W.*, Die kulturelle Funktion des Buches, Bonn 1965.

1482 *Sadleir, M.*, Authors and Publishers, London 1933.

1483 *Sampson, A.*, Religion in Modern Literature, in: Contemporary Review, 1935, 146, S. 462–470.

1484 *Schneider, L., S. M. Dornbusch*, Inspirational Religious Literature: From Latent to Manifest Functions of Religion, in: AJS, 62, 1957, 5, S. 476 bis 481.

1485 *Schöffler, H.*, Protestantismus und Literatur. Neue Wege zur englischen Literatur des achtzehnten Jahrhunderts, Leipzig 1922.

Statistiken über Herkunft englischer Dichter und des literarischen Publikums mit Bezug auf die Einflüsse des sozialen Milieus.

1486 *Schorer, M.*, Criticism. The Foundations of Modern Literary Judgment, New York 1948.

1487 *Schottenloher, K.*, Bücher bewegten die Welt. Eine Kulturgeschichte des Buches, 2 Bde., Stuttgart 1952.

1488 *Schulz, H. F.*, Das Schicksal der Bücher und des Buchhandels. System einer Vertriebskunde des Buches, Berlin 1960.

Zu Fragen des Buchhandelswesens.

1489 *Scott, N. A., Jr.*, Modern Literature and the Religious Frontier, New York 1958.

Über die Beziehung zwischen moderner Dichtung und Religion unter Berücksichtigung der Suche des modernen Schriftstellers nach bedeutungsvollen Symbolen zur Verdeutlichung der religiösen Wirklichkeit.

1490 *Scott, N. A., Jr.*, Rehearsals of Discomposure: Alienation and Reconciliation in Modern Literature, New York 1952.

1491 *Shakai Sinri Kenkyûsho*, Taishû Bungaku no Yamare Kata-Kasiho nya no Tyôsa Kara (Wie wird populäre Literatur gelesen? Über Untersuchungen in Leihbüchereien), in: Bungaku, Dez. 1957, S. 120–132.

1492 *Shannon, L. W.*, The Opinion of Little Orphan Annie and her Friends, in: POQ., 18, 1954, 2, S. 169–179.

1493 *Sichelschmidt, G.*, Trivial-Literatur und Bibliotheken, in: ZBB, 13, 1966, S. 100–104.

1494 *Simon, P.-H.*, Témoins de l'homme. La condition humaine dans la littérature contemporaine, Paris 1951.

1495 *Sinclair, U.*, Mammon Art: An Essay in Economic Interpretation, Pasadena (Cal.) 1925 (s. a. 1890).

Über Kunst und Literatur als wirtschaftliche und politische Macht.

1496 *Smith, S. G.*, The Attitude Towards Catholicism in the English Literature of the Eighteenth Century, Diss., Indiana Univ. 1929.

1497 *Smith, H. L.*, The Economic Laws of Art Production. An Essay towards the Construction of a Missing Chapter of Economics, London 1924 (s. a. 272).

1498 *Smith, J. M.*, Radio and Literature, in: Fortnightly, Dez. 1953, S. 390 bis 395.

1499 *Sombart, W.*, Kunstgewerbe und Kultur, Berlin 1908.

1500 *Sommerfeld, M.*, Zum Problem der literarischen Kritik, in: DVJ, 7, 1929, S. 693–704.

1501 *Swinnerton, F.*, Authors and the Book Trade, London 1932.

1502 *Thiess, F.*, Der Bucherfolg. Ursprung und Wandel, Wiesbaden 1959, Akad. der Wiss. und Lit., 5, S. 81–101.

1503 *Trilling, L.*, Manners, Morals and the Novel, in: Kenyon Review, 1948, S. 11 ff.

1504 *Turner, D. R.*, Ambivalent Values in Recent Bestsellers, in: J. Hum. Rel., 10, 1962, 2–3, S. 163–180.

1505 *Unwin, St.*, The Truth About Publishing, London 1947.

1506 *Unwin, St., G. Stevens*, Best-Sellers: Are They Born or Made? London 1939.

1507 *Waples, D.*, People and Libraries, in: C. B. Joeckel (Hrsg.), Current Issues in Library Administration, Chicago 1939, S. 355–370.

1508 *Waples, D., L. Carnovsky*, Libraries and Readers in the State of New York: The State's Administration of Public and School Libraries with Reference to the Education Values of Library Services, Chicago 1939.

1509 *Ward, A. C.*, The Nineteen-Twenties. Literature and Ideas in the Post-War Decade, London 1930.

1510 *Weales, G.*, Religion in Modern English Drama, Philadelphia 1961.
Analyse religiöser Elemente im „kommerziellen" Drama, im Kirchendrama und im Drama der Nachkriegszeit.

1511 *Weatherhead, L. D.*, The After-World of the Poets: The Contribution of Victorian Poets to the Development of the Idea of Immortality, London 1929.

1512 *Webb, R. K.*, The British Working Class Reader, 1790–1848. Literacy and Social Tension, London 1955.
Parallel zu historischen Quellensammlungen wird der Versuch einer Elite dargestellt, um durch das gedruckte Wort an die Massen zu appellieren.

1513 *Weinhold, H.*, Marktforschung für das Buch, St. Gallen 1956.
Methodologisches zur Buchmarktforschung.

1514 *Wellard, J. H.*, Book Selection: Its Principles and Practice, London 1936.

1514 A *Wiese, L. v.*, Soziologische Betrachtungen über Kritik, in: Studium Generale, 12, 1959, S. 393–396.

1514 B *Winters, Y.*, The Function of Criticism, Denver 1957.
Zur sozialen Funktion der Kritik.

1515 *Yvon, P.*, Les Crises de la morale et de la moralité dans l' histoire de la civilisation et de la littérature des pays anglo-saxons, Paris 1937.

1516 *Zickfeld, K.*, Die Umgestaltung des Buchmarktes durch Buchgemeinschaften und Fachvereinsverlage, Diss., Freiburg 1927.

1516 A *Žmegač, V. (Hrsg.)*, Marxistische Literaturkritik, Bad Homburg 1970.

5. Gesellschaften in ihrer literarischen Darstellung

1517 *Abbe, D. M. van,* Image of a People. The Germans and their Creative Writing under and since Bismarck, London 1964.

Behandlung schöpferisch konstanter Elemente in der Entwicklung der deutschen Gesellschaft und ihrer literarischen Tradition seit 1871.

1518 *Alberts-Arndt, B.,* Die englische Gesellschaft im Spiegel der Romane von Meredith, Karlsruhe 1931.

1519 *Araujo, C. da S.,* A cultura no Brasil colonial, vista atraves de sua literatura (Die Kultur im kolonialen Brasilien gesehen durch seine Literatur), Rio de Janeiro 1955.

1520 *Arcoy, G. R. del,* La sociedad española en las obras dramaticas de Lope de Vega (Die spanische Gesellschaft in den Dramen von Lope de Vega), Madrid 1941.

1521 *Aronstein, Ph.,* Der soziologische Charakter des englischen Renaissance-Dramas, in: G.R.M., 1924, 12, S. 222 ff.

1522 *Arvin, N.,* Fiction Mirrors America, in: Current History, 17, 1935, S. 610 bis 616.

Spiegelbild-Untersuchung.

1523 *Baldensperger, F.,* Ist die Literatur der Ausdruck der Gesellschaft?, in: DVJ, 7, 1929, S. 17–28.

Ablehnung gesamtgesellschaftlicher Einflüsse.

1524 *Balet, L.,* Die Verbürgerlichung der deutschen Kunst, Literatur und Musik im 18. Jahrhundert, Leipzig 1936 (s. a. 285).

1525 *Banerjee, S.,* The Changing Role of Traditional Literature, in: B. Ramakrishna Mission Institute of Culture, 8, 1957, 2, S. 47–50.

1526 *Barber, C. L.,* Shakespeare's Festive Comedy. A Study of Dramatic Form and its Relation to Social Custom, London 1959.

1527 *Bastide, R.,* L'Amérique latine dans le miroir de sa littérature, in: Annales, 13, 1958, 1, S. 30–46.

1528 *Benjamin, W.,* Zum gegenwärtigen gesellschaftlichen Standort des französischen Schriftstellers, in: ZSF, 3, 1934, 1, S. 54–78 (s. a. 1193).

1529 *Berelson, B., P. J. Salter,* Majority and Minority Americans. An Analysis of Magazine Fiction, in: POQ, 10, 1946, S. 168–190.

Analyse von sozialen Vorurteilen in Zeitschriften, ausgehend von der These, daß Literatur die Funktion der sozialen Kontrolle hat.

1530 *Berger, I.,* La description du prolétariat dans le roman naturaliste allemand, Paris 1935.

1531 *Berl, E.,* Mort de la pensée bourgeoise: la littérature, Paris 1929.

1532 *Berque, J.,* Sociétés et lettres arabes contemporaines, in: CIS., 1964, 36, S. 3–32.

Inhaltsanalytische Betrachtung über die Entwicklung von Form und Inhalt in der zeitgenössischen arabischen Literatur.

1533 *Blotner, J.,* Modern American Political Novel, 1900–1960, Texas 1966.

1534 *Böschenstein, H.,* Der neue Mensch. Die Biographie im deutschen Nachkriegsroman, Heidelberg 1958.

1535 *Boileau, H. T.,* Italy in the Post-Victorian Novel, Diss., Pennsylvania 1931.

1536 *Boynton, P. H.,* Literature and American Life, Boston 1936.

1537 *Bradbury, M.,* The Social Context of Modern English Literature, Oxford 1971.

Deutung der Kräfte, die in England die moderne Literatur geschaffen haben.

1538 *Brentano, B. v.*, Schöne Literatur und öffentliche Meinung, Wiesbaden 1962.

In Essays über „Die Stellung des Dichters"; „Die öffentliche Meinung aus der Sicht eines Schriftstellers"; „Das Menschenbild in der modernen Literatur" u. a. m. wird eingetreten für Demokratie, soziales Bewußtsein und Wirklichkeitsnähe.

1539 *Bridgers, E.*, English History through Historical Novels, Chapel Hill 1957.

1540 *Brightfield, M. F.*, The Coming of the Railroad to Early Victorian England, as Viewed by Novels of the Period 1840–1870, in: Technology and Culture, 3, 1962, 1, S. 45–73.

Anhand der Analyse von 2000 Romanen der viktorianischen Zeit wird der Einfluß der beginnenden Technisierung auf die englische Gesellschaft im 19. Jahrhundert untersucht.

1541 *Brombacher, K.*, Der deutsche Bürger im Literaturspiegel von Lessing bis Sternheim, München 1920.

1542 *Brooks, O.*, The Problem of the Social Novel, in: Mod. Q., 6, 1932, S. 77 bis 82.

1543 *Bruford, W. H.*, Goethe's Wilhelm Meister as a Picture and Criticism of Society, London 1933.

1544 *Bruford, W. H.*, Germany in the Eighteenth Century: The Social Background of the Literary Revival, Cambridge 1935.

Über den Einfluß sozialer und politischer Faktoren auf Kulturerscheinungen.

1545 *Bruford, W. H.*, Die gesellschaftlichen Grundlagen der Goethezeit, Weimar 1936.

1546 *Bruford, W. H.*, Theatre, Drama, and Audience in Goethe's Germany, London 1950 (s. a. 1323 u. 1984).

1547 *Burgum, E. B.*, The Novel and the World's Dilemma, New York 1947.

Ausführungen zur marxistischen Literatursoziologie.

1548 *Bush, D.*, English Literature and Cultural Unity, in: L. Bryson (Hrsg.), Approaches to Group Understanding, New York 1947, S. 342–349.

Zum Problem der Gruppenfestigung durch Literatur.

1549 *Carrouges, M.*, Crise de la civilisation et aise de la littérature, in: Chron. Soc. Fr., 67, 1959, 1.

1550 *Chase, R.*, Radicalism in the American Novel, in: Commentary, 23, 1957, 1, S. 65–71.

Analyse des amerikanischen Proletarier-Romans, wobei als radikal alles angesehen wird, was für eine fundamentale Änderung der Gesellschaft eintritt.

1551 *Chase, R.*, Neo-Conservatism and American Literature, in: Commentary, 23, 1957, 3, S. 254–261.

Ausgehend von der These, daß die amerikanische Kultur auf einer Diskontinuität zwischen konservativem Fühlen und liberalem Denken beruht, werden diverse Werke in bezug auf ihren Konservativismus untersucht.

1552 *Cheyney, E. P.*, Social Changes in England in the Sixteenth Century, as Reflected in Contemporary Literature, Teil I: Rural Changes, o. O. 1937.

Zum Problem des sozialen Wandels und seiner Widerspiegelung in der Literatur.

1553 *Coan, A. W.*, *R. G. Lillard*, America in Fiction. An Annotated List of Novels that Interpret Aspects of Life in the United States, Stanford 1956, 4. Aufl.

Kritische Bibliographie.

1554 *Collins, J. E.*, Social Background of Galsworthy's Novels, Diss., Boston 1936.

Eine Analyse des sozialen Hintergrundes.

1555 *Cruse, A.*, The Victorians and their Books, London 1935.

1556 *Curti, M.*, Dime Novel and the American Tradition, in: Yale Rev., 26, 1937, S. 761–778.
Die Entwicklung des Heftchenromans in Amerika.

1557 *Cuvillier, A.*, Les antagonismes de classes dans la littérature sociale française de Saint-Simon à 1848, in: IRSH, 1, 1956, 3, S. 433–463.

1558 *Daiches, D.*, The Novel and the Modern World, Chicago 1960 (s. a. 1042).

1559 *Davidson, D.*, Regionalism and Nationalism in American Literature, in: Am. Rev., 5, 1935, S. 48–61.

1560 *Delbridge, A.*, The Use of English in Australian Literature, in: Harv. Ed. R., 34, 1964, 2, S. 306–311.
Über sozial bedingte sprachliche Charakteristika des australischen Englisch und ihre Anwendung in der australischen Literatur.

1560 A *De Voto, B.*, The Literary Fallacy, Boston 1944.
Wendet sich gegen die Methode, von literarischen Äußerungen auf den nationalen Charakter zu schließen und von diesem zurück auf die literarische Äußerung.

1561 *Downer, A. S.*, Fifty Years of American Drama, Chicago 1951.
Materialsammlung über Entwicklungstrends im amerikanischen Drama.

1562 *Downs, R. B.*, Books that Changed the World, Chicago 1956.

1563 *Dresch, J.*, Le Roman social en Allemagne 1850–1900, Paris 1913.

1564 *Duvignaud, J.*, Situation dramatique et situation sociale, in: CIS, 11, 1964, 36, S. 47–56.

1565 *Elizalde, I.*, La novela social contemporánea en España (Der zeitgenössische soziale Roman in Spanien), in: Fom. Soc., 16, 1961, 63, S. 255–271.

1566 *Elizalde, I.*, La novela social en Italia (Der soziale Roman in Italien), in: Fom. Soc., 16, 1961, 64, S. 365 bis 377.

1567 *Eoff, S. H.*, The Modern Spanish Novel. Comparative Essays Examining the Philosophical Impact of Science on Fiction, New York 1961.

1568 *Fischer, E.*, Zeitgeist und Literatur. Gebundenheit und Freiheit der Kunst, Wien/Köln/Stuttgart 1964.
Sozialgeschichtliche Analyse.

1569 *Flanagan, J. T., A. P. Hudson (Hrsg.)*, Folklore in American Literature, Evanston (Ill.) 1958.

1570 *Fonsegrive-Lespinasse, G.*, Les problèmes sociaux sur la scène et dans le roman, in: Correspondent, 1910, 11, S. 468–495; 12, S. 970–999.

1571 *Fox, R.*, The Novel and the People, New York 1938.

1572 *Francke, K.*, History of German Literature as Determined by Social Forces, London 1901.

1573 *Frels, W.*, Die deutsche dramatische Produktion, in: Neue Literatur, 36, 1935, 6, S. 325–332.
Eine kunstsoziologische Statistik.

1574 *Fundenburg, G. B.*, Feudal France in the French Epic. A Study of Feudal French Institutions in History and Poetry, Princeton 1918.

1575 *George, A. J.*, The Development of French Romanticism: The Impact of the Industrial Revolution on Literature, Syracuse (N.Y.) 1955.
Analyse der thematischen und formalen Veränderungen in der französischen romantischen Literatur vor und nach 1830 angesichts der Industrialisierung.

1576 *Gogeißl, L.*, Das Bürgertum in England, dargestellt nach Romanen von Thackeray, Dickens und Galsworthy, o. O. 1941.

1577 *Gondos, E.*, La sociographie littéraire, in: International Social Science

Council (Hrsg.), Social Science Information, VI, 5, Paris 1967, S. 87–94.

Beschreibung von Art und Geschichte der „literarischen Soziographie" mit Beispielen aus der ungarischen Literatur.

1578 *Gossman, N. J.*, Political and Social Themes in the English Popular Novel 1815–1832, in: POQ, 20, 1956, 3, S. 531–541.

Analyse von 50 populären Romanen zur Feststellung von Attitüden, Stereotypen und Konventionen in der englischen Literatur.

1579 *Graña, C.*, Bohemian versus Bourgeois, French Society and the French Man of Letters in the Nineteenth Century, New York 1964 (s. a. 1236).

1580 *Grunebaum, G. E. von*, The Spirit of Islam as Shown in its Literature, in: Studia islamica, 1, 1953, S. 101–120.

1581 *Grunebaum, G. E. von*, French African Literature. Some Cultural Implications, Den Haag 1964.

1582 *Gudde, E. G.*, Social Conflicts in the Medieval German Poetry, Berkeley 1934.

1583 *Haas, J.*, Versuch einer Darstellung der Heimatliteratur in den USA. Einige typische Heimatschriftsteller aus verschiedenen Gegenden der Vereinigten Staaten, Bonn 1935.

1584 *Hart, J. D.*, The Popular Book. A History of America's Literary Taste, o. O. 1950.

1585 *Hartmann, J. G.*, Development of American Social Comedy from 1787 to the Present Day, Diss., Pennsylvania 1937.

1586 *Hassan, I. H.*, Radical Innocence. Studies in the Contemporary American Novel, Princeton 1961.

Inhaltsanalytische Darstellung.

1587 *Heilman, R. B.*, America in English Fiction, 1760–1800: The Influences of the American Revolution, Baton Rouge (La.) 1937.

1588 *Henderson, P.*, Literature and a Changing Civilization, London 1935.

1588 A *Henderson, P.*, The Poet and Society, London 1939.

Historisch-materialistische Literaturbetrachtung.

1589 *Henderson, P.*, The Novel of Today: Studies in Contemporary Attitudes, Oxford 1936.

Zur marxistischen Literaturtheorie.

1590 *Hernadi, P.*, Von Kapitalisten und Misanthropen. Soziologische Betrachtungen zum Werk G. E. Lessings, in: Forum, 11, 1964, 131, S. 560–563.

Soziologische Deutung von Figuren und Inhalten Lessingscher Dramen.

1591 *Herron, I. H.*, The Small Town in American Literature, Durham (N. C.) 1939.

1592 *Hilton, C. A.*, El concepto de civilización y barbarie en la literatura sudamericana (Konzepte der Kultur und Unkultur in der südamerikanischen Literatur), Mexico 1952.

1593 *Hingley, R.*, Russian Writers and Society 1825–1904, London 1967.

1594 *Hirsch, A.*, Bürgertum und Barock im deutschen Roman. Ein Beitrag zur Entstehungsgeschichte des bürgerlichen Weltbildes, Köln/Graz 1957, 2. Aufl.

Sozialgeschichtliches zum Schaffensprozeß.

1595 *Hirsch, S.*, Theatre of the Absurd (Made in America), in: J. Soc. Iss., 20, 1964, 1, S. 49–61.

Über Einflüsse des europäischen absurden Theaters auf die amerikanische dramatische Produktion.

1596 *Hoevel, E. F.*, Die soziale Herkunft der neuzeitlichen Dialektliteratur Englands, Leipzig, 1929.

1597 *Hoffman, F. J.*, The Modern Novel in America 1900–1950, Chicago 1951.

Analyse amerikanischer Romane in bezug auf soziale Probleme.

1598 *Hoggart, R.*, The Uses of Literacy. Changing Patterns in English Mass Culture, Fair Lawn (N. J.) 1957.

1599 *Horton, R. M., V. F. Hopper*, Backgrounds of European Literature. The Political, Social, and Intellectual Development Behind the Great Books of Western Civilization, New York 1954.

1600 *Jenkins, S. F.*, The Treatment of Tyranny in Elizabethan English History Plays, Diss., North Carolina 1935.

1601 *Jones, H. M.*, Guide to American Literature and Its Backgrounds Since 1890, Cambridge (Mass.) 1953.

1602 *Jungkunz, A. C.*, Menschendarstellung im deutschen höfischen Roman des Barock, Berlin 1937.

1603 *Kahn, A.*, Le théâtre social en France de 1870 à nos jours, Diss., Lausanne 1907.

1604 *Kahn, L. W.*, Social Ideals in German Literature 1770–1830, New York 1938 (s. a. 1874).

1605 *Karnis, M. V.*, Social Issues in Argentine Drama Since 1900, Ann Arbor 1954.

1606 *Kayer, H.*, Das Problem der gesellschaftlichen Entwurzelung in der französischen Literatur, Stuttgart 1928.

1607 *Kelly. J. A.*, England and the Englishman in German Literature of the Eighteenth Century, New York 1921.

1608 *Kesteloot, L.*, Les écrivains noirs de langue française: Naissance d'une littérature, Brüssel 1963 (s. a. 1253).

1609 *Kleinberg, A.*, Die deutsche Dichtung in ihren sozialen, zeit- und geistesgeschichtlichen Bedingungen, Berlin 1927.

Deterministische Analyse.

1610 *Klüter, H.*, Mensch, Gesellschaft und Zivilisation in der modernen Literatur. Ein Beitrag zur kultursoziologischen Analyse der Gegenwart, Diss., Heidelberg 1952.

1611 *Knights, L. C.*, Drama and Society in the Age of Jonson, London 1937.

Behandlung der wirtschaftlichen Konsequenzen spezifischer sozialer und politischer Anschauungen.

1612 *König, R.*, Die Auflösung der naturalistischen Ästhetik in Frankreich, Leipzig 1931.

1613 *Kohn-Bramstedt, E.*, Aristocracy and the Middle Classes in Germany. Social Types in German Literature 1830 bis 1900, London 1937.

Typologien-Untersuchung.

1614 *Krysmanski, H. J.*, Die utopische Methode. Eine literatur- und wissenssoziologische Untersuchung deutscher utopischer Romane des 20. Jahrhunderts, Köln/Opladen 1963 (s. a. 1100).

Wissenssoziologisch ausgerichtete Analyse.

1615 *Larsen, C. E.*, The Family in Norwegian Fiction, in: SSR, 36, 1951–52, S. 97–101.

Erarbeitung soziologisch relevanter Data aus 89 norwegischen Romanen von 1870–1940.

1616 *Larsen, C. E.*, Social Elements in Norwegian Poetry, in: SSR, 37, 1953, S. 168–174.

Ein Überblick über die soziale Bedingtheit einzelner Themen in der norwegischen Dichtung.

1617 *Levin, H.*, Apogee and Aftermath of the Novel, in: Daedalus, 92, 1963, 2, S. 206–219.

Darstellung des Einflusses des sozialen Wandels auf den Roman von Stendhal bis Proust.

1618 *Lewisohn, L.*, Expression in America, New York 1932.

Eine Darstellung der amerikanischen Kultur im Spiegel ihrer Literatur.

1619 *Lowenthal, L.*, Literature and the Image of Man, Sociological Studies of the European Drama and Novel 1600 bis 1900, Boston 1957 (s. a. 1113).

1620 *Lowenthal, L., I. Lawson,* The Debate on Cultural Standards in Nineteenth-Century England, in: Sociol. R. 30, 1963, 4, S. 417–433.

1621 *Mahrholz, W.,* Gesellschaftliche Umschichtung und geistige Wandlung. Ein Beitrag zur Soziologie der deutschen Literatur im 19. Jahrhundert, in: Preußische Jahrbücher, 209, 1927, 2, S. 158–177.

1622 *Mandrou, R.,* De la culture populaire aux XVIIe et XVIIIe siècles, Paris 1964.

Studie in bezug auf die Bedeutung der Suprastruktur von Glaubenssätzen, Ideen und mentalen Gewohnheiten.

1623 *Manns, B.,* Das Proletariat und die Arbeiterfrage im deutschen Drama, Diss., Rostock 1913.

1624 *Marmorstein, E.,* Two Iraqi Jewish Short Story Writers: A Suggestion For Social Research, in: J. J. Soc., 1, 1959, 2, S. 187–200.

Untersuchung von 30 Kurzgeschichten in bezug auf Attitüden gebildeter Araber zur arabischen und nichtarabischen Welt.

1625 *Marschak, M.,* German Fiction Today: State Control and Public Demand, in: AJS, 1949, S. 356–360.

1626 *May, E. G.,* Contemporary Drama as a Reflection of Modern Life, in: Sew. Rev., 1911, 2, S. 161–171.

Ausführungen zur Spiegelbildtheorie.

1627 *Meyer, W. F.,* Der Einzelmensch und die Gesellschaft bei Zola, Longerich 1935 (s. a. 1803).

1628 *Millgate, M.,* American Social Fiction. James to Cozzens, Edinburgh 1964.

1629 *Miner, E.,* The Japanese Tradition in British and American Literature, Princeton 1958.

Abhandlung über Attitüden amerikanischer Schriftsteller gegenüber Japan und Einflüsse japanischer Literatur auf die amerikanische.

1630 *Mintz, R. F.,* Modern Hebrew Poetry, Univ. of California 1966.

1631 *Mohrmann, H.,* Kultur und Gesellschaftsprobleme des amerikanischen Romans der Nachkriegszeit 1920 bis 1927, Düsseldorf 1934.

1632 *Mohrt, M.,* Le nouveau roman américain, Paris 1955.

1633 *Moller, H.,* The Social Causation of the Courtly Love Complex, in: W. J. Cahnman und A. Boskoff (Hrsg.), Sociology and History. Theory and Research, Glencoe (Ill.) 1964, S. 484 bis 502.

1634 *Monguio, L.,* Nationalism and Social Discontent as Reflected in Spanish-American Literature, in: AAAPSS, 1961, 334, S. 63–73.

Über die Selbsterkenntnis der Schriftsteller in der spanisch-amerikanischen Literatur seit 1800.

1635 *Morgan, S. S.,* Social Problems in the Drama of the Last Quarter of the Eighteenth Century, Diss., Ohio 1934.

1636 *Mphahlele, E.,* The Language of African Literature, in: Harv. Ed. R., 34, 1964, 2, S. 298–305.

Über Einflüsse afrikanischer Idiome auf die englischsprachige Literatur Afrikas.

1637 *Myrvaagnes, K. O.,* A Study of the Development of Goethe's Attitude Toward the Social Classes of His Time, Diss., Cornell 1938.

1638 *Nachrodt, H. W.,* Soziologische Wesenszüge im deutschen Roman der Nachkriegsgesellschaft, Diss., Heidelberg 1934 (s. a. 1351).

Typologien-Untersuchung.

1639 *Nannes, C.,* Politics in the American Drama, Washington 1960 (s. a. 1882).

1640 *Nouat, R.,* Le méridionalisme dans la littérature italienne d'aujourd'hui, in: Critique, 14, 1958, 139, S. 1045–1058.

Abhandlung über Romane aus den 50er Jahren.

1641 *Novitsky, P. J.*, Cervantes and Don Quixote, New York 1936.

1642 *Parrington, V. L.*, Main Currents in American Thought, New York 1927 (s. a. 1137).

1643 *Patterson, D.*, Sickness and Death in the Hebrew Novel of the Haskalah, in: J. J. Soc., 5, 1963, 1, S. 84–93.

1644 *Peak, J. H.*, Social Drama in Nineteenth-Century Spain, Chapel Hill (N. C.) 1964.

1645 *Peuckert. W.-E. von*, Die kleinbürgerliche Welt im „Schundroman", in: Soz. Welt, 9, 1958, 3/4, S. 281–288.
Untersuchung über Stereotypen in Handlung, Sprache, Hintergrund u. a. in der Trivialliteratur.

1646 *Picard, R.*, Les salons littéraires et la société française, New York 1943.

1647 *Pohl, G.*, Vormarsch ins 20. Jahrhundert. Zerfall und Neubau der europäischen Gesellschaft im Spiegel der Literatur, Leipzig 1931.

1648 *Pollins, H.*, Sociological Aspects of Anglo-Jewish Literature, in: J. J. Soc., 2, 1960, 1, S. 25–41.
Zu den Beziehungen zwischen Sozialgeschichte der Juden und deren Literatur.

1649 *Popkin, H.*, Jewish Writers in England – A Tradition Begins, in: Commentary, 31, 1961, 2, S. 135–141 (s. a. 1282).

1650 *Prévost, C.*, Notes sur le roman en République démocratique allemande, in: Nouv. Crit., 1964, 159, S. 68–84.

1651 *Prilipp, B.*, Soziale Probleme im amerikanischen Roman, in: Hochland, 1908, S. 322–329.

1652 *Racine, N.*, Les écrivains communistes en France, 1920–1936, Paris 1963.

1653 *Rahv, Ph.*, Self Definition in American Literature, in: Commentary, 24, 1957, 6, S. 530–537.
Zum Widerspruch zwischen Realität und Glorifizierung Amerikas in der Literatur.

1654 *Reich, E.*, Die bürgerliche Kunst und die besitzlosen Klassen, Leipzig 1892.

1655 *Richter, J.*, Massen und Massenführung in der deutschen Literatur der Zeit des Expressionismus, Diss., Berlin 1955.

1656 *Rideout, W. B.*, The Radical Novel in the United States 1900–1954. Some Interrelations of Literature and Society, Cambridge (Mass.) 1956.

1657 *Ritter, H.*, Die pädagogischen Strömungen im letzten Drittel des 18. Jahrhunderts in den gleichzeitigen deutschen pädagogischen Romanen und romanhaften Darstellungen, Diss., Halle 1938.
Vergleichende Darstellung.

1658 *Rogow, A. A., G. L. Carey*, The Significance of Aphorisms in American Culture, in: SSR, 41, 1957, 6, S. 417 bis 420.
Untersuchung über die Unterschiede zwischen bestimmten sozialen Gruppen in bezug auf den Gebrauch von und Zustimmung zu Aphorismen, die verschiedene Attitüden und Wertvorstellungen zum Inhalt haben.

1659 *Rourke, C.*, American Humor. A Study of the National Character, New York 1931.

1660 *Rude, F.*, Stendhal et la pensée sociale de son temps, Paris 1967.

1661 *Savage, G. M., Jr.*, Regionalism in the American Drama, Diss., Washington 1935.

1662 *Schaer, W.*, Die Gesellschaft im deutschen bürgerlichen Drama des 18. Jahrhunderts. Grundlagen und Bedrohung im Spiegel der dramatischen Literatur, Bonn 1963.

1663 *Schlauch, M.*, English Medieval Literature and Its Social Foundations, Warschau 1956.

1664 *Schorer, M. (Hrsg.),* Society and Self in the Novel, New York 1956.

1665 *Schrimpf, H. J., (Hrsg.),* Literatur und Gesellschaft vom neunzehnten ins zwanzigste Jahrhundert, Bonn 1963.

Eine Sammlung von Deutungsversuchen anhand von Schriften, Gedichten etc.

1666 *Schultz, Fr.,* Der Deutsche in der englischen Literatur von Beginn der Romantik bis zum Ausbruch des Weltkrieges, Halle 1939.

1667 *Schwonke, M.,* Vom Staatsroman zur Science Fiction. Eine Untersuchung über Geschichte und Funktion der naturwissenschaftlich-technischen Utopie, Stuttgart 1957.

Soziologische Analyse von 130 utopischen Schriften in bezug auf sozialen Mythos (s. a. 1889).

1668 *Shelton, A. J.,* Behaviour and Cultural Value in West African Stories: Literary Sources for the Study of Culture Contact, in: Africa (London), 34, 1964, 4, S. 353–359.

1669 *Shelton, A. J.,* African Realistic Commentary on Culture Hierarchy and Racistic Sentimentalism in the Yemassee, in: Phylon, 25, 1964, 1, S. 72–78.

Ergebnisse einer Inhaltsanalyse in bezug auf Ethnozentrismus und Rassenfragen in einem amerikanischen Roman.

1670 *Skvor, G.,* The First World War: A Catalysis of World Literature, in: Ind. Soc. B., 1, 1964, 3, S. 30–36.

Untersuchung einiger literarischer Werke als Spiegelbild der Situation des Menschen zur Zeit des ersten Weltkrieges.

1671 *Sociedad de Amigos del Libro Mexicano,* Datos para una sociología del libro mexicano (Data zu einer Soziologie des mexikanischen Buches), in: Estudios sociólogicos (Mexico), 1953, S. 243–256.

1672 *Sosa, L. E.,* La novela y el hombre (Die Novelle und der Mensch), Córdoba (Argentinien) 1961.

1673 *Stephen, L.,* English Literature and Society in the 18th Century, London 1963.

1674 *Taylor, W.,* The Economic Novel in America, Chapel Hill 1942.

Analyse der konservativen Kraft dieser Literaturgattung in Zeiten schnellen sozialen Wandels.

1675 *Teller, J. L.,* Modern Hebrew Literature of Israel, in: Mid. East. J., 7, 1953, 2, S. 182–196.

1676 *Thomas, R. H., W. van der Will,* Der deutsche Roman und die Wohlstandsgesellschaft, Stuttgart 1969.

Über das Spannungsverhältnis zwischen Schriftsteller und Gesellschaft.

1677 *Thomson, P.,* The Victorian Heroine. A Changing Ideal 1837–1873, London 1956.

1678 *Thorndike, A. H.,* Literature in a Changing Age, New York 1921.

Zur Frage der wachsenden Spezialisierung der Lesestoffe in einer pluralistischen Gesellschaft ohne homogene Leserschaft.

1679 *Tupper, F.,* Types of Society in Medieval Literature, New York 1926.

1680 *Ueda, T.,* Mr. Spectator as an Economist. A Social Study of English Literature in the Augustan Age, in: A. Hitotsubashi Acad., 3, 1952, 1, S. 1–64.

1681 *Ulmann, H.,* Das deutsche Bürgertum in deutschen Tragödien des 18. und 19. Jahrhunderts, Elberfeld 1923.

Analyse sozialer Strömungen.

1682 *Vené, G.,* Letteratura e capitalismo in Italia dal 1700 ad oggi (Literatur und Kapitalismus in Italien von 1700 bis heute), Mailand 1963.

1683 *Vincent, M. J.,* Regionalism and Fiction, in: Soc. Forc., 14, 1936, S. 340 ff.

Zu Fragen der Mobilität.

1684 *Vogt, E.,* Die gegenhöfische Strömung der deutschen Barockliteratur, Diss., Gießen 1931.

1685 *Vooys, S. de,* The Psychological Element in the English Novel of the Nineteenth Century, Diss., Amsterdam 1927.

1686 *Wagner, G. A.,* Parade of Pleasure. A Study of Popular Iconography in the USA, London 1954.

Zu den Hauptthemen der Studie gehören Film, Comics, Pin-up-Illustrierte, Gruselgeschichten, Fernsehen und Rundfunk.

1686 A *Wallace, M. W.,* English Character and English Literature, Toronto 1952.

Über die Eigenart der englischen Literatur.

1687 *Waugh, J.,* Das Theater als Spiegel der amerikanischen Demokratie, Berlin 1936.

1688 *White, D. M., R. H. Abel (Hrsg.),* The Funnies: An American Idiom, New York/London 1963.

Essays und Forschungsberichte über Inhalte, Wirkungen und Leserschaft von Comics.

1689 *Wilkinson, H.,* Social Thought in American Fiction (1910–1917), in: Univ. of Calif. Studies in Sociology, Bd. 3, 10, 1918 (s. a. 1895).

1690 *Wittich, W.,* Der soziale Gehalt von Goethes Roman „Wilhelm Meisters Lehrjahre“, in: Hauptprobleme der Soziologie. Erinnerungsgabe für Max Weber, 2 Bde., München/Leipzig 1923, S. 278–306.

Hinweis auf den Adelskult bei Goethe.

1691 *Wulf, J.,* Literatur und Dichtung im Dritten Reich. Eine Dokumentation, Gütersloh 1963.

1692 *Wunderlich, E.,* Der soziale Gedanke in der schönen Literatur, in: Soz. Pr., 40, 1931, 13, S. 298–402.

6. Soziale und soziologische Aspekte und Probleme in der Literatur

1693 *Adorno, Th. W.,* George und Hofmannsthal. Zum Briefwechsel 1891 bis 1906, in: ders., Prismen. Kulturkritik und Gesellschaft, Berlin/Frankfurt/M. 1955.

1694 *Albach, H.,* Unternehmer und Organisation bei Franz Kafka, in: Mitteilungen der List Gesellschaft, 7, 1969, 3, S. 57–75.

1695 *Allen, M. C.,* The Clergy in Ibsen's Plays, in: Rel. Life, 31, 1962, S. 279 bis 293.

Zu Ibsens Gesellschaftsanalyse.

1696 *Aller, L.,* Les types populaires au théâtre, 3 Bde., Paris 1870–75.

1697 *Antlei, M.,* Die Familie in der Romandichtung um die Wende vom 19. zum 20. Jahrhundert, Diss., Wien 1940.

1698 *Baasch, E.,* Der Kaufmann in der deutschen Romanliteratur des 18. Jahrhunderts: Aus Sozial- und Wirtschaftsgeschichte, in: Gedächtnisschrift für Georg von Below, Stuttgart 1928, S. 279–298.

1699 *Barbu, Z.,* ‚Choisime‘. A Sociopsychological Interpretation, in: AEP, 4, 1963, 1, S. 127–147.

Schriftsteller wie Nathalie Sarraute, Alain Robbe-Grillet und Michel Butor werden daraufhin untersucht, inwiefern sie beim Leser durch die Bewußtheit ihres Stils und ihre experimentierfreudige Einstellung Probleme der Auffassungsgabe, des Erinnerungsvermögens, sowie abstraktere Fragen der Identität erwecken.

1700 *Barnett, J. H., R. Gruen,* Recent American Divorce Novels, 1938 bis 1945. A Study in the Sociology of Literature, in: Soc. Forc., 26, 1947/48, S. 322–327.

Analyse von 25 Romanen mit dem Thema Scheidung, im Vergleich zu diesbezüglichen soziologischen Forschungsergebnissen.

1701 *Barnett, J. H.*, Divorce and the American Divorce Novel, Diss., Pennsylvania 1939.

1702 *Barnstorff, H.*, Die soziale, politische und wirtschaftliche Zeitkritik im Werke Gerhart Hauptmanns, Jena 1938.

1703 *Bayer, D.*, Der triviale Familien- und Liebesroman im 20. Jahrhundert, Tübingen 1963.
Beitrag zum Thema „Populärkultur".

1704 *Becher, H.*, Liebe und Ehe in der modernen Literatur, Frankfurt/M. 1959.
Analyse von Liebes- und Eheproblemen in ihrer Darstellung in der modernen Literatur.

1705 *Beebe, M.*, Ivory Towers and Sacred Founts. The Artist as Hero in Fiction from Goethe to Joyce, New York 1964.

1706 *Beeger, W.*, Die entscheidenden sozialen Prozesse und sozialen Beziehungen in dem Roman „Der Richter" von Charles Morgan, in: KZfS, 6, 1953/54, S. 564 ff.
Literatursoziologische Analyse unter Zuhilfenahme der Beziehungslehre.

1707 *Beja, M.*, It Must Be Important: Negroes in Contemporary American Fiction, in: Ant. R., 24, 1964, 3, S. 323 bis 336.
Untersuchung einiger Romane in bezug auf die literarische Darstellung von Negern.

1708 *Bellak, L.*, Somerset Maugham. A Thematic Analysis of Ten Short Stories, in: R. W. White (Hrsg.), The Study of Lives, New York 1963, S. 142–159.

1709 *Bennetton, N. A.*, Social Thought of Emile Zola, in: SSR, 13, 1929, 4, S. 366–376.

1710 *Bienstock, G.*, Balzac als Soziologe, in: Gesellschaft, 7, 1930, 10, S. 359 bis 378.

1711 *Blinderman, Ch. S.*, Thomas Henry Huxley on the Jews, in: J. Soc. Stud., 25, 1963, 1, S. 57–61.
Darstellung der Verbesserung sozialer Attitüden gegenüber Juden im viktorianischen England anhand der Schriften von Th. E. Huxley.

1712 *Boas, H.*, Jewish Figures in Post-War Dutch Literature, in: J. J. Soc., 5, 1963, 1, S. 55–83.
Über das Image der Juden sowohl bei jüdischen als auch nicht-jüdischen Schriftstellern.

1712 A *Boas, R. P., B. Hahn*, Social Backgrounds of English Literature, Boston 1923.
Darstellung geographischer, wirtschaftlicher, sozialer und sittengeschichtlicher Faktoren bei der Entstehung englischer Literatur.

1713 *Bogardus, E. S.*, Social Distance in Greek Drama, in: SSR, 33, 1948–49, S. 291–295.
Fallanalyse der „Medea" zum Nachweis der Behandlung der sozialen Distanz in griechischen Dramen.

1714 *Bogardus, E. S.*, Social Distance in Poetry, in: SSR, 36, 1951–52, S. 40–47.
Untersuchung über das Konzept der sozialen Distanz als Thema einiger Dichter.

1715 *Bollème, G.*, Structure sociologique de la description chez Flaubert, Paris 1962.

1716 *Brinegar, C. S.*, Mark Twain and the Quintus Curtius Snodgrass Letters: A Statistical Test of Authorship, in: J. Am. Stat. Ass., 58, 1963, 301, S. 85–96.
Ein statistischer Wortlängentest von 10 Briefen, gezeichnet mit Quintus Curtius Snodgrass, die Mark Twain zugeschrieben werden und über dessen angebliche Rolle im Bürgerkrieg Aufschluß geben sollen, erweist diese Annahme als falsch.

1717 *Bruford, W. H.*, Chekov and His Russia. A Sociological Study, London 1948.

Versuch mit einer eher geistes- als sozialwissenschaftlichen Methode aus Werken und Briefen Tschechows den „Zeitgeist“ Rußlands abzulesen.

1718 *Busey, G. H.*, The Reflection of Positivism in English Literature to 1880: The Positivism of Frederic Harrison, Urbana 1926.

1719 *Calisch, E. N.*, The Jew in English Literature: As Author and as Subject, Richmond (Va.) 1909.

1720 *Camp, Ch. W.*, The Artisan in Elizabethan Literature, New York 1923.

1721 *Cardozo, J. L.*, The Contemporary Jew in the Elisabethan Drama, Amsterdam 1925.

1722 *Chapman, E. R.*, Marriage Questions in Modern Fiction and Other Essays on Kindred Subjects, London 1897.

1723 *Chavagnes, R. de*, Le juif au théâtre, in: Mercure de France, 1910, 3, S. 16 bis 34, S. 245–260.

1724 *Church, H. W.*, The Marriage Problem in Recent French Literature, in: AJS, 34, 1928/29, S. 465–479.

1725 *Cobb, R. P.*, Society Versus Solitude: Studies in Emerson, Thoreau, Hawthorne, and Whitman, Ann Arbor 1955.

1726 *Costa Pacheco, R. J.*, O Imigrante na Literatura Brasileira de Ficcao (Der Immigrant im brasilianischen Roman), in: Sociologia, 18, 1956, 3, S. 201–232.

Untersuchung von 25 brasilianischen Romanen zum Problem der Assimilierung von Immigranten.

1727 *Coulthard, G. R.*, The Coloured Woman in Caribbean Poetry 1800–1960, in: Race, 2, 1961, 2, S. 53–61.

Untersuchung der Attitüden von und gegenüber farbigen Frauen.

1728 *Davies, B. F.*, The Social Status of the Middle Class Victorian Woman as It Is Interpreted in Representative Midnineteenth Century Novels and Periodicals, Diss., Stanford 1943.

1729 *Davis, A. P.*, Integration and Race Literature, in: Phylon, 17, 1956, 2, S. 141–146.

Über verschiedene Gruppen von Negerschriftstellern in ihrer Haltung zu Fragen der Rassenintegration und deren literarische Darstellung.

1730 *Deegan, D. Y.*, The Stereotype of the Single Woman in American Novels, New York 1951.

Untersuchung über alleinstehenden Frauen zugeschriebene Qualitäten in 125 amerikanischen Romanen zwischen 1851 und 1935.

1731 *Diggins, J. P.*, Dos Passos and Veblen's Villains, in: Ant. R., 23, 1963/1964, 4, S. 485–501.

Analyse politischer und sozialer Attitüden in den Werken von J. Dos Passos in Beziehung zu den ähnlichen Theorien von Th. Veblen über Arbeit, Kapitalismus usw.

1732 *Dinkel, R. M.*, The Influence of Nursery Literature on Child Development, in: SSR, 31, 1946/47, S. 285 bis 290.

Über den Einfluß von Kinderliteratur auf den Sozialisierungsprozeß.

1733 *Doutrepont, G.*, Les types populaires de la littérature française, Brüssel 1926.

1734 *Dow, B. H.*, The Varying Attitude Toward Women in French Literature of the Fifteenth Century: The Opening Years, New York 1937.

1735 Dupuy, A., Un personnage nouveau du roman français: l'enfant, Paris 1931.

1736 *Eberlein, G.*, Das Bild der Unternehmerin in deutschen Banalromanen der Gegenwart, in: Soz. Welt, 15, 1964, S. 212–243.

1736 A *Eco, U.*, Rhetoric and Ideology in Sue's Les Mystères de Paris, in: ISSJ 19, 4, 1967, S. 551–569.

1737 *Ehrenberg, V.*, The People of Aristophanes. A Sociology of Old Attic Comedy, Oxford 1943.

1738 *Ewald, E.*, Abbild und Wunschbild der Gesellschaft bei Richardson und Fielding, Wuppertal-Elberfeld 1935.

1739 *Fairbanks, A.*, Aristophanes as a Student of Society, in: AJS, 8, 1902/03, S. 655–666.

1740 *Fernberg, B. G.*, Treatment of Jewish Character in the Twentieth Century Novel (1900–1940) in France, Germany, England, and the United States, Diss., Stanford 1944.

1741 *Ferri, E.*, Les criminels dans l'art et la littérature, Paris 1897.

1742 *Field, L. M.*, Mothers in Fiction, in: NAR, 1934, 237, S. 250–256.

1743 *Fischer, E.*, Soziologie Mährens in der 2. Hälfte des 18. Jahrhunderts als Hintergrund der Werke Marie von Ebner-Eschenbachs, Leipzig 1939.

1744 *Fitzell, J.*, The Hermit in German Literature; From Lessing to Eichendorff, Chapel Hill 1961.

Behandelt werden: Der Eremit der literarischen Tradition; Der Eremit und die Gesellschaft; Der innere Konflikt; Der Eremit und die Natur.

1745 *Flanagan, J. T.*, The German in American Fiction, in: O. F. Ander (Hrsg.), In the Trek of Immigrants, Rock Island (Ill.) 1964, S. 95–114.

1746 *Fontaine, W. T.*, „Social Determination" in the Writing of Negro Scholars, in: AJS, 49, 1943/44, S. 302–313.

1747 *Ford, N. A.*, The Contemporary Negro Novel. A Study in Race Relations, Boston 1936.

1748 *Ford, N. A.*, Walls Do a Prison Make. A Critical Survey of Significant Belles-Lettres By and About Negroes published in 1962, in: Phylon, 24, 1963, 2, S. 123–134.

Untersuchung von 7 Romanen – 4 von farbigen, 3 von weißen Schriftstellern – im Hinblick auf das Rassenproblem.

1749 *Ford, N. A.*, The Fire Next Time? A Critical Survey of Belles-Lettres By and About Negroes Published in 1963, in: Phylon, 25, 1964, 2, S. 123–134.

1750 *Fouilhe, P.*, Journaux d'enfants. Journaux pour rire? Paris 1955.

Analyse von Kinderzeitungen und einigen Figurentypen, wie Tarzan und Superman, sowie deren Einfluß auf das Weltbild des Kindes.

1750 A *Gecas, V.*, Motives and Aggressive Acts in Popular Fiction: Sex and Class Differences, in: AJS, 77, 1972, S. 680 bis 696.

Analyse der Darstellung von aggressiven Handlungen und Motiven für unterschiedliche soziale Schichten.

1751 *Goldmann, L.*, Le Dieu caché. Étude sur la vision tragique dans les Pensées de Pascal et dans le théâtre de Racine, Paris 1955 (s. a. 1068).

1752 *Gordon, M. M.*, Kitty Foyle and the Concept of Class as Culture, in: AJS, 53, 1947, S. 210–218.

1753 *Gräfe, G.*, Die Gestalt des Literaten im Zeitroman des 19. Jahrhunderts, in: Germanische Studien, 185, Berlin 1937.

1754 *Green, E. L.*, The Negro in Contemporary American Literature. An Outline for Individual and Group Study, Durham (N. C.) 1928.

Zur literatursoziologischen Methode.

1755 *Gupta, B. S.*, Tagore's „Chandalika": A Psycho-Anthropological Analysis, in: East. Anthrop., 14, 1961, 2, S. 142 bis 151.

Abhandlung zum Verhältnis von Magie und Religion, ihre Ursprünge, Unterschiede und Evolution.

1756 *Harrison, M. C.*, Social Types in Southern Prose Fiction, Ann Arbor 1921.

1757 *Herrmann, O.*, Die Anfänge Gustav Freitags. Ein soziologischer Beitrag zur Geschichte der deutschen bürgerlichen Intelligenz im 19. Jahrhundert, Diss., Hamburg 1934.

1758 *Hewitt, M.*, Anthony Trollope: Historian and Sociologist, in: Brit. J. Soc., 14, 1963, 3, 226–239.

Untersuchung über die Rolle der Frau in der viktorianischen Gesellschaft anhand der Schriften von Trollope.

1759 *Holman, C. H.*, Literature and Culture: The Fugitive-Agrarians, in: Soc. Forc., 37, 1958, 1, S. 15–19 (s. a. 1243).

1760 *Holtzmann, A. W.*, Family Relationships in the Dramas of August von Kotzebue, Princeton 1935.

1761 *Hyman, S. E., R. Ellison*, The Negro Writer in America. An Exchange, in: Part. Rev., 25, 1958, 2, S. 197–211.

Zum Einfluß von „Folk Tradition" und westafrikanischer Mythologie in Werken von Neger-Schriftstellern.

1762 *Jackson, E. M.*, The American Negro and the Image of the Absurd, in: Phylon, 23, 1962, 4, S. 359–371.

Analyse von 3 literarischen Werken zum Konzept des Absurden, wobei der amerikanische Neger als der „Absurde" angenommen wird.

1763 *Jakobson, R., Cl. Lévi-Strauss*, „Les Chats" de Charles Baudelaire, in: L'Homme, 2, 1962, 1, S. 5–21.

Linguistisch-ethnologische Analyse zum Nachweis analoger Strukturen in dichterischen Werken und Mythen.

1764 *Kahin, H. A.*, Controversial Literature About Women. A Survey of the Literature of this Type with Special Reference to the Writings of the English Renaissance, Diss., Washington 1934.

1765 *Kaiser, M.*, Literatursoziologische Studien zu Gottfried Kellers Dichtung, Bonn 1965.

Wirkungssoziologische Untersuchung.

1766 *Kaltenbacher, Th.*, Frauenfragen im amerikanischen Frauenroman, Diss., Berlin 1936.

1766 A *Kampf, L.*, On Modernism: The Progress of Literature and Freedom, Boston 1967.

Zum Problem der Anpassung des literarischen Werkes an die Realität.

1767 *Kanunova, F. Z.*, Nekotorye osobennosti realizma N. V. Gogolja. O sootnošenii realističeskih i romantičeskih načal v estetike i tvorčeste pisatelja (Einige Besonderheiten im Realismus N. V. Gogols. Über die Beziehung realistischer und romantischer Quellen in der Ästhetik und den Schöpfungen des Autors), Tomsk 1962.

1768 *Keller, A. G.*, Sociology and Homer, in: AJS, 9, 1903/04, S. 37–45.

1769 *Kessler, M.*, Power and the Perfect State. A Study in Disillusionment as Reflected in Orwell's „Nineteen Eighty-Four" and Huxley's „Brave New World", in: Polit. Sci. Q., 72, 1957, 4, S. 565–577.

Analyse der in den beiden Romanen vertretenen Wertsysteme.

1770 *Kiell, N.*, The Adolescent Through Fiction, New York 1949.

Analyse der Literatur als Quelle gültiger psychologischer Erkenntnisse zu Themen wie: physische Entwicklung, kulturelle Konflikte, Sex, Lernen, Berufswahl u. a. m.

1771 *Kiely, R.*, The Craft of Despondency – The Traditional Novelists, in: Daedalus, 92, 1963, 2, S. 220–237.

Vergleich der Schriftsteller E. Waugh, G. Greene und K. Porter in bezug auf soziale Attitüden und Wertvorstellungen.

1772 *Klapp, O. E.*, The Hero as a Social Type, Diss., Chicago 1947.

1773 *Kluckhohn, P.*, Die Auffassung der Liebe in der Literatur des 18. Jahrhunderts und in der deutschen Romantik, Halle 1922.

1774 *Kluckhohn, P.*, Der Minnesang als Standesdichtung, in: Archiv für Kulturgeschichte, 11, 1914, S. 389–410.

Über die Bedeutung der Standeszugehörigkeit für die Entstehung des dichterischen Werkes.

1775 *Koster, D. N.*, The Theme of Divorce in American Drama 1871–1939, Diss., Pennsylvania 1942.

1776 *Kroll, M.*, The Politics of Britain's Angry Young Men, in: Soc. Sci., 36, 1961, 3, S. 157–166.

Analyse der sozialkritischen Aspekte in den Theaterstücken „Lucky Jim“ (K. Amis); „Room at the Top (J. Braine); „Born in Captivitiy“ (J. Wain) und „Look Back in Anger“ (J. Osborne).

1777 *Kunitz, J.*, Russian Literature and the Jew. A Sociological Inquiry into the Nature and Origin of Literary Patterns, New York 1929.

1778 *Larsen, C. E.*, The Race Problem in Contemporary American Negro Poetry, in: SSR, 38, 1954, 3, S. 162–167.

Vergleichende Untersuchung über das Thema: „Protest gegen Vorurteil und Diskriminierung“ in der Negerdichtung des 19. und 20. Jahrhunderts.

1779 *Laserstein, K.*, Die Gestalt des bildenden Künstlers in der Dichtung, Berlin 1931.

1780 *Lash, J.*, A Long, Hard Look at the Ghetto. A Critical Summary of Literature By and About Negroes in 1956, in: Phylon, 18, 1957, 1, S. 7–24.

Analyse des sozialen Wandels in Belletristik und Sachbüchern.

1781 *Lash, J.*, Sociological Aspects of the Negro in American Literature, in: Ind. J. Soc. Res., 2, 1961, 2, S. 76–82.

Überblick über die Darstellung der verschiedenen sozialen Rollen der Neger in der amerikanischen Literatur.

1782 *Lawson, H. J.*, The Negro in American Drama, Diss., Illinois 1939.

1783 *Lemaire, H. L.*, Das Stadt-Land-Problem und seine Gestaltung im Roman des 19. und 20. Jahrhunderts, Düsseldorf 1933.

1784 *Leonard, F. G.*, Cozzens without Sex; Steinbeck Without Sin, in: An. R., 18, 1958, 2, S. 209–218.

Über Verfremdungen und Verfälschungen von Romanen durch Kurzfassungen.

1784 A *Levin, H.*, Toward a Sociology of the Novel, in: J. Hist. Id, 26, 1965, 1.

Die These lautet, daß sich die Geschichte des Romans mit der Hegemonie des bürgerlichen Mittelstandes deckt.

1785 *Littlejohn, D.*, The Anti-Realistis, in: Daedalus, 92, 1963, 2, S. 250–264.

1786 *Livres (Les) pour enfants*, in: Enfance, 1956, 3, S. 224 ff.

Ergebnisse einer Enquête bei Autoren, Illustratoren und Verlegern über die Situation des Kinderbuches in diversen Ländern.

1787 *Löwenthal, L.*, C. F. Meyers heroische Geschichtsauffassung, in: ZSF, 2, 1933, 1, S. 34–62.

1788 *Löwenthal, L.*, Das Individuum in der individualistischen Gesellschaft. Bemerkungen über Ibsen, in: ZSF, 5, 1936, 3, S. 321–363.

1789 *Löwenthal, L.*, Knut Hamsun. Zur Vorgeschichte der autoritären Ideologie, in: ZSF, 6, 1937, S. 295–345.

Analyse zu den Elementen: Natur, Heldenverehrung, bürgerliche Gesellschaft, Nihilismus.

1790 *Löwenthal, L.*, Erzählkunst und Gesellschaft. Die Gesellschaftsproblematik in der deutschen Erzählkunst des 19. Jahrhunderts, Neuwied/Berlin 1971.

1790 A *Loftis, J.*, Comedy and Society from Congreve to Fielding, Stanford 1959.

Über die parallel verlaufende Entwicklung englischer Komödien und der Gesellschaft.

1791 *Lolli, G.*, Alcoholism and Homosexuality in Tennessee Williams' „Cat on a Hot Tin Roof“, in: Quart. J. Stud. Alc., 17, 1956, S. 543–553.

Analyse von Homosexualität und Alkoholismus als Existenzprobleme.

1792 *Lougee, D. A.*, The Status of Women as Seen in the Earlier Latin Patristic Writers, Urbana (Ill.) 1926.

1793 *Lowenthal, L.*, Biographies in Popular Magazines, in: P. F. Lazarsfeld und F. Stanton (Hrsg.), Radio Research 1942–43, New York 1944, S. 507–548.

Eine Inhaltsanalyse von Biographien.

1794 *Luckow, M.*, Die Homosexualität in der literarischen Tradition. Studien zu den Romanen von Jean Genet, Stuttgart 1962.

1795 *Lukács, G.*, Thomas Mann, Berlin 1948.

1796 *Marcuse, H.*, Der deutsche Künstlerroman, Diss., Freiburg 1924.

1796 A *Martinez Menchen, A.*, Narraciones infantiles y cambio social (Kindererzählungen und sozialer Wandel), Madrid 1971.

1797 *May, K.*, Das Weltbild in Gellerts Dichtung, Frankfurt/M. 1928.

1798 *Meier, A.*, The Negro in American Literature, in: Ind. J., Soc. Res., 2, 1961, 2, S. 60–68.

Analyse neuer Trends in der Behandlung von Negern betreffende Vorlagen.

1799 *Meissner, E.*, Die soziologische Fragestellung bei Balzac, Heidelberg 1927.

1800 *Menck, H. F.*, Der Musiker im Roman, Diss., Heidelberg 1931.

1801 *Meredith, L.*, Birth Control in Fiction, in: New Republic, 32, 1932, S. 121–123.

1802 *Merrill, F. E.*, Stendhal and the Self. A Study in the Sociology of Literature, in: AJS, 66, 1961, 5, S. 446–453.

Anhand des Romans „Le Rouge et le Noir“ wird aufgezeigt, daß Stendhal in mancher Hinsicht spätere Konzepte der „Ich-Theorien“ bei G. H. Mead, C. H. Cooley oder J. Dewey vorweggenommen hat.

1803 *Meyer, W. F.*, Der Einzelmensch und die Gesellschaft bei Zola, Longerich 1939 (s. a. 1627).

1804 *Minder, R.*, Das Wesen der Gemeinschaft in der deutschen und in der französischen Literatur, in: Akademie der Wissenschaften und der Literatur, Mainz 1953, 3.

Zum Bild einer neuen Gemeinschaft bei den Dichtern.

1805 *Minnis, M. S.*, Prostitution and Social Class as Viewed in Recent Popular Literature, in: PSSA. 13, 1963, S. 1–6.

Analyse der verschiedenen Typen von Prostitution in der Literatur.

1806 *Mohrt, M.*, Le mythe des villes dans le roman américain, in: Preuves, 5, 1955, 47, S. 29–37.

1807 *Morienval, J.*, Les types littéraires, in: Chron. Soc. Fr., 67, 1959, 1.

1807 A *Mouillaud, G.*, The Sociology of Stendhal's Novels: Preliminary Research, in: ISSJ, 19, 4, 1967, S. 581 bis 598.

Strukturelle Untersuchung.

1808 *Murai, K.*, The Patriarchate in the Mirror of Russian Literature of the 19th Century, in: Jap. Sociol. Rev., 8, 1958, 2, S. 61–69.

1809 *Neumann, E.*, Amor and Psyche: The Psychic Development of the Feminine, New York 1956.

Zur Interpretation des Konflikts zwischen Matriarchat und Patriarchat im Mythos.

1810 *Noel, C. M.*, Les Idées sociales dans le théâtre d'A. Dumas fils, Paris 1912.

1811 *Norman, H. L.*, Swindlers and Rogues in French Drama, Chicago 1928.

1812 *Normano, J. F.*, A Neglected Utopian: Cyrano de Bergerac, 1619–55, in: AJS, 37, 1931/32, S. 454–457.

1813 *Oppenheimer, F. M.*, Lament for Unbought Grace: The Novels of John L. Marquand, in: Ant. R., 18, 1958, 1, S. 41–61.

Inhaltsanalytische Studie in bezug auf soziale Probleme der westlichen Gesellschaft wie Isolation, Angst, Wurzellosigkeit, Erfolgssucht.

1814 *Pfautz, H. W.*, The Image of Alcohol in Popular Fiction: 1900–1904 and 1946–1950, in: Quart. J. Stud. Alc., 23, 1962, 1, S. 131–146.
Inhaltsanalyse von 30 Bestseller-Romanen zum Vergleich der Darstellung von Alkohol, Trunksucht usw.

1815 *Phillips, W.*, Men and History, in: Commentary, 26, 1958, 6, S. 529–533.
Analyse von 2 Romanen in bezug auf menschliches Verhalten angesichts politischer Umwälzungen und totalitärer Systeme.

1816 *Pierce, R.*, Sociology and Utopia: The Early Writings of Simone Weil, in: Polit. Sci. Q., 77, 1962, 4, S. 505–525.
Über die Verbindung von soziologischer Analyse und utopischem Ideal im Werk von Simone Weil.

1817 *Pietzker, A.*, Der Kaufmann in der Elisabethanischen Literatur, Diss., Freiburg 1931.

1818 *Pollins, H.*, Colored People in Post-War English Literature, in: Race, 1, 1960, 2, S. 13–31.
Eine Untersuchung über die Beziehungen zwischen den Veränderungen in Zahl und Ursprungsland farbiger Einwanderer in Großbritannien und deren Darstellung in Literatur und Film seit 1945.

1819 *Porterfield, A. L.*, Some Uses of Literature in Teaching Sociology, in: SSR, 41, 1957, 6, S. 421–426.
Untersuchung über die Möglichkeiten, Dichtung und Drama als Anschauungsmaterial für den Soziologieunterricht zu verwerten.

1820 *Presta, P. S.*, The Social Attitude of the French Realists: A Study of Flaubert, the Goncourt Brothers, Maupassant, and Alphonse Daudet, Diss., Illinois 1936.

1821 *Reich, J. T.*, The Actor in German Fiction from Goethe to Mörike (1776 bis 1832), Diss., Cornell 1945.

1822 *Richter, T.*, Anti-feminism in English Literature 1500–1600, Diss., Northwestern University 1934.

1823 *Ridge, G. R.*, The Hero in French Decadent Literature, Athens (Georgia) 1961.

1823 A *Rivière, J., R. Fernandez*, Moralisme et littérature, Paris 1932.
Dialektische Abhandlung zum Problem des Moralischen in der Literatur.

1824 *Robinson, C.*, With the Ears of Strangers. The Mexican in American Literature, Tucson (Arizona) 1963.
Eine Analyse sozialer Vorurteile.

1825 *Rosenberg, E.*, From Shylock to Svengali: Jewish Stereotypes in English Fiction, Stanford 1960.

1826 *Schücking, L. L.*, Die puritanische Familie in literar-soziologischer Sicht, Bern 1964.
Anhand von Puritanerschriften, Darstellung der Familie als literarisches Problem und literarisches Publikum.

1827 *Sontheimer, K.*, Thomas Mann als politischer Schriftsteller, in: Vjh. Zeitg., 6, 1958, 1, S. 1–44 (s. a. 1893).
Abhandlung über Thomas Manns Haltung gegenüber Politik.

1828 *Stebbins, H. M.*, The Soldier in the English Novel, Diss., Pittsburgh 1934.

1829 *Steinberg, A. H.*, Jewish Characters in Fugitive American Novels of the 19th Century, in: Yivo Annual Soc. Sci., 1956/57, 11, S. 105–121.
Analyse von Stereotypen in der Darstellung von Juden.

1829 A *Unold, H.*, Zur Soziologie des zünftigen deutschen Meistergesanges, Diss., Heidelberg-Bruchsal 1932.

1830 *Stern, G. W.*, Die Liebe im deutschen Roman des siebzehnten Jahrhunderts, Berlin 1932.

1831 *Straeten, E. van der*, Het socialisme in zijn sociaal-psychologische en cultuur-historische verklaring bij Hendrik de Man (Sozialismus in der sozialpsychologischen und kulturhistorischen Auffassung von Hendrik de Man), in: Tijds. Soc. Wet., 4, 1959, 2, S. 109 bis 154.

Abhandlung über die sozialistischen Ansichten von de Man unter Hinweis auf dessen sozialpsychologische und kulturhistorische Methode.

1832 *Uribe Villegas, O.*, Aristas y vertices de las concepciones sociales y las apreciaciones eticas de Johann Wolfgang Goethe de „Las Afinidades electivas“ (Einige soziale Konzepte und ethische Werte in Goethes „Wahlverwandtschaften“), in: R. Mexic. Sociol., 23, 1961, 2, S. 491–510.

Soziometrische Analyse zur Klarstellung der Beziehungen der Hauptpersonen, die die sozialen Situationen hervorrufen.

1833 *Vergnaud, M.*, Science et progrès d'après Lavoisier, in: CIS, 1953, 15, S. 174–186.

Analyse über die Entsprechung von Denkweise und sozialer Herkunft.

1834 *Vincent, M.*, Fiction Mirrors the War, in: SSR, 30, 1945/46, S. 101–111.

Übersicht über die Hauptwerke, die den 2. Weltkrieg behandeln, unter Klassifizierung der Themen von soziologischer und psychologischer Relevanz.

1835 *Voigt, G. P.*, The Protestant Minister in American Fiction, in: Luth. Q., 1959, 11, S. 3–13.

Analyse von Stereotypen in der Darstellung von protestantischen Geistlichen.

1836 *Wagner, J.*, Les poètes nègres des États-Unis. Le sentiment racial et religieux dans la poésie de P. L. Dunbar à L. Hughes, 1890–1940, Paris 1963.

1837 *Watt, J.*, Robinson Crusoe as a Myth, in: R. N. Wilson (Hrsg.), The Arts in Society, Englewood Cliffs (N. Y.) 1964, S. 148–174.

Vergleich der Beziehung des Romans zum Wertsystem seiner Zeit und der Gegenwart.

1838 *Welte, F. M.*, The Bourgeois Elements in the Drama of Thomas Heywood, Mysore City (India) 1924.

1839 *Willenborg, G.*, Autoritäre Persönlichkeitsstrukturen in Courths-Mahler-Romanen, in: KZfS, 14, 1963, 4, S. 706–733.

Systematische Inhaltsanalyse von 50 Romanen in bezug auf autoritäre Persönlichkeit: Angesichts ihres Erfolges sowie Wertung der Romane als Indiz für die Anfälligkeit des Deutschlands zwischen 1914 und 1930 für Totalitarismus.

1840 *Willenborg, G.*, Von deutschen Helden. Eine Inhaltsanalyse der Karl-May-Romane, Diss., Köln 1966.

1841 *Williams, R.*, Realism and the Contemporary Novel, in: Part. Rev., 26, 1959, 2, S. 200–213.

1842 *Wilson, R. N.*, Samuel Beckett: The Social Psychology of Emptiness, in: J. Soc. Iss., 20, 1964, 1, S. 62–70.

Analyse sozialer und psychologischer Imperative des organischen menschlichen Lebens.

1842 A *Windfuhr, M.*, Die barocke Bildlichkeit und ihre Kritiker, Stuttgart 1966.

Über den direkten und indirekten Einfluß des Absolutismus und höfischer Lebensformen auf barocke Bildlichkeit.

7. Politik und Wirtschaft

1843 *Ageorges, J.*, Les tendances démocratiques du roman contemporain, in: Rev. générale, 1905, 9, S. 480–488.

1844 *Bentwich, N.*, The Novel as a Political Force, in: Living Age, 1906, 251, S. 771 ff.

1845 *Besant, W.*, The Society of Authors: A Record of Its Action from Its Foundation, London 1893.
Über den Schutz von Autorenrechten.

1846 *Bloom, A. D.*, Cosmopolitan Man and the Political Community: An Interpretation of Othello, in: APSR., 54, 1960, 1, S. 130–157.
Zum Problem der Anpassung des Einzelnen an eine kosmopolitische Gesellschaft.

1847 *Bloom, A. D.*, Political Philosophy and Poetry, in: APSR., 54, 1960, 2, S. 457–464.
Zur Diskussion über eine „politische" Interpretation Shakespearescher Werke.

1848 *Bolwell, R. W.*, Concerning the Study of Nationalism in American Literature, in: American Literature, 10, 1938, S. 405–416.

1849 *Brentano, B. v.*, Kapitalismus und schöne Literatur, Berlin 1930.

1850 *Brother, J. L.*, The Political Novel, Garden City (N. Y.) 1955.
Soziologische Betrachtung des politischen Genres.

1851 *Burckhardt, S.*, English Bards and APSR Reviewers, in: APSR., 54, 1960, 1, S. 158–166.
Zur Diskussion über eine „politische" Interpretation Shakespearescher Werke.

1852 *Charwat, W.*, American Romanticism and the Depression of 1837, in: Science and Society, 2, 1937, S. 67 bis 82.

1853 *Cole, G. D. H.*, Politics and Literature, in: Hogarth Lectures, Nr. 11, London 1929.

1854 *Demetz, P.*, Marx, Engels und die Dichter, Stuttgart 1959.
Beitrag zur Grundlagenforschung des Marxismus.

1855 *Döblin, A.* (Hrsg.), Minotaurus. Dichtung unter den Hufen von Staat und Industrie, Wiesbaden 1952.

1855 A *Egolin, A. M.*, The Ideological Content of Soviet Literature, Washington 1948.
Über die Bestimmung der Literatur durch die von Lenin und Stalin dargelegte Parteiideologie.

1856 *Encel, S.*, Political Novels in Australia, in: Historical Studies Australia & New Zealand, 7, 1956, 27, S. 303–313.
Der politische Roman gesehen als eine Mischung aus Sozialkritik und politischer Theorie.

1857 *Enzensberger, H. M.*, Einzelheiten II. Poesie und Politik, Frankfurt/M. 1962.

1858 *Ernst, G.*, Die Rolle des Geldes im englischen Roman des 19. Jahrhunderts, Villingen 1936.

1859 *Fehr, H.*, Das Recht in der Dichtung, Bern 1931.

1860 *Flory, C. R.*, Economic Criticism in American Fiction 1792–1900, Pittsburgh 1936.

1861 *Folliet, J.*, Littérature de l'économie et économie de la littérature, in: Chron. Soc. Fr., 67, 1959, 1.

1862 *Friedrich, H.*, Die religionsphilosophischen, soziologischen und politischen Elemente in den Prosadichtungen des jungen Deutschlands, Diss., Leipzig 1907.

1863 *Fügen, H. N.*, Demokratie und Literatur, Literatursoziologie bei Alexis de Tocqueville, in: KZfS, 17, 1965, 1, S. 106–117.

1864 *Goddard, Z. W.*, Literary Taste and Democracy, in: Sociol. R., 28, 1936, 4, S. 423–437 (s. a. 1333).

1865 *Gottfried, A., S. Davidson*, Utopia's Children: An Interpretation of Three Political Novels, in: Western Political Quart., 15, 1962, 1, S. 17–32.
Analyse in Hinsicht auf das Thema „Außenseitertum".

1866 *Gregory, A.*, The French Revolution and the English Novel, New York 1915.

1867 *Grimrath. H.*, Der Weltkrieg im französischen Roman, Berlin o. J.

1868 *Günther, M.*, Der englische Kriegsroman und das englische Kriegsdrama von 1919–1930, Berlin 1936.

1869 *Gummere, F.*, Democracy and Poetry, Boston 1911.

1870 *Hershkowitz, H.*, Democratic Ideas in Turgenev's Works, New York 1932.

1871 *Hibler, L. v.*, Sinclair Lewis und die amerikanische Wirtschaft, in: Anglia, 59, 1935, S. 448–470.

1872 *Howe, I.*, Politics and the Novel, New York 1957.

1873 *Hoy, T.*, Albert Camus: The Nature of Political Rebellion, in: Western Political Quart., 13, 1960, 3, S. 573 bis 580.

Analyse zur Aussage von Camus zum Verhältnis von Existenz, rationaler Bedeutung und Wert.

1873 A *Ickowicz, M.*, La littérature à la lumière du matérialisme historique, Paris 1929.

Literaturanalyse in historisch-materialistischer Ausrichtung.

1874 *Kahn, L. W.*, Social Ideals in German Literature 1770–1830, New York 1938 (s. a.1604).

1875 *Kuczynski, J.*, Studien über schöne Literatur und politische Ökonomie, Berlin 1954.

1875 A *Kuttenkeuler, W. (Hrsg.)*, Poesie und Politik. Zur Situation der Literatur in Deutschland, Stuttgart 1973.

Elf Beiträge beleuchten die Probleme einer politischen Literatur.

1876 *Leigh, J. G.*, Economics and the Drama, in: Econ. Rev., 1909, 2, S. 175 bis 181.

1877 *Löhrke, E. W. (Hrsg.)*, Armageddon: The World War in Literature, New York 1930.

1878 *Loftus, M. Ch.*, The Democratic Movement in Modern American Poetry 1912–1925, Diss., Fordham Univ. 1936.

1879 *Lucker, D. F.*, The American Interest in European Democracy. A Study of the Literary Reaction to the Revolution of 1848, Diss., Texas 1942.

1880 *Mauk, M.*, Der Kampf um die Neger-Emanzipation in der englisch-amerikanischen Literatur, Diss., Freiburg 1935.

1881 *McClelland, D. C.*, The Achieving Society, New York 1961.

In Kap. 4: Beweisführung zum Vergleich literarischer und ökonomischer Leistungen.

1882 *Nannes, C.*, Politics in the American Drama, Washington 1960 (s. a. 1639).

1883 *Neumark, F.*, Les problèmes économiques vus à travers le roman moderne, in: R. Sci. Fin., 48, 1956, 2, S. 153 bis 169.

1884 *Patterson, S. W.*, The Spirit of the American Revolution as Revealed in the Poetry of the Period, Boston 1915.

1885 *Read, H.*, Poetry and Anarchism, New York 1939.

1886 *Rose, L. A.*, A Descriptive Catalogue of Economic and Politico-Economic Fiction in the United States 1902 bis 1909, Diss., Chicago 1935.

1887 *Schonauer, F.*, Deutsche Literatur im Dritten Reich, Olten/Freiburg 1961.

1888 *Schwarz, P. P.*, Dichtung und Politik. Versuch einer soziologischen Darstellung der Beziehungen zwischen Dichtung und Politik im Deutschland der Nachkriegszeit, Ludwigshafen 1934.

1889 *Schwonke, M.*, Vom Staatsroman zur Science Fiction. Eine Untersuchung über Geschichte und Funktion der naturwissenschaftlich-technischen Utopie, Stuttgart 1957 (s. a. 1667).

1890 *Sinclair, U. B.*, Mammon Art. An Essay in Economic Interpretation, Pasadena 1925 (s. a. 1495).

1891 *Sinclair, U. B.*, Money Writes! A Study of American Literature from the Economic Point of View, New York 1927.

1892 *Skerlitch, J.*, L'opinion publique en France d'après la poésie politique et sociale de 1830–1848, Lausanne 1901.

1893 *Sontheimer, K.*, Thomas Mann als politischer Schriftsteller, in: Vjh. Zeitg., 6, 1958, 1, S. 1–44 (s. a. 1827).

1894 *Thompson, G.*, Marxism and Poetry, London 1945.

Historisch-materialistische Ausführungen.

1895 *Wilkinson, H.*, Social Thought in American Fiction (1910–1917), in: Univ. of California Studies in Sociology, Bd. 3, 10, Los Angeles 1918 (s. a. 1689).

1896 *Yunck, J. A.*, Dan Denarius: The Almighty Penny and the 15th Century Poets, in: Amer. J. Econ. Soc., 20, 1961, 2, S. 207–222.

Untersuchung englischer Gedichte aus dem 15. Jahrhundert, in denen die Macht des Geldes personifiziert auftritt, als Quelle sozialgeschichtlicher Einsichten über das Ende des Feudalismus und die Rebellion der Dichter gegen die entstehende Geldwirtschaft.

8. Wissenschaft und Technik

1897 *Crum, R. B.*, Scientific Thought in Poetry, New York 1931.

1898 *Eastman, M.*, The Literary Mind. Its Place in an Age of Science, New York 1931.

1899 *Fath, R.*, Influence de la science sur la littérature dans la seconde moitié du XIXe siècle, Lausanne 1901.

1900 *Grant, E. M.*, French Poetry and Modern Industry 1830–1870, London 1927.

1901 *Henkin, L. J.*, Darwinism in the English Novel 1860–1910: The Impact of Evolution on Victorian Fiction, New York 1940.

1902 *Messac, R.*, Le Detective Novel et l'influence de la pensée scientifique, Paris 1929.

1903 *O'Brien, E. J.*, The Dance of the Machines: The American Short Story and the Industrial Age, London 1929.

1904 *Richards, I. A.*, Science and Poetry, New York 1926.

1905 *Stevenson, L.*, Darwin Among the Poets, Chicago 1932.

1906 *Wolff, W.*, Technik und Dichtung, Leipzig 1923.

E. Soziologie des Theaters und des Films

Bei der soziologischen Behandlung der Beziehungen zwischen dem Theater, der Theaterwelt, dem Theaterleben und der Gesellschaft geht es nicht um Überlegungen sozialphilosophischer, sozialgeschichtlicher oder literaturästhetischer Art. Dem Sinne der empirischen Soziologie entsprechend, ist hierbei jedes Ausweichen ins Spekulative, Ideologische oder Wertende, aber auch die Verflüchtigung in eine historisch-soziologische Literaturinterpretation zu vermeiden, da sich ansonsten die uns interessierenden Beziehungen zwischen dem Theater und der Gesellschaft und damit auch das Kunstwerk selbst in einem Vakuum bewegen würden.

Die künstlerische Kreation ist ein soziales Produkt. In jeder Gesellschaft entsteht sie aus den sozialen Kräften der Gesellschaft, wobei im allgemeinen daran gedacht wird, daß es die soziale Struktur, die Organisation und das kulturelle Milieu der Gesellschaft sind, die das Theater als Kunst konditionieren. Jedoch eine solche Unterstellung, zusammen mit der oft verkündeten Theorie, daß das Theater die Gesellschaft widerspiegele, ist allzu breit gefaßt, um eine soziologische Auffassung bedeutungsvoll zu machen. Denn bei der Analyse der Beziehungen zwischen Theater und Gesellschaft kann der Soziologe sein Interesse nicht nur beschränken auf den Einfluß der Gesellschaft auf künstlerische Werke, sondern hat auch in Betracht zu ziehen:

1. wie künstlerische Kreationen die Gesellschaft im allgemeinen und gewisse Gesellschaftsgruppen im einzelnen beeinflussen;
2. wie Zugehörigkeit zu gewissen Gruppen und die Stellung in der sozialen Hierarchie die Auswahl von künstlerischen Kreationen beeinflussen;
3. in welchem Maße künstlerische Werke Verhaltensweisen und soziale Organisationsformen beeinflussen.

Zum Verständnis dieses Standpunktes ist darauf hinzuweisen, daß erst zu Beginn des Ersten Weltkrieges an der Kunst interessierte Soziologen begannen, das Theater als einen symbolischen Ausdruck, als eine Form der Orientierungsversuche der Gesellschaft anzusehen, und nicht als Selbstbetrachtung oder als eine Art Wahrnehmung, die durch Erkenntnis oder Empfindungen zu bewußten Emotionen wird. Man begann, sich mit den Mitteln der Philosophie, der Anthropologie und der Soziologie der Erkenntnis der Strukturen und der Funktionen des Theaters im Rahmen der Gesellschaft zuzuwenden. Wilhelm Dilthey näherte sich der Problematik erlebnisphilosophisch; Karl Marx und Friedrich Engels brachten die Kunst in Beziehung zu den diversen Formen des Besitzes und der Produktion; Sigmund Freud entwickelte an Hand der Trilogie des Sophokles das Konzept des Ödipuskomplexes, während Emile Durkheim und Max Weber in ihren religionssoziologischen Schriften das theoretische und methodische Handwerkszeug zur Analyse symbolischer Materialien lieferten. Gegen Ende der zwanziger Jahre war das Studium symbolischer Interpretationen zur selbständigen Fachdisziplin geworden, und so zeigten Karl Marx und Max Weber wie die Kunst im Kampf der

Klassen ihre Rolle spielt; Emile Durkheim und Lucien Lévy-Bruhl wiesen auf die Schaffung von Kollektivgefühlen durch die Kunst an Hand einer mystischen Partizipation hin; R. G. Collingwood brachte die Kunst in Zusammenhang mit dem Überleben von Gruppen; Sigmund Freud schließlich propagierte die Theorie, daß die Künste, und damit auch das Theater, Spannungen durch den Schein vertreiben, indem dieser, ebenso wie die Träume, nur dasjenige vorspiegele, was wir in Wirklichkeit nicht besitzen können. Dementsprechend bekümmerte sich eine Soziologie des Theaters bis dahin eigentlich weniger um das Theater selbst als um die soziologischen Aspekte der Symbole, der Sprache und semantische Probleme, so wie das Theater diese vermittelt und hervorruft. Unzufrieden mit dieser Entwicklung in eine Richtung, die einerseits die globalen soziologischen Zusammenhänge übersah, andererseits das Theater einseitig auf die soeben angeführten Gegebenheiten reduzierte, begann die Soziologie des Theaters sich mehr auszurichten auf die Analyse:

1. des sozialen und ideologischen Hintergrundes des Künstlers;
2. der neuen und originellen Beiträge des Künstlers und der Kunsttradition;
3. der Formen, Motivationen und Themen des Theaters in bezug zu gewissen sozialhistorischen Rahmen und
4. der Vorgänge, die zur Billigung oder Ablehnung gewisser Theaterkreationen führen.

Als Folge dieser und ähnlicher Ausrichtungen der soziologischen Analyse begann man, angesichts des Theaters und seinem Verhältnis zur Gesellschaft eine Vielfalt struktureller und funktioneller Elemente zu sehen, die knapp zusammengefaßt das folgende Bild ergeben:

1. die Theaterkunst ist, in gleich welcher Form, Ausdruck der Zeit und des Geistes derjenigen Gesellschaft, aus der sie entsprungen ist;
2. die Theaterkunst stellt einen sozialen Prozeß dar, und zwar den der Interaktion zwischen dem Künstler und der Gesellschaft, in der er lebt, wobei der Künstler mittels wahrnehmender Kräfte, Formen und Ausdrucksweisen hervorbringt, die zu offenbaren Wertsymbolen, Wünschen und Frustrationen der Gesellschaft werden;
3. die Theaterkunst besitzt ästhetische und außerästhetische Funktionen.

Das heißt: ästhetisch gesehen, handelt es sich um den geistigen Wert; außerästhetisch hingegen für die einen um die Befriedigung des Dranges nach Meisterschaft und Leistung, für andere um die Befriedigung des Wunsches, Geld zu verdienen, Ruhm zu erzielen oder auch soziale Macht zu erlangen. Für ganze Gruppen kann die Theaterkunst solche außerästhetischen Funktionen enthalten wie z. B. die Errichtung eines Ehrenmals, die Erhebung einer Anklage, die moralische Unterstützung einer Bewegung, die Verherrlichung einer historischen Person oder eines Heros usw.

Zusammengefaßt wäre also zu sagen, daß die Theaterkunst eine soziale Kraft darstellt, die in der Lage ist, die Gesellschaft vom Wert gewisser sozialer Richtungen und Wandlungen zu überzeugen, ja gar solche sozialen Werte in ihrer Allgemeingültigkeit für alle Zeiten zu fixieren.

Wenn man auch das Theater in allen seinen Beziehungen zur Gesellschaft und in allen seinen Facetten als ein soziales und sozial-ästhetisches Phänomen aufzufassen hat, so liefert diese Erkenntnis allein jedoch noch keinen zentralen Ansatzpunkt, um die soziologischen Aspekte des Phänomens faktisch zu erkennen, zu analysieren und auch zu handhaben. Und so ist es nicht erstaunlich, daß viele, trotz der Erkenntnis des Phänomens als solchen – darunter eine ganze Anzahl von bedeutenden Theaterwissenschaftlern –, das Phänomen strukturell, funktionell oder wirkungsmäßig behandeln, ohne vorher nach dem *bedeutsamen Moment* des Theaters in Beziehung zur Gesellschaft zu fragen, wodurch sich die innere Problematik des „Theaters" verdunkelt. Auf diese Weise kann eine „Wissenschaft vom Theater" nicht entwickelt werden. Auf diese Weise muß sie sich, so wie es der Fall ist, nolens volens zu einer „Wissenschaft von der Theaterliteratur" reduzieren. Es ist also nach einem „bestimmten Objekt", nach einem „bedeutsamen Moment" innerhalb der Theaterkunst Ausschau zu halten, um sowohl der Wissenschaftlichkeit (sei diese benannt: Theaterwissenschaft oder Soziologie des Theaters) als auch der Praxis dienlich sein zu können. Hierzu braucht nicht allzuweit ausgeholt zu werden, wenn wir im Auge behalten, daß bei allen soziologischen Betrachtungen, so auch denen über das Theater, der Mensch in seinem sozio-kulturellen Sein Mittelpunkt sein sollte; daß er für uns nicht Mittel, sondern Zweck darstellt. Daher muß alles, was mit der Beziehung zwischen Theater und Gesellschaft zu tun hat, unter allen Umständen unter dem Licht der Relationen des Einzelwesens und der Gruppe bzw. der Gruppen gesehen werden.

In dieser Hinsicht gibt es jedoch nur ein einziges Faktum, das dem Theater dazu dienen kann, die Relationen herzustellen, und das ist das *Theatererlebnis*. Deshalb beschwören auch viele Denker, die sich um die soziologischen Aspekte des Theaters bekümmern – seien sie Kunstsoziologen oder Theaterwissenschaftler –, zentral gestellt in ihren Überlegungen das Theatererlebnis. So heißt es bei Julius Bab: „Wozu Theater da ist, das muß aus der Wirkung ... erschlossen werden. Dann ergibt sich, daß bei Anwendung sehr wechselnder Mittel es sich immer wieder um die Erreichung des ursprünglichsten Theatererlebnisses handelt." [1] Siegfried Melchinger schreibt: „So müssen wir annehmen, daß im zweigeteilten Theater zwar die einen spielen und die anderen zuschauen, daß aber der Impuls eines imaginären Mitspielenwollens das Theaterspiel als solches überhaupt erst ermöglicht" [2]; und Walter Hagemann sagt: „So kann aus einem bunt zusammengewürfelten Theaterpublikum für kurze Stunden eine echte Gemeinschaft, eine ‚Gemeinde' werden, die sich im gleichen Erlebnis verbunden weiß und darüber das Trennende völlig vergißt." [3]

Ohne hier noch weiter zu zitieren, aber auch unter Umgehung der vielen, die stets das Theatererlebnis als „fait social" noch nicht erkannt haben oder nicht erkennen wollen, zeigt sich in diesen Bemühungen das Streben nach einer methodischen Erkenntnis der soziologischen Aspekte des Theaters. Sie vereint sich insofern mit dessen ästhetischen Aspekten, als sich nunmehr widerstreitende Werte und Spannungen, die durch kulturelle Erwerbung hervorgerufen werden, in ihrem dialektischen Verhältnis erkennen lassen, und zwar insoweit sie sich in Empfindungsäußerungen der Gesellschaft gegenüber dem Theater verdeutlichen. Sie gruppieren sich interagierend und ausgleichend wie folgt: Allgemein gesprochen stehen *Vergnügen* und *Mißvergnügen* in einem interagierenden Verhältnis, oder, spezifischer gesagt, Vergnügen bzw. Wohlbefinden mit Besorgnis, Stumpfheit, Beklemmung, Entsetzen oder Trübsinn.

Das *Reale* und das *Unreale* stehen sich gegenüber, wobei unter dem Unrealen das Nachgeahmte oder Erkünstelte zu verstehen ist.

Persönliches und *Unpersönliches* interagieren, sei es durch völlige Identifikation mit dem Geschehen auf der Bühne oder mit einzelnen der agierenden Charaktere, sei es durch Verweigerung, an der Theateraktion teilzunehmen, indem man sich selbst ausschaltet.

Interesse und *Interessenlosigkeit* treten nach vorne, je nachdem ob das Theater den Menschen passioniert oder ob er sich davon fernhält, um sich nicht von der Pragmatik der ihn umgebenden Welt zu entfernen.

Wahrheit und *Täuschung* stehen miteinander in dialektischer Verbindung, wenn wir bedenken, daß es nur teilweise stimmt, wenn dem Theater eine Bedeutung zugewiesen wird, die nicht absolut ist.

Echt und *unecht* sei die letzte Gegenüberstellung, die wohl keiner Erläuterung bedarf.

Jetzt erst, nach Erkenntnis des Theatererlebnisses als Mittel- und Ausgangspunkt der Beziehungen zwischen Theater und Gesellschaft, mit anderen Worten als theatralischer Tatbestand, ist es uns gegeben, den normativ geregelten sozialen Prozeß zu verfolgen, der sich um das Erlebnis herum zwischen Produzent und Konsument abspielt. Damit erfahren wir gleichzeitig, ob es sich beim Theater überhaupt um eine soziale Manifestation handelt, und warum. Dazu gilt es als erstes zu verstehen, daß das Theater der Gesellschaft als Organisation ähnelt, indem man bei ihm ebenso wie bei der Gesellschaft sowohl von einer globalen Struktur als auch von Gruppen als auch von Einzelnen sprechen kann, die allesamt von einer Form der Soziabilität zusammengehalten sind – was darauf hindeutet, daß wir es beim Theater offensichtlich mit einer *sozialen Realität* zu tun haben. Zweitens ähnelt das Theater der Gesellschaft durch den Inbegriff sozialer Zeremonien oder, wenn man will, sozialer Symbole als Aspekte und Elemente der sozialen Realität, womit darauf hingewiesen wird, daß eine durch Symbole hervorgerufene Kommunikation nicht nur der Literatur zugrunde liegt, sondern jeder Art von Aktion. Denn Kommunikation als symbolische Interaktion zwischen zwei oder mehreren Menschen ist die Basis der menschlichen Existenz. Dabei enthält jede symbolische Aktion im Leben die gleichen dramaturgischen Vorbedingungen für ihre Struktur wie die Aktion auf der Bühne, nämlich Handlung, Szene, Handelnde, Vermittlung und Zweck. Dies führt uns drittens zur Feststellung, daß das Theater der Gesellschaft ähnelt durch Rollenverteilung und Rollenvielfalt. Ebenso wie im Leben die Teilnahme an gewissen Aktionen dadurch ermöglicht wird, daß Einzelne oder Gruppen die Rollen übernehmen, die zu spielen sie in der Lage sind, und dabei auch öfters eine Vielfalt von Rollen erfüllen können, ebenso ist es um die Durchführung gewisser Aktionen auf der Bühne bestellt.

Diese drei hier nur knapp angedeuteten Hinweise auf die Beziehung des Theaters zu globalen Aspekten der Kultur sollen uns unter anderem dazu dienen, auf eine Reihe von zwecklosen, um nicht zu sagen unnützen Problemstellungen hinzuweisen, die die Literatur zu bewegen scheinen. Dazu gehören Fragen wie z. B.: Ist das Theater Widerspiegelung einer Kultur oder ist es ein integraler Bestandteil dieser Kultur? Ist ein Theaterstück die Arbeit eines einzelnen oder das Produkt seiner Zeit? Ist die Theaterkunst symbolischer Ausdruck für religiöse, magische, soziale oder ökonomische Gesellschaftsstrukturen oder ist sie autonom und besitzt nur gelegentliche Beziehungen zur besagten Struktur? Wenn in Theaterzeitungen und Programmheften diese und ähnliche

Fragen auch nach wie vor heftig diskutiert werden, so treffen sie doch keineswegs das Wesentliche; denn das Theaterstück kann sehr wohl die Widerspiegelung der allgemeinen Werte und Gewohnheiten einer Gesellschaft sein und dennoch einen gewissen Grad der Autonomie für sich in Anspruch nehmen. Deutlich gesagt heißt das: Die Gesellschaft beeinflußt das Theater und das Theater die Gesellschaft.

Aus dieser Ansicht über das Theater in Beziehung zu allgemeinen kulturellen Mustern haben sich mehrere Denkweisen entwickelt, die jedoch vielfach von philosophischen und sozio-ästhetischen Gedankengängen durchwoben sind. So wird das Theater hingestellt als sozialer Luxus, als moralische Anstalt, als autonome Erfahrung, als Flucht aus der Wirklichkeit, als geistiger Ort, als formalistische Schönheit, als rein ästhetischer Vorgang und ähnliches mehr, worauf im einzelnen nicht einzugehen ist, da es uns vom Soziologischen im eigentlichen Sinne entfernen würde, vor allem von der zentralen Frage, ob das Theater eine soziale Manifestation ist und warum. Daher ist zunächst festzuhalten, daß dem Theater verschiedene Stilarten, unterschiedliche Typen und Werte zu eigen sind, die dem Geschmack der diversen Schichten der Gesellschaft entsprechen. Folglich kennen wir auch die unterschiedlichsten Theatererlebnisse, die sich verschiedenen kulturellen Mustern anpassen oder ihnen entspringen. So mag denn in gewissen Gesellschaften das Theatererlebnis eine mächtige Kraft sein zur freien Bildung und zum Wechsel der generellen Lebensweisen, während es in totalitären Gesellschaften dazu dienen kann, einen diktierten Konformismus durchzusetzen.

Aber wie dem auch sei, kein Zweifel kann darüber bestehen, daß, wie Georges Gurvitch, dem wir hier in unseren Ausführungen folgen, so richtig festgestellt hat[4], das Theater ein soziales Zusammentreffen, also eine soziale Situation hervorbringt, wodurch es mehrere soziale Rahmen hervorruft, in die sich Produzenten und Konsumenten integrieren. Dabei lassen sich vier breite soziale Rahmen unterscheiden:

1. der Rahmen der Schauspielergruppen selbst;
2. der Rahmen der auf der Bühne darzustellenden Personen;
3. der Rahmen der globalen Gesellschaft, in der sich das Theaterstück abspielt;
4. der Rahmen des Publikums.

Sie allesamt werden in ihren Beziehungen untereinander von dem Theatererlebnis ausgelöst und unterstehen ihm.

Während der Nichtssoziologe das Theatererlebnis im allgemeinen vom künstlerischen, ästhetischen oder moralischen Gesichtspunkt aus wertet, sieht der Soziologe das Erlebnis notwendigerweise aus einer gänzlich anderen Perspektive. Drei unterschiedliche soziologische Annäherungsweisen können diesbezüglich erkannt werden, von denen wir die erste als die *Spiegelbild-Theorie* bezeichnen möchten. Im 19. Jahrhundert bestand Hippolyte Taine[5] darauf, daß die Kunst eher einem sozialen und kulturellen Determinismus unterliege als der individuellen Inspiration. Dementsprechend glaubte man annehmen zu können, das Theater stelle nichts anderes dar als den Reflex ökonomischer oder familiärer Beziehungen, politischer Ereignisse, religiöser, kriegerischer, moralischer oder anderer Aspekte der Umwelt und des sozialen Lebens. Obwohl diese Spiegelbild-Theorie allzu umfassend und zusammenfassend erscheinen dürfte[6], wird diese Theorie nach wie vor sowohl von der Theaterwissenschaft als auch von der Sozialgeschichte in ihren Betrachtungen verwertet. Dabei wird so weit gegangen zu unterstellen, das

Theatererlebnis reflektiere eine Art kollektives Bewußtsein und das Theater sei dementsprechend anzusehen als die Spiegelung fundamentaler Realitäten einer Kultur innerhalb ihrer verschiedenen Entwicklungsstufen. Zweifellos ist dies eine Auffassung, deren Anlehnung an Spencer, Hegel und Herder offensichtlich ist. In unseren Tagen finden wir dieses traditionelle Denken noch sehr stark vertreten bei denjenigen, die die Widerspiegelung zeitgenössischer Probleme in der Herausarbeitung theaterliterarischer Daten suchen. Es handelt sich hierbei um eine ausgeprägt mechanistische Hypothese, indem die Übereinstimmung theaterliterarischer Daten mit gewissen statistischen Erkenntnissen postuliert wird.

In engem Zusammenhang mit der Spiegelbild-Theorie steht die Auffassung vom Theatererlebnis als *Mittel sozialer Kontrolle*. Hier bewegen wir uns in funktioneller Richtung, wenn wir bedenken, daß jede bedeutende soziale Bewegung in der Entwicklung unserer Gesellschaft begleitet wurde (und noch wird) von Theatererlebnissen, die die Bedingungen der Epoche beschreiben. Ohne hier im einzelnen Beispiele anzuführen, die ganze Seiten füllen würden, trifft sich an dieser Stelle die Idee, daß das Theater – was seine Beziehungen zur Gesellschaft angeht – eher in seinen sozialen und historischen als in seinen individuellen Ausdrucksweisen zu verstehen ist, mit der Idee der Bedeutung des Einflusses des Theaters auf die Gesellschaft. Da schon mehrfach der Nachweis erbracht worden ist, daß Theater und Theatererlebnis zwar die Gesellschaft nicht gestalten, wohl aber eine gewisse soziale Kontrolle auszuüben in der Lage sind, die den Zustand nationaler Ideale und Haltungen stützt und bekräftigt, glauben wir sagen zu dürfen, daß sich die beiden Konzepte gegenseitig beeinflussen: Das Theater ist zur gleichen Zeit ein soziales Produkt und ein eingeführtes Mittel der sozialen Kontrolle.

Diese soziale Kontrollfunktion des Theatererlebnisses, durch die kulturelle Normen, Haltungen und Ideologien bestätigt werden, ist insbesondere dort zu suchen, wo der Theaterbesucher (ebenso übrigens wie auf seine Weise der Rundfunkhörer und der Fernsehzuschauer) nicht unterhalten oder divertiert wird, sondern ihm die Möglichkeit gegeben wird, sich von antisozialen Impulsen, Beängstigungen und Frustrationen zu befreien, um einem Zustand der Sicherheit und Bedeutung entgegengeführt zu werden. Sozial gesprochen werden durch das Theatererlebnis gewisse Ideale und Werte des Lebens gefördert und belebt, d. h. die fundamentalen Einrichtungen unserer Gesellschaft werden verstärkt und stabilisiert. So gesehen, dient die Theorie der sozialen Kontrolle dazu, eine ganze Anzahl direkter und indirekter Wirkungen des Theatererlebnisses in unserer heutigen komplexen Gesellschaft zu erklären.

Gänzlich anders als die beiden vorhergehenden Theorien zeigt sich die *Beeinflussungs-Theorie*. Sie sieht im Theatererlebnis ein gestaltendes Moment der Gesellschaft, wobei zwei Funktionskreise unterschieden werden: 1. die Persönlichkeit des Autors und 2. die kulturellen und sozialen Bedingungen der Gesellschaft, in deren Mitte der Autor kreiert. Konzentriert auf den Produzenten, die Beziehungen zwischen Theater und Gesellschaft nur von dort aus gesehen, gilt es allerdings hier angesichts des Theatererlebnis klar zu unterscheiden zwischen dessen *sozialer* und dessen *soziologischer* Bedeutung. Während sich eine soziale Interpretation darauf beschränkt, das Erlebnis in bezug auf die sozialen Probleme, die es beschreibt oder zu suggerieren wünscht, zu bewerten, richtet sich eine soziologische Interpretation auf die Frage, warum das Erlebnis geschaffen und akzeptiert wurde und warum ihm in bezug auf Erlebnisse, die auf andere kulturelle Werte sich gründen, eine bestimmte Form verliehen wurde. Das Interesse der Bestimmung der sozialen Bedeutung richtet sich auf das Maß, in dem das Theatererlebnis ein Problem, das in der Gesellschaft existiert, reproduziert, und auf die Bedeutung des Problems selbst für die Produzenten- und Konsumentengruppe. Von der Bühne aus gesehen geht es hier um Stücke, die soziale Probleme diskutieren und in dramatischer Form den Auswirkungen dieser Probleme Ausdruck verleihen. Sie sind erzieherisch und propagandistisch, oft auch den Zwecken einer Massenreizung dienlich. Meist jedoch bieten sie keinerlei Lösungen für die vorgetragene Problematik, sondern beschränken sich eher auf die Darstellung der Stimmung einer gewissen Epoche als auf die analytische Synthese der Probleme.

Da die Idee vom Theatererlebnis als Gestalter der Gesellschaft meist unter zwei Gesichtspunkten betrachtet wird, je nachdem, ob der Einfluß als vorteilhaft oder nachteilig anzusehen ist, d. h. also von vorkonzipierten Werturteilen getragen ist, ist sie soziologisch nicht zu rechtfertigen, zumindest aber nicht als eine gültige soziologische Theorie anzusprechen. Dennoch findet sie insofern Anklang, als eine ganze Anzahl von Beobachtern der Ansicht ist, daß das Theater Moden etabliert hat, Konzepte nationaler Typen hervorgerufen und vielfach politischen Bewegungen vorausgegangen und diese angeführt hat. Fragt sich nur, ob die Beeinflussung durch das Theater und das Theatererlebnis in diesem oder irgendeinem anderen Zusammenhang wirklich als singulär wirkender Faktor angesehen werden kann oder ob sie nicht eher gemeinsam mit anderen Faktoren, einem Syndrom ähnlich, gesehen werden muß.

Mit der Darstellung dieser drei großen Theorien, die allesamt versuchen, das Theatererlebnis als sozialen Tatbestand stärker einzukreisen, nähern wir uns immer mehr der Frage, die alle diejenigen beschäftigt, die sich um die Relation zwischen Gesellschaft und Theater bemühen, nämlich der *Trennungslinie zwischen Theater und sozialer Wirklichkeit.* Gewisse Denker kommen diesbezüglich zu einem Ergebnis, das lautet: „Wenn das soziale Leben ein Spiel ist, dann ist das Theater ein Spiel des Spieles und seine Wiederholung. Kurz gesagt, besteht von hier aus gesehen zwischen sozialem Leben und Theater kein Unterschied im Wesen, sondern nur ein Unterschied im Grad." [7] Andere hingegen, wie z. B. Georges Gurvitch, bestehen darauf, daß die sozialen Rollen, die in der sozialen Wirklichkeit von verschiedenen Gruppen, Klassen oder Individuen gespielt werden, keineswegs der gleichen Natur sind wie die Rollen, die von Schauspielern bei einer Theatervorstellung gespielt werden. Denn, so lautet das Argument, während die Menschen auf der Bühne die Konflikte des Lebens, die sie darstellen, jederzeit ab- und umwenden können, d. h. absichtlich die Rollen vertauschen können, ist es unter Beachtung der Realität des Kollektivlebens und der verschiedenen sozialen Strukturen unserer Gesellschaft dem Einzelnen, der Gruppe oder der Klasse unmöglich, den sozialen Rollen, die zu spielen sie veranlaßt sind, zu entgehen. Hinzu kommt, daß im Gegensatz zum Theater, bei dem die Rollen im voraus entworfen und zugeteilt sind, die soziale Wirklichkeit unvorhergesehene, ersehnte und nicht realisierte Rollen kennt und, so schreibt G. Gurvitch, „keine Kunstfertigkeit erlaubt es, sie weder aus dem Kollektivleben noch aus dem Individualleben auszuschalten" [8].

Es besteht also eine deutliche Trennungslinie zwischen dem Theater und der sozialen

Wirklichkeit – eigentlich eine doppelte Trennungslinie, die dort offensichtlich wird, wo einerseits eine Ambivalenz besteht zwischen der theatralischen und der sozialen Wirklichkeit und andererseits zwischen der Tatsache, daß auf der Bühne ein Schauspieler gleichzeitig der Mephistopheles in Goethes „Faust" und der berühmte Schauspieler sein kann. Also: Im Sinne der Illusion, auf der nicht nur der Rahmen des gesamten Bühnenspiels ruht, sondern die auch im Publikum stets gegenwärtig ist, handele es sich da um Hamlet, Ibsen oder um eine Operette – in diesem Sinne sprechen und agieren die Personen auf der Bühne füreinander, und die Menschen im Parterre haben lediglich die Gelegenheit, sie zu belauschen. Daraus wäre zu schließen, daß sich die Theaterfiguren auf der Szene so gebärden und aussprechen können, wie sie es täten, wenn sie allein und unbeobachtet untereinander wären. Aber dieser an sich logischen Konsequenz steht von seiten der Zuschauer ein Gefühl entgegen, das, seitdem es eine Bühne gibt, nicht zu unterdrücken ist. So groß die Illusion auch sein mag, wenn auch auf der einen Seite den Zuhörer immer das Gefühl begleitet, daß es sich nur um ein Spiel, nur um Schein handelt, so verläßt ihn doch andererseits niemals das Bewußtsein, daß hinter den Akteuren wirkliche, reale Menschen stehen, die zu wirklichen Menschen sprechen.

Was also auf dem Grat zwischen der sozialen und der theatralischen Wirklichkeit verbleibt, ist eine *Sublimierung* sozialer Situationen, die – vom Theatererlebnis angeregt und ausgehend – hervorgerufen sein kann durch: Idealisierung oder Idolisierung der Situation, durch deren parodistische Verzerrung oder einen Überwindungsversuch, fernerhin, insbesondere wenn es sich um soziale Konflikte handelt, durch eine Weise der Ausflucht oder die Inkarnation dieser Konflikte.

Wenden wir uns nunmehr den einzelnen Aspekten der Beziehung zwischen Theater und Gesellschaft zu. Dies kann am besten so geschehen, daß wir, knapp skizziert, diverse Untersuchungsfelder abhandeln, so wie sie durch die Anwendung empirisch-soziologischer Denkweisen bestimmt werden.

Zu den *strukturellen Aspekten* bzw. Untersuchungen gehören zunächst einmal *Publikumsuntersuchungen* allgemeiner Art, die uns die Verschiedenheiten der Theaterpublikumsstrukturen aufzeigen. Dabei können von hier aus Typologisierungen vorgenommen werden, die, von außen her sich entfaltend, Vorlieben des Publikums für diverse Theatergenres aufweisen, für Oper, Operette, Komödie, Drama, Musical oder andere Genres. Von innen her sich entfaltend, können hier Grundtypen des Theatererlebnisses aufgezeigt werden, also z. B. lyrisches, idealistisches, vitalistisches, mystisches, orphisches, artistisches oder pathetisches Erlebnis. Aber auch vom Dichter oder dem Theaterunternehmer her lassen sich Publikumsgruppen bestimmen, ein Versuch, der mit aufschlußreichem Erfolg z. B. von Martin Holmes in seiner Untersuchung über das Publikum zu Shakespeares Zeiten durchgeführt wurde [9].

Was Gruppenbildung betrifft, wohlbemerkt in unterschiedlichen Kohäsionsgraden, so lassen sich diese am besten an der Kritikergruppe und ihrer Stellung als Mittler zwischen Produzent und Konsument verdeutlichen. Nicht erst seit heute wird diese Gruppe mit Ratschlägen und Vorwürfen überhäuft: Wie sich ein Kritiker verhalten solle; woraus eine Kritik bestehen dürfe; ob es wichtiger für ihn sei, Vermittler oder Entdecker zu sein; ob er Fehler finden müsse oder nur persönliche Vorlieben zu unterstreichen habe; ob er Schiedsrichter sei oder nur zur Diskussion einzuladen habe – kurz, Sinn und Praxis der Theaterkritik werden immer wieder aufs neue erörtert. Die Erörterungen als solche interessieren hier nicht. Sie sollen uns nur als Indizien dafür gelten, daß die Kritikergruppen Elemente der geistigen und ideologischen Ausrüstung der Konsumentengruppen sind. Dabei gehört es zweifelsohne zu einer ihrer wesentlichen Pflichten, in das Innere des Geistes derer vorzudringen, die das Theatererlebnis schaffen. Es ist aber nicht ihre einzige Pflicht. Ihr struktureller Effekt besteht auch darin, das Unbewußte des Autors dem Unbewußten des Publikums zu verdeutlichen, d. h., eine Mittlerstellung beim Konsum einzunehmen, die dazu dient, Gruppen miteinander in Beziehung zu bringen. Aber abgesehen davon wirkt diese Gruppe auch als strukturelle Komponente dadurch, daß sie andere Konsumentengruppen erzieht, ihnen einen Standard setzt, Theorien formuliert, anregt und zergliedert, Schwindel und Anmaßung enthüllt und Eigendünkel aufhält.

Kommt es nun zur reinen *Publikumsstatistik,* so sind hier die Untersuchungen ausgerichtet auf Häufigkeiten nach Geschlecht, Altersgruppen, Berufsgruppen, Religionszugehörigkeit, Erziehungsgrad, Einkommen u. a. m. Dabei können in der Folge solcher Erhebungen auch Strukturierungen nach sozialer Stellung, Prestige und Schichtung vorgenommen werden.

Als nächsten Aspekt sehen wir dann die Analyse der *theatralischen Repräsentation* in bezug auf gewisse ihrer sozialen Rahmen. Dabei sind die Bezugskoeffizienten der sozialen Rahmen entweder das Stück selbst (z. B. die Spielplanstatistik) oder die Interpretation und der Stil (z. B. Reinhardt- oder Stanislawskij-Stil), fernerhin die Tradition, die Denkschulen (z. B. episches oder absurdes Theater) und das Symbolmilieu als eine der sozialen Dimensionen des Theatererlebnisses. Diese Bezugskoeffizienten selbst eröffnen eine weitere Analyse, indem sie in ein Verhältnis zur sozialen Wirklichkeit und deren Veränderungen gebracht werden. Wissen wir doch, daß die künstlerische Leistung vielfach mit der äußeren Wirklichkeit nichts zu tun hat. Daher ist zu bedenken, was Theodor Geiger in anderem Zusammenhang ausgeführt hat[10], nämlich daß das Theater im Bereich des *Ästhetischen* eine Möglichkeit der Gestaltung ist, weil es sich eben nicht um „Erklärung eines Wirklichkeitszusammenhanges", sondern um „Ausdruck eines Erlebens" handelt. Im *Denken* aber ist das Theater etwas an die objektive Wirklichkeit Herangetragenes. Was also im Bereich des Ästhetischen durchaus legitim ist, ist im Bereich des Rationalen illegitim; es ist unvereinbar mit dem Maßstab der Ratio.

Anders gelagert ist jener soziologische Aspekt des Theaters, der sich als die *Analyse der Schauspielergruppen* bezeichnen läßt. Sie ist ausgerichtet auf die Kohäsion und Organisation dieser Gruppe, auf berufliche und außerberufliche Beziehungen, auf Herkunft, Status und Prestige sowie auf die Beziehungen zu anderen Gruppen innerhalb der Theaterwelt, wie z. B. Bühnenpersonal, Chor, Ballett, Schneiderei, Maskenbildner, Inspizienten, Bühnenbildner, Garderobieren und auch Regisseuren und Intendanten, die jede für sich wiederum eine Einzelgruppe bilden mit einer ihnen durch Organisation, Personal, Ausrüstung und Ritual bestimmten Struktur. Auf diesem Gebiet ist bereits einiges Bemerkenswertes erarbeitet worden.

In diesen Zusammenhang gehört aber noch eine weitere Anzahl von Problemen, die um ihrer Bedeutung willen innerhalb der Relation Theater und Gesellschaft Erwähnung finden müssen. Da ist zunächst einmal der Schauspieler als Objekt der Bewunderung zu erfassen, was sich sowohl beziehen kann auf den physischen Aspekt, auf die künstlerische Leistung als auch auf Reichtum, modisches Gehabe u. ä. m. Charismatik, Heroenkreation, Heroenkult und Idealisierung zeigen hier die Zusammenhänge mit der Gesellschaft auf, wobei das Theater und das Theatererlebnis sozusagen personifiziert erscheinen. Fernerhin besteht eine personifizierte Beziehung zwischen Theater oder Film, Rundfunk, Fernsehen, Kabarett einerseits und Gesellschaft andererseits dort, wo der Schauspieler gewisse Verhaltensmuster an den Tag legt – sei es auf der Bühne oder im Privatleben –, die die Gesellschaft entweder schockieren oder aber zur Nachahmung anreizen. Hierdurch können Identifizierungsprozesse zustande kommen, aber auch Wertvorstellungen, bei denen sich im Bewußtsein einzelner Mitglieder der Gesellschaft die Begriffe von Fähigkeiten und Erfolg vermengen. Verwischen sich hier die Grenzen, dann kann eine Beeinflussung, wenn nicht gar eine Veränderung gewisser Elemente der Alltagsmoral stattfinden, von wo aus zur sozialen Desorganisation nur noch ein weiterer Schritt ist.

Was nun das letzte Untersuchungsfeld in diesem, dem strukturellen Rahmen angeht, nämlich die Herausarbeitung der *Struktur eines Theaterstückes* – wohlgemerkt in soziologischer und nicht in ästhetischer oder literaturwissenschaftlicher Hinsicht –, bedient man sich hierbei der hierzu entwickelten Technik der systematischen Inhaltsanalyse[11]. Mit ihrer Hilfe läßt sich eine objektive und systematische Beschreibung der Ausströmungen des menschlichen Verhaltens anstellen, die uns die Motivationen und soziologischen Charakteristika der Autoren dieser Ausströmungen aufzeigt und uns erlaubt, die Reaktionen, die dieselben hervorrufen, soziologisch zu erfassen. Wenn mit Hilfe dieser Technik z. B. solche Themen wie Liebe, Humor, Religion, Totschlag, Heroismus und ähnliches mehr untersucht werden, um den Trend einer Gesellschaft angesichts und an Hand von Theaterstücken zu erfassen, so hat ein solches empirisch-soziologisches Vorgehen nichts gemeinsam mit pseudo-soziologischen Verfahren, die mit den Mitteln geisteswissenschaftlicher, impressionistischer oder ideologischer Reflektionen der inneren Struktur gewisser literarischer Werke nachgehen, um daraus Weltanschauungen und Leben einer Gesellschaft zu deduzieren. Analysen dieser Art müssen unweigerlich der eigenen Ideologie des Untersuchenden zum Opfer fallen, indem sie versuchen, in das Kunstwerk etwas hineinzuprojizieren, was keineswegs strukturell bedingt ist, sondern eher voreingenommenen persönlichen Stellungnahmen entspricht: die Vergewaltigung des Kunstwerkes wird dann unumgänglich.

Wenn wir uns nunmehr den *funktionellen Aspekten* bzw. Untersuchungen zuwenden, gilt es vor allem anderen zu betonen, daß, wenn der Soziologe in diesem Zusammenhang von sozialen Funktionen spricht, er eine bestimmte soziale oder kulturelle Aktivität innerhalb einer Gesellschaft anvisiert, die zur Integration oder Übereinstimmung innerhalb der Gesellschaft beiträgt, wobei diese Aktivität mit anderen in Verbindung steht und diese Aktivitäten interagierende Wirkungen hervorrufen. Geht man nun wie eingangs dargelegt davon aus, daß das Theater ein soziales Produkt und eine soziale Manifestation und das Theatererlebnis ein Mittel der sozialen Kontrolle ist, dann läßt sich leicht erkennen, daß eine intime Verbindung besteht zwischen dem Theater als Aktivität und anderen Aktivitäten der Gesellschaft. Demzufolge nährt jedes soziale System, jede ausgeprägte Kultur ihre charakteristische Theaterform.

Somit gilt es als erstes auf die *funktionellen Beziehungen des Inhalts eines Stückes* zu den diversen sozialen Rahmen und Strukturen hinzuweisen, d. h. zu spezifischen Typen der Gesellschaft. In dieser Hinsicht liegt bereits eine Unmenge von Untersuchungen vor, die je nach der Interessensphäre des Forschers das Theater in funktionelle Beziehungen zur Feudalgesellschaft, zum Absolutismus, zu Liberalismus, Kapitalismus, Kommunismus und neuerdings auch zum Nazismus und seinem ausgefeilten Propagandasystem bringen. Soweit sie soziologische Relevanz besitzen, werden bei dieser Art Studien nicht nur einzelne Dichter herausgegriffen, sondern mit ihnen auch ihr Zeitalter und ihre kulturelle und soziale Umwelt untersucht.

In enger Verbindung hiermit stehen die *funktionellen Beziehungen der Verfahren des Theaters* zu den diversen sozialen Rahmen und Strukturen, die von Jean Duvignaud in beachtenswerter Weise erarbeitet wurden[12]. Bei seinem Versuch, die diversen Verfahren des Theaters funktionell zu erkennen, um die soziale Wirklichkeit mit der des Theaters in Verbindung zu bringen, zeigt er fünf Erscheinungen auf:

1. *Naturalismus oder Realismus,* die hervorgerufen wurden durch die neuen Theatertechniken und die durch sie gegebenen Möglichkeiten, so wie sie dann von Antoine, Stanislavskij und anderen benutzt wurden, um ihrer ideologischen Tendenz, das Leben auf der Bühne zu „kopieren", gerecht zu werden.
2. *Wiederherstellung der Vergangenheit.* Ebenso hervorgerufen durch die neuen bühnentechnischen Erfindungen, wird es jetzt möglich, die Werke der Vergangenheit vollständig zu reproduzieren sowie den Traum vom Gesamtschauspiel, vom „théâtre total", zu realisieren.
3. *Symbolismus,* eine Haltung, die auf den ersten Blick das Gegenteil des Naturalismus zu sein scheint, jedoch insofern mit diesem funktionell in Verbindung steht, als es nunmehr möglich wurde – stets an Hand der neuen Verfahren – psychische, neutrale oder allegorische Elemente, die das Innere des Menschen aufzeigen, auf die Bühne zu bringen.
4. *Politik,* d. h. politische Slogans erobern die Bühne, indem klassische Stücke politisch interpretiert werden oder indem, wie bei Brecht und seinen Epigonen, die Bühne zur Plattform des direkten politischen Aufrufs wird.
5. *Reiner Ästhetizismus,* der versucht, eine Balance zu finden zwischen den neuen Verfahren, den sozialen Forderungen und dem Inhalt des Stückes.

Von hier ist es kein weiter Weg zu den *funktionellen Beziehungen der Interpretation* zu den diversen sozialen Rahmen und Strukturen. Kann doch jeder regelmäßige Besucher des Theaters mit Deutlichkeit wahrnehmen, wie über die Jahre einer einzigen Generation hin Veränderungen in der Interpretation des gleichen Stückes stattfinden, die ausschließlich durch den sozialen Wandel der Gesellschaftsstruktur bedingt sind. So hat sich, bedingt durch die derzeitige konsumgesellschaftliche Struktur, die Interpretation einer einstens bitteren Anklage gegen die Not in Brechts „Dreigroschenoper" so verändert, daß aus diesem politischen Pamphlet heute quasi ein leichtherziges Musical geworden ist. Ist doch der eigentliche Sinn des „Nur wer im Wohlstand lebt, lebt angenehm" verlorengegangen oder trägt nur noch rückblickenden historischen Charakter. Nicht unähnlich ist es um alle die gesellschaftskritischen Stücke von Gerhart Hauptmann, Frank Wedekind oder Carl Sternheim und anderen bestellt. Ihr grimmer Realismus läßt sie interpretativ zum historischen Dokument werden, und damit der heutigen

Gesellschaft angepaßt sich verändern. Selbst bei solch dramatisch potenten Werken wie z. B. August Strindbergs „Gespenstersonate" ist es durchaus möglich, sie durch die funktionelle Wandlung der Interpretation aus ihrer mystischen in eine realistische Atmosphäre zu versetzen. Daher das Dilemma vieler Regisseure und Akteure, denen es geistig und physisch schwerfällt, ihre Interpretation dem Wandel der Gesellschaftsstruktur zu unterwerfen.

Noch so manche funktionelle Bezugsprozesse könnten im einzelnen angeführt werden. Aber sie würden nur den Überblick, den wir hier zu geben versuchen, verwirren. Überdies steht über den einzelnen Funktionsgegebenheiten eine Größe, die alle Einzelheiten umfaßt, wenn nicht gar zusammenfaßt. Dies ist das Verhältnis der *sozialen Funktion des Theaters bzw. des Theatererlebnisses zum sozialen Wandel der Gesellschaften.* Gerade in letzter Zeit findet sich die Frage nach der Funktion des Theaters im Mittelpunkt der Diskussion. Berufene und Unberufene beziehen Stellung, je nachdem sie das Theater als eine moralische, eine politische oder eine nichtssagende Anstalt sehen wollen; je nachdem ob sie dem Theater erzieherische, informative oder unterhaltende Funktionen zuschreiben wollen. Man spricht vom Theater als „geistigem Ort", in der Hoffnung, mit dieser vagen Terminologie für das Leben und den Fortbestand der Gesellschaft als bedeutsam angesehen zu werden. Auf alle diese unqualifizierten Aussagen gibt es eigentlich nur die Antwort von Max Frisch, der bei Gelegenheit der Eröffnung der XII. Dramaturgentagung der „Dramaturgischen Gesellschaft" in Frankfurt/M. (1964) ausrief: „Ich muß gestehen: Die Vorstellung, daß alle Theater plötzlich außer Betrieb sind, finde ich blendend. Was unser Theater bedeutet oder nicht, nun wird es sich ja zeigen."

Zu Recht wird hier unterstrichen, daß die Funktionen des Theaters nie ohne *nachweisbare* Beziehungen zur Gesellschaft gesehen werden können und dürfen. Ohne diesen faktischen Nachweis bleiben alle die Diskussionen über die Bedeutung und die Zukunft des Theaters moralisierende Betrachtungen, deren Unentgeltlichkeit dem positivistischen Denker nur allzu deutlich unangenehm ins Auge springt. Wenn Ethnologen und Anthropologen haben aufzeigen können, daß dramatische Vorstellungen vielfach dazu dienten, Initiationsriten darzustellen: wenn Johan Huizinga den Ursprung des Theaters als Kultusspiele zurückführt auf das Gebet, die Magie und Schamanentum [13]; wenn der Religionssoziologe Joachim Wach das Theaterspiel in enger Beziehung mit Religion und Opfer erkennt [14]; wenn wir mit einem kursorischen Blick über die Theatergeschichte die Mysterienspiele des Mittelalters als Diener der Festigung des Glaubens sehen; das Theater des Ancien régime als rationale Rechtfertigung der monarchischen Macht; das Theater unter den liberalen Regimes des Kapitalismus als Erholung und Divertissement der besitzenden Klasse und fernerhin das Theater als kommerzielles Unternehmen, als Staatsakt, als Protest, als Kulturpflege oder als Meinungsbildner und politische Plattform – dann erst kann von Funktionen die Rede sein, die heute allesamt zusammenlaufen in der Konzeption des Theaters als einem *Massenkommunikationsmittel.* Denn nicht länger können wir uns damit zufrieden geben, unter Theater bzw. Theatererlebnis ausschließlich das Spiel auf der Bühne zu sehen, wenn sich Rundfunk, Fernsehen, Schallplatte und Kassette, die zu gleicher Zeit technische Mittel und sozio-kulturelle Institutionen sind, schon längst des Theaters für ihre Zwecke bemächtigt haben.

Wenden wir uns nun dem Gebiet des Publikumsverhaltens zu, dann stehen wir den *sozialpsychologischen Aspekten* bzw. Untersuchungen im Verhältnis von Theater und Gesellschaft gegenüber. Eine Anzahl von Studien hat sich mit dem Theaterpublikum befaßt, ohne sich jedoch bei ihren Beobachtungen behavioristischer Erkenntnisse zu bedienen. Da beim Behaviorismus der Akzent vor allem auf die soziale Struktur der Persönlichkeit gelegt wird, auf alles, was das Einzelwesen dem Kontakt mit anderen zu verdanken hat, ist die Beobachtung des Verhaltens von Produzenten und Konsumenten angesichts eines Theatererlebnisses nicht einfach eine Beobachtung der Bewegung physischer Körper in Raum und Zeit. Nein, gerade beim Theatererlebnis stehen die bemerkbaren physischen Tatsachen mit psychologischen in enger Wechselbeziehung. Als Methode gesehen, ist also das Wissen über das Verhalten der Menschen gegenüber dem Theatererlebnis ein Wissen durch Analogie: wir schließen aus beobachtbaren physischen Tatsachen auf das Geschehen psychischer Prozesse, die denen ähneln, die wir bei uns selbst als Begleiterscheinung physischer Tatsachen gleicher Art gefunden haben.

Auf diese Weise wurde von der Soziologie zunächst einmal unternommen, den Begriff des Publikums zu erklären. Daran anschließend dann das Wesen und die Erscheinungsformen des Publikums als eine der Formen einer institutionalisierten Menge, kontrolliert durch gewisse kulturelle Handlungsgesetze, Muster der Polarisation und Regelmäßigkeiten im Brauchtum und Verhalten. Hiervon ausgehend wird beispielsweise zwischen passivem und aktivem Publikum unterschieden und weitergehend noch zwischen dem Informationen suchenden, dem Unterhaltung und Belustigung suchenden und dem Bekehrung suchenden Publikum, d. h. demjenigen, das überzeugt zu werden wünscht.

Folgt als nächstes die Untersuchung der Aktion des Theaterpublikums, zu der alle Vorgänge, Erscheinungen und Einrichtungen gehören, die zur Übertragung des eigentlichen Aktionsinhaltes auf den einzelnen Publikumsangehörigen dienen, und schließlich die verschiedenen Aktionsarten des Publikums. Hier bietet sich eine große Variation von Erkenntnissen an. Die einen sehen die Täuschung, den Schein, die Illusion als die wesentliche Erscheinung des Theatererlebnisses an, vergessen darüber aber, daß das Theater zwar das einzelne Publikumsmitglied veranlassen kann, sich Illusionen zu machen, das Theater indessen selbst keine Illusion ist. Andere sehen den Sinn des Theaters nur im Rausch, im Vergessen der Wirklichkeit oder in der Überwindung der Lebensangst. Wiederum andere halten dem entgegen, daß doch das Theater aufklären, den Menschen die Augen für die Wirklichkeit, für innere Werte, für das Wahre und Echte öffnen solle, anstatt das unheimliche Dasein vergessen zu lassen. Diese unterschiedlichen Weisen, das Publikumsverhalten zu erfassen (und man könnte hier noch ein Dutzend anderer Ansichten aufzählen), zeigt deutlich, daß es bei der Erkenntnis der Aktionsarten gilt, über das Erdachte hinauszugehen und das Augenmerk auf die Bedingungen zu richten, durch die im Publikumsverhalten sich äußernde Reaktionen entstehen. Dabei kann es sich nicht nur um Reaktionen handeln, die auf Konvergenz oder Trennung von dramatischen und sozialen Situationen beruhen, sondern auch um solche „banale" Gegebenheiten wie die Bauart oder die Größe eines Theaterauditoriums, die Anzahl der Menschen, die einer Vorstellung beiwohnen, akustische und visuelle Reize aller Arten, Sitzanordnungen und ähnliches mehr. Hinzuzufügen ist hier

selbstverständlich auch die andere Seite, die der Bühne und die sich auf dieser abspielende Aktion selbst, die jenes soziale Verhaltensmuster hervorruft, das uns als Beifall oder Applaus bekannt ist. In ihm können sich nicht nur Brauchtum, Symbolik, Überzeugung und emotionale Befreiung verdeutlichen, sondern auch Zustimmung, Spontaneität, Ambivalenz, Entrüstung, Unwille, Zorn, Sarkasmus, Ungeduld, Ironie – alles Verhaltensmuster, die weitaus bezeichnender und sicherlich auch positiver für die sozialpsychologischen Aspekte der Beziehungen zwischen Theater und Gesellschaft sind als Erwägungen rein statistischer oder geisteswissenschaftlicher Art. Allerdings muß hier angemerkt werden, daß, gerade in Hinsicht auf die hier angeführten sozialpsychologischen Aspekte, die soziologische Forschung noch sehr zu wünschen übrig läßt; gültige empirische Untersuchungen stehen nach wie vor aus.
Jedoch gilt dies nicht nur für den soeben abgehandelten Aspekt. Generell muß gesagt werden, daß die Beziehungen zwischen Theater und Gesellschaft erst seit kurzem die Aufmerksamkeit der Soziologie auf sich gezogen haben; daß man erst jetzt beginnt, diesen Beziehungen eine Bedeutung zuzuerkennen, die über Fragen der Freizeitgestaltung, der Kulturförderung oder über philosophische Theoreme hinausgeht. Es bleibt also zu erhoffen, daß die mannigfaltigen soziologischen Aspekte des Theaters baldigst erkenntnistheoretisch und empirisch untermauert werden, damit auch dieser Teil des sozio-kulturellen Lebens eine gefestigtere und permanentere Grundlage findet als die, auf der er zur Zeit noch steht.

*

Soweit es die *Beziehungen zwischen Film und Gesellschaft* betrifft, wurden diese in weit größerem Maße als beim Theater der soziologischen Betrachtung und Analyse unterworfen. Dies dürfte wohl in erster Linie daher rühren, daß man dem Film als einem Massenmedium von Anfang an einen weitaus größeren Wirkungsradius zugeschrieben hat als dem mehr auf ein begrenztes Publikum ausgerichteten Theatererlebnis. Überdies kam aber auch der an keinerlei Tradition gebundene Film zu einer Zeit auf, als die empirische Soziologie bereits etabliert war, während das Theatergeschehen mit seiner langen Vergangenheit den Händen der Geistes- und Literaturwissenschaft kaum zu entreißen war. Gerade weil für die Soziologie die endlos diskutierte Streitfrage, ob der Film nun eine Kunst oder eine Industrie sei, von keinerlei Bedeutung sein konnte, war es ihr gegeben, Film und Kino sowohl als eine Technik als auch als eine Institution, sowohl als eine Industrie als auch als eine Kunst anzusehen, um von hier aus beispielsweise die beim Film vorherrschende Dialektik von Individualisierung und Standardisierung in ihrer Existenz und ihren Auswirkungen zu erfassen. So denn auch geht jedwede empirisch valable Untersuchung des Films ausdrücklich oder mit Selbstverständlichkeit von der grundlegenden Trennung zwischen dem *filmischen* Tatbestand und dem *kinematographischen* Tatbestand aus: „In formaler Hinsicht besteht der *filmische Tatbestand* darin, das Leben mittels eines determinierten Systems von Bildkombinationen darzustellen; äußeres und inneres Leben, Imagination oder lebende Dinge und Wesen (natürliche oder konventionelle, sichtbare Bilder und akustische Konfigurationen: Ton und Sprache). Das Wesen des *kinematographischen Tatbestandes* bestünde demgegenüber darin, innerhalb menschlicher Gruppen eine Reihe von Dokumenten, Empfindungen,

Ideen und Gefühlen in Umlauf zu bringen, das heißt: Materialien, die dem Leben entnommen sind, werden mit filmischen Mitteln gestaltet.“ [15]

Zweifellos hat der Film seit Aufkommen des Fernsehens an Popularität verloren und sich das Kino, kommerziell gesehen, rückläufig entwickelt. Wenn ihnen auch heute dennoch nach wie vor vielerlei soziologische Untersuchungen und Analysen gewidmet werden (weitaus mehr als dem Theater), so hat dies wohl einerseits mit der oft unterstellten Ähnlichkeit von Film und Fernsehen zu tun, andererseits aber auch mit den überaus häufigen Projektionen von für das Kino hergestellten Filmen auf dem Bildschirm. In der Tat hat sich eine ausgesprochene *Filmwissenschaft* entwickelt, die, an Hochschulen gelehrt, in Schulen benutzt und in Schriften diskutiert, natürlich nicht ausschließlich mit soziologischen Denkweisen und Methoden arbeitet. Selbst die Ideologiekritik mit ihren einseitig ausgerichteten Blickpunkten hat vor dem Film nicht Halt gemacht, und so gibt es eine ganze Reihe Zusammenstellungen von Einzelbetrachtungen zu diesem Phänomen, die in erster Linie darauf ausgerichtet sind, das wie immer geartete gesellschaftskritische Empfinden in negative Aussagen über den Film umzusetzen.

Da es uns bei unserer bibliographischen Auswahl nicht darum gehen konnte, das Gesamtgebiet der Filmwissenschaft zu erfassen, sondern wir unserem mehrfach betonten Grundsatz treu bleiben wollten, uns im vorliegenden Rahmen nur der Kunst naheliegenden, empirischen Studien zu widmen, wurden die diesbezüglichen Titel unter der sicherlich etwas ambigiösen Überschrift „Technische Mittler“ zusammengestellt.

Ist es doch so, daß Historiker, Pädagogen, Ästhetiker, Soziologen, Anthropologen und Psychologen sehr schnell, d. h. seit Aufkommen des Films erkannt haben, daß der Film, der stumme oder der sprechende, ihrer Aufmerksamkeit bedarf. Nicht etwa, um Filme herzustellen, sondern um das Filmwesen, seinen Zustand und seine Entwicklung beobachtend, erläuternd und kritisierend in Bahnen zu lenken, die sowohl dem Film selbst als auch den Beschauern zugute kommen können. Aus dieser Tätigkeit sind so manche Schriften entstanden, die dem Filmwissenschaftler wie auch dem am Film interessierten Laien noch heute als grundlegend zur Hand gehen. Einige davon haben wir übernommen; andere hingegen wurden trotz ihrer allgemeinen Bedeutung übergangen. So insbesondere alle jene Abhandlungen, die sich bemühen, den Film theoretisch sowie ästhetisch zu erfassen.

Statt dessen haben wir uns in erster Linie auf diejenigen Studien beschränkt, die sich um das „soziale Schicksal“ des Films bemühen. Denn diese sind es, die versuchen, neben dem Strukturellen des Films und des Filmwesens das Funktionelle dieses Mediums zu erkennen.

Hier war es insbesondere an den Franzosen, sich auszuzeichnen, wie überhaupt in Frankreich nach wie vor dem Film in der öffentlichen Diskussion, in Zeitschriften und Zeitungen mit einem viel höherstehenden Niveau entgegengekommen wird als beispielsweise in der Bundesrepublik Deutschland. Aus Frankreich kam z. B. die leider inzwischen eingegangene „Revue Internationale de Filmologie“, welche Einzelstudien enthält, die noch heute das allumfassende Bild einer vom rein Historischen weit abliegenden Filmwissenschaft demonstrieren. Was sich später dann in der französischen Revue „Communications“ [16] und der italienischen Revista „Ikon“ [17] fortsetzte, führte, weitab von theoretischen Betrachtungen, mehr und mehr zur Diskussion und Darstellung höchst spezieller Einzelfragen, bei denen sozusagen nur noch à propos des Films gesprochen wird. Die Integration des Films als Kunst einerseits und Industrie andererseits hatte sich zu diesem Zeitpunkt vollzogen.

Jedoch, „welche Wirkung dieses künstlerische, soziale und ökonomische Phänomen auf die kulturellen Werte sowohl des Schöpfers als auch des Beschauers hat, ist ein internationales Problem von größter Bedeutung, da der Film sich einer weltweiten Sprache bedient, die vom Illiteraten wie vom Gebildeten erfaßt werden kann“ [18]. Da dem so ist, steht der Film nicht länger vor uns als ein Phänomen in sich selbst, als eine Gegebenheit ohne Bezugsrahmen – so wie er in den ersten Schriften zum Thema noch behandelt wurde –, sondern ist er notwendigerweise im Kontext der jeweiligen Gesellschaft zu sehen. Dies erkennend haben sich besonders die amerikanischen, im Anschluß daran auch die deutschen Filmforschungen den diversen Aspekten dieses Kontextes zugewandt. Hinweg vom so allbeliebten philosophisch-ästhetischen Zauber, bei dem das Werk der Kunst, das Verstehen und die Bewertung dieses Werkes nur in der Verbindung des Schönen mit dem Humanen gesehen wird, ging es nunmehr darum, das Faktum „Film“ aus seinem phänomenologischen Korsett herauszuheben. Eine von Kulturanthropologen und Psychologen angeregte Linie führte zu soziologischen und sozialpsychologischen Analysen des Films und des Filmwesens, und zwar gesehen im Rahmen der gesellschaftlichen Existenz des Einzelnen wie des Kollektivs.

Wenn heute die Filmwissenschaft an diesem Punkt steht und sich bemüht, über die Einzelheit hinausgehend das Gesamt zu erfassen, dann ist sie sich darüber im klaren, daß sie den wesentlichen Faktoren unserer fortgeschrittenen Industriegesellschaft Rechnung zu tragen hat, will sie nicht im Abgrund historisierender Plattitüden versinken. Rechnung getragen werden muß dabei zuerst der *Komplexität* unserer Gesellschaft, in deren Mitte der Film lebt. Fernerhin der *offenen Struktur* unserer Gesellschaft, durch die der Einzelne immer erneut gezwungen wird, aus der Menge der Entscheidungsmöglichkeiten die ihm zukommende Alternative auszuwählen. Drittens dann gilt es, jenes Merkmal unserer Gesellschaft zu bedenken, das in dem Begriff des *sozio-kulturellen Wandels* seinen Ausdruck findet. Die Schnelligkeit, mit der sich dieser Wandel heute vollzieht, verlangt einfach danach, die Existenz des Objektes wie des Subjektes zunehmend durch rationales und wissenschaftliches Denken und Handeln abzusichern. Festgelaufene, weil durch Tradition bedingte Wertvorstellungen müssen über Bord geworfen werden; denn der Film stellt als Symbolsystem primär einen sozio-kulturellen Prozeß dar, und keineswegs jene irrationale McLuhanistische Pop-Version vom Medium als die „message“. Da der Film (und mit ihm das Kino) über die Jahre zu einer sozio-kulturellen Institution geworden ist, läßt er sich nicht abtun mit solchen Klischees wie „the medium ist the message“ oder den auf Kongressen so beliebten unnachgewiesenen Phraseologien über Film-Sprache, Film-Ideologien oder Film-Brutalität.

Bedeutet dies nun, daß sich eine Filmwissenschaft nur noch und ausschließlich „kulturwissenschaftlich“ zu betätigen hat? Faßt man den Ausdruck „Kultur“ im engen Sinne vergangener Denkweisen auf, so würde man in der Tat das gesamte Gebiet erkenntnistheoretisch, aber auch praxisbezogen auf eine Art Filmkultur-Studium reduzieren, so wie es einer ideologieträchtigen Filmkritik naheliegt. Sobald man sich aber dem berühmten und anerkannten Satz von Edward B. Tylor anschließt, demzufolge Kultur der

Inbegriff von Wissen, Glauben, Kunst, Moral, Gesetz, Sitte und allen übrigen Fähigkeiten und Gewohnheiten ist, die sich der Mensch als Glied der Gesellschaft angeeignet hat[19], dann weist dieser allein schon darauf hin, daß im Rahmen eines interdisziplinären Denkens und Forschens das Soziologisch-Empirische zu seiner vollsten Bedeutung gelangt. Offensichtlich bewegen sich viele filmwissenschaftliche Arbeiten in dieser Richtung: sie beziehen in ihrem Versuch zur Etablierung gültiger Erkenntnisse im filmischen Forschungsfeld soziologische Wissens- und Erfahrungselemente ein, und zwar alles mit dem Ziel vor Augen, dem Film vor allem in seiner Interaktion und Interdependenz mit den diversen Gruppen und Schichten der Gesellschaft denjenigen Platz einzuräumen, den er allein und zusammen mit den anderen Massenmedien im sozialen Prozeß der Kommunikation zu spielen hat.

Mit anderen Worten geht es dem Soziologen vordringlich darum, die soziale Rolle des Films im Leben unserer Gesellschaft zu erkennen. Zweifellos stimmt es, wenn gesagt wird, daß sich noch nie in der Geschichte eine so große Industrie wie die des Films so direkt und unverhüllt auf den Träumen der Gesellschaft errichtet hat. Denn die Menschen gehen nicht so sehr ins Kino, um eine Kompensation für das zu finden, was sie emotional verloren haben, sondern eher, um ein Surrogat zu suchen für das, was sie noch nicht erreicht haben, obwohl auf dieser Erde die Möglichkeit besteht, es zu erreichen. Daher ist es ein Unfug, vom Film nur als einer escapistischen Illusionsfabrik zu sprechen, so wie es eine dem Humboldtschen Bildungsideal verpflichtete gängige Kulturkritik zu tun beliebt, oder aber darauf zu bestehen, den passiv-sentimentalen Charakter einer „Försterchristel“ von ehedem wiederzuerwecken. Träume, ob in Richtung des Ehrgeizes oder in der von Errungenschaften, sind notwendige Bestandteile einer lebendig-aktiven Gesellschaft; denn neue und bessere Lebensstandards lassen sich nicht erreichen, ohne daß die Mitglieder einer Gesellschaft zur gleichen Zeit auch nach neuen emotionalen Erfahrungen die Hand ausstrecken. Das ist der Grund, warum der Film einen entscheidenden Bestandteil der Populärkultur einer Gesellschaft ausmacht, selbst wenn er, in ökonomischen Termini gesprochen, als Industrie nicht auf sonderlich soliden Füßen stehen mag.

Sehen wir uns daraufhin einmal diese sogenannten Träume an, diese emotionalen Erfahrungen, so zentrieren sie sich nach Ansicht einiger Soziologen stets um die gleichen wenigen Elemente[20]. Erstens um das Element des *Geldes*, indem der Film den Wert und die Macht desselben aufzeigt. Zwar wird immer wieder betont, daß in dieser Welt Geld nicht alles ist, daß Liebe, Hingabe, Selbstrespekt und Glück mehr wert sind als alles Gold auf Erden, stets aber wird unterschwellig als selbstverständlich unterstellt, daß es sich letzten Endes doch besser mit als ohne Geld leben läßt. Als zweites zentrales Element steht vor uns dasjenige, was zwar oft als Liebe, häufiger noch als Sex bezeichnet wird, obwohl es sich dabei größtenteils um die Projizierung von *Sexiness*, von Sensualität auf die Leinwand handelt. Nur in den seltensten Fällen zeigt der Film eheliche oder außereheliche Schwierigkeiten in jenen grimmen Aspekten, wie sie das tägliche Leben vorzuweisen hat. Allemal weiß er die tiefliegenden Probleme, die das Zusammenleben zweier Menschen bestimmen, ruinieren oder gar zur Hölle machen können, zu umgehen, indem er das Leben als eine Serie vorgegebener Verwicklungen darstellt, die sich durch ebenso vorgegebene Lösungen beheben lassen.

Weiter in unserer Systematisierung kommen wir dann zu dem Element der *anhaltenden Aktion.* Da der Film mit einer Durchschnittsdauer zu rechnen hat, also einer zeitlichen Beschränkung unterworfen ist, muß andauernd etwas geschehen. Liebe, Haß und Versöhnung lösen sich in ebenso rapider Folge ab wie Gefahren, Flucht, Schiffbruch und Verschwörungen. Für eine innere, tiefschürfendere Ergründung der agierenden Charaktere bleibt keine Zeit, es sei denn, ein Film widme sich der Exploration schizophrener Personen. Letzthin dann wird stets *Gewalttätigkeit* als eines der zentralen Elemente beim Film hervorgehoben. Sei dies nun in den Darstellungen robuster Detektive, die, wenn auch zehnmal auf den Kopf geschlagen, sofort wieder frisch auf den Beinen stehen, oder in den Darstellungen der hart zupackenden, schnell schießenden Cowboys oder in der Aufzeichnung des Kampfes der Geschlechter. Gewalttätigkeit dient dem Film stets dazu, eine geradezu herausfordernde männliche Dominanz zu unterstreichen, deren Gegenpart von der Frau als Idol, als Preis oder als Versucherin repräsentiert wird.
Auf diese, von einigen Soziologen gepflegte Weise könnte man noch fortfahren, müßte aber dann, was die soziale Rolle des Films betrifft, zu einem reichlich pessimistischen Ergebnis kommen. Daher steht es an, den Blick etwas zu erweitern und zu fragen, ob es – neben allem – dem Film nicht auch gegeben ist, Leitbilder zu entwerfen in bezug auf zwischenmenschliche Beziehungen. Schließlich wissen wir, daß das, was gewisse Filme dargestellt haben, zum Vorbild für Millionen Menschen geworden ist, insbesondere was Moden und Verhaltensweisen betrifft. Daher bietet sich eine viel umfassendere Systematisierung der sozialen Rolle des Films an, die ebenfalls kurz zu skizzieren ist. Dabei ist davon auszugehen, daß der einzelne Film, selbst dann, wenn er offensichtlich nur eine einzige durchlaufende Story erzählt, dennoch mehrere Inhaltsrichtungen umfaßt, die manchesmal geradezu gegensätzlich zueinander stehen können. Schält man diese gesondert heraus, so sind dem Film als erstes *soziale Inhalte* immanent. Diese kommen entweder so zum Ausdruck, daß er durch den Ablauf der zu erzählenden Geschichte die sozialen Faktoren der Lebensbeziehungen unterstreicht und betont, oder daß er ihnen indifferent oder mit Gleichgültigkeit gegenübersteht. Bei der ersten Haltung, die die häufigste ist, entwickelt der Film jenen Konformismus mit gängigen Normen, nachdem das Gute immer siegt und das Böse stets im Illegalen sich bewegt. Dabei verläßt sich der Film auf die Kollektivvorstellungen, die innerhalb einer Gesellschaft vorherrschend sind; denn diese entsprechen dem Total von Werten, Haltungen, Vorurteilen, Tabus und auch der Wissensmenge, mit der das Einzelwesen das Kino betritt und sich der Leinwand zuwendet. Da mit diesen Gegebenheiten gerechnet wird, bilden sich nicht nur gewisse soziale Stereotypen heraus, sondern werden auch gewisse Probleme umgangen. Zwar erlaubt diese Haltung dem Film, dramaturgische Konflikte zum Thema seiner Aktion zu machen, wie z. B. Pflichtbewußtsein und Liebe gegenüberzustellen, aber nur in Ausnahmefällen kann er sich der sozialen Zeitgeschichte widmen. Dort, wo er es zu tun versuchte, ist er deswegen mehrfach zu einem finanziellen und künstlerischen Mißerfolg geworden, weil, anstatt die sozialen Konflikte deutlich herauszuarbeiten, diese eher beschwichtigt oder zugunsten eines Ideals beiseitegeschoben wurden. Hier zeigen sich gleichzeitig Stärke und Schwäche des Films; denn die Reflektion der sozialen Wirklichkeiten kann beim Film entweder dadurch geschehen, daß er diese offenbart, oder dadurch, daß er sie verbirgt.

Eine zweite Inhaltsgruppe, die die soziale Rolle des Films bestimmt, sei unter dem Titel *historische Inhalte* zusammengefaßt. Hierbei ist es dem Film einerseits gegeben, sich *unmittelbar* der Aktualität anzuschließen. Behandelt er z. B. das Naziregime, so rührt er hier unmittelbar an ein historisches Problem insofern, als das Thema in enger Verbindung steht mit einem Krisenzustand in der Geschichte Deutschlands. Andererseits ist es dem Film aber auch gegeben, historische Elemente zu verwandeln, sozusagen die Aktualität zu ignorieren, d. h. *mittelbaren* historischen Inhalt zu tragen, indem er latente Inhalte unter dem Deckmantel manifester Inhalte kundtut, beispielsweise dort, wo der „kleine Mann" als Opfer der Geschichte und nicht als Mitverantwortlicher hingestellt wird, wodurch allegorisch Entlastungsargumente vorgetragen werden, die den Belasteten nur allzu willkommen sein können. Natürlich kennen wir auch den umgekehrten Fall, wo Filme, die auf den ersten Blick jedes wirklichkeitsnahen sozialen und historischen Zusammenhangs entbehren, dennoch ein historisches Moment genau aufzeichnen. Das klassische Beispiel hierfür ist der Fritz Lang-Film „Das Testament des Dr. Mabuse", die Geschichte eines wahnsinnigen Doktors, der eine Bande von Kriminellen leitet, die Plünderungen, Zerstörungen und Brandstiftungen organisieren – eine Geschichte, die angesichts der Periode seiner Herstellung historisch mit den Monaten zusammenfällt, die den kriminellen Ausschreitungen der Hitlerbanden parallel laufen. Die historischen Inhalte lassen sich also in ihrer sozialen Rolle entweder durch den Augenblick bestimmen, in dem ein Film hergestellt wurde, oder aber durch die auf ein fixes historisches Datum festgelegte Handlung.

Diesen beiden Gruppen stehen jene Arten von Filmen gegenüber, die, obwohl sie historisch situiert sind, dennoch jeden historischen Einflusses entraten. Hierbei wird an das gedacht, was man als den legendären Film bezeichnen könnte, an jene Liebesromanzen à la „Sissi", die ebenso wie die Tarzanfilme oder die Western unverändert in Frieden oder Krieg, während Krisenperioden oder ökonomischen Wohlstandsepochen, sozusagen ohne Zeitbindung sich endlos wiederholen. Sie sind eng an die Mythen einer Gesellschaft gebunden und entziehen sich somit einer historischen, aber auch einer rein soziologischen Analyse. Bei ihnen ist es korrekter, von *sozialpsychologischen Inhalten*, der dritten großen Gruppe von Filminhalten, zu sprechen, denen eine soziale Rolle zukommt.

Bei diesen sozialpsychologischen Inhalten handelt es sich um Themenstellungen, die allen Menschen gemeinsam sind, was sich schon daran exemplifizieren läßt, daß der gleiche Western sein Publikum ebenso zahlreich in Europa, in Amerika, in Afrika oder in Japan findet. Seine Form und seine Inhalte sind universal, das heißt sie sind bis zum Extrem simplifiziert. Stets bewegt sich die Thematik im Elementaren, sei dies dargestellt durch die Gefühle, die der Mensch den Tieren entgegenbringt, durch den Kampf des Menschen mit den Kräften der Natur oder durch die Gegenüberstellung von Angriff und Verteidigung – am Ende werden die Prinzipien von Gut und Böse konfrontiert, die ihrem sozialpsychologischen Inhalt entsprechend fast unbeschränkte Abarten zulassen.

Systematisiere man die Inhalte von Filmen auf die eine oder die andere Weise, entweder um Themen zentriert oder ihre Inhalte so gruppiert, daß sie die Interaktion zwischen Produzent und Konsument indizieren – wie immer man auch vorgehen mag, es verdeutlicht sich hierdurch, daß der Film im Leben der Gesellschaft eine soziale

Rolle spielt, und sei es nur durch seine *Rollenvielfalt*. Gerade auf diese Rollenvielfalt wird oft verwiesen. Sie besteht aus einer Dialektik, die alle drei Inhaltsgruppen: das Soziale, das Historische und das Sozialpsychologische miteinander verbindet. Es ist diese liierende Dialektik, die, ganz abgesehen von der thematischen Grundlage, einem Film zum durchschlagenden Erfolg verhilft, denn sie korrespondiert mit der Rollenvielfalt, die das Individuum in sich trägt, wenn es als Einzelner inmitten anderer einen Film konsumiert. Ist es doch diese der Persönlichkeitsstruktur eigene Rollenvielfalt, die es dem Menschen erlaubt, sich seiner Gesellschaft, deren Imponderabilien und deren stetig fortschreitendem sozialen Wandel anzupassen, damit er nicht zur Randpersönlichkeit, zum „marginal man" werde.

Neben der Erkenntnis der Bedeutung der sozialen Rolle des Films und der Rollenvielfalt ist die Frage des *Spannungsfeldes*, innerhalb dessen sich ein jeder Film bewegt, von ausschlaggebender soziologischer Relevanz. Zu dieser Problematik ist als erstes zu erwähnen, daß der Film von seiner Beschaffenheit her gesehen eine *Technik* ist, und zwar eine solche, die sich in einem fortwährenden Zustand der Perfektionierung befindet. Da für den Soziologen – im Gegensatz zu altmodischen Denkern, die stets noch den arbiträren Gedankengängen über den Unterschied zwischen Kultur und Zivilisation nachgehen – auch die Technik einen Teil der Kultur einer Gesellschaft ausmacht, darf gesagt werden, daß es sich bei der Filmtechnik um ein kulturelles Faktum handelt, diese somit den gleichen bewegenden Momenten gehorcht, die auch die anderen kulturellen Tatbestände determinieren.

Aufbauend auf der kinematographischen Technik hat sich eine Industrie, nämlich die Filmindustrie entwickelt, die von der Herstellung über Vertrieb und Verleih bis zur Vorführung des Films reicht. Jede einzelne Phase dieses Vorgangs ist durch Gesetzgebung, Personal, Ausrüstung, Ritual und Organisation strukturiert, so daß der Film als Mittel im Dienste der Notwendigkeiten der Gesellschaft zu einer sozialen Institution geworden ist, die ihrerseits wiederum eine weitere Institution hervorgerufen hat, nämlich das, was wir schlechthin als das Kino zu bezeichnen pflegen. Und will man verstehen, warum der Film als eine sozio-kulturelle Institution anzusehen ist, dann hat man sich nur vor Augen zu führen, daß die Entwicklung kultureller Institutionen stets parallel läuft mit den Entwicklungsstadien sozialer Institutionen; denn die einen werden so organbildend wie die anderen. Daran ändert sich auch nichts, wenn dieser Entwicklungsgang mit Rufen von Untergang und Verwüstung begleitet wird. Denn soziale Entwicklungen verändern nicht nur die sozio-kulturellen Institutionen, sondern auch den jeweils vorherrschenden Glauben der Menschen hinsichtlich ihrer Stellung im Universum.

Aber es wäre ungenügend, wollte man in der soeben als sozio-kulturelle Institution skizzierten kinematographischen Institution nur ein strukturelles und funktionelles Getriebe sehen. Diese Institution ist gleichzeitig und darüber hinaus auch ein Abglanz, ein Widerschein unserer Gesellschaft, die sie zur Befriedigung ihrer Bedürfnisse etabliert hat. Erfaßt doch der Film nicht nur Menschen und Objekte durch das, was er in deutlich sichtbarer Realität zeigt, sondern auch über und durch alle jene Stories, die er erfindet. Damit greift er zur gleichen Zeit in die Realitätne und das Bewußtsein des Einzelnen wie in diejenigen des Kollektivs. Daher wird von seiten der Soziologen zu Recht gesagt, daß jeder Film, selbst der unrealistischste, in gewissem Sinne ein soziales Dokument darstellt. Rein soziologisch gesprochen ist die Gegebenheit benannt „Film“, strukturiert durch Technik, Institutionalisierung und Abglanz des Gesellschaftlichen, eine Art Mikrokosmos, das heißt ein globales Kulturfaktum, ein totales Gewebe.

Als was präsentiert sich denn nun diese Totalität, dieses totale Gewebe dem Auge des Betrachters? Die Antwort hat zu lauten: erstens als *Schauspiel*. Hierüber viele Worte zu verlieren dürfte sich wohl erübrigen, denn ein jeder weiß aus seiner eigenen Haltung dem Schauspiel gegenüber, daß dieses je nach Gelegenheit sein kann: ein sozialer Luxus, eine autonome Erfahrung, eine Flucht aus der Wirklichkeit, Genuß formalistischer Schönheit, ein rein ästhetischer Prozeß oder ein Bildungs- und Erziehungselement. Ganz allgemein gesprochen ist Schauspiel all das, was die Aufmerksamkeit an sich zieht und als eine im wesentlichen visuelle Darstellung in unterschiedlichem Maße an die anderen Sinne des Menschen zur Unterstützung appelliert. Spricht man nun vom Film als einem Schauspiel, so darf nicht außer acht gelassen werden, daß das Film-Schauspiel gegenüber dem Theater-Schauspiel den Vorteil und damit gleichzeitig den Anreiz besitzt, leicht zugänglich zu sein, und zwar ohne großen Zeitverlust, ohne übermäßig hohe Kosten und ohne besondere Vorbereitungen.

Dadurch erreicht es der Film – weitaus einfacher als das Theater-Schauspiel – neben seiner Eigenschaft als Schauspiel im Rahmen des sozialen Systems als *Freizeiterfüllung* einen wesentlichen Platz einzunehmen. Jedoch ist bei dieser Erkenntnis zu vermeiden, schlechthin von Freizeiterfüllung zu sprechen; denn nicht auf jede der Freizeitkategorien, die wir kennen, paßt der Film als Erfüller wie der Deckel auf einen Topf. Im Rahmen der sogenannten erzwungenen Freizeit z. B., unter der all diejenige freie Zeit zu verstehen ist, die zwischen Arbeit und Schlaf liegend dazu dient, unvermeidlichen Aufgaben wie Familienverpflichtungen, Windelwaschen, Wohnungspflege und anderes mehr zu erfüllen, ist für das Film-Schauspiel kein Raum.

Anders ist es schon bei der Freizeit der Entspannung, die entweder als Pause zur Erholung von den physischen und geistigen Anstrengungen dient, die die tägliche Arbeit mit sich bringt, oder als ein Mittel der Ausflucht in Antwort auf die von Umgebung und Kollektiv hervorgerufenen Spannungen und Frustrationen, oder als Suche nach sozialer Zugehörigkeit in einer Gesellschaft, die durch fortschreitende Urbanisierung zur Anonymität hin tendiert. In dieser Freizeitkategorie findet das Film-Schauspiel dort seinen Platz, wo es dem Inhalt nach ausdrücklich dem durch die soeben angeführten Ursachen hervorgerufenen Nachlassen der Willenskraft, dem Ausgleich gegenüber einem fieberhaften Dasein entspricht. Hier ist das Schauspiel eine physische und mentale Hygiene.

Kommt es nun zur dritten Kategorie, der offenen oder vakanten freien Zeit, jener Zeit, die eine leere Zeit ausmacht und die es, wie man sagt, zu töten gilt, dann ist der Platz, den hier das Film-Schauspiel einnimmt, zweifellos ein breiter und gesicherter. Gerade auf diesen Platz erhebt der Film größten Anspruch.

Weiter in der Analyse des totalen Gewebes, in dem wir bis jetzt den Film als Schauspiel und als Freizeiterfüllung gesehen haben, wenden wir uns dem Film als *Informationsmittel* zu. Spricht man in diesem Zusammenhang von Information, so denkt man in erster Linie an die *direkte* Information, beispielsweise durch die Wochenschauen. Ihre

Eigenschaften sind regelmäßige Periodizität, die direkte Verbindung mit der Aktualität, die allerdings durch die Tagesschau des Fernsehens recht stark eingeschränkt worden ist, und der beschreibende Kommentar, der nur selten interpretativen oder didaktischen Charakter annimmt. Aber es gibt auch eine *indirekte* Information, so wie sie in jedem Film, auch im Spielfilm, mitschwingt. Denn wo immer Wort und Bild verwertet werden, gestalten sich diese als Ausdrucks- und als Informationsmittel zur gleichen Zeit. Manchmal gar, reichlich oft, möchte man fast sagen, vermengen sich diese beiden Eigenschaften und verfälschen sich dadurch gegenseitig. Dies insbesondere deshalb, weil sich der Film einer ihm eigenen Sprache bedient, die von besonderer Beredsamkeit ist.
Die Regeln seiner Syntax sind dazu bestimmt, direkt auf die Sensibilität der Menschen einzuwirken, und erreichen damit einen geradezu vergewaltigenden Effekt, der eine zusätzliche Unterstützung findet durch die Universalität der Filmsprache, die sich allen Kulturgraden, vom niedrigsten bis zum höchsten, anzupassen sucht. Das filmische Bild erlangt hierdurch ein Realitätsniveau, welches wie ein Signal direkt erfahren und aufgenommen wird.
Es ist also verständlich, wenn gesagt wird, daß die filmische Darstellung nie in der Lage sein kann, Fakten oder Zustände wahrlich objektiv wiederzugeben. Beim Film kann nur von einer indirekten Information die Rede sein, von einer Art Information, die, der Propaganda nicht unähnlich, dazu dient, der Gesellschaft gewisse Leitbilder zu vermitteln, manchmal gar sie ihr aufzuoktroyieren. Was dabei bei einem politischen Sujet vordergründig wird, verbleibt beim unpolitischen Thema in der unterschwelligen Andeutung.
Insofern das politische Sujet in den Vordergrund tritt, sind die Möglichkeiten, gewisse Gesellschaftsschichten propagandistisch zu erwünschten Leitbildern hinzuführen, geradezu unermeßlich. Und wünscht man von ihnen Gebrauch zu machen, sei dies zum Guten oder zum Bösen, so gilt es wohl, den ganzen Weg zu gehen; ansonsten wird die Sprache des Films verfälscht oder falsch benutzt, was unweigerlich zum Mittelmäßigen und zur Wirkungslosigkeit führen muß.
Jeder Film stellt ein riskantes Unternehmen dar; denn er ist nie seines Publikums und seiner Einnahmen sicher, selbst wenn die im Augenblick größten Namen der Filmwelt die Plakate zieren. Ganz abgesehen von ökonomischen Störungen, die unvorhergesehen die Gesellschaft berühren können, sind auch soziale, politische und psychologische Faktoren zu beachten, die unangekündigt einen Wandel in der Haltung der Zuschauer hervorrufen können und sich dann wie eine Barriere zwischen dem Produkt und seinem Konsumenten errichten. Das bringt den Filmproduzenten in eine zwiespältige Situation. Getrieben von der Angst, ein unerwartetes Ereignis könne sich zwischen ihn und seine Abnehmer stellen, zieht er sich auf die alten Erfolgsrezepte zurück, das heißt standardisiert er so weit wie möglich seine Produktion. Andererseits sieht er sich aber auch genötigt, seine Produktion zu individualisieren. Natürlich vergrößert sich dadurch das soeben angedeutete Risiko, aber der Mut zur Individualisierung muß selbst dort aufgebracht werden, wo es sich nur um ein „remake“ handelt. Das Neue bedarf nun mal gegenüber dem Alten seiner eigenen Individualität. *Standardisierung und Individualisierung bedingen sich also eigentlich gegenseitig.* Denn da Standardisierung die Wiederholung zur Folge hat und Wiederholung Monotonie schafft, entsteht eine innere Not-

wendigkeit zur Individualisierung hin. Selbst die rationalisierteste Filmfabrik kann diesem Dilemma nicht entgehen und bemüht sich schon deswegen unentwegt um neue Ideen, um neue Stars, um neue Szenarios, obwohl es den Produzenten im Innern ihrer Seele weh tut, ihre standardisierte Maschinerie umkrempeln zu müssen.

Aber auch das wird nichts helfen oder zumindest nur zeitweilig einer Hilfestellung gleichkommen, wenn nicht die Tatsache erkannt und ihr auch ins Auge geblickt wird, daß Standardisierung und Individualisierung dialektisch ebenso an die industriellen Bedingungen des Films gebunden sind wie an die Bedürfnisse derjenigen, die diese Industrie erschaffen und ihr Genüge tun. Mit anderen Worten, es gilt zu erkennen, daß der Film dazu tendiert, zu standardisieren, was individualisiert ist, und zu individualisieren, was standardisiert ist.

Dieses dialektische Spannungsverhältnis verbietet es, getrennt voneinander auf der einen Seite von einer filmischen bzw. kinematographischen *Kunst* zu sprechen und auf der anderen von einer filmischen bzw. kinematographischen *Industrie*, und dementsprechend sich zu gebärden. Im Gegenteil, man hat zu erkennen und geradezu Wert darauf zu legen, daß diese Dialektik bestehen bleibt. Denn im Grunde genommen ist sie es, die die Kraft des filmischen Tatbestands ausmacht, indem die Standardisierung dem Film jene Großzahl von Konsumenten zuträgt, deren er um seiner Existenz willen bedarf, und indem die Individualisierung jene Großzahl davon überzeugt, daß man es beim Film mit einer Kunst zu tun hat.

Wenn auch stets gesagt wird – zweifellos mit einer gewissen Berechtigung –, daß es um die fünfziger Jahre herum die ökonomische Krise des Films war, die Hollywood und andere Filmzentren dazu gezwungen hat, ihre Produktionsrezepte umzukrempeln, so darf hierbei doch nicht übersehen werden, daß es die Erkenntnis und die Exploitation dieses dialektischen Spannungsverhältnisses waren, die den Wandel der „Vordrucke" ermöglicht haben. Schließlich ist die sogenannte „nouvelle vague", die neue Welle, die seinerzeit entstand und heute nur noch ein publizitäres Schlagwort darstellt, gleichzeitig in Amerika, Frankreich, England und anderen Ländern in Erscheinung getreten – nur eben bei jedem auf seine Art. In Hollywood durch die sehr kostspieligen, jedoch durchaus rentablen Superproduktionen, durch einen Vorstoß ins betont Erotische und durch eine Spezialisierung auf den Adoleszenz-Film, der in James Dean, Marlon Brando oder Anthony Perkins seine Personifizierung fand. In Frankreich fast ausschließlich durch ein betontes Unterstreichen des Erotismus in direkter Verbindung mit der weiblichen Adoleszenz, die hier in dem Prototyp der Brigitte Bardot ihre Personifizierung fand. Was heute schon wieder zum standardisierten Rezept geworden ist, war 1956 das Resultat einer Konzeption, die unter Benutzung der Tendenz zur Superproduktion und der damit in enger Verbindung stehenden Cinemascope-Photographie sich ebenso zu individualisieren verstand wie der Roman durch den Typ des nouveau roman à la Nathalie Sarraute, da sich der herkömmliche Roman in psychologischer Standardisierung zu Tode gelaufen hatte.

Sprachen wir bisher von der sozialen Rolle des Films, von seiner Totalität im Rahmen des sozialen Systems und dem Spannungsverhältnis zwischen Standardisierung und Individualisierung, so haben wir uns nunmehr dem Problem der *Wirkungen* des Films zuzuwenden.

Sicherlich ist es eine Binsenwahrheit zu sagen, letzten Endes lebt ein Film von der Wirkung, die er hervorzurufen imstande ist. Aber das will noch lange nicht besagen, woraus denn diese Wirkungen bestehen, und wenn sie bestehen, wie sie sich erfassen lassen, und sind sie einmal erfaßt, erkannt und analysiert, welche Konsequenzen daraus zu ziehen sind. Dieser Fragenkomplex mutet zweifellos sehr umfangreich und schwierig an, aber gerade darum und außerdem ob seiner Bedeutung wird er von der soziologischen Forschung nicht als selbstverständlich hingenommen. Auch steht es nicht an, zu seiner Klärung mit Hilfe prophetischer Gaben oder mit solch primitiven Mätzchen zu manipulieren, bei denen das Kinopublikum gebeten wird, nach Ansehen eines Films einer Bewertung dadurch Ausdruck zu verleihen, daß es die Eintrittskarten in Kästchen wirft, auf denen die Worte „Gut“, „Schlecht“ und „Mittelmäßig“ geschrieben stehen. Hier muß mit wissenschaftlicher Methodik vorgegangen werden, und nicht umsonst hat sich gerade auf dem Gebiet der Wirkungen die Soziologie ausgiebigst betätigt.
Es geht ihr nicht darum festzustellen, welches die Gefallensquoten eines Films sind, sondern sie bemüht sich erstens herauszuarbeiten, worin die Wirkungen des Films auf die Gesellschaft bestehen, woraus sie sich zusammensetzen, und zweitens, ob diese Effekte von kurzer, unmittelbarer oder langer, mittelbarer Auswirkung sind. Daß derlei Arbeiten im einzelnen wie in ihrer Verallgemeinerung nicht nur die aktuelle Stellung des Films im Rahmen einer Gesellschaft beleuchten, sondern auch der Filmindustrie den Weg für die Zukunft weisen, dürfte sich von selbst verstehen.
Will man hier einen Überblick gewinnen, ohne sich in Einzelheiten thematischer oder methodologischer Art zu verlieren, dann gilt es, zu Beginn der Laufbahn eines Films anzusetzen. Dort, am Anfang, steht ein Script, meist, und zwar bei 50 Prozent aller Filme ein solches, das die Adaptation eines Erfolgsromans oder einer Novelle ist. Daher hat es sich als eine der Vorbedingungen zur Erforschung der Wirkungen erwiesen, den Intentionen und Motivationen derjenigen nachzugehen, die uns als Filmautoren bekannt sind. Die Tatsache nämlich, daß der Film als eine Form der Erzählung ein viel größeres Publikum erreicht als der Roman, macht die Erkenntnis der sozialen und kulturellen Folgen von Veränderungen durch die Adaptation zu einem bedeutsamen Forschungsunternehmen sowohl zum Wohle der Gesellschaft als auch zu dem der Kunst. Um aus der Menge der Fragen, die sich in diesem Zusammenhang erheben, nur eine einzige zu erwähnen, nämlich diejenige, ob durch Veränderungen bei der Adaptation die durch den Film vertretene Populärkultur dadurch einer grundlegenden anderen Ordnung gehorcht als die im Originalroman sich manifestierende Elitekultur, so läßt sich schon allein aus dieser Frage ersehen, daß die Erforschung des Weges vom Buch zum Film den Schlüssel darstellt, der die Türe zur Erkenntnis der Wirkungen öffnet. Denn verwässert man schon zu Beginn das Inhaltliche, so wird ein Wirkungsmoment eher untergraben als etabliert. Nicht unähnlich ist es z.B. bestellt um die Adaptation ausländischer Filmtitel für, sagen wir, den deutschen Konsum. Auch diese können leicht ihrer wohlüberlegten Prägnanz entkleidet werden, zumal gewisse Titeleien durch ihren Gartenlauben-Ton den Film direkt in das Gebiet des Trivialromans verweisen. Jedoch beim Trivialroman ist der beabsichtigte Wirkungskoeffizient ein ganz andere als beim Film, zumal dieser angesichts der ihm eigenen Struktur der Trivialsphäre schon längst entschwunden ist und entschwinden mußte.

Darauf haben schon seit langem alle diejenigen Anthropologen hingewiesen, die wie Hortense Powdermaker in ihrem Buch „Hollywood, the Dream Factory“ [21] oder Edgar Morin in „Der Mensch und das Kino“ [22] es unternommen haben, diejenigen Kreationen des menschlichen Geistes, die wie der Film der sozialen Interaktion entspringen, zu untersuchen. Als Kulturanthropologen haben sie aufweisen können, daß die Wirkungen des Films zu einem großen Teil darauf beruhen, Zeugnis der halb-imaginären Wirklichkeit des Menschen zu sein, und zwar einer solchen, die nicht wie beim Trivialroman nur dem gedruckten Wort anvertraut ist. Beim Film gehorcht sie einem Fluidum, das, zwischen Leinwand und Zuschauer hin und her pendelnd und aus einem Gemisch von Wort, Bild und Ton bestehend, einem Schaumbad ähnelt, welches mit seinem Schaum die gesamten Konturen der Wirklichkeit umhüllt.

Dieser Schaum kann sowohl latent als auch manifest sein, er kann sowohl kulturellen als auch sozialen Denksystemen entspringen, er kann aber auch seine Wirkungen dadurch hervorrufen, daß er sich zu seiner Entstehung entweder stereotyper oder symbolischer Darstellungen oder beider zusammen bedient. Dementsprechend hat die Soziologie Methoden entwickelt, die es erlauben, die Wirkungsbestandteile solcher Stereotypen wie der Heros, der Bösewicht oder der Geschäftsmann, der Diener, der Berufssportler, der Italiener oder der Franzose als soziale Typen herauszuarbeiten. Manchmal liegen diese Stereotypen-Analysen in der Nähe von Symboldeutungen, was durchaus verständlich ist, wenn man bedenkt, daß Bilder, Geräusche und Sprache Symbole darstellen, die im Film simultan verwertet werden. Da Symbole Aspekte eines Gesamtprozesses sind und sich daher eigentlich auch nur innerhalb dieses Prozesses von ihren Funktionen her definieren lassen, spricht man hier zu Recht von der Macht der Sprache oder der des Bildes.

Dieser Macht ist sich der Film durchaus bewußt. Es geht also darum, sie auch zweckentsprechend, d. h. effektvoll zu verwerten. Wendet man sich jedoch der Sprache oder dem Bild nur insoweit zu, als man in ihnen ein soziales Instrument und dessen Kraft sieht, dann ist die Wirkungsrichtung bei weitem noch nicht erfaßt. Es bedarf noch eines Aufprallpunktes, und dieser findet sich im Verhältnis von Bild und Sprache bzw. deren Kraft zu anderen sozial-kulturellen Gegebenheiten, wie beispielsweise der Struktur sozialer Gruppen, denen die Kraft entgegengebracht wird. Struktur und Funktion reichen sich hier die Hand oder, anders ausgedrückt, Sprache und Bild beziehen im Film ihre Wirksamkeit daraus, daß es ihnen gegeben ist, das Spannungsverhältnis, in dem sie zum menschlichen Verhalten stehen, nämlich das Spannungsverhältnis von Erkenntnis und Verhalten zu überbrücken.

Daher hat sich eine Gruppe von Forschern denjenigen Untersuchungen zugewandt, die ihr Augenmerk auf den Anstoß richten, auf den sogenannten Impakt, der von Filmen ausgehen kann. Ihnen geht es hauptsächlich um sozio-kulturelle Reformen, um Symptome sozialer Desorganisation wie Jugendkriminalität, Verbrechen, Affekte, Familienkonflikte oder sonstige soziale Störungen und auf den Anstoß zu spezifischen Lebenshaltungen im allgemeinen. Fernerhin aber auch um die Feststellung von Typisierungen und Stereotypen.

Hier ist nicht der Platz, auf die Ergebnisse aller dieser Untersuchungen im einzelnen einzugehen. Soweit es sich übersehen läßt, kommen fast alle diese Forschungen, soweit sie sich empirisch gesicherter Methoden bedienen, zu einem Ergebnis, welches ein wenig verallgemeinert sagt: Der Film wirkt sich dahingehend aus, daß er dazu neigt, Verhaltensmuster, die bereits bestehen, festzuhalten und zu verfestigen. Solche beliebten Unterstellungen, wie z. B. Filme seien als Anregung zu Verbrechen und Missetaten anzusehen, beruhen auf einer volkstümlichen Mythologie und, wie es der Sozialpsychologe Kimball Young so treffend ausgedrückt hat, auf des Menschen Gewohnheit, die simpelsten Gründe für komplexe Zusammenhänge zu suchen[23]. Ebensowenig wie es je nachzuweisen war, daß die sogenannten Heftchenromane, auf deren Haupt ebenfalls seit jeher der Fluch aller Kulturbanausen gefallen ist, einen direkten Einfluß auf ihre Leser ausgeübt haben, ebensowenig war es je nachzuweisen, daß auch nur ein Mord mehr deswegen begangen worden ist, weil sich in gewissen Filmen manchmal die Leichen nur so häufen. Sicherlich übt der Film einen gewissen Einfluß aus auf die permanenten Haltungen, Wertvorstellungen und Verhaltensmuster der Gesellschaft, aber ihn als spezifische Ursache für unmoralisches Verhalten hinzustellen, bedeutet seine Wirkungen weit überschätzen. Daß sich heute angesichts dieser populären Mythologie jugendliche Verbrecher vor Gericht gerne damit verteidigen, sie seien zu ihrer Missetat durch Film und Fernsehen angeregt worden, steht auf einem ganz anderen Zelluloidstreifen als dem des Films geschrieben, nämlich auf dem, den sich die vielen Schutzverbände hergerichtet haben, um die Gesellschaft vor allem dem zu retten, was ihren persönlichen Vorlieben nicht entspricht.

Schon etwas anders ist es um denjenigen Einfluß des Films bestellt, den die soziologische Literatur als den „long-range influence", den Einfluß auf lange Reichweite, zu bezeichnen pflegt. Da der Film, bedingt durch seine soziale Rolle sowie durch seine Totalität, unsere Empfindungen, unseren Individualismus, unser ökonomisches, soziales und politisches System reflektiert, ist er tatsächlich in der Lage, auf längere Sicht hin einen Wandel in Verhaltensmustern und Wertbestimmungen hervorzurufen. Schließlich erschafft der Film – übrigens ebenso wie der Roman, das Fernsehen oder das Theater – für Kinder, Jugendliche oder Erwachsene eine von vornherein als bestehend hingenommene Phantasiewelt, die einen Ausweg für unsere unerfüllten Wünsche bietet, darunter auch für unerwiderte Liebesgefühle.

Hier muß jedoch sofort hinzugefügt werden, daß der Eindruck der Menschen von einem Film und somit auch die Wirkungen eines Films in sozialer, politischer, künstlerischer, erzieherischer oder behavioristischer Richtung gefärbt und bestimmt werden von dem jeweils vorherrschenden apperzipierenden Hintergrund. Denn so hinreißend ein glühender Antikriegsfilm auch für einen überzeugten Pazifisten sein mag, so elend und destruktiv erscheint er einem eingefleischten Militaristen.

Es läßt sich also ersehen, daß sowohl die Wirkung eines Filmes, wenn sie von seiten der Produzenten erreicht werden soll, als auch wenn sie post festum wissenschaftlich festgehalten und analysiert werden soll, außer allem anderen sich der Erfassung und der Erkenntnis des vorherrschenden *apperzipierenden Hintergrunds* zu widmen hat. Daher hat es eine gewissenhafte empirische Filmsoziologie schon seit langem drangegeben, nur Interviews und Fragebogen zu trauen, um durch deren Auswertung zu Konklusionen zu gelangen. Heute spielt die Erkenntnis des Einflusses äußerer Umstände neben Interview und Fragebogen die primäre Rolle. Denn, so hat man erkannt, beim Film wie bei jeder Art von Massenkommunikation ist es diese nicht allein, die Wirkungen hervorrufen kann. Sie agiert nur inmitten anderer vermittelnder Faktoren und Einflüsse und durch dieselben. Die vermittelnden Faktoren und Einflüsse, die wir zusammenfassend als den apperzipierenden Hintergrund bezeichnet haben, machen den Film zu einem *beitragenden* Element innerhalb des Prozesses der Verfestigung von Zuständen, Gewohnheiten und Lebensbedingungen aller Arten. Hinzu kommt noch, daß die Effizienz des Films als direkte oder als beitragende wirkende Kraft beeinträchtigt wird vom vorherrschenden Kommunikationsprozeß, zu dem unter anderem auch die öffentliche Meinung und das Regierungssystem gehören, weil im Rahmen ihres Einflußbereiches der Film produziert und konsumiert wird.

Hier stehen wir einem *Integrationsproblem* gegenüber, und zwar einem doppelten: Einerseits geht es darum, die sozio-kulturelle Institution „Film" in die Gesellschaft zu integrieren, andererseits erlangt der Film seine institutionelle Bedeutung dadurch, daß er mitverantwortlich ist sowohl für die Integration des Einzelwesens, als auch für die der Gesellschaft. Über letzteres hat man sich bereits reichlich den Kopf zerbrochen. Bedeutende Wissenschaftler haben hierzu Veröffentlichungen unterbreitet, wissenschaftliche Gremien fördern und unterstützen in dieser Hinsicht Forschungsunternehmen, und sicherlich ist es auch mehr als oft die Sorge von Filmdramaturgen und Regisseuren, Filme zu bringen, die der Integration des Einzelnen in die Gesellschaft dienen. Daß sie einmal ganz abgesehen von ökonomischen Erwägungen, hierbei auf gewisse Schwierigkeiten stoßen, ist nur allzu verständlich. Stehen sie doch der Tatsache gegenüber, daß die Integration graduell vor sich geht und daß die Teilhabe des Einzelnen an der Kunst immer nur eine partielle sein kann. Um in dieser Hinsicht wohlgefällig und verantwortungsvoll, aber auch ertragreich zu programmieren, genügt weder der Versuch, ausländische Erfolgsthemen nachzuäffen, noch einfach ins volle Leben hineinzugreifen, um mit Goethe sagen zu können: „Dort, wo man's packt, da ist es interessant." Hier bedarf es der Erkenntnis, daß jede solche partielle Teilnahme einerseits Partizipation an sozialem Prestige bedeutet und andererseits Akzeptierung bestimmter Verhaltensmuster. Beide – das Element des sozialen Prestiges wie die Momente der Verhaltenserwartungen – stellen Untersuchungsfelder dar, denen sich die Soziologie ausgiebigst gewidmet hat und nach wie vor widmet, weil in einer mobilen Gesellschaft wie der unseren die Geschwindigkeit, mit der sich der sozio-kulturelle Wandel vollzieht, eine andauernde Angleichung an diesen verlangt. Dem Wandel entgegenzulaufen, sich ihm aus was immer für Gründen zu widersetzen, ihn zu ignorieren oder gar ihn nicht einmal beobachten und erforschen zu lassen, bedeutet zwischen der Institution und der Gesellschaft, auf die man angewiesen ist, eine unüberbrückbare Barrikade zu errichten.

Hier werden oberflächlich Denkende einwenden, eine solche Feststellung käme einem Plädoyer für Konformismus gleich, heiße dem Willen der Gesellschaft à tout prix Folge zu leisten. Dann aber übersehen sie, daß die Integration sich nach zwei Richtungen bewegt. Und die zweite Richtung ist es, nämlich die der Integration der Institution „Film" in die Gesellschaft, die in einer freien Gesellschaft den Hemmschuh gegenüber Konformismus, Geschmacksdiktat oder Nivellierung bildet.

Zweifellos ist es für den Film als sekundäre Institution, neben primären Institutionen wie Familie, Schule oder Kirche, schwierig, durch seine Aktivitäten – heißen diese nun

Unterhaltung, Information, Meinungsbildung oder Kulturdokumente – zur Integration des Einzelwesens beizutragen, insbesondere wenn die Institution mit von außen an sie herangetragenen arbiträren Klassifikationen wie hohe, mittlere und niedere Kultur zu rechnen hat. Und es ist daher kein Wunder, daß sie über diesen Schwierigkeiten ihrer eigenen Stellung im Rahmen des Gesamtbildes der Gesellschaft kaum Aufmerksamkeit zollen kann.

Überhaupt: Spricht man in Deutschland von Kunst oder von Kultur, die einem ehrlich am Herzen gelegen ist, dann scheint sich der rationale Blick sofort zu verschleiern. Die hohe Ebene wird betreten, das kulturelle Prestige wird bemüht, und pathetische Irrationalität beginnt zu regieren. Lieber hört man immer noch auf den philosophischen Phrasenschwung von Spengler, Ortega y Gasset oder Lewis Mumford als auf das rationale Denken solcher Empiriker wie Theodor Geiger z. B., der sich im Kampf für eine „Demokratie ohne Dogma" genötigt sah, anklagend und zugleich entschuldigend zu schreiben: „Diese ganze Afterphilosophie der Gefühle und Irrationalismen ist nur erklärbar als panische Flucht vor der desillusionierenden Vernunft."[24]

Anmerkungen

[1] Das Theater im Lichte der Soziologie, Leipzig 1930, S. 31.
[2] Drama zwischen Shaw und Brecht, Bremen 1961, S. 49.
[3] Vom Mythos der Masse, Heidelberg 1951, S. 222.
[4] Sociologie du théâtre, in: Les lettres nouvelles, Paris 1956, S. 196 ff.
[5] Histoire de la littérature anglaise, Paris 1864.
[6] S. hierzu u. a. *John H. Mueller,* Fragen des musikalischen Geschmacks, Köln und Opladen 1963, sowie *Jean Duvignaud,* Situation dramatique et situation sociale, in: Cahiers internationaux de Sociologie, Paris 1964, S. 47 ff.
[7] *N. S. Kösemihal,* Cybernetics, Sociometry and Microsociology, in: Akten des XVII. Internationalen Soziologenkongresses, Meisenheim 1961, S. 404.
[8] Op. cit., S. 201.
[9] Shakespeare's Public, London 1960.
[10] Ideologie und Wahrheit, Stuttgart 1953.
[11] S. hierzu im einzelnen *Alphons Silbermann,* Systematische Inhaltsanalyse, in: *René König* (Hrsg.), Handbuch der empirischen Sozialforschung, Stuttgart 1967², S. 570 ff.
[12] Réflexions sur la révolution théâtrale au XIXe siècle, in: Cahiers internationaux de sociologie, Paris 1961, S. 75 ff.
[13] Homo Ludens, Hamburg 1956, S. 140 ff.
[14] Sociology of Religion, London 1947, S. 45 ff.
[15] *Gilbert Cohen-Séat,* Film und Philosophie. Ein Essay, Gütersloh 1962, S. 35.
[16] Paris 1961 et pass.
[17] Offizielles Organ des Istituto „Agostino Gemelli", Mailand.
[18] *Robert Gesner,* Artikel „Film", in: David L. Sills (Hrsg.), International Encyclopedia of the Social Sciences, New York 1968, Vol. 5, S. 426.
[19] *Edward B. Tylor,* Primitive Culture, Gloucester 1958 (zuerst 1871). Zitiert nach der deutschen Übersetzung, abgedruckt in: *René König* und *Axel Schmalfuß,* Kulturanthropologie, Econ Reader, Düsseldorf und Wien 1972, S. 51.
[20] Cf. *Max Lerner,* America as a Civilization, New York 1957.
[21] Boston 1950.
[22] Stuttgart 1958.
[23] *Kimball Young,* Handbook of Social Psychology, London 1951⁴, S. 499.
[24] *Theodor Geiger,* Demokratie ohne Dogma, München 1963, S. 23.

Bibliographie

1. Beiträge zur Theoriebildung

1907 *Bab, J.*, Produzentenanarchie, Sozialismus und Theater, Berlin 1919.

1908 *Bab, J.*, Das Theater im Lichte der Soziologie, Leipzig 1931.
Frühe systematische Darstellung von Problemen der Theatersoziologie unter Hervorhebung des Theatererlebnisses als wesentliches soziales Phänomen.

1909 *Bab, J.*, Artikel „Theater“, in: Ency. Soc. Sci., New York 1937, 14, S. 598 bis 614.

1910 *Bablet, D. und J. Jacquot (Hrsg.)*, Le lieu théâtral dans la société moderne, Paris 1963, 2. Aufl.

1911 *Barbu, Z.*, The Sociology of Drama, in: New Society, 9, 1967, 227, S. 161 bis 164.

1912 *Beiss, A.*, Das Drama als soziologisches Phänomen. Ein Versuch, Braunschweig 1954.

1912 A *Besch, L.*, Wandlungen des Theaters, in: Aufbau, 3, 1947, 2, S. 182–188.

1912 B *Boquet, G.*, Eléments d'une sociologie du théâtre, in: Annales, 24, 1969, 5, S. 1220–1248.

1913 *Carter, H.*, The New Spirit in the European Theatre, 1914–1924. A Comparative Study of the Changes Affected by the War and Revolution, London 1925.
Zum Wandel des Theaters durch Krieg und Revolution.

1914 *Chiari, J.*, The Contemporary French Theatre. The Flight from Naturalism, New York 1959.

1915 *Daiber, H.*, Theater. Eine Bilanz, München/Wien 1965.
Zur Frage des Theaters als Institution des gesellschaftlichen Lebens.

1916 *Duvignaud, J.*, Recherches pour une description sociologique de l'étendue scénique, in: CIS., 18, 1955, S. 138 bis 159.

1917 *Duvignaud, J.*, Réflections sur l'évolution théâtrale au XIXe siècle, in: CIS., 1961, 30, S. 75–82.
Über die Entwicklung des Theaters im Verhältnis zu neuen sozio-ästhetischen Erscheinungen.

1918 *Duvignaud, J.*, Sociologie du théâtre. Essai sur les ombres collectives, Paris 1965.
Behandelt die Veränderungen der szenischen Ausdehnung; die Veränderung der Funktion des Theaters gemäß den Gesellschaftstypen; die Veränderung der Abbilder der menschlichen Person.

1918 A *Duvignaud, J.*, Spectacle et société, Paris 1970.
Aufsätze über den Einfluß technischer Innovationen auf die theatralische Repräsentation.

1918 B *Eaton, W. P.*, Dramatic Evolution and the Popular Theatre, in: American Scholar, 4, 1935, S. 148–159.

1919 *Faye, J. P., J. Duvignaud*, Débat sur la sociologie du théâtre, in: CIS., 1966, S. 103–113.

1920 *Ferguson, F.*, The Idea of a Theatre, Princeton 1949.

1921 *Grassi, P.*, Teatro e società oggi (Theater und die heutige Gesellschaft), in: Civiltà delle Macchine, 12, 1964, 6, S. 48–54.

1922 *Gurvitch, G.*, Sociologie du théâtre, in: Les lettres nouvelles, 4, 1956, S. 196 bis 210.

Analyse der diversen durch das Theater hervorgebrachten Bezugsrahmen: Der Rahmen der Schauspielergruppen; der Rahmen der darzustellenden Personen; der Rahmen der globalen Gesellschaft; der Rahmen des Publikums.

1923 *Hänseroth, A.*, Über die Notwendigkeit und Wege einer empirischen Soziologie des Theaters, in: KZfS, 21, 1969, 3, S. 550–559.

1924 *Houn, F. W.*, The Stage as a Medium of Propaganda in Communist China, in: POQ, 23, 1959, 2, S. 223–235.

Zur Benutzung von Oper und Schauspiel als Propagandamedium und Indoktrination.

1925 *Kattsoff, L. O.*, L' expérience en sociologie et le théâtre, in: CIS., 19, 1955, S. 66–75.

1926 *Klaar, A.*, Schauspiel und Gesellschaft, Stuttgart und Berlin 1909.

1927 *Komesarjewsky, T.*, The Theatre and a Changing Civilization, London 1935.

1928 *Lazaro, F.*, Teatro y sociedad en España (Theater und Gesellschaft in Spanien), in: BISD, 1956, 8–9, S. 117 bis 131.

1929 *Levy, P. M. G.*, Le théâtre des marionettes et son interêt sociologique, in: R. Inst. S., 17, 1937, 4, S. 789–795.

1930 *Lieber, H. J.*, Artikel „Theater", in: W. Bernsdorf und F. Bülow (Hrsg.), Wörterbuch der Soziologie, Stuttgart 1955, S. 538 ff.

Einreihung der Theatersoziologie einerseits in den methodologischen Rahmen der Betriebssoziologie, andererseits in den der allgemeinen kultursoziologischen Problematik, indem das Theater „wie jede Objektivation eines Kulturwollens, eingebettet in das Werden des kulturell-gesellschaftlichen Zusammenhangs der menschlichen Lebenswirklichkeit" gesehen wird und insofern „die Gestaltung der theatralischen Kunstwerke auf der Bühne und das Theatererlebnis eigentümliche gesellschaftliche Beziehungen und Prozesse sowie Verbands- und Organisationsformen teils begründen, teils vorausahnen".

1931 *Liencourt, F. de*, Le théâtre, le pouvoir et les spectateurs soviétiques, in: CMRS., 2, 1961, 2, S. 166–211.

1932 *Lortel, J.*, La vie sociale au théâtre, in: RIS, 1906, 4, S. 320–322.

1933 *Mehnert, K.*, Sowjetbühne und Oberschicht, in: Osteuropa, 6, 1956, 1, S. 10–22.

1934 *Merritt, R. L.*, Politics, Theater and the East-West Struggle: The Theater as a Cultural Bridge in West Berlin, 1948–1961, in: Polit. Sci. Q., 80, 1965, 2, S. 186–215.

1935 *Mierendorff, M.*, Lebt das Theater? Der Wicclair Test, Berlin 1960.

Über Theater und politische Zensur.

1936 *Notre théâtre; théâtre moderne et public populaire*, in: Esprit, 33, 1965, 5, S. 801–1040.

1937 *Peiser, W.*, Soziologie der älteren Lokalposse. Ein Beitrag zum Thema Kunst und Kapitalismus, in: Neue Zeit, 41, 1923, 2, S. 50–55.

1938 *Pellizzi, C.*, Alcuni temi di sociologia riferiti al teatro drammatico (Einige soziologische Themen in ihrer Beziehung zur dramatischen Kunst), in: Lo Spettacolo, 9, 1959, 1, S. 1–16.

1939 *Pereira de Queiroz, M. I.*, Funcoes sociais do teatro Frances, nos fins do seculo XIX (Soziale Funktionen des französischen Theaters im späten 19. Jahrhundert), in: Sociologia, 17, 1955, 4, S. 331–347.

Analyse des französischen Theaters in seiner Widerspiegelung der sozialen Bedingungen und seinem Einfluß auf dieselben.

1940 *Pitsch, I.*, Theater als politisch-publizistisches Führungsmittel im NS-Staat, Diss., Münster 1952.

1941 *Rageot, G.*, La sociologie au théâtre, in: Revue bleue, 1958, 13, S. 411–414.

1942 *Rühle, J.*, Das gefesselte Theater. Vom Revolutionstheater zum Sozialistischen Realismus, Köln/Berlin 1957.
Darstellung der Entwicklung des kommunistisch orientierten Theaters sowie der Reglementierung durch eine verhärtete Parteischolastik.

1943 *Saint-Auban, E. de*, L'idée social au théâtre, Paris 1905.

1944 *Sauermann, C.*, Die sozialen Grundlagen des Theaters, Emsdetten 1947.

1945 *Scheerer, H.*, Die sozialen Prozesse im Theater, Köln 1947 (s. a. 2011).

1946 *Schöne, B.*, Schauspiel und Publikum, Diss., Frankfurt/Detmold 1927.

1947 *Shoben, E. J.*, A Clinical View of the Tragic, in: J. Soc. Iss., 20, 1964, S. 26–36.
Studie über das tragische Ereignis in seiner Beziehung zum Zuschauer.

1948 *Silbermann, A.*, Theater und Gesellschaft, in: Atlantisbuch des Theaters, Zürich 1966, S. 387–406.

1949 *Simon, P.-H.*, Théâtre et Destin. La signification de la renaissance dramatique en France au XXe siècle, Paris 1959.

1950 *Stepun, F.*, Theater und Kino, Berlin 1932 (s. a. 2107).

1951 *Traoré, B.*, Le théâtre négro-africain et ses fonctions sociales, Paris 1958.

1952 *Vincent, M.*, The Influence of Drama upon Human Attitudes, in: SSR, 17, 1932, S. 142–152.

1953 *Wagener, M.*, Die Wirkungen des Theaters auf die Öffentlichkeit. Eine Untersuchung zur Soziologie des Theaters, Diss., Heidelberg 1948.

1954 *Walter, A.*, Zur gesellschaftlichen Lage des Theaters, in: Neue Br. f. d. Sozialismus, 4, 1933, 4, S. 199–206.

1955 *Ward, L. J.*, Sociology and the Stage, in: AJS, 1915, 5, S. 672–680.

1956 *Warshow, R.*, The Immediate Experience: Movies, Comics, Theatre, and Other Aspects of Popular Culture, Garden City (N. Y.) 1962, (s. a. 152).

1956 A *Waschmann, P. M.*, Das ökonomische Prinzip im Theater, in: Die Bühnengenossenschaft, 3, 1951, 1, S. 3 ff.

1957 *Willems, E.*, Fragen einer Soziologie des Theaters, in: Die Szene 20, 1930, S. 9–12.

1958 *Winds, A.*, Drama und Bühne im Wandel der Auffassung von Aristoteles bis Wedekind, Berlin/Leipzig 1923.

1959 *Ziegenfuß, W.*, Theater und Gesellschaft, Potsdam 1946.

2. Der Schauspieler

1960 *Bunk, R. G.*, Wirtschaftliche und soziologische Aspekte der Kunst, in: Deutsche Bühnengenossenschaft, 1967, 4, S. 128–129.
Kulturkritische Behandlung der materiellen Situation der Bühnenkünstler.

1961 *Duvignaud, J.*, Réflexions sur une sociologie de l'acteur, in: CIS, 1957, 23, S. 23–41.
Eine Analyse des Status von Schauspielern in Frankreich seit dem 17. Jahrhundert.

1962 *Duvignaud, J.*, L'acteur. Esquisse d'une sociologie du comédien, Paris 1965.
Funktionale Analyse der Stellung des Schauspielers in den monarchischen, liberalistischen und modernen Gesell-

schaften sowie die Problematik der Rollenvielfalt des Schauspielers als Mitglied verschiedener Gruppen.

1963 *Golden, A. L.*, Personality Traits of Drama School Students, in: Quart. J. Speech, 26, 1948, S. 564–575.

1964 *Jaensch, E., E. Schmieder*, Der Berufstypus des Schauspielers im Zusammenhang mit den allgemeinen Kunst- und Kulturfragen der Gegenwart. Ein Beitrag zur Integrationstypologie, Leipzig 1932.

1965 *Manser, R. B.*, The Influence of the American Actress on the Development of the American Theatre from 1835 to 1935, Diss., New York 1938.

1966 *Marek, H.-G.*, Der Schauspieler im Lichte der Soziologie, Wien 1956.

1967 *Miller, C. H.*, Value of Certain Standard Tests for a Study of Dramatic Talent, in: JSP., 9, 1938, S. 437–450.

1968 *Namenwirth, J. Z.*, The Restriction of Affective Relations within a Theatrical Company, in: Sociologia Neelandica, 1, 1962–63, 1, S. 52–71.

1969 *Neßler, H.*, Der Schauspielerstand als Sozial- und Wirtschafts-Gruppe, Berlin 1928.

1970 *Plessner, H.*, Zur Anthropologie des Schauspielers, in: ders., Zwischen Philosophie und Gesellschaft, Bern 1953.

1971 *Reinecke, G.*, Zur Soziologie des Schauspielers, Diss., Hamburg 1944.

1972 *Schwanbeck, G.*, Sozialprobleme der Schauspielerin im Ablauf dreier Jahrhunderte, Berlin-Dahlem 1957.

Entwurf eines Persönlichkeitsbildes der Schauspielerin innerhalb dreier Jahrhunderte.

1973 *Simmel, G.*, Zur Philosophie des Schauspielers, in: ders., Fragmente und Aufsätze, München 1923.

1974 *Simmel, G.*, Der Schauspieler und die Wirklichkeit, in: Brücke und Tür. Essays des Philosophen zur Geschichte, Religion, Kunst und Gesellschaft, hrsg. von M. Landmann, Stuttgart 1957, S. 168–175.

1975 *Stepun, F.*, Der Bühnenschauspieler und der Filmdarsteller, in: Im Dienste der Erwachsenenbildung, Festgabe für R. Reuter, Osnabrück 1961, S. 317 bis 322.

1976 *Tracy, J. A.*, A Study of Personality Traits of Mature Actors and Mature Public Speakers in: Speech Monographs, 2, 1935, S. 53–57.

1977 *Weidenfeld, D.*, Der Schauspieler in der Gesellschaft. Beitrag zur Soziologie des Schauspielers, Köln/Berlin 1959.

Analyse der einzigartigen Stellung des Schauspielerberufes in der Gesellschaft.

3. Das Publikum des Theaters

1978 *Abraham, P.*, Le succès au théâtre et ses facteurs sociaux: une expérience, in: AHES, 35, 1935, S. 433–447.

Statistik der Aufführungen klassischer französischer Theaterstücke von Ludwig XIV. bis zur Gegenwart.

1979 *Ambrière, F.*, Théâtre et Collectivité, Paris 1953.

1980 Arts de la scène et le public (Les), in: Informations sociales, 19, 1965, 2, S. 3–104.

1981 *Bennett, M. S.*, Shakespeare's Theatre and His Audience, London 1944.

1981 A *Bissell, C. H.*, Les conventions du théâtre bourgeois contemporain en France (1887–1914).

1982 *Bochow, P.*, Der Geschmack des Volksbühnenpublikums. Untersuchungen zur Wirkungsbreite der Geschmacksfaktoren mit besonderer Berücksichtigung der Volksbühnen-Vereine bis zu 1500 Mitglieder, Diss., Berlin 1965.

1983 *Bradley, A. C.*, Shakespeare's Theatre and Audience, in: Oxford Lectures on Poetry, London 1909, S. 361–393.

Über die Zusammensetzung des Shakespearschen Publikums.

1984 *Bruford, W. H.*, Theatre, Drama, and Audience in Goethe's Germany, London 1950 (s. a. 1323 u. 1546).

1985 *Bruford, W. H.*, Über Wesen und Notwendigkeit der Publikumsforschung, in: Maske und Kothurn, 1, 1955, S. 148 ff.

1986 *Chancerel, L.*, Le théâtre et la jeunesse, Paris 1941.

1986 A *Craven, I.*, Artikel „Amusements, Public", in: Ency. Soc. Sci., II, S. 39 bis 46.

1986 B *Delord-Raynal, Y.*, Le théâtre Gérard-Philippe à St. Denis et son public. Étude psycho-sociologique, Diss., Paris 1970.

1987 *Descotes, M.*, Le public de théâtre et son histoire, Paris 1964.

Ein in großen Linien gezeichnetes Bild von der Entwicklung des Theaterpublikums: Zusammensetzung, Kollektivpsychologie u. a. m.

1987 A *Doat, J.*, Entrée du public. La psychologie collective et le théâtre, Paris 1947.

Zum Kollektivverhalten im Theater.

1988 *Frohn, R.*, Jugend und modernes Theater, in: Im Dienste der Erwachsenenbildung, Festgabe für R. Reuter, Osnabrück 1961, S. 169–189.

1989 *Goodlad, J. S. R.*, A Sociology of Popular Drama, London 1971.

Soziologische Behandlung der Frage nach der Popularität spezieller Formen des Dramas.

1990 *Harbage, A. A.*, Shakespeare's Audience, New York 1941.

Soziologische Untersuchungen von Shakespeares Publikum.

1990 A *Herissay, J.*, Le monde des théâtres pendant la Révolution. Paris 1922.

Sozialgeschichtliche Darstellung.

1991 *Holmes, M.*, Shakespeare's Public, London 1960.

Abhandlung über den Schaffensprozeß Shakespeares und seine Beeinflussung durch die fortschreitende Urbanisierung Londons.

1992 *Horton, D., A. Strauss*, Interaction in Audience-Participation Shows, in: AJS, 62, 1957, S. 579–587.

1993 *Jacquot, J. (Hrsg.)*, Le Lieu Théâtral dans la Société Moderne, Paris 1963.

Sammlung von Kongressvorträgen aus diversen Ländern.

1994 *Jenniches, K. M.*, Der Beifall als Kommunikationsmuster im Theater, in: KZfS, 21, 1969, 3, S. 569–584.

Zur Messung des Beifalls als Verhaltensmuster.

1995 *Kindermann, H.*, Die Funktion des Publikums im Theater, Wien/Köln/Graz 1971.

Kurze Übersicht der Theater-Wirkungsforschung.

1996 *Koller, F.*, Das Theaterpublikum Wiens, Diss., Wien 1968.

1997 *Kronenberger, L.*, Highbrows and the Theatre Today, in: Part. Rev., 26, 1959, 4, S. 560–574.

Über das Verhältnis amerikanischer Intellektueller zum Theater.

1998 *Lough, J.*, Theatre Audience in the Seventeenth and Eighteenth Centuries, Oxford 1957.

Sozialhistorische Darstellung.

1999 *Mann, Ph.*, Surveying a Theatre Audience: Findings, in: BJS, 28, 1967, 1, S. 75–90.

2000 *Mélèse, P.*, Le théâtre et le public à Paris sous Louis XIV, Paris 1934.

2001 *Mewes, B.*, Theaterbesucher und Theaterinteressenten, in: Deutsche Bühne, 1965, S. 45–50.

2002 *Mewes, B.*, Struktur der Theaterabonnementen in einigen Städten, in: Der Städtetag, Stuttgart 1965, S. 222–226.

2003 *Meyer, W.*, Die Entwicklung des Theaterabonnements in Deutschland, Emsdetten 1939.

2004 *Mulligan, R., J. Dinkins*, Socioeconomic Background and Theatrical Preference, in: SSR, 40, 1956, 5, S. 325 bis 328.
Verifizierung der Hypothese über eine Beziehung zwischen sozio-ökonomischem Hintergrund und Vorlieben hinsichtlich drei Typen von Theater.

2005 *Nühlen, K.*, Das Publikum als soziales Gebilde, Diss., 1953.

2005 A *Overbeek, W. H.*, Massapsychologische onderzoekingen in een Volkstheater (Massenpsychologische Untersuchungen in einem Volkstheater), in: Mens. Mij., 15, 1939, 1, S. 1–21 u. 2, S. 129 bis 147.

2006 *Paul, A.*, Aggressive Tendenzen des Theaterpublikums. Eine strukturell-funktionale Untersuchung über den sog. Theaterskandal anhand der Sozialverhältnisse der Goethezeit, Diss., München 1969.

2007 *Poerschke, K.*, Das Theaterpublikum im Lichte der Soziologie und Psychologie, in: Die Schaubühne, Emsdetten, 41, 1951.

2008 *Poerschke, K.*, Vom Applaus, in: Mimus und Logik, Emsdetten 1952.

2009 *Ravar, R., P. Anrieu*, Le spectateur au théâtre, Brüssel 1964.
Zuschaueruntersuchung unter Verwertung soziologischer, sozialpsychologischer und semantischer Erkenntnisse der Kunstsoziologie und der Massenkommunikationsforschung.

2010 *Sauermann, C.*, Kritik und Publikum. Untersuchungen zur Soziologie des Theaters, Emsdette 1935.
Untersuchung der Kritik aus soziologischer Sicht.

2011 *Scheerer, H.*, Die sozialen Prozesse im Theater, Köln 1947 (s. a. 1945).

2011 A *Sisson, Ch.*, Le goût public et le théâtre elisabethan, Dijon 1922.

2012 *Teichgraber, A.*, Das deutsche Volkstheater und sein Publikum, Wien 1889 bis 1964. Ein theaterwissenschaftlicher Beitrag zur Morphologie des Publikums anhand der Spielplananalyse eines kontinuierlich geführten Wiener Theaters, Diss., Wien 1965.

2013 *Victoroff, D.*, L'applaudissement, in: AS, Paris 1955/56, S. 142 ff.
Soziologische Abhandlung zur Säkularisierung symbolischer Verhaltensmuster.

2013 A *Weil, R.*, Das Berliner Theaterpublikum unter A. W. Ifflands Direktion, Diss., Köln 1930.

2014 *Zweers, W.*, Jeugd en toneel. Verslag van een enquête in opdracht van toneelgroep Studio Amsterdam, Dr. E. Boekmanstichting, Amsterdam 1965.

4. Technische und ideelle Mittler

a) Theater

2015 *Bauer, K.*, Verwaltung und Wirtschaft der gemeinnützigen Theater, in: Mimus und Logos, 1952, S. 23 f.

2015 A *Beman, L. T.*, Selected Articles on Censorship of the Theatre and Moving Pictures, New York 1931.

2016 *Bernheim, A. L.*, The Business of the Theatre, New York 1932.

2017 *Brock-Sulzer, E.*, Das Theater, der Kritiker und das Publikum – Gedanken zur Funktion der Theaterkritik, in: Theater-Rundschau, 12, 1966, 6, S. 3.
Überlegungen über den idealen Theaterkritiker, die Frage des Nachwuchses u. a. sowie über soziologische Einsichten durch die Kritik.

2017 A *Kleefeld, K.*, Die Theaterzensur in Preußen, Berlin 1905.

2018 *Linnert, P.*, Die Finanzierung der Unternehmungen des Vortrags- und Aufführungswesens, Diss., Hamburg 1964.

2019 *Rauschenbach, R.*, Publizistische Elemente im Theater, Diss., Berlin 1955.

2020 *Schott, S.*, Theater und Orchester, in: Stat. Jb., Jena 1931, 5, S. 279–308 (s. a. 894).

2021 *Stroman, B., W. F. Heinemeyer*, De maatschappelijke functie van de toneelkritiek (Die gesellschaftliche Funktion der Theaterkritik), Amsterdam 1959, Cahier 1 v/d Stichting Studiekring voor Dramatische Kunst.

2022 *Waschmann, P. M.*, Das ökonomische Prinzip im Theater, in: Die Bühnengenossenschaft, 3, 1951, 1, S. 3 ff.

2023 *Weiser, F.*, Der Theaterbetrieb, seine Besonderheiten und seine Verbindung mit Einzelwirtschaften, Wien 1939.

2024 *Weisker, H.-J.*, Das wirtschaftliche Verhältnis zwischen Autor und Theater, 1790–1857, o. O. 1935.

2025 *Wulf, J.*, Theater und Film im Dritten Reich. Eine Dokumentation, Gütersloh 1964.

2026 *Zieseniss, K.*, Die betriebswirtschaftliche Struktur des Theaters, in: Staats- und Kommunalverwaltung, 1958, 9, S. 209 ff.

b) Film

2027 *Ackerknecht, E.*, Das Lichtspiel im Dienste der Bildungspflege, Berlin 1918.

Darstellung musik- und kunstsoziologischer Probleme.

2028 *Adler, K. P.*, Art Films and Eggheads, in: Stud. Publ., Comm., 1959, 2, S. 7 bis 15.

Vergleichende Untersuchung von Besuchern von Kunstfilmen und konventionellen Filmen, um Faktoren der Präferenzen für beide Sparten zu finden.

2029 *Agblemagnon, F. N.*, La condition socio-culturelle négro-africaine et le cinéma, in: Présence africaine, 1965, 55, S. 32–41.

2030 *Albrecht, G.*, Die Filmbewertungsstelle Wiesbaden. Soziale Kontrolle im pluralistischen Gesellschaftssystem, in: KZfS, 21, 1969, 3, S. 624–644.

2031 *Albrecht, G.*, Nationalsozialistische Filmpolitik. Eine soziologische Untersuchung über die Spielfilme des Dritten Reiches, Stuttgart 1969.

2032 *Albrecht, G.*, Zur Sozialpsychologie der Filmzensur, in: A. Silbermann (Hrsg.), Die Massenmedien und ihre Folgen, München/Basel 1970.

2033 *Altenloh, E.*, Zur Soziologie des Kinos oder die Kinounternehmung und die sozialen Schichten ihrer Besucher, Jena 1915.

Frühe empirisch-statistische Untersuchung.

2034 *Arnheim, R.*, Der Film als Kunst, Emsdetten 1951.

Sozialpsychologische Essays über den Stummfilm.

2035 *Asheim, L. E.*, From Book to Film, Diss., Chicago 1949.

Über Veränderungen von Buchinhalten durch Filmadaptation.

2036 *Bächlin, P.*, Der Film als Ware, Basel 1945.

Historisch-marxistische Kritik der Filmindustrie.

2037 *Balàzs, B.*, Theory of the Film. Character and Growth of a New Art, London 1952.

Über die Ablösung des Stummfilms durch den Tonfilm.

2038 *Bateson, G.*, Cultural and Thematic Studies of Fictional Films, in: Transactions of the N. Y. Academy of Sciences, 5, 1943, S. 72–88.

Analyse des Nazifilms „Hitlerjunge Quex“ und seiner Implikationen.

2039 *Batz, J.-C.*, À propos de la crise de l'industrie du cinéma, Brüssel 1963.

2040 *Beeacz, B.*, Der sichtbare Mensch, Halle 1923.

2041 *Beeacz, B.*, Der Geist des Films, Halle 1930.

2042 *Beeacz, B.*, Der Film. Werden und Wesen einer neuen Kunst, Wien 1949.

2042 A *Belling, C.*, Der Film in Staat und Partei, Berlin 1936.
Nationalsozialistischer Rechtfertigungsversuch.

2043 *Bellour, R.*, (Hrsg.), Le Western, Paris 1966.
Enthält u. a. soziologische Erwägungen zum Thema.

2044 *Bluestone, G.*, Novels into Film, Berkley 1961.

2045 *Blumer, H.*, Movies and Conduct, New York 1933.
Zum Einfluß des Films auf Verhaltensmuster.

2046 *Böhmler, H.*, Der Film, in: Handbuch für Sozialkunde, hrsg. von A. Wittmann, München 1956, C III 3, 1–26.

2047 *Bouman, J. C.*, Bibliography on Filmology as Related to the Social Sciences, in: Unesco (Hrsg.), Reports and Papers on Mass Communication, Paris 1954.

2048 *Bourdieu, P., L. Boltanski, R. Castel und J.-C. Chamboredon*, Un Art moyen. Essai sur les usages sociaux de la photographie, Paris 1965.
Photographie als Aktivität der Populärkultur dient als Mittel für die Analyse der Beziehungen verschiedener sozialer Schichten zur Kultur.

2049 *Busse, K. M.*, Soziologie der Kunst, in: Verhandlungen des 7. Deutschen Soziologentages, Tübingen 1931, S. 182–188.
Versuch, die Anpassung der Filmproduzenten an die Konsumenten anhand einer „psycho-soziologischen Auflösung der Filminhalte“ zu erklären. Dies anhand von Wildwestfilm; sentimentalem Liebesfilm; Gesellschaftsfilm und Aufklärungsfilm.

2049 A *Cinéma français*, in: Esprit, 6, 1960, S. 929–1141.
Soziologische Analysen über Publikumsveränderungen angesichts neuer Filmwellen.

2050 *Cohen-Séat, G.*, Film und Philosophie, Gütersloh 1962.
Sozialpsychologische und phänomenologische Analyse des Filmerlebnisses.

2051 *Cohen-Séat, G., P. Fougeyrolles*, Wirkungen auf den Menschen durch Film und Fernsehen, Köln/Opladen 1966.

2052 *Consiglio, A.*, Le rôle intellectuel du cinéma, Paris 1937.

2053 *Cristanti, P.*, Arte e cinema nella loro funzione sociale (Kunst und Film in ihren sozialen Funktionen, Rom 1954 (s. a. 25).

2054 *Dadek, W.*, Der gegenwärtige Stand der Filmsoziologie, in: KZfS, 12, 1960.

2055 *Dadek, W.*, Das Filmmedium, München/Basel 1968.
Grundlagen einer soziologisch ausgerichteten Filmtheorie.

2056 *Dadek, W.*, Artikel „Film“, in: W. Bernsdorf (Hrsg.), Wörterbuch der Soziologie, Stuttgart 1969.

2057 *Dale, E.*, The Content of Motion Pictures, New York 1935.

2058 *Dale, E.*, Children's Attendance at Motion Pictures, New York 1935.
Erste empirisch-soziologische Untersuchung.

2059 *Demeter, K.*, Die soziologischen Grundlagen des Kinowesens, in: Deutsche Rundschau, 52, 1926, S. 57 bis 62.

2060 *Dienstfrey, H.*, The New American Cinema, in: Commentary, 33, 1962, 6, S. 495–504.
Über Hintergrund, Aktivitäten und Verbreitung der neueren, von Hollywood unabhängigen Filmbewegung in den USA.

2061 *Dumazedier, J.*, Loisir cinématographique et culture populaire, in: Diogène, 31, 1960, S. 112–122.
Zum Problem der Freizeit.

2062 *Durand, J.*, Le cinéma et son public, Paris 1958.

2063 *Durand, J.*, La représentation de la réalité économique et sociale au cinéma, in: R. Internationale de Filmologie, 11, 1961, 36/37, S. 21–32.

2064 *Epstein, W.*, Kino und Volksbildung, in: Volksbildungsarchiv, 5, 1917.
Behandlung kunst- und musiksoziologischer Probleme im Zusammenhang mit dem Kino.

2065 *Farber, M.*, The Fading Movie Star, in: Commentary, 36, 1963, 1, S. 55 bis 60.
Über Veränderungen der Beziehungen zwischen Schauspieler und Filmszene in Richtung einer gewissen Verfremdung.

2066 *Faure, E.*, Fonction du cinéma. De la cinéplastique à son destin social, Paris 1953.

2067 *Fearing, F.*, Influence of the Movies on Attitudes and Behavior, in: AAAPSS, 254, 1947, S. 70–79.
Überblick über verschiedene Theorien zum Impakt von Filmen auf das menschliche Verhalten.

2068 *Feldmann, E.*, Theorie der Massenmedien, München/Basel 1962.
Enthält Essays über den Film als kultureller Faktor.

2069 *Fromm, E.*, Die Furcht vor der Freiheit, Zürich 1945.

2070 *Fulchignoni, E.*, Betrachtungen über eine Soziologie der Fotografie, in: A. Silbermann (Hrsg.), Die Massenmedien und ihre Folgen, München/Basel 1970 (s. a. 304).

2071 *Gans, H. J.*, Hollywood Films on British Screens: An Analysis of American Popular Culture Abroad, in: Soc. Prob., 9, 1962, S. 324–328.

2072 *Gans, H. J.*, The Rise of the Problem-Film: An Analysis of Changes in Hollywood Films and the American Audience, in: Soc. Prob., 11, 1964, S. 327–335.
Impressionistischer Essay über die Veränderungen von Filminhalten und Charakteristika des amerikanischen Publikums in den letzten zwei Jahrzehnten.

2073 *Gessner, R.*, Artikel „Film“, in: Int. Enc. Soc. Sci., S. 426–432.

2074 *Gessner, R.*, The Nature and Art of Motion, New York 1965.

2075 *Goldmann, A.*, Cinéma et société moderne, Paris 1971.
Genetisch-strukturalistische Analysen.

2076 *Guillot, A.*, Les aspects politiques du cinéma américain, in: AS, 1960, S. 109–157.
Eine Analyse von 50 amerikanischen Filmen in bezug auf politische Elemente auch in scheinbar unpolitischen Filmen.

2077 *Gürster, E.*, Zur Soziologie des Films, in: Tat, 20, 1928, 3, S. 210–214.

2078 *Handel, L. A.*, Hollywood Looks at its Audience. A Report of Film Audience Research, Urbana (Ill.) 1950.

2079 *Heimann, P.*, Artikel „Film“, in: W. Bernsdorf und F. Bülow (Hrsg.), Wörterbuch der Soziologie, Stuttgart 1955.
Erklärung zu Grundfragen der soziologischen Filmforschung: 1. inwieweit die Filmproduktion der einzelnen Länder den inneren Zustand der jeweiligen Gesellschaft widerspiegelt und der Film ein mögliches soziologisches Diagnostikon ist; 2. inwieweit der häufige Filmbesuch das Verhalten von Massen und Einzelnen beeinflußt und der Film ein aktiver Mitgestalter der modernen Gesellschaft ist.

2080 *Hesse-Quack, O.*, Der Übertragungsprozeß bei der Synchronisation von Filmen. Eine interkulturelle Untersuchung, München/Basel 1969.

2081 *Holland, N. N.*, The Puzzling Movies: Three Analyses and a Guess at Their Appeal, in: J. Soc. Iss., 20, 1964, 1, S. 71–96.
Analyse des Erfolgs von drei „rätselhaften“ Filmen.

2081 A *Hollstein, D.*, Antisemitische Filmpropaganda. Die Darstellung des Juden im nationalsozialistischen Spielfilm, München-Pullach/Berlin 1971.
Inhaltsanalyse nach Typen.

2081 B *Honigsheim, P.*, Die soziologischen und sozialpsychologischen Grundlagen des Kinos, in: Bildwart, Berlin 1929.

2082 *Huaco, G. A.*, The Sociology of Film Art, New York 1965.
Untersuchung von in drei großen Filmbewegungen enthaltenen Ideologien.

2083 *Inglis, R. A.*, Freedom of the Movies, Chicago 1947.

2084 *Jarvie, I. C.*, Towards a Sociology of the Cinema. A Comparative Essay on the Structure and Functioning of a Major Entertainment Industry, London 1970.
Vergleichende soziologische Analyse.

2085 *Jones, D. B.*, Quantitative Analysis of Motion Picture Content, in: POQ, 46, 1942, S. 411–428.
Untersuchung des Inhalts von 100 Filmen.

2086 *Keim, J. A.*, La photographie et l'homme d'aujourd'hui, in: Sociol. Int., 3, 1965, 1, S. 33–56.

2087 *Kracauer, S.*, National Types as Hollywood Presents Them, in: POQ, 13, 1949.
Systematische Inhaltsanalyse.

2088 *Kracauer, S.*, Von Caligari bis Hitler. Ein Beitrag zur Geschichte des deutschen Films, Hamburg 1958.
Auf Ideologie ausgerichtete Inhaltsanalyse.

2089 *Kracauer, S.*, Theory of Film, New York 1960.
Darlegung einer Theorie, entwickelt aus der Fähigkeit des Films, die Wirklichkeit zu erfassen.

2090 *Le Cinéma, fait social*, Institut de Sociologie Solvay, Brüssel 1960.
Diverse Aspekte des Films in soziologischer Sicht.

2090 A *Lunders, L.*, L'attitude actuelle des jeunes devant le cinéma. Essai de synthèse, Brüssel 1963.
Analyse quantitativer Daten über Kinobesuch und jugendliche Attitüden gegenüber dem Film.

2091 *MacCann, R. D. (Hrsg.)*, Film and Society, New York 1964.
Anthologie.

2092 *Manvell, A. R.*, The Film and the Public, Harmondsworth 1955.
Abhandlung einer Vielzahl soziologischer Aspekte.

2093 *May, M. A., F. K. Shuttleworth*, The Social Conduct and Attitudes of Movie Fans, New York 1933.

2094 *Mayer, J. P.*, Sociology of the Film, London 1946.
Ein Überblick zur soziologischen Filmforschung.

2095 *Morin, E.*, Recherches sur le public cinématographique, in: R. Internationale de Filmologie, 4, 1953, 12, S. 3 bis 19.

2096 *Morin, E.*, Analyses de contenu et transmutations culturelles. Du livre á l'écran: „L'amant de Lady Chatterley“, in: Rech. sociol., 2, 1955, 3/4, S. 17–26.
Zur Transformation von Literatur durch den Film.

2097 *Morin, E.*, Le Cinéma ou l'homme imaginaire. Essai d'anthropologie sociologique, Paris 1956.
Analyse nach einem anthropologisch-genetischen Konzept der Beziehungen zwischen Zuschauer und Film, die sich in der halbrealen, halbimaginären

Welt des Kinos durch den Mechanismus der Projektion/Identifikation verwirklichen.

2098 *Osterland, M.*, Gesellschaftsbilder in Filmen. Eine soziologische Untersuchung des Filmangebots der Jahre 1949–1964, Stuttgart 1970.

2099 *Poser, H.*, Der Kinobesitzer, in: Abhandlungen zur Mittelstandsforschung, Köln/Opladen 1967.

2100 *Powdermaker, H.*, Hollywood: The Dream Factory: An Anthropologist Looks at the Movie-makers, Boston 1950.
Anthropologische und sozialpsychologische Analyse der Filmproduktion.

2100 A *Prokop, D. (Hrsg.)*, Materialien zur Theorie des Films, München 1971.
Eine Anthologie hauptsächlich kulturkritischer Art.

2101 *Reiner, B.*, Film und Öffentlichkeit in Deutschland und Amerika, Diss., München 1953.

2102 *Rosten, L. C.*, Hollywood: The Movie Colony, the Movie Makers, New York 1941.
Über die sozio-ökonomischen Hintergründe der Filmindustrie.

2103 *Seabury, W. M.*, The Public and the Motion Picture Industry, New York 1926.

2104 *Siclier, J.*, La femme dans le cinéma français, Paris 1957.

2105 *Silbermann, A.*, Nationale Imagebildung durch den Film, in: ders. (Hrsg.), Die Massenmedien und ihre Folgen, München/Basel 1970.

2105 A *Silbermann, A. (Hrsg.)*, Mediensoziologie, Band I: Film, Düsseldorf/Wien 1973.
Ein Reader. Enthält Artikel von E. Faure, H. Powdermaker, L. A. Handel, L. E. Asheim, J. P. Mayer u. a. m.

2106 *Spraos, J.*, The Decline of the Cinema, London 1962.
Sozio-ökonomische Analyse.

2107 *Stepun, F.*, Theater und Kino, Berlin 1932 (s. a. 1950).

2108 *Stepun, F.*, Theater und Film, München 1933.

2109 *Stepun, F.*, Wesen des Films, Köln 1952.

2110 *Thurstone, L. L., R. C. Peterson*, Motion Pictures and the Social Attitudes of Children, New York 1933.
Erste empirisch-soziologische Untersuchung.

2111 *Trachtenberg, S.*, The Hustler as Hero, in: Ant. R., 22, 1962–1963, 4, S. 427 bis 434.
Erarbeitung von Prototypen des „hustler“ im amerikanischen Film.

2111 A *Tyler, P.*, Magic and Myth of the Movies, New York 1947.

2112 *Tyler, P.*, The Three Faces of the Film: The Art, The Dream, The Cult, New York 1960.

2113 *UNESCO*, Film and Cinema Statistics, Paris 1954.

2114 *UNESCO*, The Influence of the Cinema on Children and Adolescents. A Selective Annotated Bibliography, Paris 1958.

2115 *Villegas, L.*, Arte, cine y sociedad (Kunst, Film und Gesellschaft) Madrid 1959.

2116 *Wiest-Welk, G.*, Das Bild der Mutter im westdeutschen Nachkriegsfilm, in: A. Silbermann (Hrsg.), Die Massenmedien und ihre Folgen, München/Basel 1970.

2117 *Wolfenstein, M., N. Leites*, An Analysis of Themes and Plots in Motion Pictures, in: AAAPSS, 254, 1947.

2118 *Wolfenstein, M., N. Leites*, Movies: A Psychological Study, Glencoe 1950.
Untersuchung der Hauptthemen amerikanischer Filme unter der Hypothese, daß diese die emotionalen Bedürfnisse ihres Publikums reflektieren.

F. Anhang

Soziologisch orientierte Beiträge aus Ästhetik – Anthropologie – Ethnologie – Kunstwissenschaften – Medizin – Philosophie – Psychologie

2119 *Abell, W.*, The Collective Dream in Art. A Psycho-Historical Theory of Culture Based on Relations between the Arts, Psychology, and the Social Sciences, Cambridge (Mass.) 1957 (s. a. 1).
Betrachtung über Kunst und Kultur als Ergebnis des Zusammenspiels von ästhetischen, psychologischen, technologisch-ökonomischen Aspekten der Erfahrung.

2120 *Achille, L. T.*, Les negro spirituals et l'expansion de la culture noire, in: Présence africaine 8–9–10, 1956, S. 227–237.

2121 *Adam, L.*, Primitive Art, London 1954, 3. Aufl.
Die Kunst der Primitiven kunstgeschichtlich und kulturanthropologisch analysiert.

2122 *Althaus, H.*, Georg Lukács oder Bürgerlichkeit als Vorschule einer marxistischen Ästhetik, München 1962.

2123 *Ambros, A. W.*, Die Grenzen der Musik und Poesie. Eine Studie zur Ästhetik der Tonkunst, Prag 1856, Leipzig 1972, 2. Aufl.

2124 *Anand, M. R.*, The Hindu View of Art, Bombay 1957.

2125 *Arens, F.*, Zur Soziologie und Kulturpsychologie der Baukunst, in: Ethos 2, 1927, 2, S. 132–151 und 4/5, S. 296 bis 332 und 6, S. 440–460 (1928).

2126 *Arnheim, R.*, Kunst und Sehen. Eine Psychologie des schöpferischen Auges, Berlin 1965.
Anwendung der modernen Wahrnehmungspsychologie auf die Formprobleme der bildenden Kunst. Gestaltpsychologische Erarbeitung einer ästhetischen Theorie.

2126 A *Arnheim, R.*, Entropy and Art. An Essay on Disorder an Order, Berkeley/Los Angeles/London 1971.

2127 *Azcuy, F.*, Rasgos Psico-Sociologicos del Folklore Afro-Cubano (Psychosoziologische Charakteristika der afrikanisch-kubanischen Folklore), in: R. Mexic. Sociol., 18, 1956, 3, S. 555 bis 562.
Ergebnisse ethnomusikologischer und sozialpsychologischer Studien über die Ursprünge der lateinamerikanischen Musik der Mulatten und die Vermischung von spanischen und afrikanischen Elementen in Musik und Tänzen.

2128 *D'Azevedo, W. L.*, A Structural Approach to Esthetics: Toward a Definition of Art in Anthropology, in: Am. Anthrop., 60, 1958, 4, S. 702 bis 714.
Eine Unterscheidung wird getroffen zwischen Erlebnissen, die wertend und ästhetisch und solchen, die schöpferisch und künstlerisch sind. Innerhalb dieser Kategorien wird die anthropologische Annäherung an die Kunst nach 4 Konzepten vorgenommen: a) Schöpferische Aktivität; b) das künstlerische und ästhetische Objekt; c) seine Form; d) seine Wirkung.

2129 *Baensch, O.*, Art and Feeling, in: S. Langer (Hrsg.), Reflection on Art, New York 1961.

2130 *Bailey, J. O.*, Scientific Fiction in English, 1817–1914: A Study of Trends and Forms, Diss., North Carolina 1934.

2131 *Baldensperger, F.*, La littérature: création, succès, durée, Paris 1913.

2132 *Benjamin, W.*, Das Kunstwerk im Zeitalter seiner technischen Reproduzierbarkeit, in: ZSF, 1, 1936.

Über die Einzigartigkeit der Kunst.

2133 *Berendsohn, W.*, Die humanistische Front. Eine Einführung in die deutsche Emigrantenliteratur, Zürich 1946.

2133 A *Bernard, Y.*, Faits sociaux et jugements de goût, in: R. Franç. Soziol., 9, 1970, 2, S. 179–196.

Untersuchung eines Samples von 480 Personen in bezug auf deren ästhetischen Geschmack.

2134 *Berndtson, A.*, Beauty, Embodiment and Art, in: PPR, 21, 1960, 1, S. 50 bis 61.

2135 *Bettencourt, G. de*, A inspiração folclórica na poesia brasileira (Inspiration aus der Folklore in der brasilianischen Poesie), Coimbra 1954.

2136 *Bird, J. B.*, Technology and Art in Peruvian Textiles, in: M. Mead, J. B. Bird und H. Himmelheber, Technique and Personality in Primitive Art, New York 1963, S. 45–77.

2137 *Blotner, J. L.*, The Political Novel, Garden City (N. Y.) 1955.

2138 *Boas, G.*, Philosophy and Poetry, Norton (Mass.) 1932.

2139 *Boas, F.*, Primitive Art, Oslo 1927.

Anthropologischer Beitrag zur Etablierung der These von der relativen Autonomie kultureller Phänomene.

2139 A *Börner, W.*, Über die Bedeutung der Kunst für das Leben der Gegenwart, in: Das Freie Wort, 1906, 15, S. 607 bis 610.

2140 *Bopp, L.*, Philosophie de l'art, ou alchimie contre histoire. Essai de surhistoire des valeurs esthétiques, Paris 1954.

Unter Abwendung vom Determinismus und Evolutionismus werden prinzipielle, als „valeurs" bezeichnete Tendenzen der Kunst illustriert.

2141 *Bose, N. K.*, The Position of Traditional Arts, in: B. Ramakrishna Mission Institute of Culture, 8, 1957, 1, S. 18–19.

2141 A *Bowra, C. M.*, Primitive Song, New York 1962.

Analyse der Gesänge primitiver Völker mit Bezug auf soziale Strukturen, Techniken, Stile und Inhalte.

2142 *Bouthoul, G.*, L'invention des valeurs esthétiques, in: RIS, 40, 1932, 9/10, S. 493–508.

2143 *Brelet, G.*, Esthétique et création musicale, Paris 1947.

2144 *Brelet, G.*, Le temps musical, Paris 1949.

2145 *Brelet, G.*, L'interprétation créatrice, Paris 1951.

Schriften, die die Essenz der Musik selbst und die musikalische Zeit – im Unterschied zur Ästhetik der musikalischen Formen und Gattungen – in den Mittelpunkt stellen und von hier aus Probleme der Kreation und Interpretation beleuchten.

2146 *Brewster, D.*, East-West Passage. A Study in Literary Relationship, London 1954.

2146 A *Bringemeier, M.*, Gemeinschaft und Volkslied, Münster 1931.

2147 *Brunius, T.*, Alexis de Toqueville. The Sociological Aesthetician, Uppsala 1960.

2148 *Burckhardt, J.*, Die Kultur der Renaissance in Italien, Leipzig 1928, 18. Aufl.

Darstellung der Kunst des 14. und 15. Jahrhunderts als die „dem materiellen und dem geistigen Bedürfnis im engeren Sinn entsprechende Kultur“.

2148 A *Burke, A.*, A Rhetoric of Motives, New York 1937.

2148 B *Burke, A.*, A Grammar of Motives, New York 1945.
Verbindung soziologischer Methoden mit psychoanalytischen, ethnologischen und semantischen Aspekten.

2149 *Burow, I.*, Das ästhetische Wesen der Kunst, Berlin 1958.
Zur marxistischen Ästhetik.

2149 A *Caspari, W.*, Gegenstand und Wirkung der Tonkunst nach der Ansicht der Deutschen im 18. Jahrhundert, Diss., Erlangen 1903.

2150 *Cassirer, E.*, Philosophie der symbolischen Formen, 3. Bd., 1923–1929.
Unter neokantianischem Aspekt werden die Funktionen der symbolischen Formen und des symbolischen Denkens abgehandelt.

2151 *Cassou, J.*, Situation de l'art moderne, Paris 1950.

2152 *Castro, M. G.*, Aspectos etnográficos na literatura portuguesa (Ethnographische Aspekte der portugiesischen Literatur, Coimbra 1956.

2152 A *Caudwell, Ch.*, Illusion and Reality, London 1939.
Marxistische Analyse der bisherigen Literatur unter Einbeziehung psychoanalytischer und anthropologischer Ideen.

2152 B *Chandler, F. W.*, The Literature of Roguery, 2 Bde., New York 1907.

2153 *Child, I. L.*, Artikel „Aesthetics“, in: Int. Enc. Soc. Sci., 1, S. 116–121.

2154 *Combarieu, J.*, La musique et la magie. Étude sur les origines populaires de l'art musical, son influence et sa fonction dans les sociétés, Paris 1909.

2155 *Conklin, H. C.*, Hanuoo Color Categories, in: Southw. J. Anthrop. 11, 1955, 4, S. 339–344.

2156 *Datta, B.*, Indian Art in Relation to Culture, Kalkutta 1956.

2157 *Dawson, Ch.*, Die wahre Einheit der europäischen Kultur, Regensburg o. J.
Geschichtliche Untersuchung.

2158 *Delville, J.*, À propos d'évolution esthétique, in: Savoir et Beauté, 3, 1923, 7, S. 225–229.

2159 *Dessoir, M.*, Ästhetik und allgemeine Kunstwissenschaft, Stuttgart 1906.
Anhand einer genauen Trennung von Ästhetik und allgemeiner Kunstwissenschaft werden in 2 Hauptteilen jeder dieser Disziplinen ihre Aufgaben zugeteilt. Die geistigen Funktionen der Kunst sind für D. das Zusammenfügen der sinnlichen und geistigen Seiten des Menschen.

2160 *Dugas, L.*, Les timides dans la littérature et l'art, Paris 1925.

2161 *Echanove, T., A. Carlos*, El Sentido Mistico de las Artes Plásticas Mayas (Der mystische Sinn in der bildenden Kunst der Maya), in: RIS, 14, 1956, 53, S. 43–54.
Nachweis der mystischen und symbolischen Bedeutung der Kunstwerke der Mayas.

2162 *Edman, I.*, Arts and Man, New York 1939.
Sozialphilosophische Kunstinterpretation.

2163 *Egger, G.*, Die geschichtliche Stellung des Kunstwerks, in: W. Heinrich (Hrsg.), Die Ganzheit in Philosophie und Wissenschaft, Festschrift für Othmar Spann, Wien 1950, S. 217–236.

2163 A *Ehrenzweig, A.*, The Hidden Order of Art. A Study in the Psychology of Artistic Imagination, London 1967.
Über die Psychologie der künstlerischen Kreativität.

2164 *Ehrhart, G.*, Die Sprache und der Dichter in der heutigen Zeit, Stuttgart 1961.

2165 *Eliot, T. S.*, Die Einheit der europäischen Kultur, Berlin 1946.

2166 *Eliot, T. S.*, Notes towards the Definition of Culture, London 1948.

Von christlichem Humanismus getragene Essais über die wesentlichen Voraussetzungen der abendländischen Kultur.

2167 *Elwin, V.*, The Tribal Art of Middle India, New York 1952.

2168 *Elwin, V.*, The Art of Tribal India, in: Careers and Courses, 5, 1954, 3, 5 und 6, S. 201–208, S. 411–412 und S. 511–513.

2169 *Evans, J.*, Das Leben im mittelalterlichen Frankreich, Köln 1960.

Sozialgeschichtliche Darstellung der für Frankreichs mittelalterliche Kultur bestimmenden Elemente. Verdeutlicht das enge Verhältnis zwischen gesellschaftlichen Aufgaben und gesellschaftlicher Stellung.

2170 *Farnsworth, P. R.*, The Social Psychology of Music, New York 1958.

Übersicht über die psychologischen Wirkungen von Intervallen, Tonsystemen, Klangfarben, Rhythmen usw. Insgesamt stärker in Richtung einer psychologischen Ästhetik liegend, werden sozialpsychologische Aspekte in erster Linie am Phänomen des Geschmacks abgehandelt.

2171 *Farnsworth, P. R.*, The Effects of Role-Taking on Artistic Achievment, in: JAAC, 18, 1960, S. 345–349 (s. a. 390 u. 735).

Verhaltensuntersuchung über feminine und maskuline Reaktionen auf 13 Kunstgebieten.

2172 *Farnsworth, P. R., J. C. Trembly, C. E. Dutton*, Masculinity and Femininity of Musical Phenomena, in: JAAC, 9, 1951, S. 257–262.

Zur Abhängigkeit der musikalischen Präferenzen von der maskulinen oder femininen Gesellschaftsstruktur.

2173 *Faublée, J., M. Urbain-Faublée*, Art préhistorique et société, in: AS, 1961, S. 347–352.

Würdigung des Werkes von Henri Breuil, der das Bestehen von künstlerischen Schulen seit paleolithischen Zeiten anhand von Steinzeichnungen nachgewiesen hat.

2174 *Fischer, E.*, The Necessity of Art. A Marxist Approach, Harmondsworth 1963.

2175 *Fischer, J. L.*, Art Styles as Cultural Cognitive Maps, in: Am. Anthrop., 63, 1961, 1, S. 79–93.

Statistische Untersuchungen der Beziehung zwischen Kunststilen und Sozialstruktur im sozialanthropologischen Sinne.

2176 *Flanagan, J. T.*, The Impact of Folklore on American Literature, in: Jb. für Amerikastudien, 7, 1962, S. 67 bis 76.

2177 *Foley, J. P.*, The Occupational Conditioning of Preferential Auditory Tempo: A Contribution Toward an Empirical Theory of Aesthetics, in: JSP., 12, 1940, 1, S. 121–129.

Studie über das Verhältnis von musikalischen Tempopräferenzen zum Tempo der beruflichen Aktivitäten.

2178 *Foley, A. A., J. P. F. John*, The Study of „Populistic Painters“ as an Approach to the Psychology of Art, in: JSP, 11, 1940, 2, S. 353–368.

2179 *Frances, R., H. Voillaume*, Une composante du jugement pictural: la fidélité de la représentation, in: Psych. Franç., 9, 1964, S. 241–256.

2180 *Friedland, M.*, Zeitstil und Persönlichkeitsstil in den Variationenwerken der Romantik, Leipzig 1930.

2181 *Frohock, W. M.*, Strangers to this Ground. Cultural Diversity in Contemporary American Writing, Dallas 1961.

2182 *Gaultier, P.*, Le rôle social de l'art, in: Rev. Phil., 4, 1906, S. 391–409.

Psychologische Erwägungen.

2183 *Gérard, A.*, Humanisme et négritude. Notes sur le roman afro-américain contemporain, in: Diogène, 37, 1962, S. 121–140.

2184 *Ghose, B.*, Traditional Arts and Crafts, in: B. Ramakrishna Mission Institute of Culture, 8, 1957, 1, S. 6 bis 13.

2185 *Giesz, L.*, Phänomenologie des Kitsches. Ein Beitrag zur anthropologischen Ästhetik; Heidelberg 1960.

Stellt das „Kitsch-Erleben" in den Mittelpunkt der Betrachtungen, um die Eigenschaften des Kitsches aus der Erlebnisstruktur zu begreifen, nicht aus der Dingbeschaffenheit allein.

2186 *Gihring, K.*, Abendland und Kultur. Zur Kulturphilosophie der Gegenwart, Einsiedeln 1947.

2187 *Gombrich, E. H.*, Art and Illusion: A Study in the Psychology of Pictorial Representation, New York 1960.

Darlegung der Theorie, nach der die „abstrakte" Bildsprache des kreativen Denkens nur die undifferenzierte Wahrnehmung des Kindes darstellen dürfte, die wir nicht länger als „konkrete" Abbilder erfassen können und daher als „abstrakt" in Erscheinung treten.

2188 Graf, M., From Beethoven to Shostakovich – The Psychology of the Composing Process, New York 1948.

Anwendung Freudscher Theorien auf den musikalischen Schaffensprozeß.

2189 *Grasserie, R. de la*, Des rapports de la sociologie et de l'esthétique, Paris 1906.

2190 *Griff, M.*, Les conflits intérieurs de l'artiste dans une société de masse, in: Diogène, 46, 1964, S. 59–74 (s. a. 173).

2190 A *Grosse, E.*, Die Anfänge der Kunst, Freiburg/Leipzig 1894.

2191 *Guggino, E.*, Poesia e magia (Poesie und Magik), in: Riv. Etnol., 16, 1962, S. 150–158.

2192 *Guilhot, J., M. A. u. J. Jost*, Musique, Psychologie et Psychothérapie, Paris 1964.

2193 *Gummere, F.*, The Beginning of Poetry, Boston 1901.

2194 *Handschin, J.*, Der Toncharakter. Eine Einführung in die Tonpsychologie, Zürich 1948.

Grundlegung einer Lehre von der Eigenständigkeit des „Toncharakters" zur Erklärung der Eigenart der Musik, auf rationalen Grundlagen zu beruhen, aber einen irrationalen Eindruck zu erwecken.

2195 *Hartlaub, G. F., F. Weissenfeld*, Gestalt und Gestaltung. Das Kunstwerk als Selbstdarstellung des Künstlers, Krefeld 1958.

Darstellung der morphologischen Beziehungen zwischen Künstler und Kunstwerk zu Zwecken des Fremdpersönlichkeitsverständnis.

2196 *Hartmann, E. von*, Philosophie des Schönen, Berlin 1924, 2. Aufl.

Einer der Begründer des „Vitalismus" mit dem Bestreben, dem Stand der naturwissenschaftlichen Erkenntnis Rechnung zu tragen.

2197 *Hartmann, E. von*, Die deutsche Ästhetik seit Kant, o. O. 1886.

2198 *Hauser, A.*, Der Manierismus. Die Krise der Renaissance und der Ursprung der modernen Kunst, München o. J.

2199 *Hauser, A.*, Philosophie der Kunstgeschichte, München 1958.

Kunstgeschichte im Sinne der Lehre von der dialektischen Natur historischer Vorgänge.

2200 *Hegel, G. W. F.*, Sämtliche Werke, Berlin 1832–1845. Vorlesungen über die Ästhetik. Sämtliche Werke, Jubiläumsausgabe, 2. Aufl., Bd. 12–14, Stuttgart 1939.

Das grundlegende Werk zu einer auf dem dialektischen System aufbauenden Ästhetik, in der der Geist anstelle des Lebens gesetzt wird.

2201 *Hevner, K.*, The Aesthetic Experience. A Psychological Description, in: Psych. Rev. 1937.

2202 *Himmelheber, H.*, Personality and Technique of African Sculpture, in: M. Mead, J. B. Bird und H. Himmelheber, Technique and Personality in Primitive Art, Museum of Primitive Art Lecture Series No. 3, New York 1963, S. 79–110.

Untersuchung über die Rolle der Schnitzkunst und ihrer Ausführenden in einigen Stämmen Afrikas.

2203 *Hirn, Y.*, Der Ursprung der Kunst. Eine Untersuchung ihrer psychischen und sozialen Ursachen, Leipzig 1904.

2204 *Hooper, J. T., C. A. Burland*, The Art of Primitive Peoples, New York 1954.

2205 *Hsu, F. L. K., (Hrsg.)*, Aspects of Culture and Personality. A Symposium. New York 1954.

Konfrontation von Psychiatern, Psychoanalytikern, Soziologen, Psychologen und Anthropologen über das Verhältnis von Kultur und Persönlichkeit.

2206 *Hulme, E. M.*, Renaissance and Reformation, New York 1915.

Darstellung der Kunst als Spiegelbild ihrer Epoche (geographischer Determinismus).

2207 *Ingarden, R.*, Aesthetic Experience and Aesthetic Object, in: PPR, 21, 1961, 3, S. 289–313.

2208 *Jaspers, K.*, Strindberg und van Gogh, Berlin 1926, 2. Aufl.

2209 *Johnson, O., R. H. Knapp*, Sex Differences in Aesthetic Preferences, in: JSP, 61, 1963, S. 279–301.

2210 *Kahn, S.*, Science and Aesthetic Judgement, New York 1953.

2211 *Kambli, C. W.*, Kunst und Leben in ihrer Wechselwirkung aufeinander, Frauenfeld 1905.

2212 *Keith, A.*, A New Theory of Human Evolution, London 1948.

Eine auf der Darwinschen Abstammungslehre gründende Kulturanthropologie.

2213 *Kiell, N. (Hrsg.)*, Psychiatry and Psychology in the Visual Arts and Aesthetics: A Bibliography, Madison 1965.

2213 A *Klaar, A.*, Beiträge zur Psychologie des Theaterpublikums, in: Deutsche Bühne, 1911, 14, S. 252–258.

2214 *Klusen, E.*, Volkslied. Fund und Erfindung, Köln 1969.

Anthropologisch angelegte Untersuchung über das Werden des Volksliedes.

2215 *Knapp, R. H.*, Attitudes toward Time and Aesthetic Choice, in: JSP, 56, 1962, S. 79–88.

2216 *Knapp, R. H., E. G. Hoffman*, Vocational Interest Scores and Patterns of Aesthetic Preferences, in: JSP, 64, 1964, S. 299–307.

2216 A *Knautz, G.*, Studien zur Ästhetik und Psychologie der Schauspielkunst, Essen 1934.

2217 *Knepler, G.*, Reaktionäre Tendenzen in der westdeutschen Musikwissenschaft, in: Musik und Gesellschaft, 10, 1960, 2, S. 409–414.

Polemik gegen westdeutsche Musikwissenschaftler, die dem übermächtigen Druck der „Ideologie der herrschenden Klasse“ folgend, nazistisch und chauvinistisch sind, sowie gegen eine Musiksoziologie, die von vorneherein die ideologische Wirkung der Musik, ihren Ausdruck und Inhalt ausklammert.

2217 A *Kofman, S.*, L'enfance de l'art. Une interprétation de l'esthétique freudienne, Paris 1970.

2218 *Kohlberg, L.*, Psychological Analysis and Literary Form. A Study of the Doubles in Dostojewsky, in: Daedalus, 92, 1963, S. 345–362.

2219 *Kris, E.*, Psychoanalytic Explorations in Art, London 1953.

Fortführung und Kritik der Freudschen Lehre von der „Verdrängung" als klinisches Ergebnis mangelnder genetischer Übertragung.

2220 *Lange, K.*, Das Wesen der Kunst, Berlin 1907, 2. Aufl.

2221 *Langer, S. K.*, Philosophy in a New Key, A Study in the Symbolism of Reason, Rite and Art, New York 1942.

2222 *Langer, S. K.*, Problems of Art. 10 Philosophical Lectures, New York 1957.

2223 *Langer, S. K.*, Feeling and Form. A Theory of Art developed from Philosophy in a New Key, London 1959.

2224 *Langer, S. K. (Hrsg.)*, Reflections on Art, New York 1961.

2225 *Lankheit, K.*, Florentinische Barockplastik. Die Kunst am Hofe der letzten Medici 1670–1743, München 1962.

Organische Erklärung der Kunstwerke aus den speziellen Bedingungen, unter denen sie geschaffen wurden, wobei außer historischen auch soziologische Dokumente verwertet werden, um zu einer Kunstbetrachtung auf soziologischer Basis und einer Weiterentwicklung der soziologischen Ästhetik zu gelangen.

2225 A *Lassère, P.*, Philosophie du goût musicale, Paris 1922.

2226 *Leach, E. R.*, Ästhetik, in: E. E. Evans-Pritchard u. a. (Hrsg.), Institutionen in primitiven Gesellschaften, Frankfurt/M. 1967.

Anthropologische Erfassung der Ästhetik primitiver Gesellschaften.

2227 *Lebedev, M. P.*, O prekrasnom v prirode i obščestve (Über das Schöne in Natur und Gesellschaft), in: Učen. Zap. (Mosk. gos. ped. Inst.), 129, 1958, 4, S. 65–78.

Gegen die subjektivistischen Tendenzen in der Ästhetik.

2228 *Leeuw, G. v. d.*, Vom Heiligen in der Kunst, Gütersloh 1957.

Betrachtungen in Richtung anthropologisch vergleichender Religionswissenschaft.

2229 *Lichten, F.*, Folk Art Motifs of Pennsylvania, New York 1954.

2230 *Lifshitz, M.*, The Philosophy of Art of Karl Marx, New York 1938.

Darlegung der Marxschen Kunstphilosophie.

2231 *Lipps, Th.*, Ästhetik. Psychologie des Schönen und der Kunst, Leipzig 1923.

Anwendung der Einfühlungspsychologie auf die Ästhetik: Einfühlung gesehen als ursprünglicher Akt, im wesentlichen unabhängig von Ideenassoziationen.

2232 *Lissa, Z.*, Fragen der Musikästhetik, Berlin 1954.

Zu den Methoden des sozialistischen Musikdenkens.

2233 *Lissa, Z.*, Über das Spezifische der Musik, Berlin 1957.

Auseinandersetzung zwischen bürgerlicher und marxistischer Ästhetik.

2234 *Mallari, I. V.*, Background of Filipino Literature, in: JEAS, 1, 1952, S. 53 bis 58.

2235 *Malraux, A.*, Psychologie der Kunst, Baden-Baden 1947.

2236 *Malraux, A.*, Le musée imaginaire de la sculpture mondiale, Paris 1952 bis 1954.

2237 *Malraux, A.*, Métamorphose des dieux, Paris 1957.

Die gesamte Serie befaßt sich mit der Studie des Menschen und seiner Meisterschaft mitten durch seine großen künstlerischen Kreationen gesehen.

2238 *Maritain, J.*, Art et Scolastique, Paris 1927.

2239 *Martinez R. J.*, Economia y arte folklorico en el marco de la vida social de los grupos indigenas de Mexico

(Wirtschaft und Folklore im System des sozialen Lebens mexikanischer Eingeborenen), in: R. Mexic. Sociol., 18, 1956, 3, S. 525–554.

Untersuchung der Beziehungen zwischen dem lokalen Wirtschaftsleben mexikanischer Gemeinden und ihrer folkloristischen Kunst, die als Repräsentation des sozialen Bewußtseins dieser Gruppen betrachtet wird.

2240 *McAllester, D. P.*, Enemy Way Music: A Study of Social and Esthetic Values as seen in Navaho Music. Papers of the Peabody Museum of American Archeology and Ethnology, XLI, 3, Cambridge 1954.

Ethnographischer Bericht über eine Felduntersuchung in Hinsicht auf ästhetische Werte.

2241 *McKean, K. F.*, The Moral Measure in Literature, Denver 1961.

Wirkungsanalyse der Literatur nach moralischen Methoden.

2242 *Mead, M., J. B. Bird, H. Himmelheber (Hrsg.)*, Technique and Personality in Primitive Art, New York 1963.

2243 *Merriam, A. P.*, The Anthropology of Music, Evanston (Ill.) 1964.

2244 *Merriam, A. P.*, Artikel „Musik“ (Ethnomusicology), in: Int. Ency. Soc. Sci., 10, S. 562–566.

2245 *Métais, E.*, Quelques symboles de l'art primitif, in: CIS, 7, 1952, 13, S. 78 bis 93.

Studie eines Objektes als einfaches Symbol einer breit gelagerten affektiven Komplexität.

2246 *Métais, E.*, Étude comparative d'expressions graphiques d' „étendues Concrètes“ Canaques, in: CIS, 1953, 15, S. 115–131.

Inhaltsanalysezweierneukaledonischer Bambusse (mit Zeichnungen von Legenden eines bestimmten Stammes bedeckte Klangstöcke), die Veränderungen des Wertsystems im Hinblick auf die Stellung des Einzelnen in der Gesellschaft aufzeigen.

2247 *Meyer, K.*, Das Konzert. Ein Führer durch die Geschichte des Musizierens in Bildern und Melodien, Stuttgart 1925.

Populär gehaltene historische Darstellung der musikalischen Aufführungspraxis.

2247 A *Meyer, L. B.*, Music, the Arts, and Ideas. Patterns and Predictions in Twentieth-century Culture, Chicago/London 1967.

Vergleichende Darstellung alternativer Stile in der Musik und anderen Künsten.

2248 *Mills, G.*, Art: An Introduction to Qualitative Anthropology, in: JAAC, 16, 1957, S. 1–17.

2249 *Moles, A.*, Théorie de l'information et perception esthétique, Paris 1958.

Anwendung der Informationstheorie in Psychologie und Ästhetik, insbesondere im Empfang von Botschaften aus der Umwelt. Erweiterung dieser Theorie auf die Darstellung der Form als Wahrnehmung von Symbolen, begründet auf die Autokorrelation der Struktur.

2249 A *Moles, A. A.*, Psychologie des Kitsches München 1972.

Definition, Typologie, Genese und Prinzipien des Kitsches aus der Sicht des Verhältnisses zwischen Mensch und Dingen.

2250 *Molnar, G.*, L'élement de race dans la musique, in: Revue de Hongrie, 1909, 2, S. 241–253.

2251 *Morris, B.*, The Aesthetic Process, Evanston 1943.

2251 A *Motte, H. de la*, Über die Gegenstände und Methoden der Musikpsychologie. Ein geschichtlicher Überblick, in: IRMAS, 1, 1970, S. 83–89.

2252 *Mouloud, N.*, La peinture et l'espace. Recherche sur les conditions formelles de l'expérience esthétique, Paris 1964.

2253 *Mountford, Ch. P.*, The Artist and His Art in Australian Aboriginal Society, in: M. W. Smith (Hrsg.), The Artist in Tribal Society, London 1961, S. 1–14.
Die Kunst der australischen Aboriginal-Gesellschaft dient funktional dem ritualistischen, dem weltlichen und dem magischen Leben.

2254 *Müller-Freienfels, R.*, Psychologie der Kunst, Berlin/Leipzig 1922, 2. Aufl.

2255 Mundt, G. J., The Ideology of Modern German War-Literature, Diss., Cornell 1936.

2256 *Munro, Th.*, Types of Form as related to the Psychology of Attention, in: Proc. of the 3d Int. Congr. on Aesthetics, Turin 1957, S. 303–309.

2257 *Munro, Th.*, The Arts and their Interrelations, New York 1949.
Beitrag zu einer gesellschaftsbezogenen wissenschaftlichen Ästhetik.

2258 *Munro, Th.*, The Morphology of Art as a Branch of Aesthetics, in: JAAC, XII, 1954, S. 438–449.

2259 *Munro, Th.*, Toward Science in Aesthetics, New York 1956.
Zur Verbindung von Ästhetik und Empirizismus.

2260 *Nettl, B.*, Theory and Method in Ethnomusicology, New York 1964.

2261 *Ogburn, W. F.*, Die Kultursoziologie und die quantitativen Methoden, in: ZVPsS, 6, 1930, 3, S. 257–266.

2262 *Ossowski, S.*, U podstaw estetyki (Die Prinzipien der Ästhetik), Warschau 1958, 3. Aufl.

2263 *Petersen, J.*, Die literarischen Generationen, Berlin 1930.

2264 *Pfeil, H.*, Jean-Marie Guyau und die Philosophie des Lebens, Augsburg/Köln/Wien 1928.
Analyse des Werkes von Guyau als Beitrag zu einer Lebensphilosophie.

2265 *Phillips, W. (Hrsg.)*, Art and Psychoanalysis, Cleveland 1963.

2266 *Pinder, W.*, Von den Künsten und der Kunst, Berlin/München 1948.
Deutung der deutschen, besonders der Kunst des Mittelalters im Rahmen der europäischen Kunst.

2267 *Plessner, H.*, Zur Anthropologie der Musik, in: Jahrbuch für Ästhetik und Kunst, 1951, S. 120.
Musik vom Standpunkt einer soziologischen Anthropologie gesehen, um sie aus der Umwelt der geistiggeselligen Existenz zu verstehen.

2268 *Proceedings of the Third International Congress on Aesthetics*, Venedig 1956, Turin 1957, (s. a. 111).

2269 *Rank, O.*, Art and Artist, New York 1932.
Psychologische und psychoanalytische Betrachtung abseits von S. Freud.

2270 *Ray, N.*, The Present and Future of Traditional Arts, in: B. Ramakrishna Mission Institute of Culture, 8, 1957, 1, S. 14–17.

2271 *Read, H.*, Design and Tradition, London o. J.

2272 *Read, H.*, The Philosophy of Modern Art, Cleveland/New York 1955.

2273 *Read, H.*, To Hell with Culture, and other Essays on Art and Society, New York 1963.

2274 *Redfield, R., M. I. Herskovits, G. F. Ekzholm*, Aspects of Primitive Art, New York 1959.

2275 *Reinhard, K.*, Bedeutung, Wesen und Erforschungsmöglichkeiten primitiver Musik, in: Sociologus, I, 1951, 1.

2276 *Reitman, F.*, Insanity, Art, and Culture, Bristol 1954.
Auswirkungen des kulturellen Hintergrundes auf Handarbeiten, Malerei und Bildhauerei geistig Kranker.

2277 *Revers, W. J.*, Das Musikerlebnis, Düsseldorf/Wien 1970.

Kulturanthropologische Ausführungen zur persönlichen Selbstverwirklichung durch Musik.

2278 *Révész, G.*, Einführung in die Musikpsychologie, Amsterdam 1946.

2279 *Rosenberg, B. G., C. N. Zimet*, Authoritarianism and Aesthetic Choice, in: JSP, 1957, S. 293–297.

2280 *Rudolph, J.*, Was ist klassische Tradition, in: Musik und Gesellschaft, 8, 1958, 2, S. 11–14.

2281 *Rutz, O.*, Menschheitstypen und Kunst, Jena 1921.

Untersuchung des Verhältnisses von Stimmorgan und Körper unter psychisch-physiologischen Aspekten. Entwicklung einer Schallanalyse, bekannt als Rutzsche Typenlehre.

2281 A *Sachs, H.*, Gemeinsame Tagträume, Leipzig/Wien/Zürich 1924.

Zum tiefenpsychologischen Zusammenhang zwischen Dichter, Dichtung und Publikum.

2282 *Saxer, U., Kunst,* Kunstwissenschaft und Gesellschaft, in: Neue Zürcher Zeitung, 1968, 740, S. 33–34.

Bericht über den 6. Internationalen Kongreß für Ästhetik in Uppsala, auf dem vor allem Fragen der ästhetischen Theorie angesichts des sozio-kulturellen Wandels in der Industriegesellschaft behandelt wurden.

2282 A *Schaeffner, A.*, Les Kissis, une société noire et ses instruments de musique, Paris 1951.

Über den Unterschied des Gebrauchs der gleichen Instrumente in diversen Gesellschaften.

2283 *Schaeffner, A.*, Musique et structures sociales, in: R. Franç. Sociol., 3, 1962, 4, S. 388–395.

Anhand einer Darstellung der Musik und der Musiker in afrikanischen Gesellschaften werden die Funktionen verschiedener Instrumente und von Musik überhaupt als Mittel zur Integration des Einzelnen in die Gesellschaft abgehandelt.

2284 *Scheler, M.*, Versuche zu einer Soziologie des Wissens, München 1925.

Nimmt u.a. Stellung zur sogenannten „Bildung" als Aufspaltungsfaktor der Kunstkonsumentenschaft.

2285 *Scheler, M.*, On the Tragic, in: Cross., 4, 1954, 2, S. 178–191.

2286 *Scheler, M.*, Der Formalismus in der Ethik und die materiale Wertethik, Berlin 1954, 4. Aufl.

2287 *Scheler, M.*, Vorbilder und Führer, Band 10: Schriften aus dem Nachlaß, Band 1: Zur Ethik und Erkenntnislehre, Bern 1957.

Betrachtungen der Kunst vom Schaffensprozeß des Künstlers aus sowie Überlegungen zum Einfluß des Kunstwerkes als Vorbild.

2288 *Schering, A.*, Geschichte des Instrumentalkonzerts bis auf die Gegenwart, Leipzig 1927, 2. Aufl.

Zusammenfassende gattungsgeschichtliche Monographie.

2289 *Schering, A.*, Historische und nationale Klangstile, in: Peters Jahrbuch 1927.

Versuch einer Unterscheidung von Klangverschmelzung und Spaltklang aus nationaler Sicht.

2290 *Schneider, D. E.*, The Psychoanalyst and the Artist, New York 1950.

2291 *Schneider, M.*, Ethnologische Musikforschung, in: K. Th. Preuss (Hrsg.), Lehrbuch der Völkerkunde, Stuttgart 1937.

2292 *Schoeps, H.-J.*, Was ist und was will die Geistesgeschichte. Über die Theorie und Praxis der Zeitgeistforschung, Göttingen 1959.

Entwurf einer Methodik zur Erfassung des kulturellen Erbes, wobei die Spitzen der menschlichen Leistungen –

die großen Kunstwerke oder die philosophischen Systeme – erst in letzter Linie als Indizien für die Geistesgeschichte in Betracht gezogen werden.

2293 *Schultze, P.*, Kunst und Rasse, München 1928.

2294 *Scriabine, M.*, La musique et la chine ancienne, in: R. Franç. Sociol., 3, 1962, 4, S. 398–406.
Nachweis anhand von Texten, daß die Auffassung der Musik im alten China gänzlich als Teil des gesamten philosophischen Gefüges anzusehen ist.

2295 *Seashore, C. E.*, The Psychology of Music, New York 1938.
Ergebnis experimenteller Arbeiten über Ton, Gehör, Intonation usw., für die technische Apparate wie Audiometer, Chronograph, Tonscope u. a. entwickelt wurden.

2296 *Segy, L.*, Initiation Ceremony and African Sculptures, in: American Imago, 10, 1953, 1, S. 57–82.

2297 *Shapiro, I.*, Heroes in American Folklore, New York 1962.

2298 *Sherif, M.*, A Study of Some Social Factors in Perception, in: Arch. Psychol., 1935, 187.

2299 *Simmel, G.*, Zur Philosophie der Kunst, Potsdam 1922.
Funktionalistisch ausgerichtete Kunstphilosophie, bei der der Form über den Inhalt hinaus eine wesentliche Rolle zugewiesen wird.

2300 *Simmel, G.*, Über die dritte Dimension der Kunst, in: Z. F. Ä., 1, S. 65 bis 69.

2301 *Smyth, M.*, The Ethical Conception of Literature in English Literary Theory, Diss., Kansas 1938.

2302 *Souriau, E.*, Les correspondences des arts, Paris 1947.

2303 *Stokes, A.*, Form in Art. A Psychoanalytical Interpretation, in: JAAC, 18, 1959–1960, S. 193–203.

2304 *Sydow, E. v.*, Primitive Kunst und Psychoanalyse. Eine Studie über die sexuelle Grundlage der bildenden Künste der Naturvölker, Wien 1927.

2305 *Taine, K.*, Philosophie de l'art, 2 Bd., Paris 1882 (s. a. 140).

2306 *Toynbee, A. J.*, A Study of History, Abridgment of Volume I–VI von D. C. Somervell, New York/London 1947.
Zusammengefaßte Ausgabe der groß angelegten Geschichte der modernen Zeit, die, über eine mikroskopische Geschichtsforschung hinausgehend, sich der Genese der Zivilisationen und ihrer Religionen widmet.

2307 *Ulman, E.*, Implications of Art for Psychotherapy and Psychodrama, in: Group Psychotherapy, 12, 1959, 4, S. 327–328.

2308 *Utitz, E.*, Grundlegung der allgemeinen Kunstwissenschaft, Stuttgart 1914 bis 1920, 2. Bd.
Philosophische und kulturpsychologische Darstellung.

2309 *Veblen, Th.*, The Theory of the Leisure Class, New York 1924.
Zum Eindringen wirtschaftlicher Motive in den Charakter ästhetischer Objekte (S. 126–166).

2310 *Vidineev, N. V.*, Ob uslovnosti v iskusstve (Über Konventionalität in der Kunst), in: Vopr. Filos., 17, 1963, S. 71–79.

2311 *Vierkandt, A.*, Prinzipienfragen der ethnologischen Kunstforschung, in: ZFÄ, 19, 1915, S. 388.
Betonung der „Stetigkeit im Kulturwandel" zum Entwurf eines realistischen Bildes des Menschen.

2312 *Vries, J. de*, L'énigme de la saga islandaise, in: Diogène, 46, 1964, S. 75 bis 87.

2313 *Walbridge, E. F.*, Literary Characters Drawn from Life, New York 1936.

2314 *Walsh, D.*, The Cognitive Content of Art, in: Philosophical Review, 1943, 52, S. 443–451.

2315 *Weber, A.*, Kulturgeschichte als Kunstsoziologie, München 1950, 2. Aufl.

Eine Verbindung von historischen, ästhetischen und kultursoziologischen Betrachtungen über die Kulturkrise, die vom „ersten Menschen", dem prähistorischen und primitiven bis zur Frage „kommt der vierte Mensch" reicht.

2316 *Weber, J.-P.*, La psychologie de l'art, Paris 1958.

Plädoyer für eine Kunstpsychologie, die die Existenz und die Persönlichkeit sucht und in diesem Suchen selbst eine neue Quelle der Fragen und ontologischen Geheimnisse findet. Die herkömmliche Kunstpsychologie wird als unzulänglich kritisiert.

2317 *Wegner, M.*, Das Musikleben der Griechen, Berlin 1949.

2318 *Wellek, A.*, Musikpsychologie und Musikästhetik, Frankfurt/M. 1963.

Versuch der Herstellung einer Verbindung zwischen Ästhetik und Psychologie.

2319 *Welsford, E.*, The Fool: His Social and Literary History, London 1935.

2320 *Whiteley, W. H.*, Le concept de prose littéraire africaine, in: Diogène, 37, 1962, S. 29–52.

2321 *Wijesekera, N.*, Sociological Background of Early Sinhalese Painting, in: Ceylon His. J., 2, 1953, 3–4, S. 209–220.

2322 *Williams, R.*, Culture and Society 1780–1950, London 1958.

Darstellung des Wandels in den Elementen der Kultur und dessen soziale Auswirkungen.

2323 *Williams, S. T.*, The Spanish Background of American Literature, New Haven 1955.

2324 *Winterfeld, C. G. von*, Über den Einfluß der gegen das 16. Jahrhundert hin allgemein verbreiteten und wachsenden Kunde des klassischen Altertums auf die Ausbildung der Tonkunst, Leipzig 1850.

2325 *Zemljanova, L. M.*, Sovremennaja ėstetika v SŠA. Kritičeskij očerk (Zeitgenössische Ästhetik in den USA. Eine kritische Studie.), Moskau 1962.

Autorenregister